Acoustic

머리말

우연히 접한 음악 속에서 기타 소리가 유독 제 귀에 들어왔습니다. 그렇게 기타를 배우고 음악을 공부한 지 벌써 몇 해가 지났을까요? 아직도 음악의 세계는 어렵습니다. 여러 음대를 다니며 배운 다양한 연습법과 경험을 조금 이나마 공유하고 싶어 그 일부를 책으로 정리해 보았습니다. 이 책이 당신의 음악 생활과 기타 실력 향상에 도움이 되기를 바랍니다.

저자 조혜진

CONTENTS

코드표

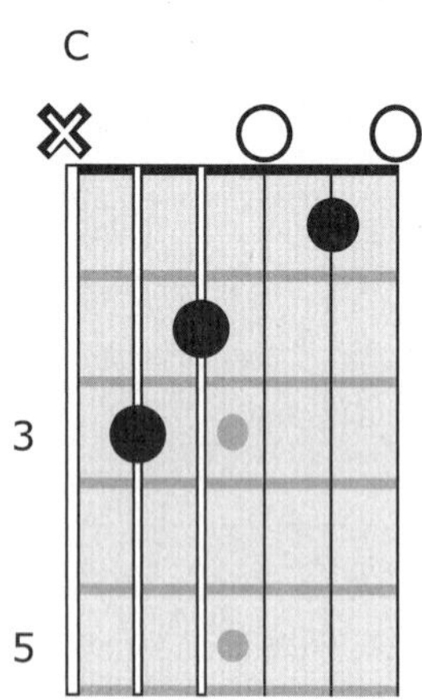
C
3
5

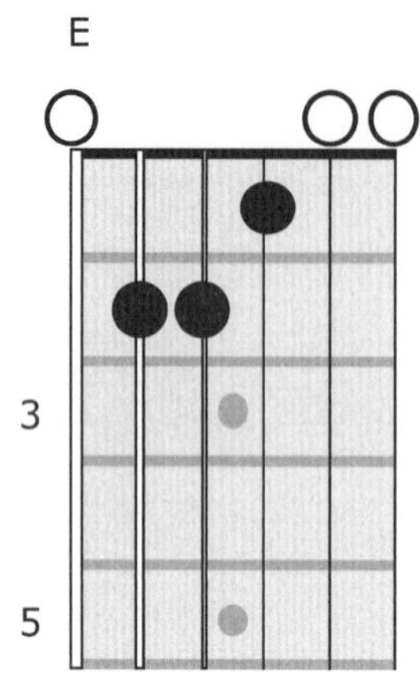
E
3
5

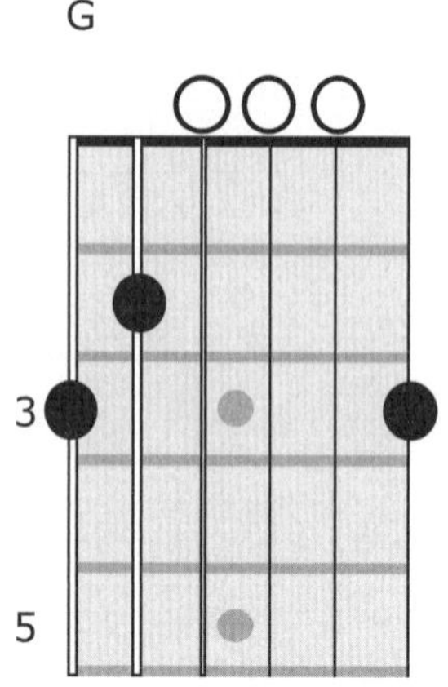
G
3
5

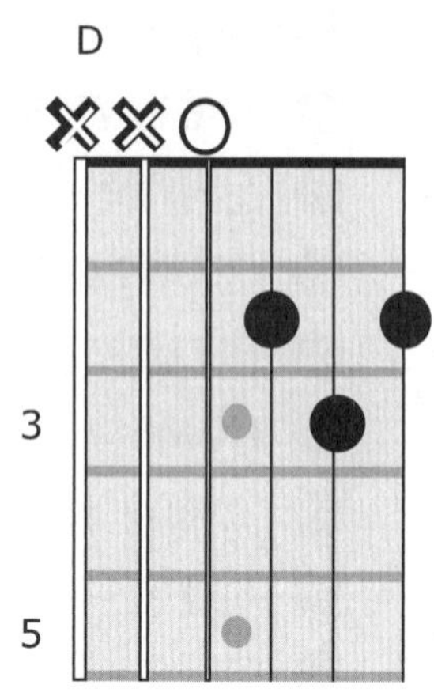
D
3
5

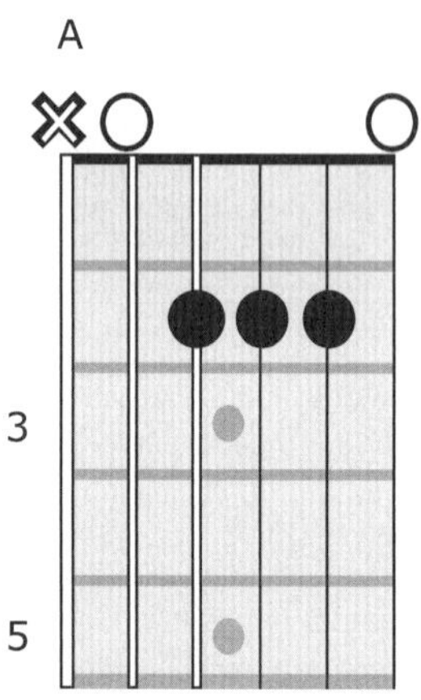
A
3
5

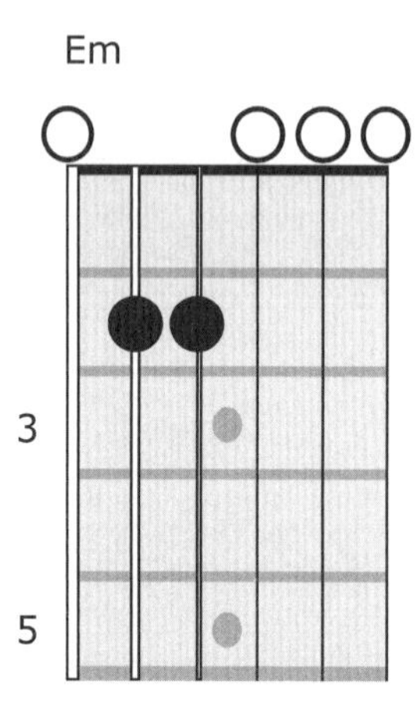
Em
3
5

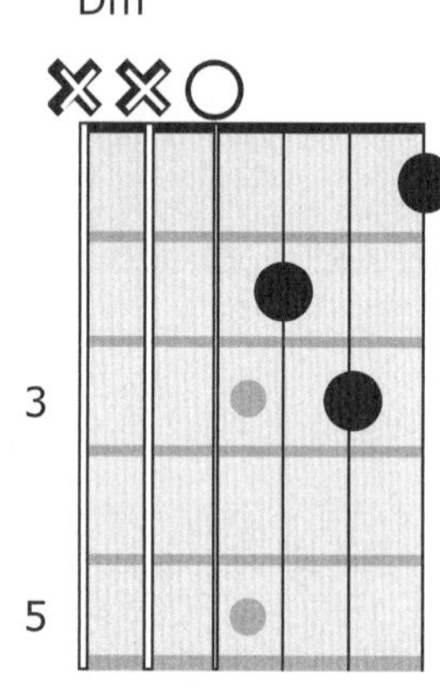
Dm
3
5

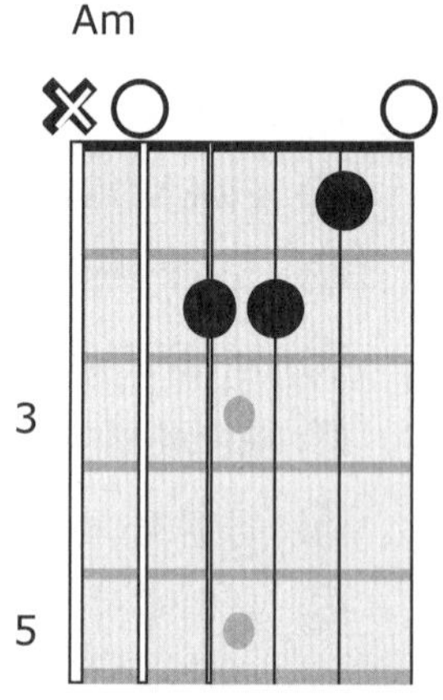
Am
3
5

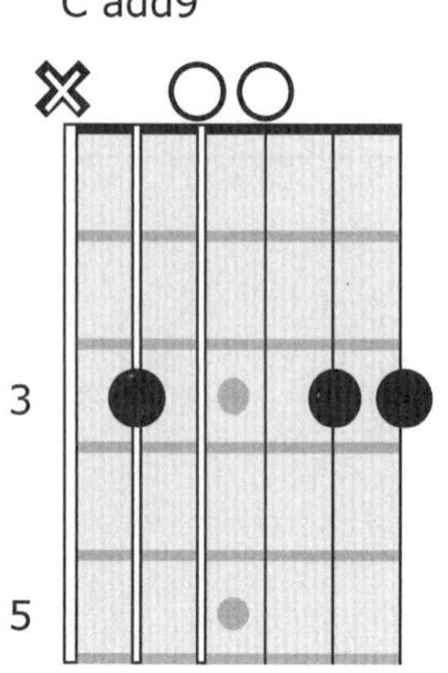
C add9
3
5

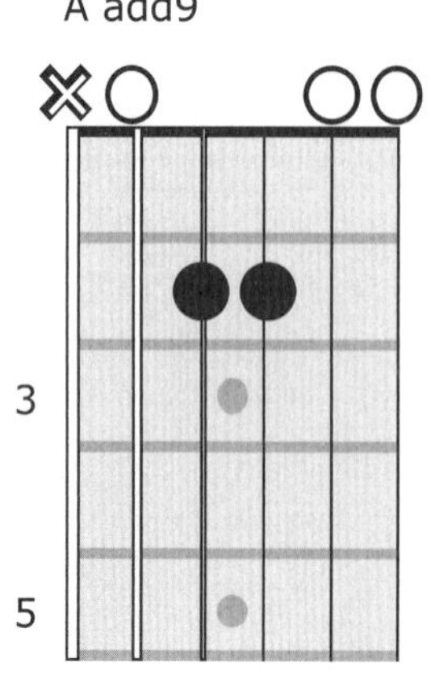
A add9
3
5

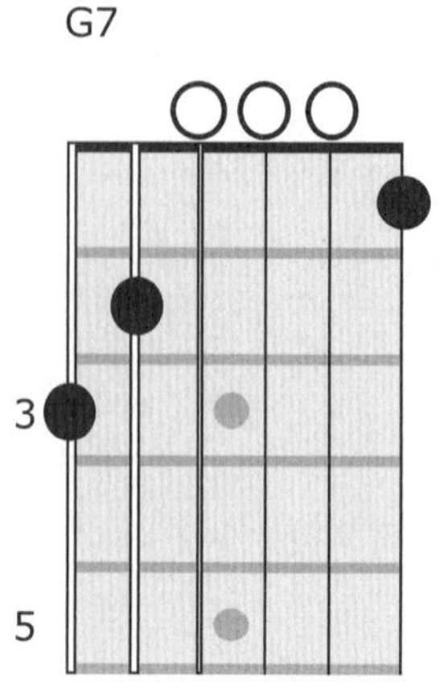
G7
3
5

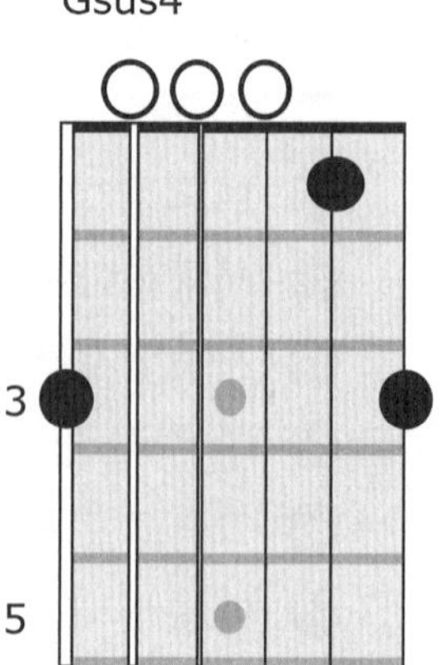
Gsus4
3
5

Rhythm Practice

오른손 리듬 연습 1

Rhythm Practice

오른손 리듬 연습 2

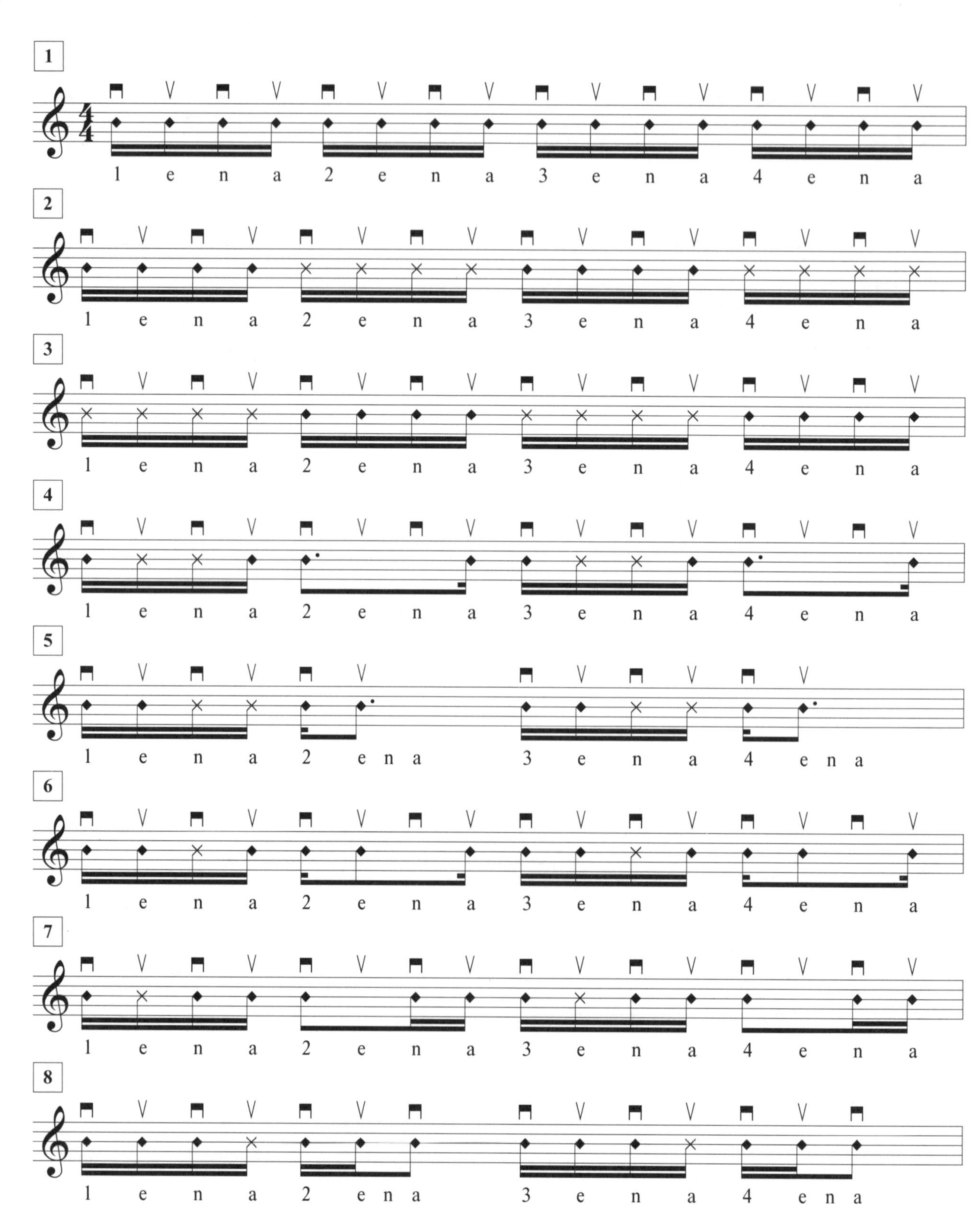

Exercise #1

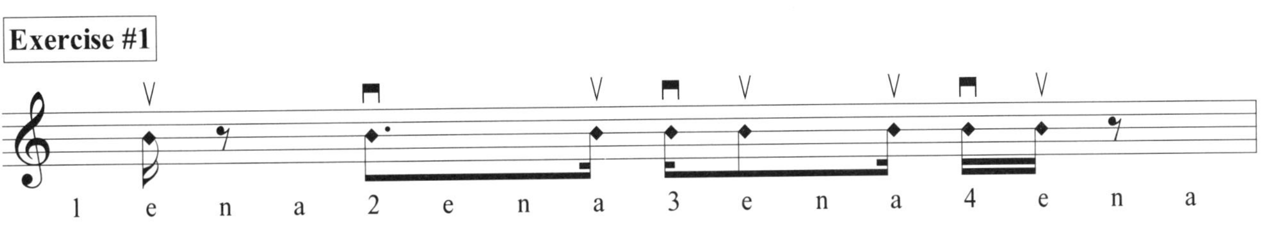

Exercise #2

Exercise #3

Exercise #4

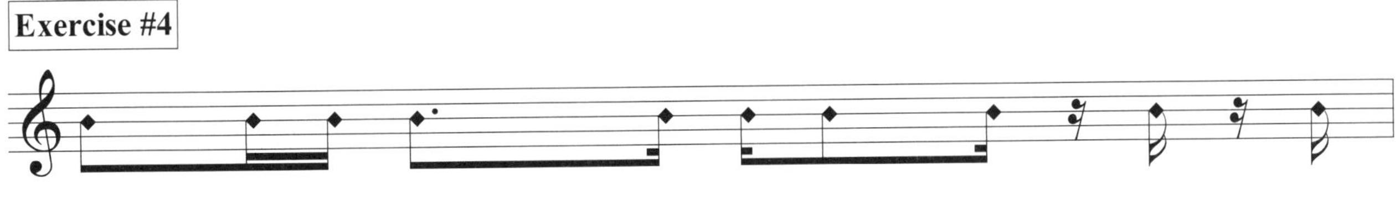

Exercise #5

01 Almost Is Never Enough

노래 Ariana Grande
작사 Carmen Reece 외 4명
작곡 Al Sherrod Lambert 외 4명

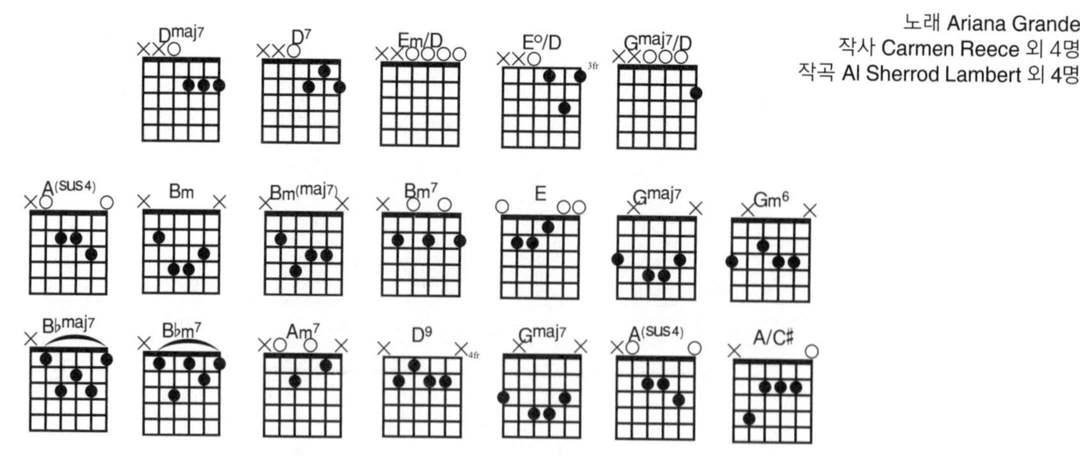

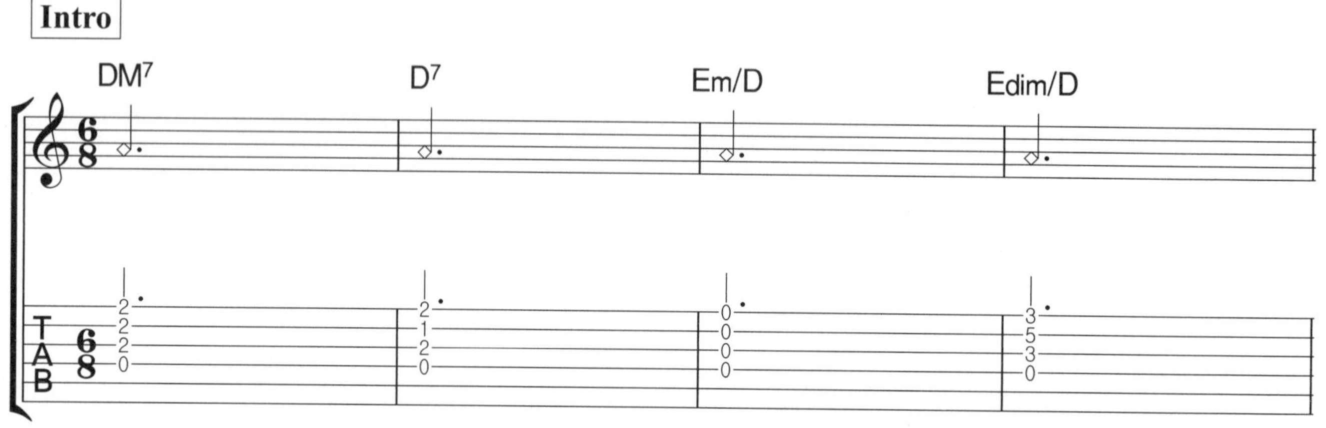

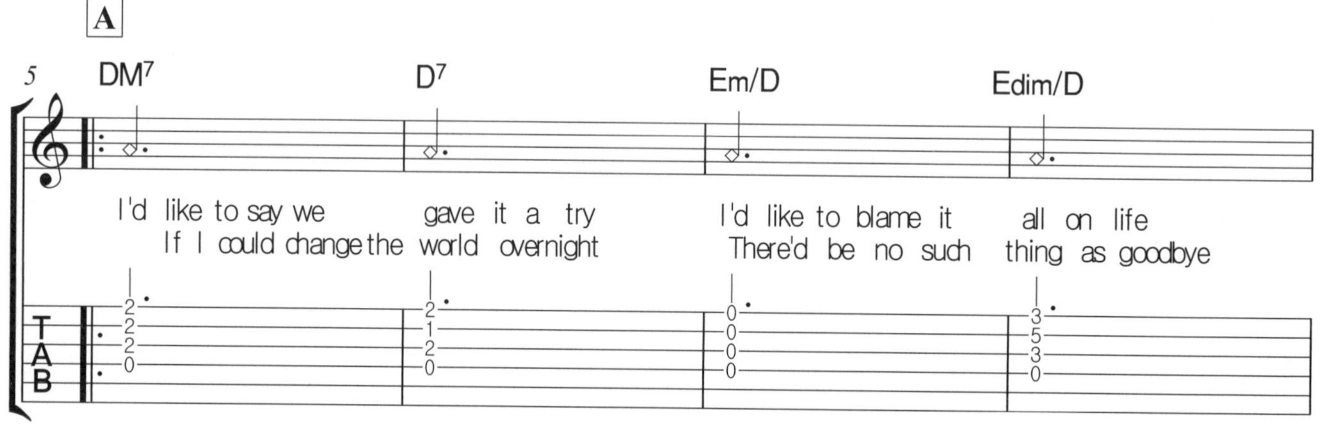

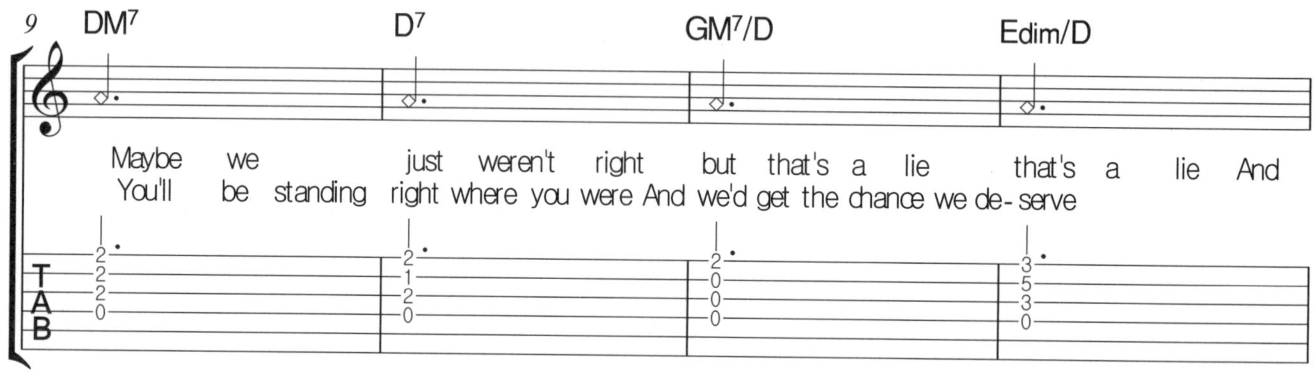

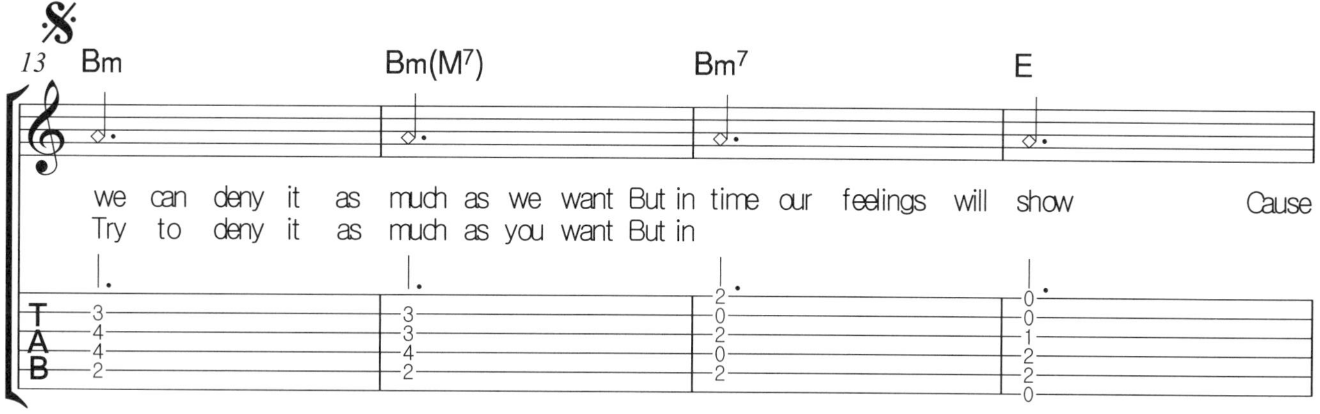
13 Bm Bm(M7) Bm7 E
we can deny it as much as we want But in time our feelings will show Cause
Try to deny it as much as you want But in

17 GM7 D B♭M7 A(sus4)
sooner or later We'll wonder why we gave up The truth is everyone knows
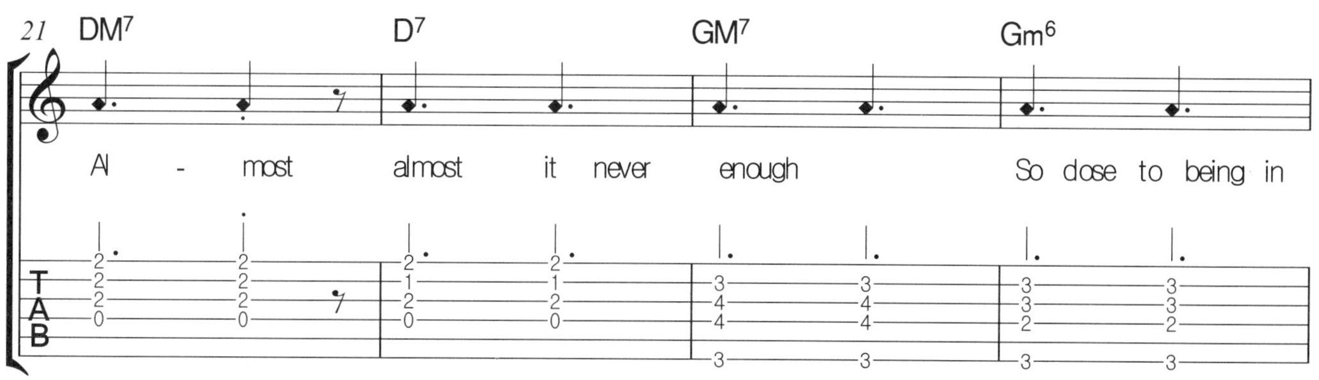
21 DM7 D7 GM7 Gm6
Al - most almost it never enough So close to being in

25 DM7 D7 GM7 Gm6
love If I would have known that you wanted me The way I wanted you Then

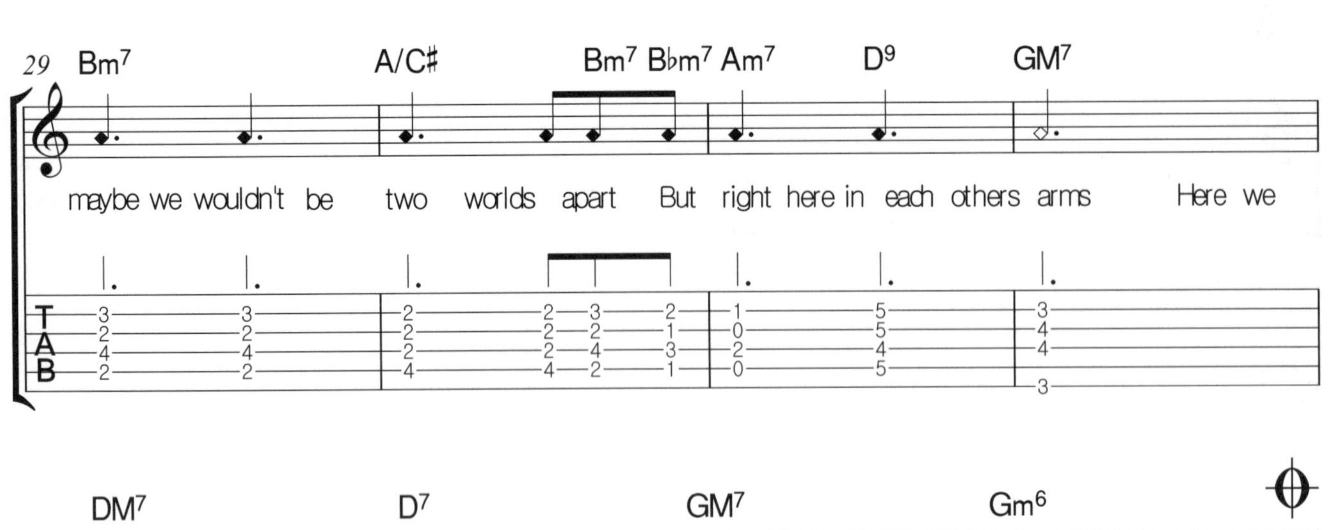
29
Bm7 A/C# Bm7 B♭m7 Am7 D9 GM7
maybe we wouldn't be two worlds apart But right here in each others arms Here we

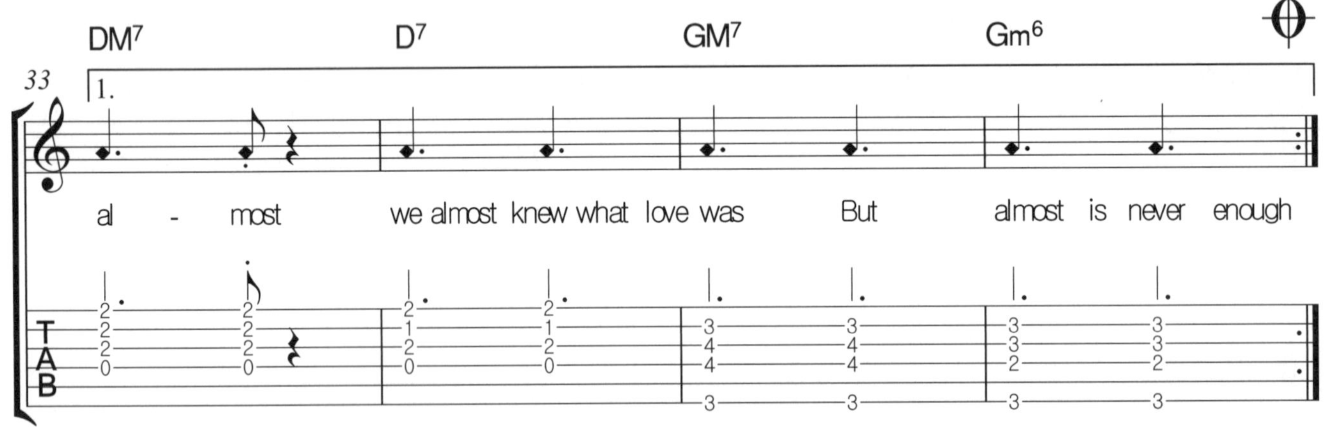
33
DM7 D7 GM7 Gm6
1.
al - most we almost knew what love was But almost is never enough

37
DM7 Am7 GM7 Gm6
2.
al - most we almost knew what love was But almost is never

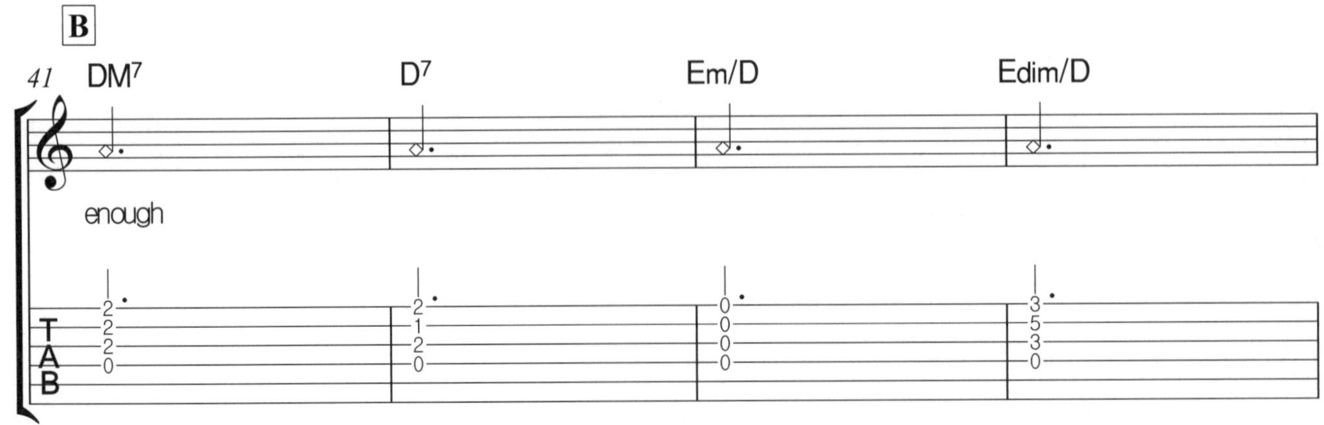
B
41
DM7 D7 Em/D Edim/D
enough

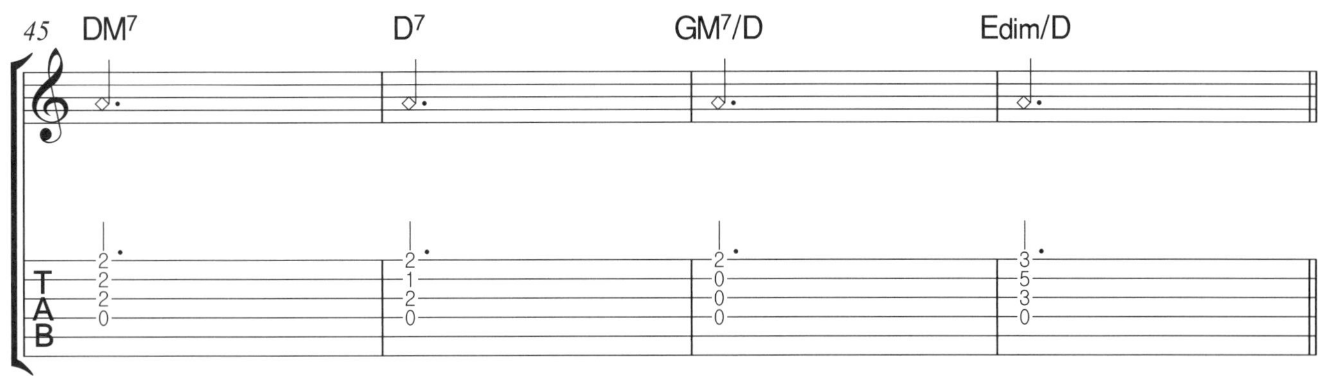
45
DM7
D7
GM7/D
Edim/D
T
A
B

D.S al Coda

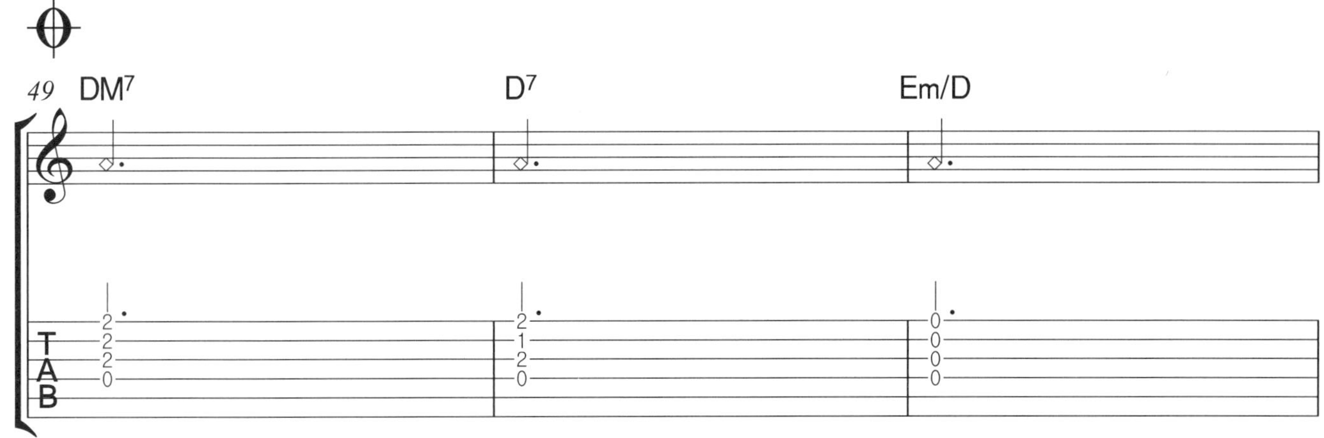
49
DM7
D7
Em/D
T
A
B

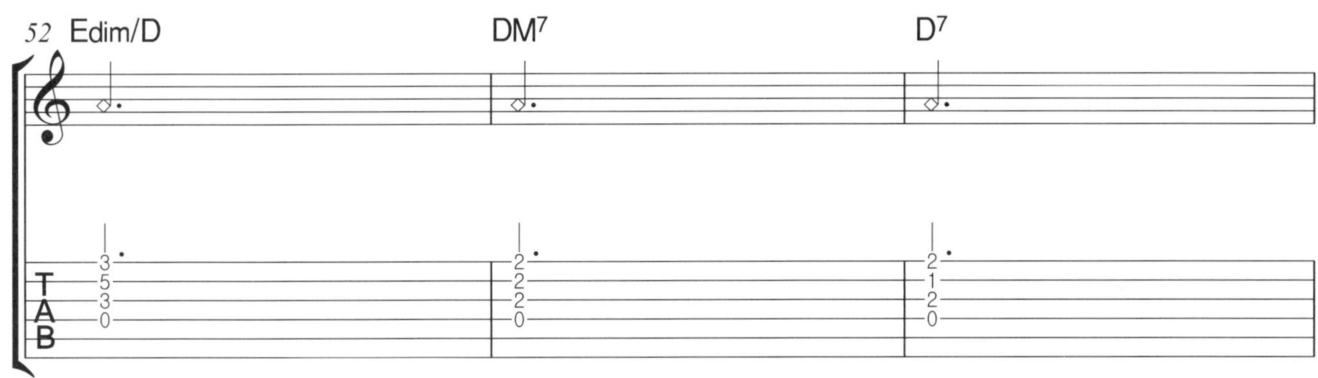
52
Edim/D
DM7
D7
T
A
B

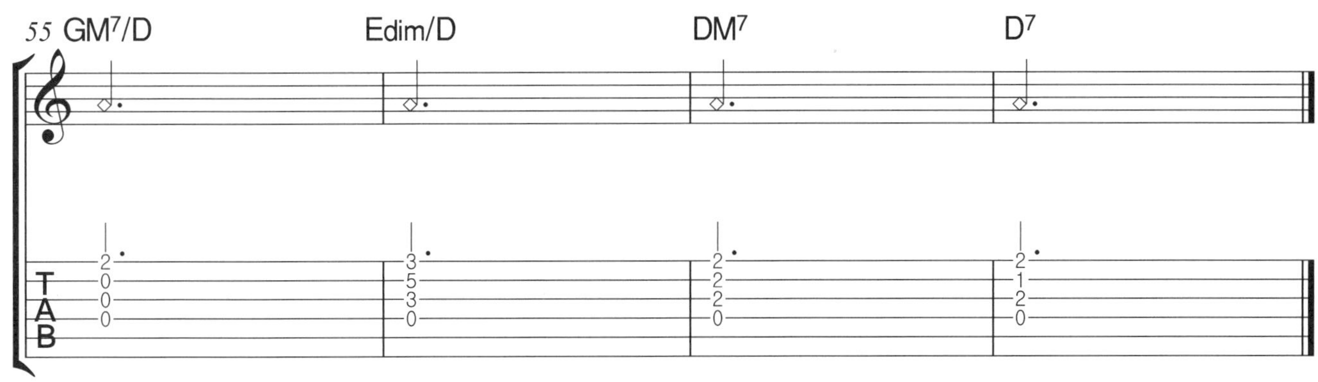
55
GM7/D
Edim/D
DM7
D7
T
A
B

Animals

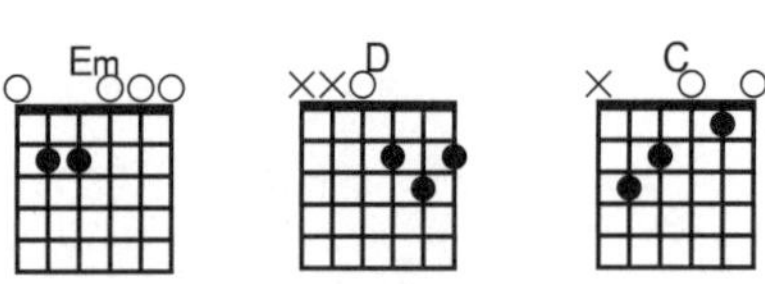

노래 Maroon 5
작사/작곡 Adam Levine 외 2명

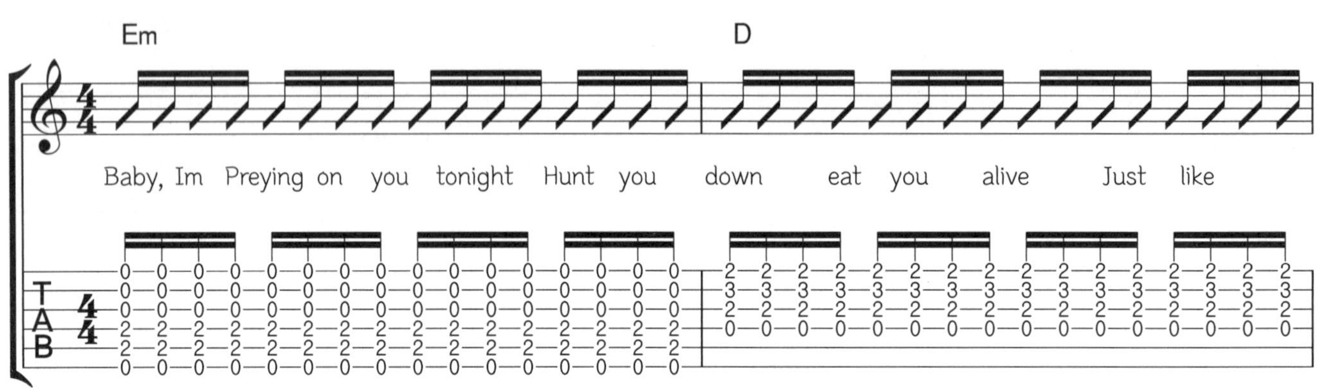

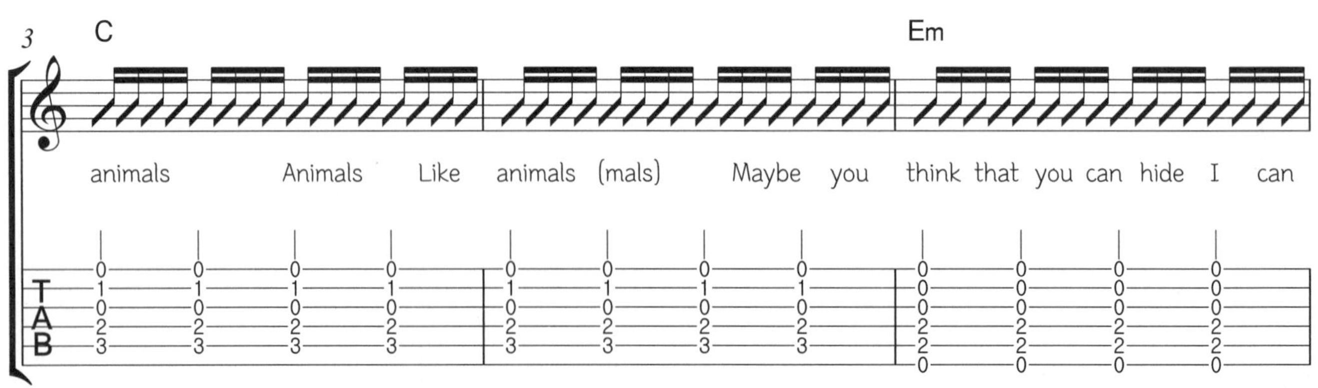

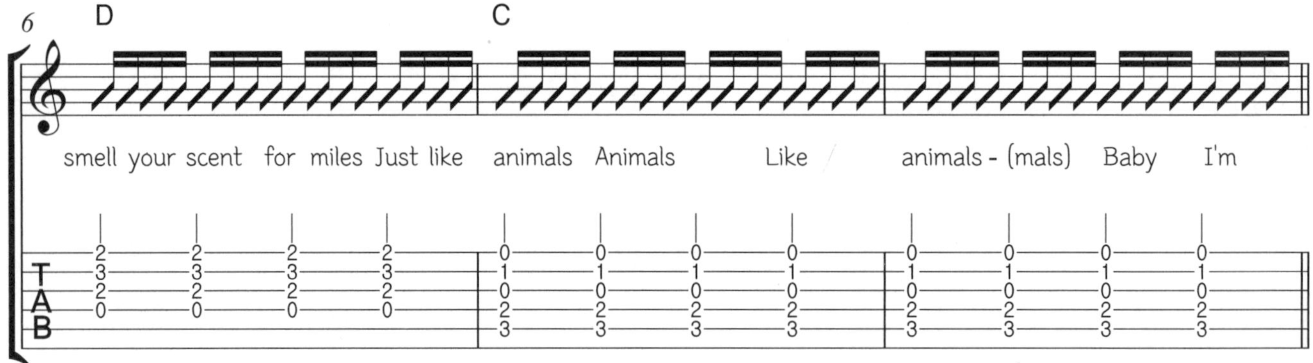

A
9
Em
D
C
So what you trying to do to me It's like we can't stop, We're enemies But we get along when I'm inside
T
A
B
0
0
0
2
2
0
2
3
2
0
0
1
0
2
3

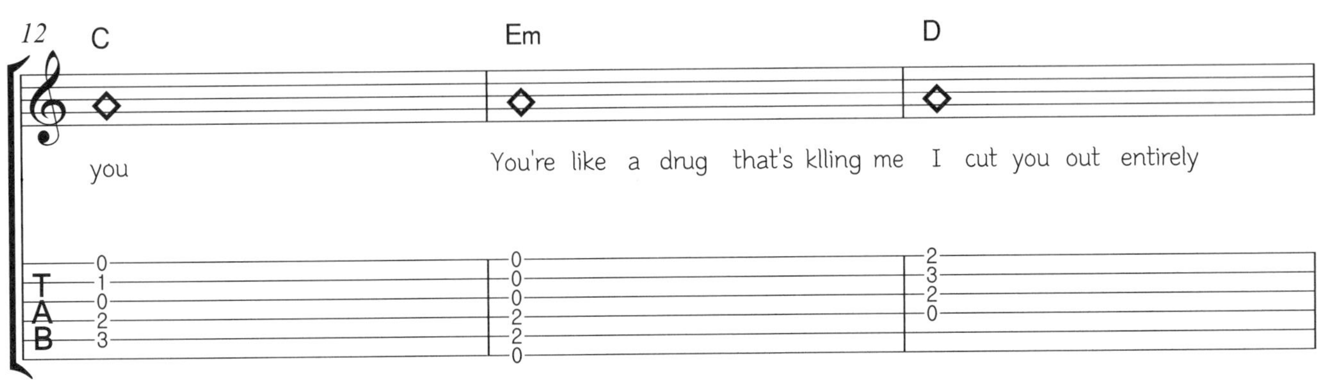
12
C
Em
D
you
You're like a drug that's klling me I cut you out entirely
T
A
B
0
1
0
2
3
0
0
0
2
2
0
2
3
2
0

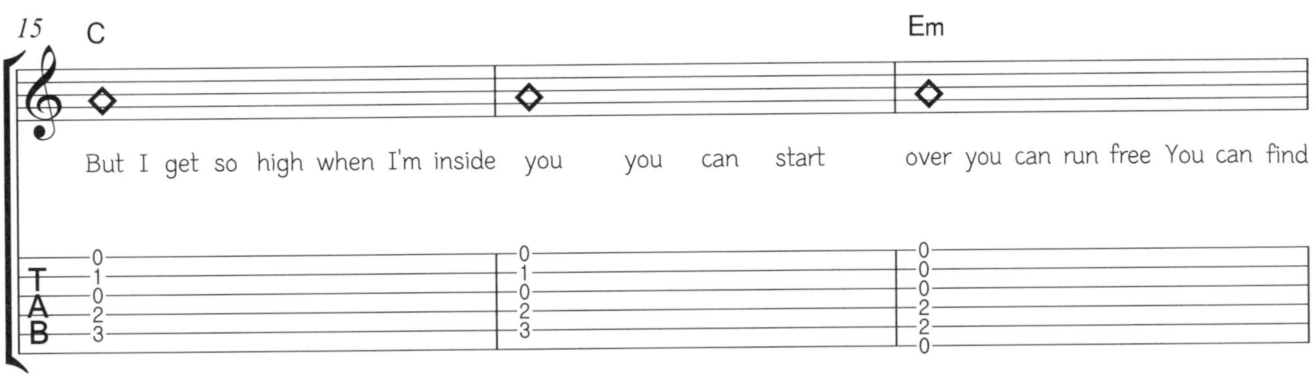
15
C
Em
But I get so high when I'm inside you you can start over you can run free You can find
T
A
B
0
1
0
2
3
0
1
0
2
3
0
0
0
2
2
0

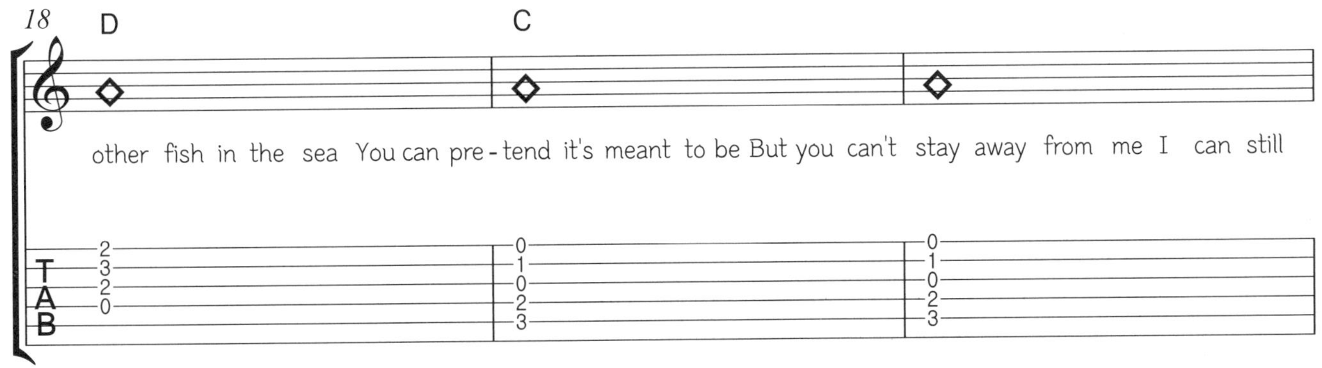
18
D
C
other fish in the sea You can pre - tend it's meant to be But you can't stay away from me I can still
T
A
B
2
3
2
0
0
1
0
2
3
0
1
0
2
3

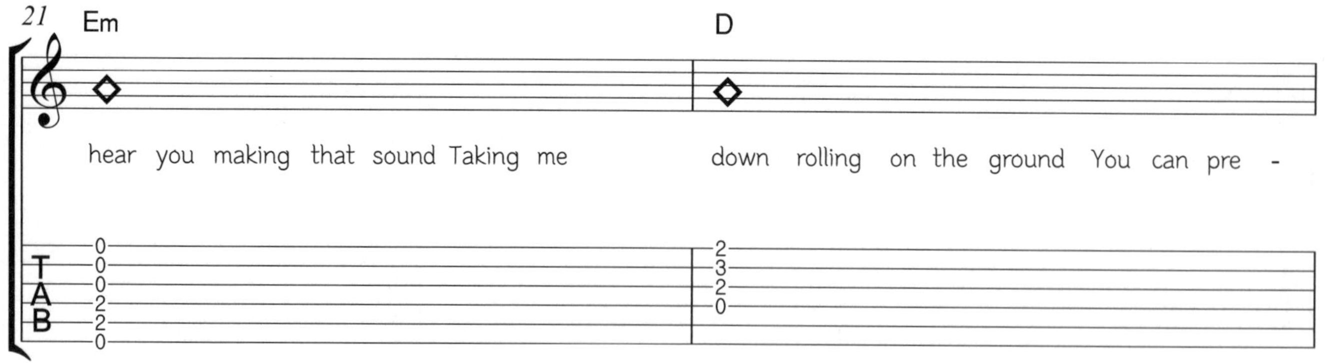
21
Em
D
hear you making that sound Taking me
down rolling on the ground You can pre -

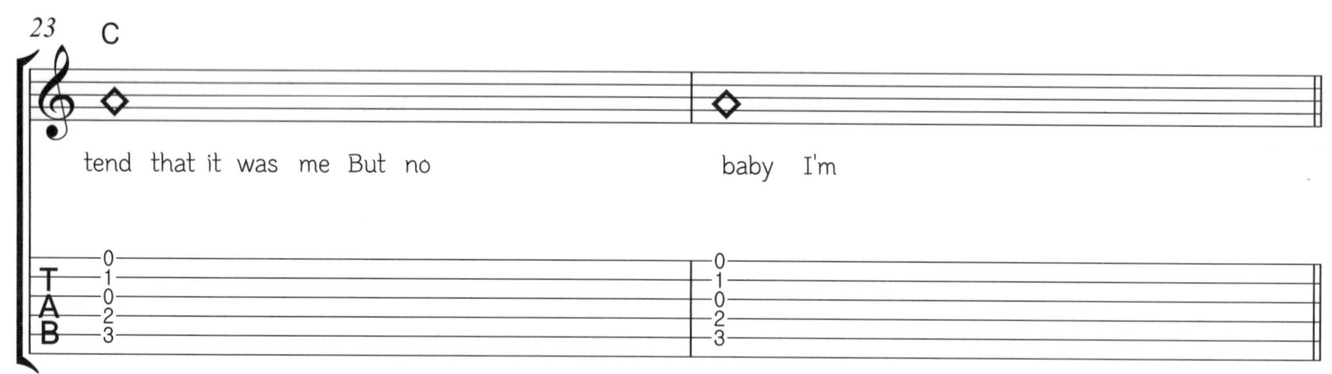
23
C
tend that it was me But no
baby I'm

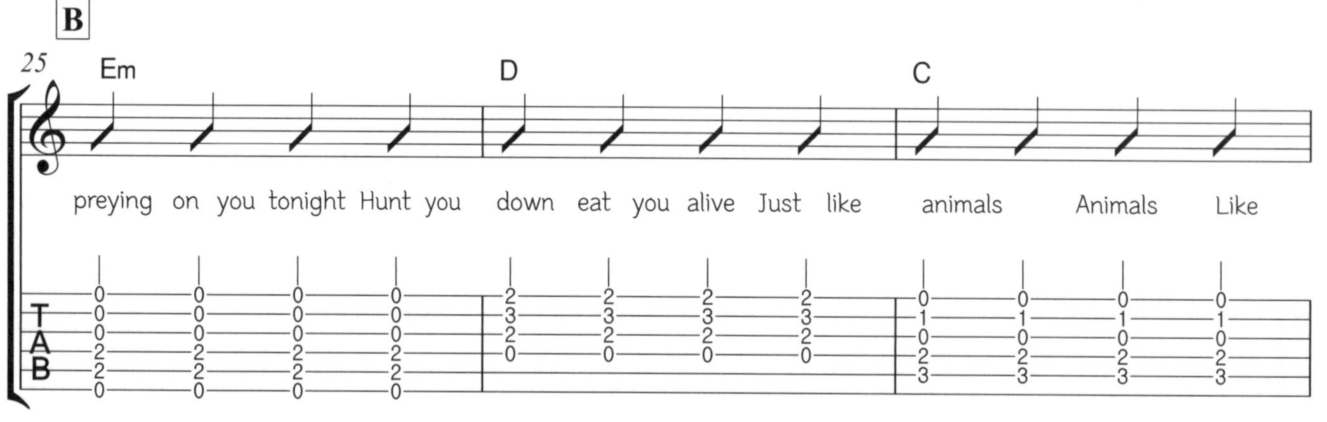
B
25
Em
D
C
preying on you tonight Hunt you
down eat you alive Just like
animals Animals Like

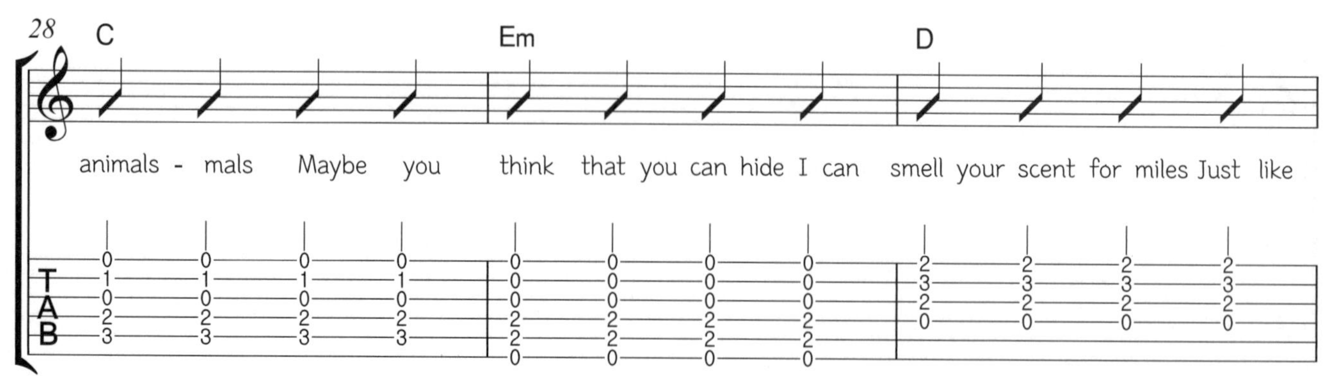
28
C
Em
D
animals - mals Maybe you
think that you can hide I can
smell your scent for miles Just like

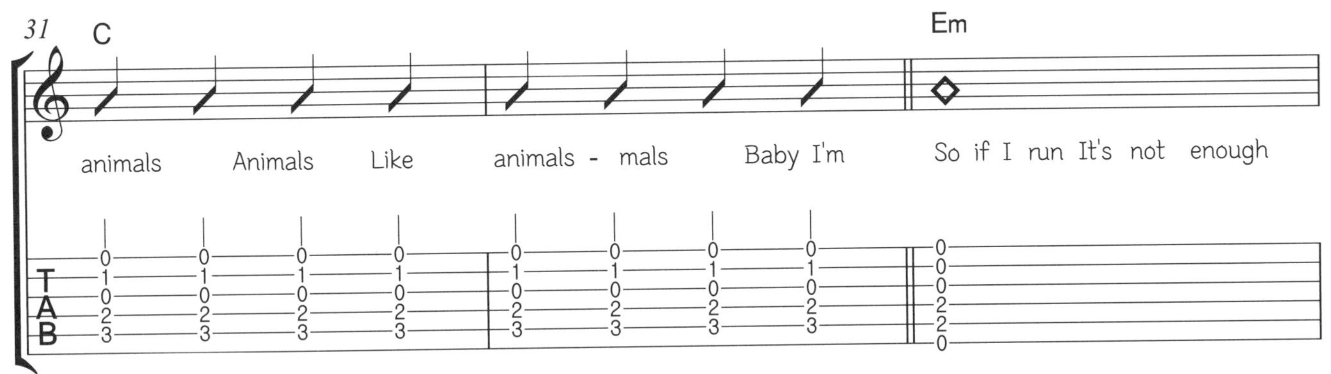
31
C
Em
animals Animals Like animals - mals Baby I'm So if I run It's not enough

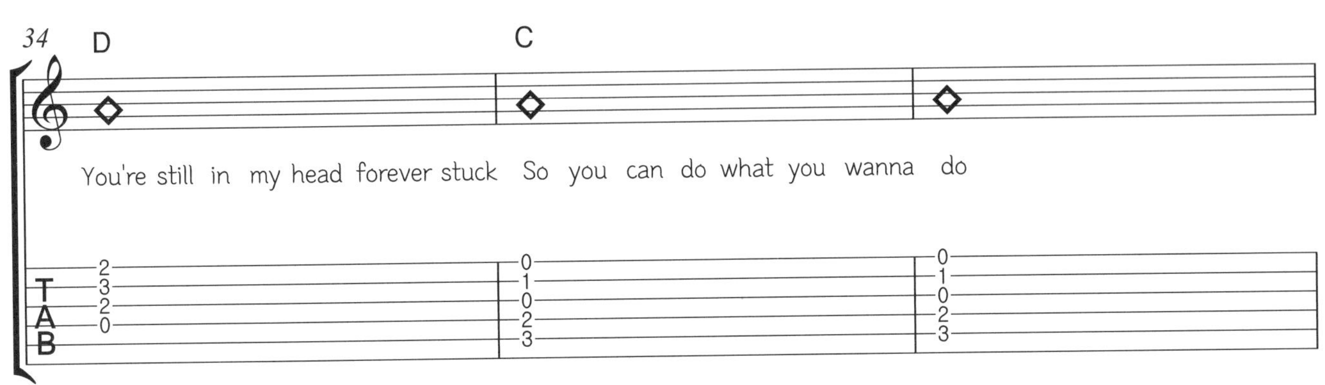
34
D
C
You're still in my head forever stuck So you can do what you wanna do

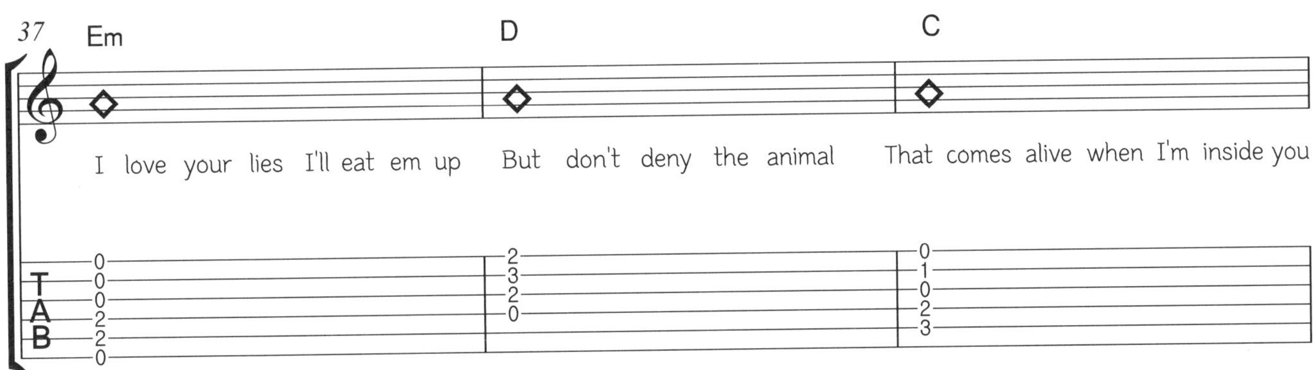
37
Em
D
C
I love your lies I'll eat em up But don't deny the animal That comes alive when I'm inside you

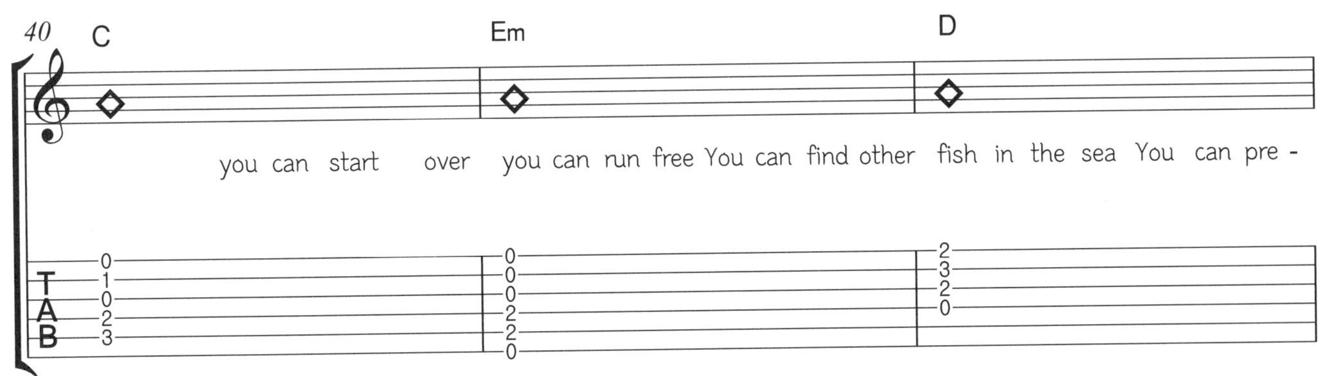
40
C
Em
D
you can start over you can run free You can find other fish in the sea You can pre -

43
C
Em
tend it's meant to be But you can't stay away from me I can still hear you making that sound Taking me

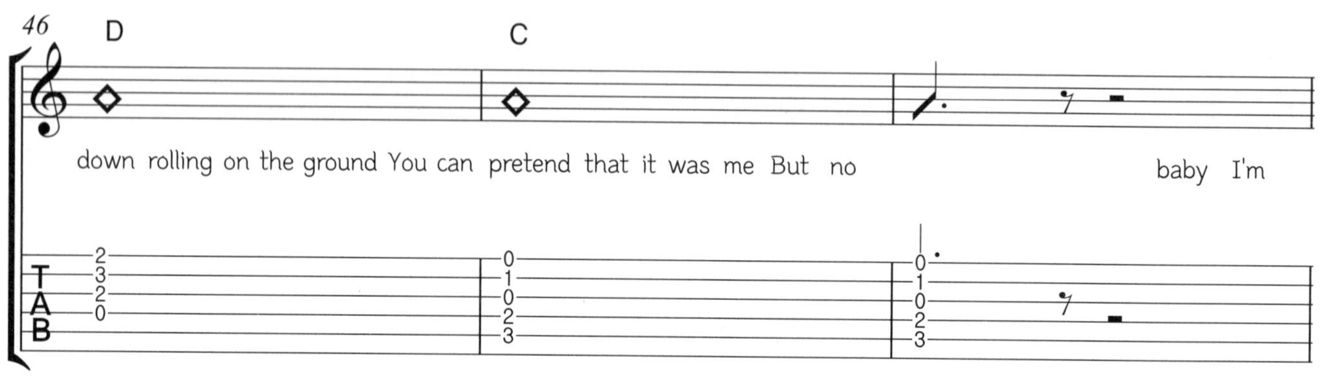
46
D
C
down rolling on the ground You can pretend that it was me But no baby I'm

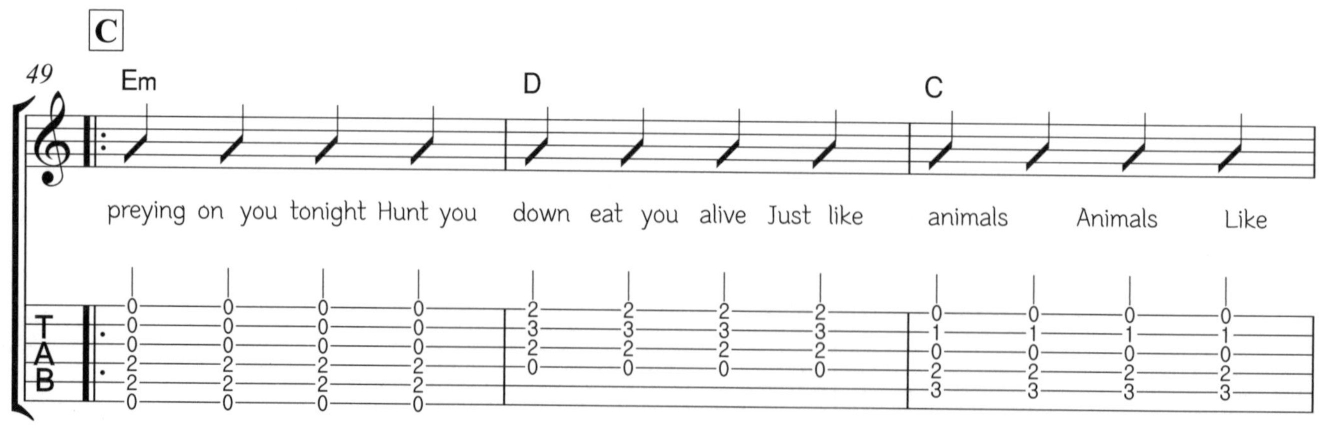
C
49
Em
D
C
preying on you tonight Hunt you down eat you alive Just like animals Animals Like

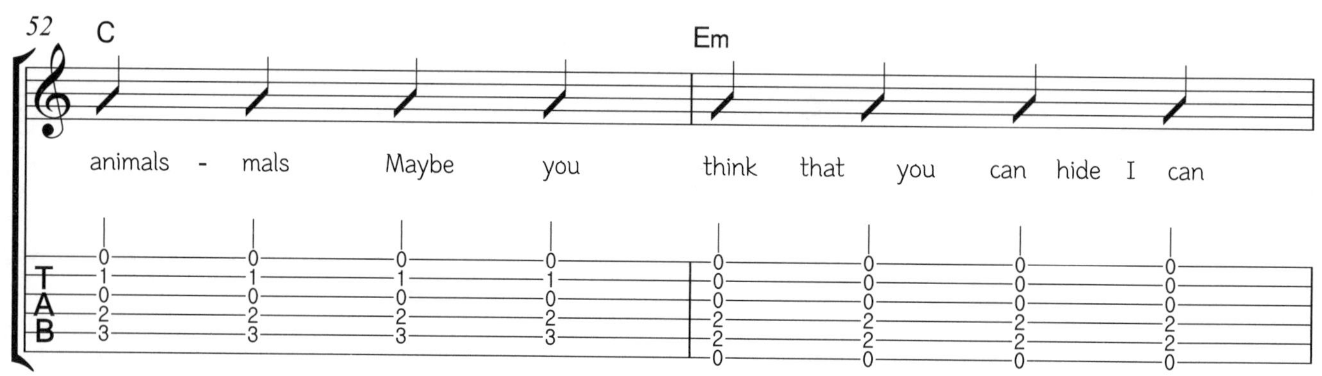
52
C
Em
animals - mals Maybe you think that you can hide I can

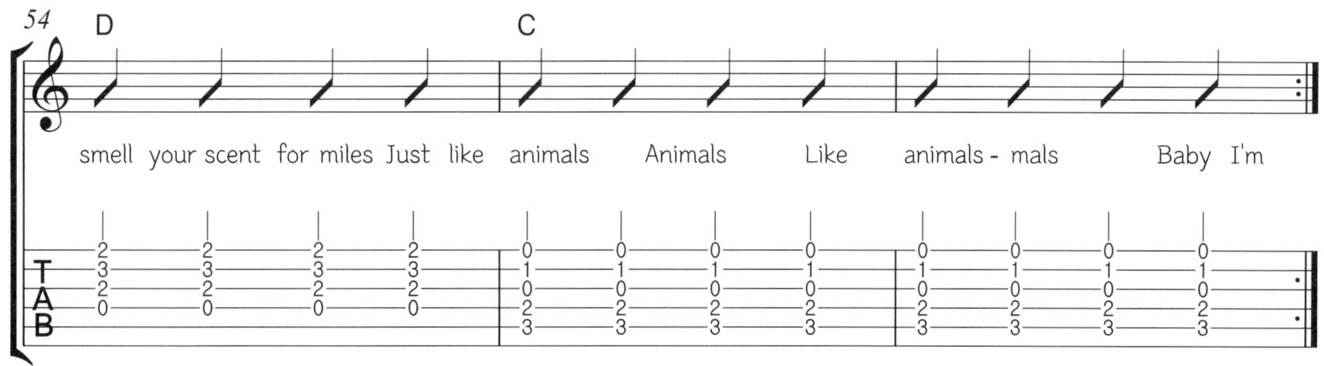
54
D
C
smell your scent for miles Just like animals Animals Like animals - mals Baby I'm
TAB

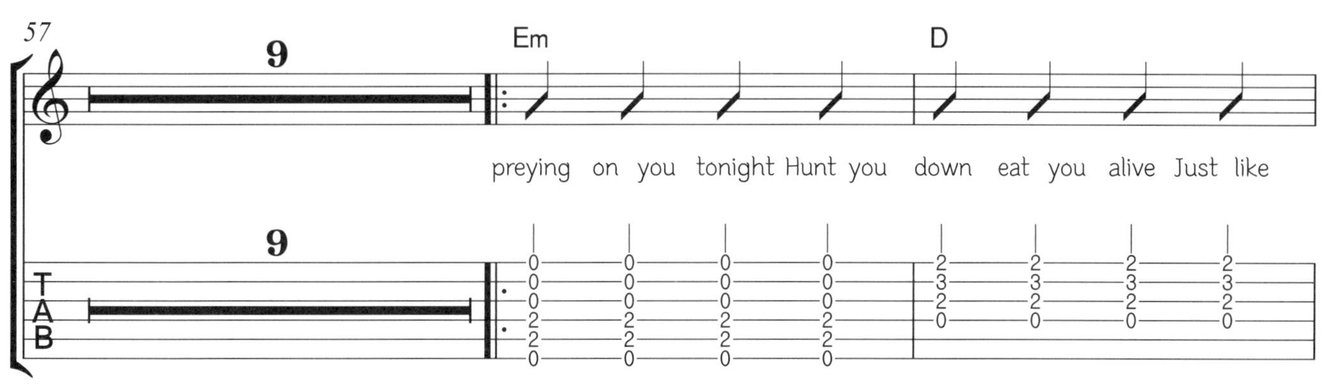
57
9
Em
D
preying on you tonight Hunt you down eat you alive Just like
TAB

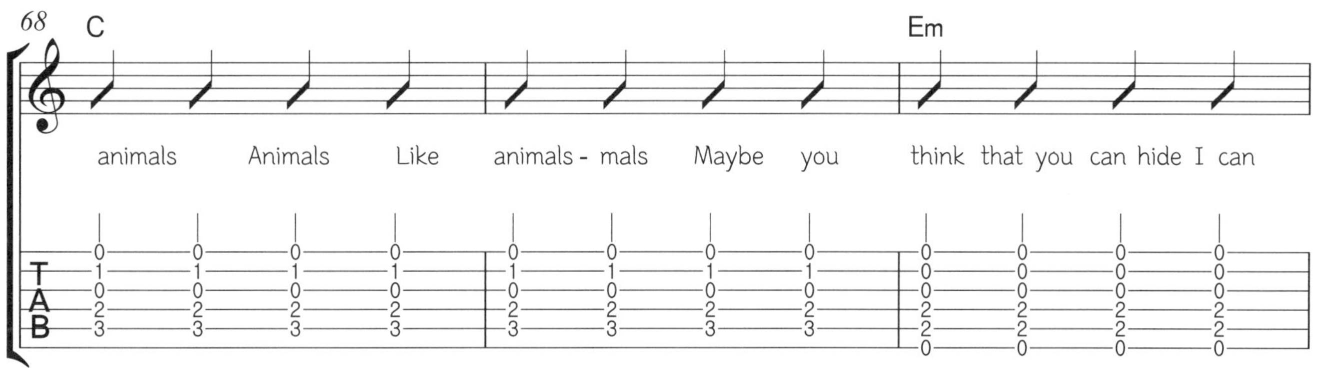
68
C
Em
animals Animals Like animals - mals Maybe you think that you can hide I can
TAB

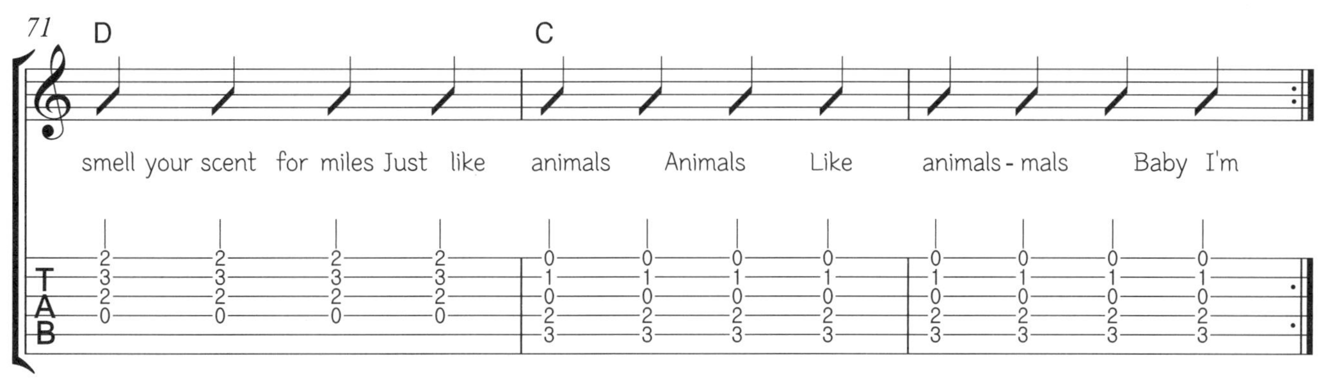
71
D
C
smell your scent for miles Just like animals Animals Like animals - mals Baby I'm
TAB

03

노래

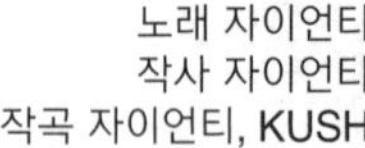

노래 자이언티
작사 자이언티
작곡 자이언티, KUSH

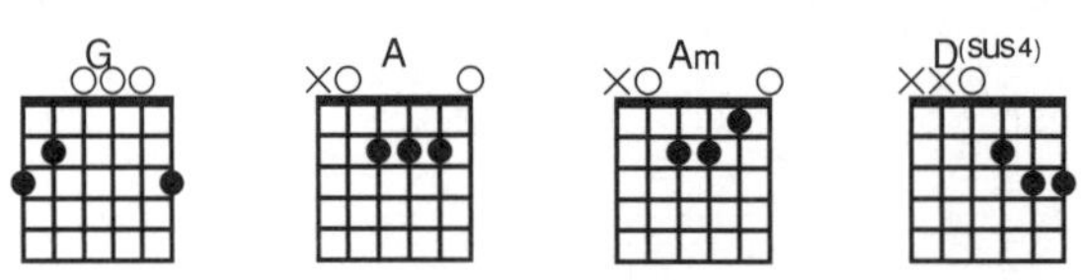

G
A
Am
D(SUS4)

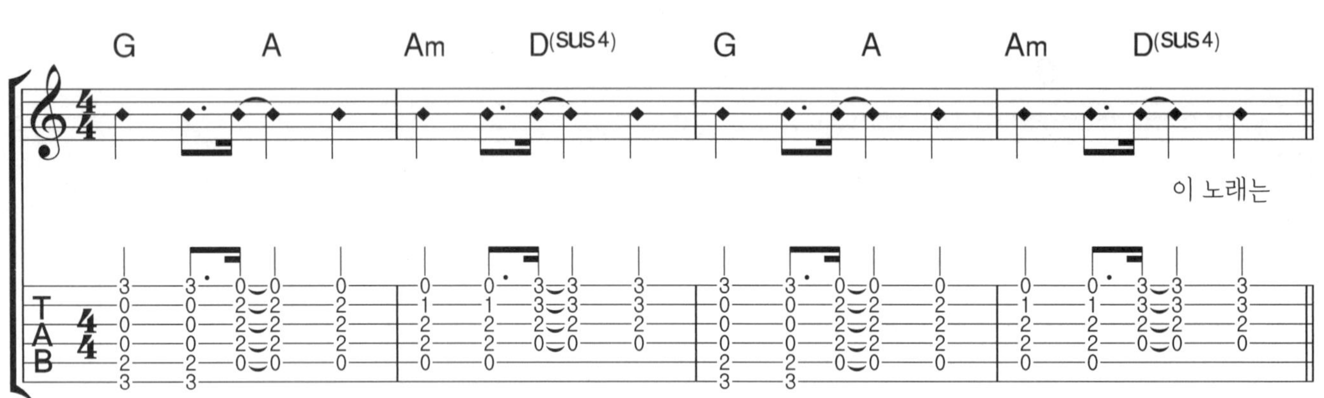

G A Am D(SUS4) G A Am D(SUS4)
이 노래는

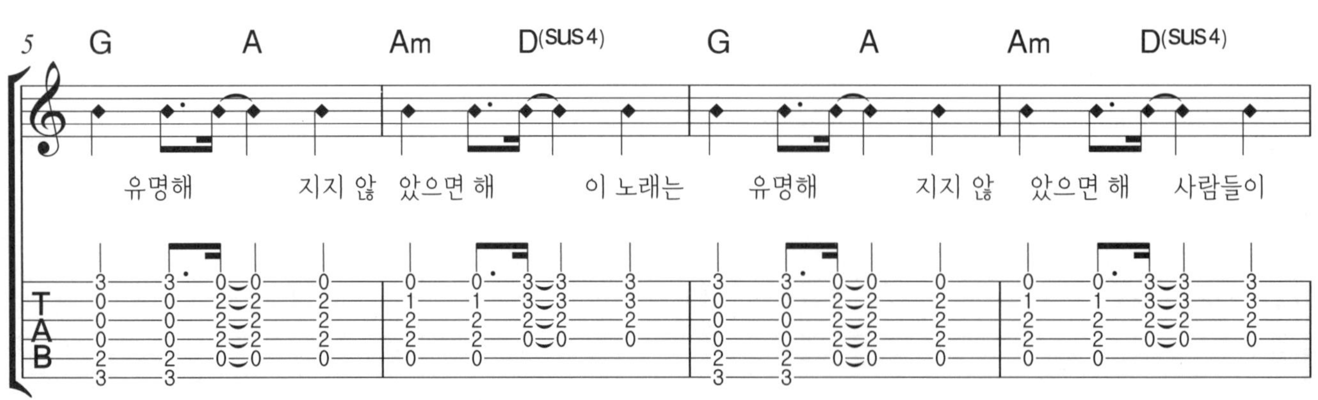

5
G A Am D(SUS4) G A Am D(SUS4)
유명해 지지 않 았으면 해 이 노래는 유명해 지지 않 았으면 해 사람들이

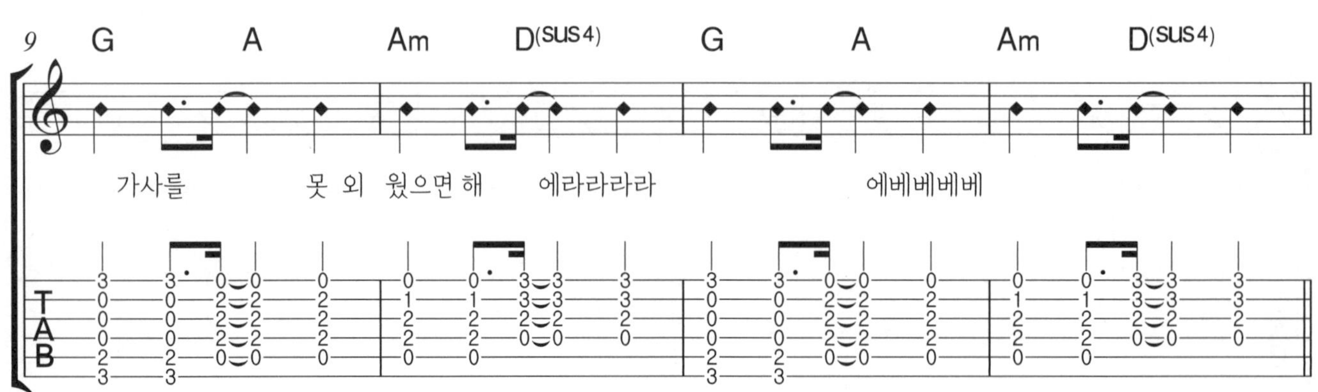

9
G A Am D(SUS4) G A Am D(SUS4)
가사를 못 외 웠으면 해 에라라라라 에베베베베

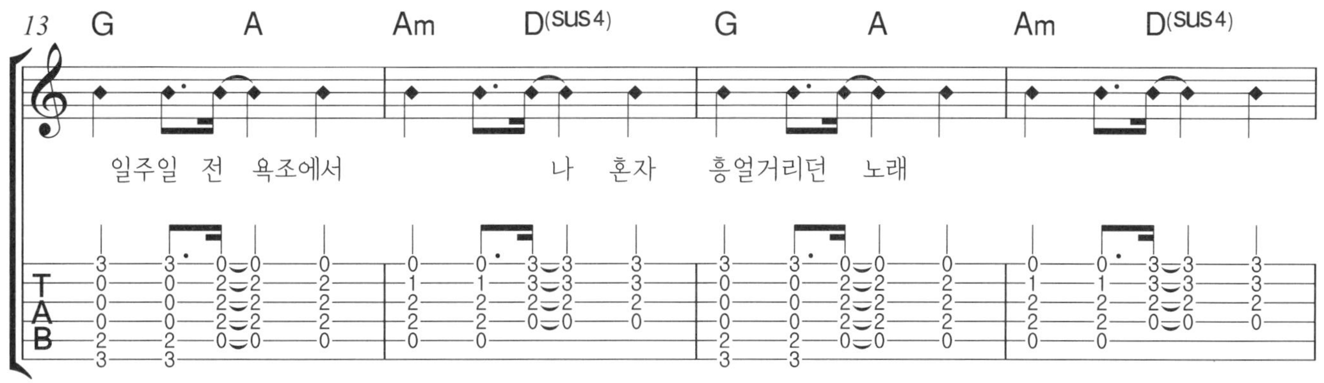
13
G A Am D(SUS4) G A Am D(SUS4)
일주일 전 욕조에서 나 혼자 흥얼거리던 노래
TAB

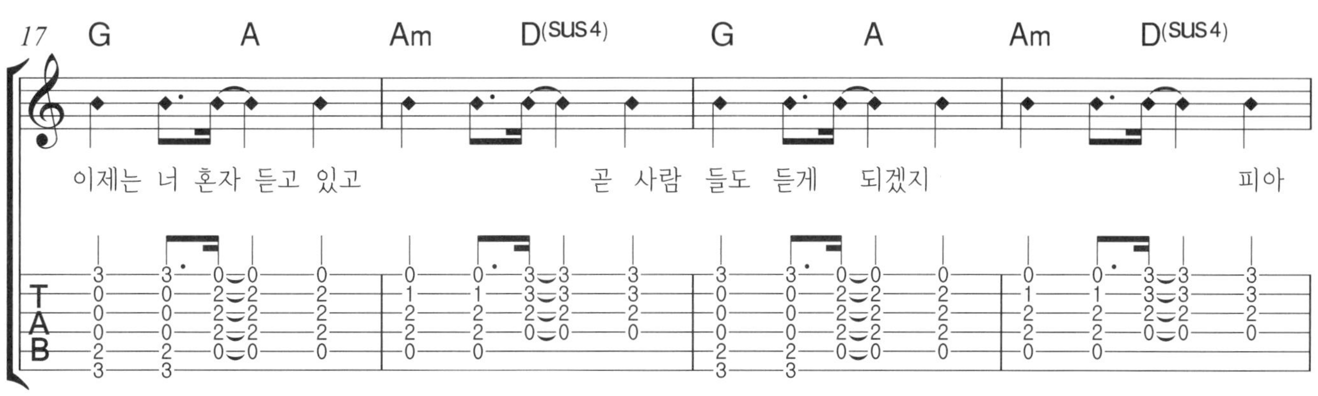
17
G A Am D(SUS4) G A Am D(SUS4)
이제는 너 혼자 듣고 있고 곧 사람 들도 듣게 되겠지 피아
TAB

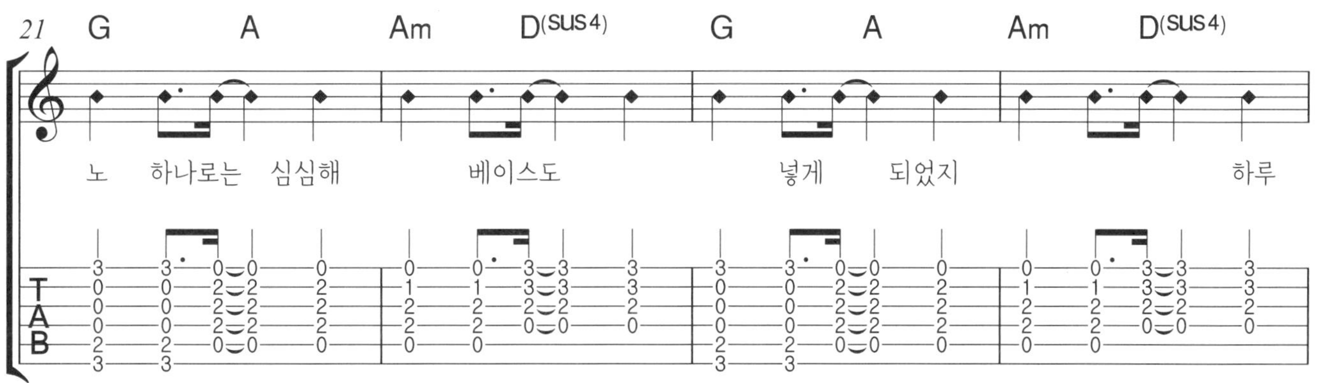
21
G A Am D(SUS4) G A Am D(SUS4)
노 하나로는 심심해 베이스도 넣게 되었지 하루
TAB

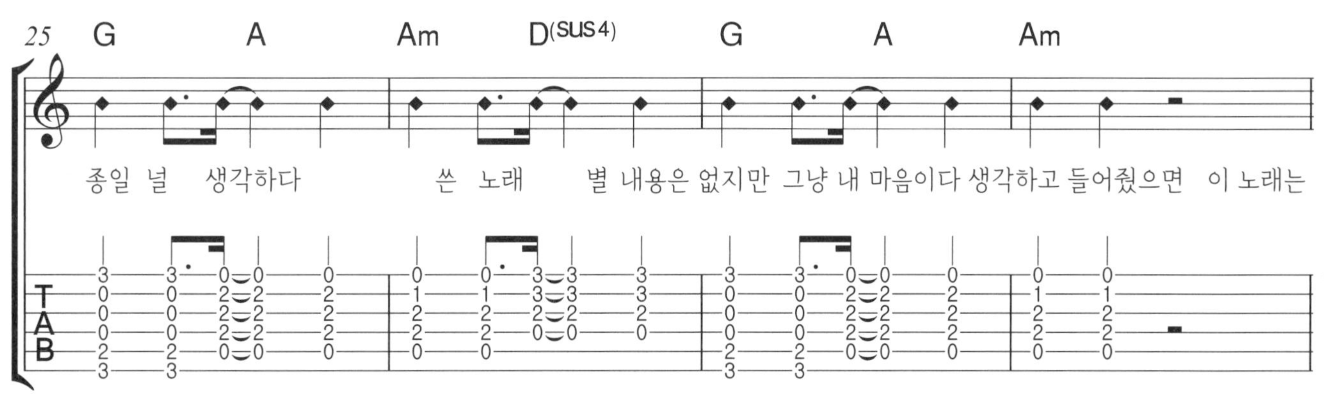
25
G A Am D(SUS4) G A Am
종일 널 생각하다 쓴 노래 별 내용은 없지만 그냥 내 마음이다 생각하고 들어줬으면 이 노래는
TAB

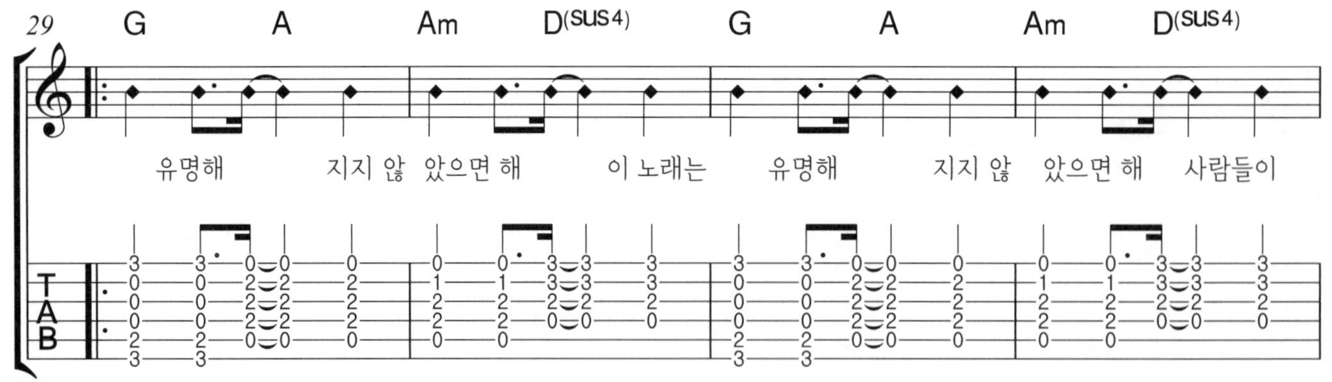
29
G A Am D(SUS4) G A Am D(SUS4)
유명해 지지 않 았으면 해 이 노래는 유명해 지지 않 았으면 해 사람들이

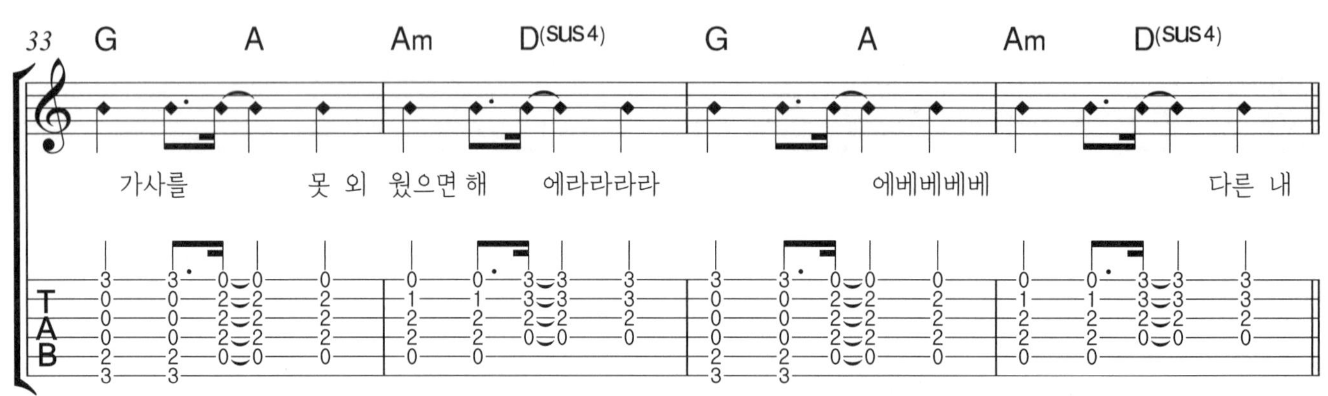
33
G A Am D(SUS4) G A Am D(SUS4)
가사를 못 외 웠으면 해 에라라라라 에베베베베 다른 내

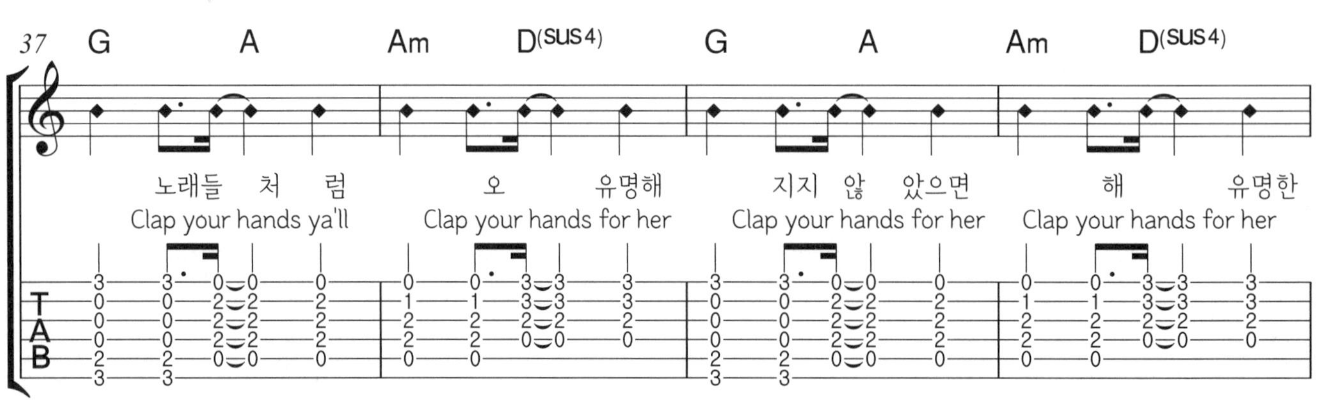
37
G A Am D(SUS4) G A Am D(SUS4)
노래들 처 럼 오 유명해 지지 않 았으면 해 유명한
Clap your hands ya'll Clap your hands for her Clap your hands for her Clap your hands for her

41
G A Am D(SUS4) G A Am D(SUS4)
어떤 곡 들처럼 금방 잊혀지지 않기를
Clap your hands for her Clap your hands for her It's your song

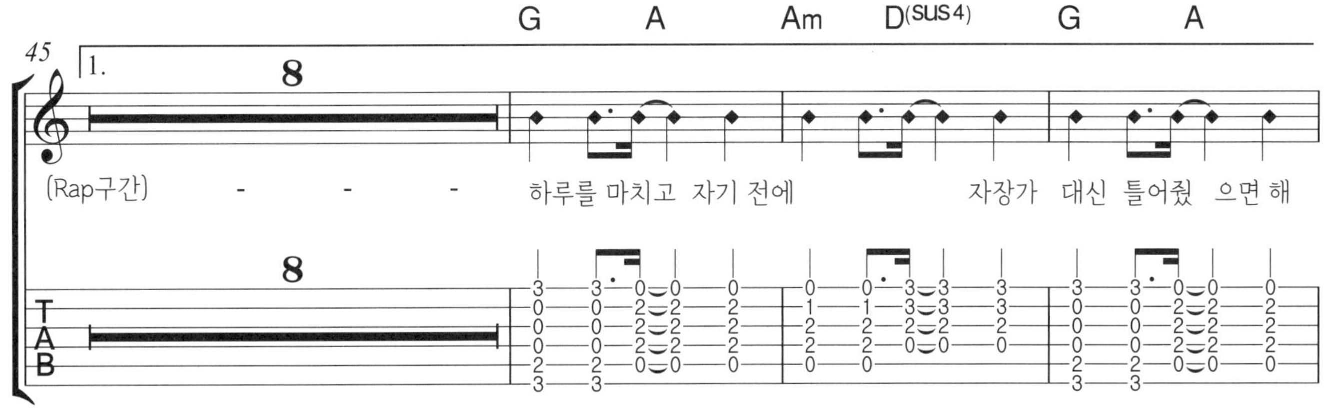
G A Am D(sus4) G A
45
1.
8
(Rap구간) - - -
하루를 마치고 자기 전에 자장가 대신 틀어줬 으면 해
TAB
8

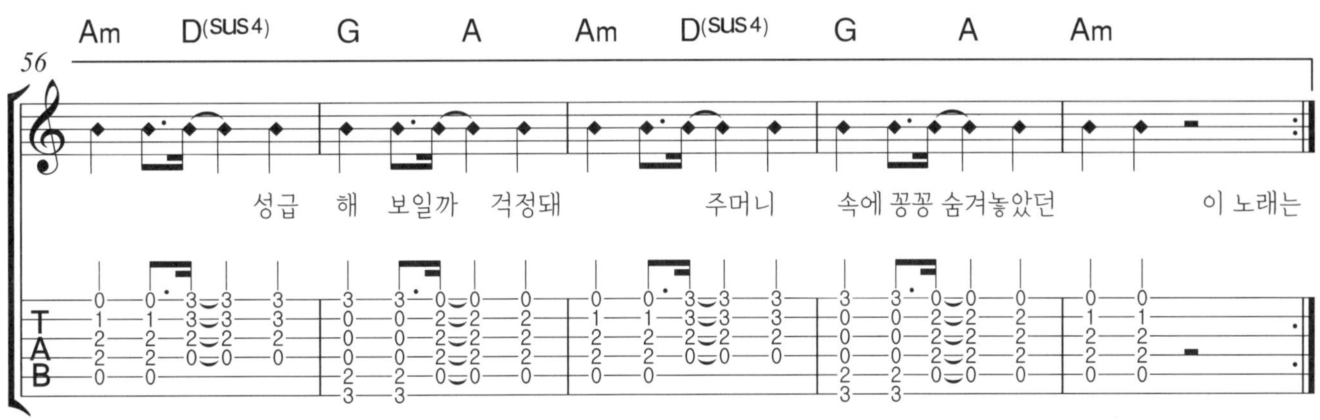
Am D(sus4) G A Am D(sus4) G A Am
56
성급 해 보일까 걱정돼 주머니 속에 꽁꽁 숨겨놓았던 이 노래는
TAB

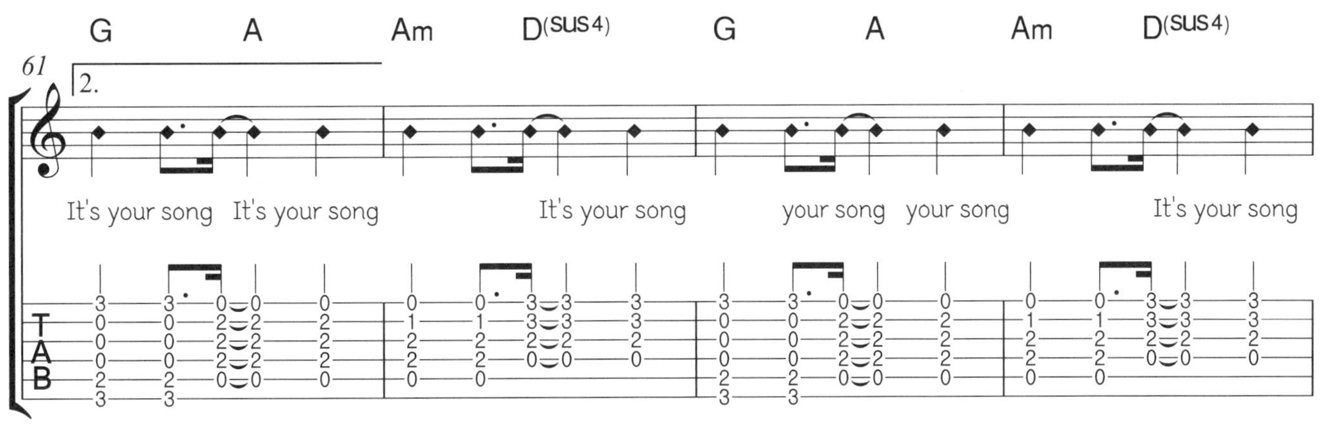
G A Am D(sus4) G A Am D(sus4)
61
2.
It's your song It's your song It's your song your song your song It's your song
TAB

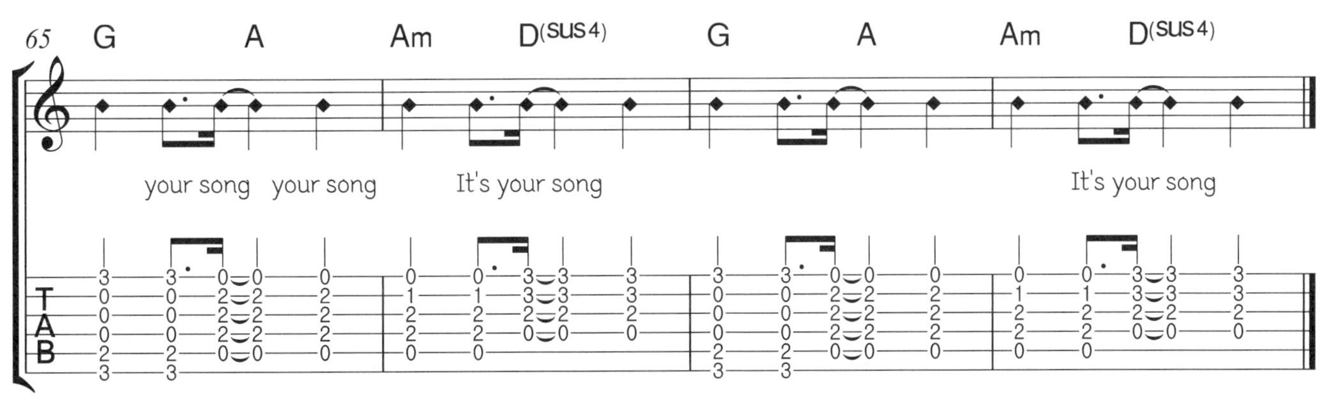
65
G A Am D(sus4) G A Am D(sus4)
your song your song It's your song It's your song
TAB

04 Imagine

노래 John Lennon
작사/작곡 John Lennon

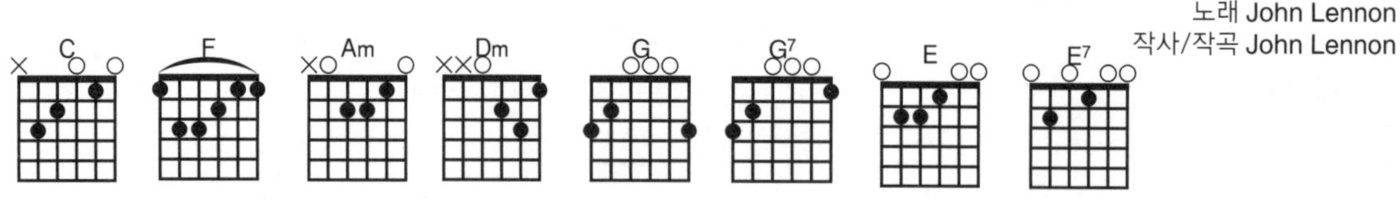

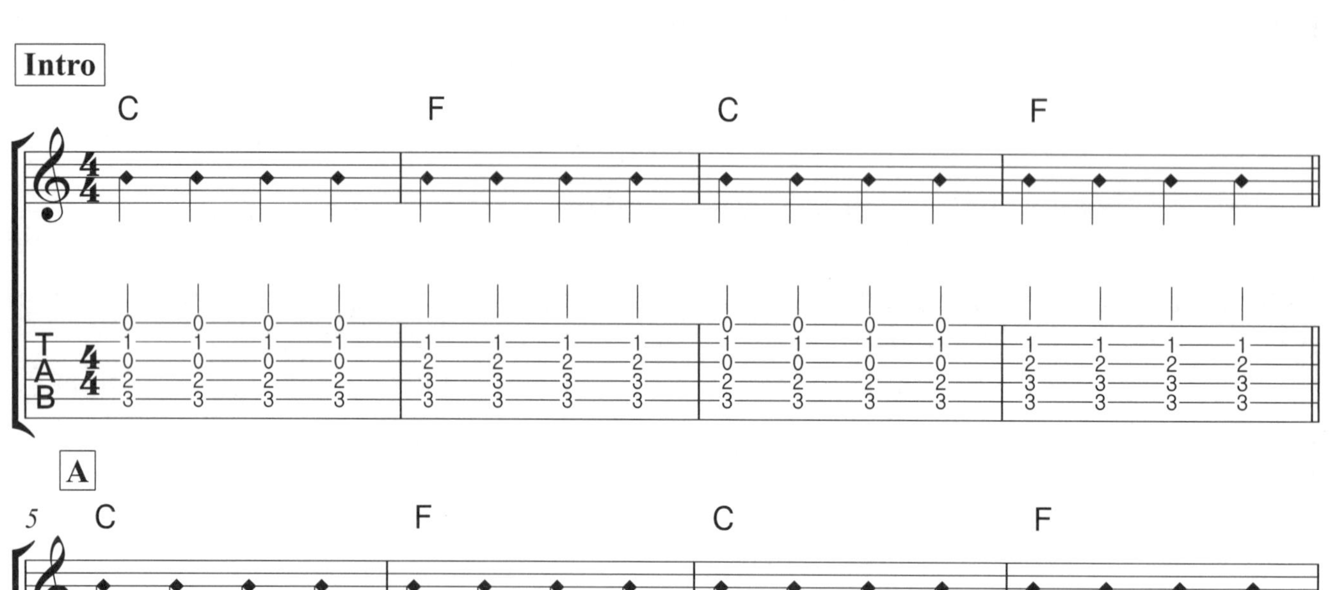

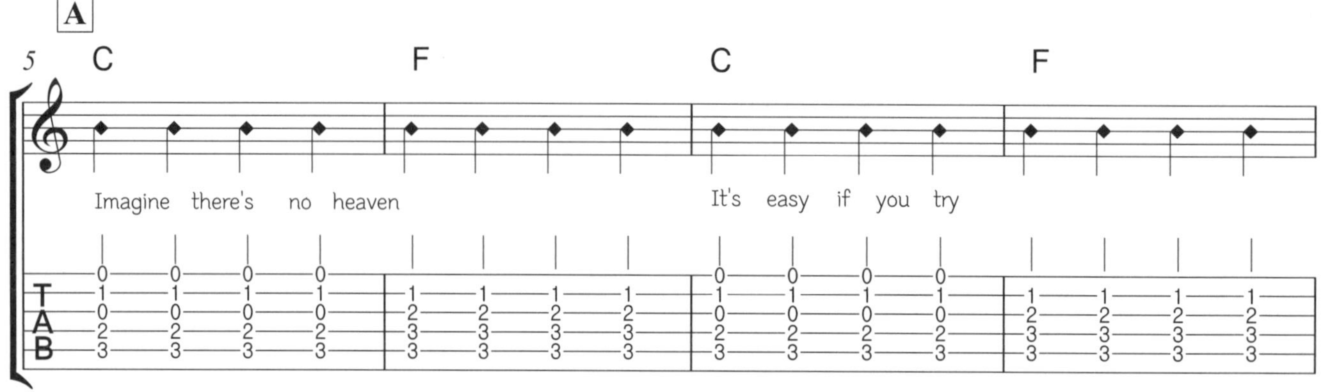

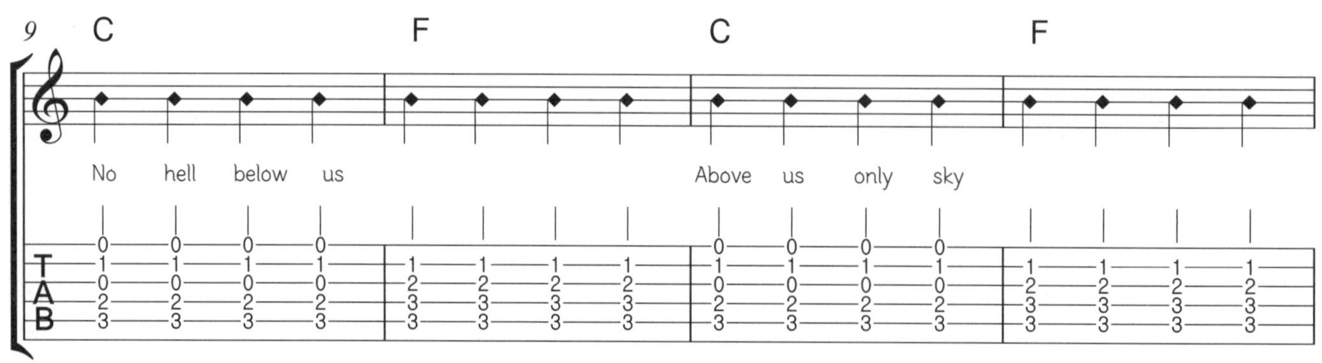

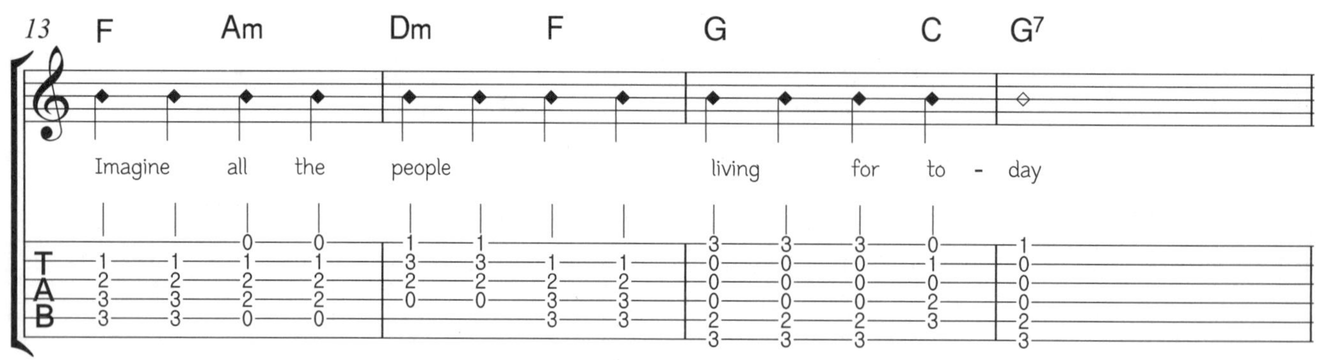

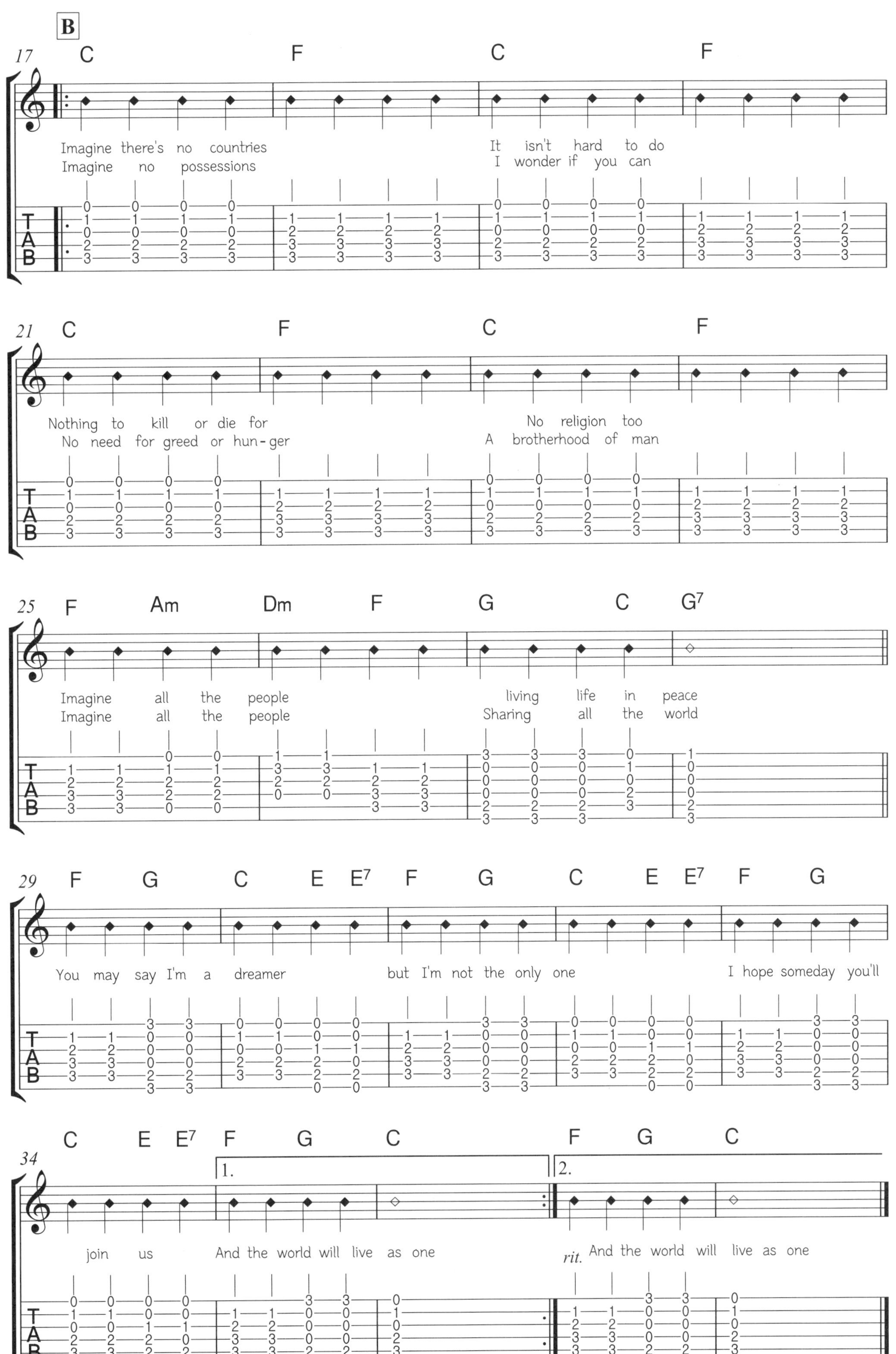
B
C F C F
Imagine there's no countries
It isn't hard to do
Imagine no possessions
I wonder if you can
C F C F
Nothing to kill or die for
No religion too
No need for greed or hun-ger
A brotherhood of man
F Am Dm F G C G7
Imagine all the people
living life in peace
Imagine all the people
Sharing all the world
F G C E E7 F G C E E7 F G
You may say I'm a dreamer
but I'm not the only one
I hope someday you'll
C E E7 F G C F G C
1.
2.
join us
And the world will live as one
rit.
And the world will live as one

05

벚꽃 엔딩

노래 버스커 버스커
작사/작곡 장범준

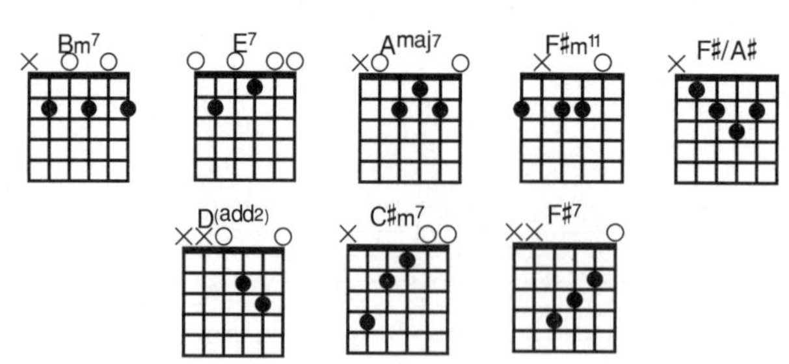

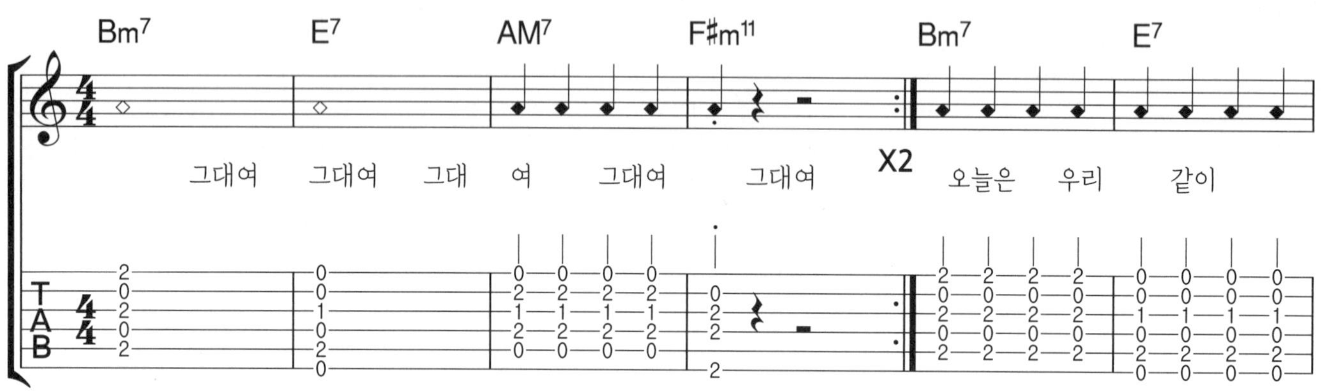

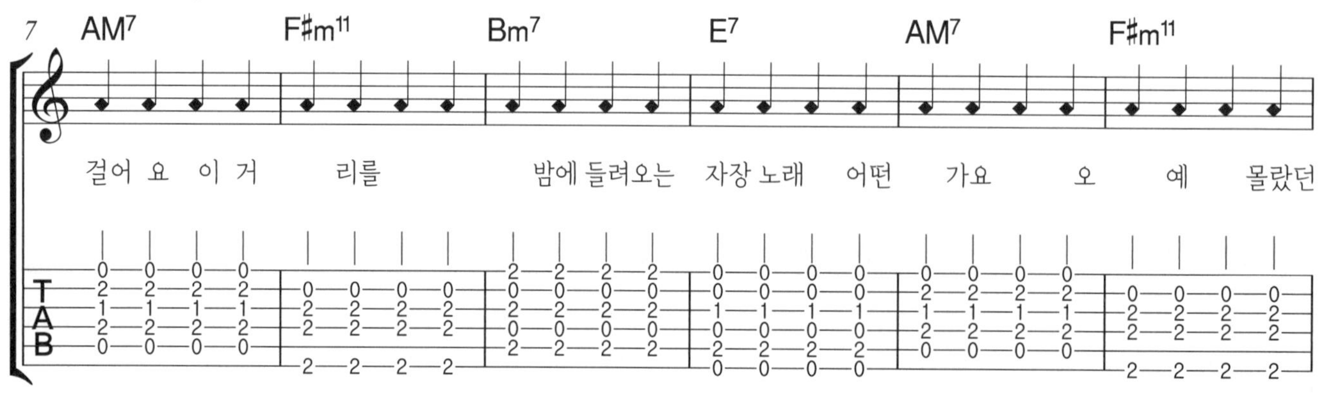

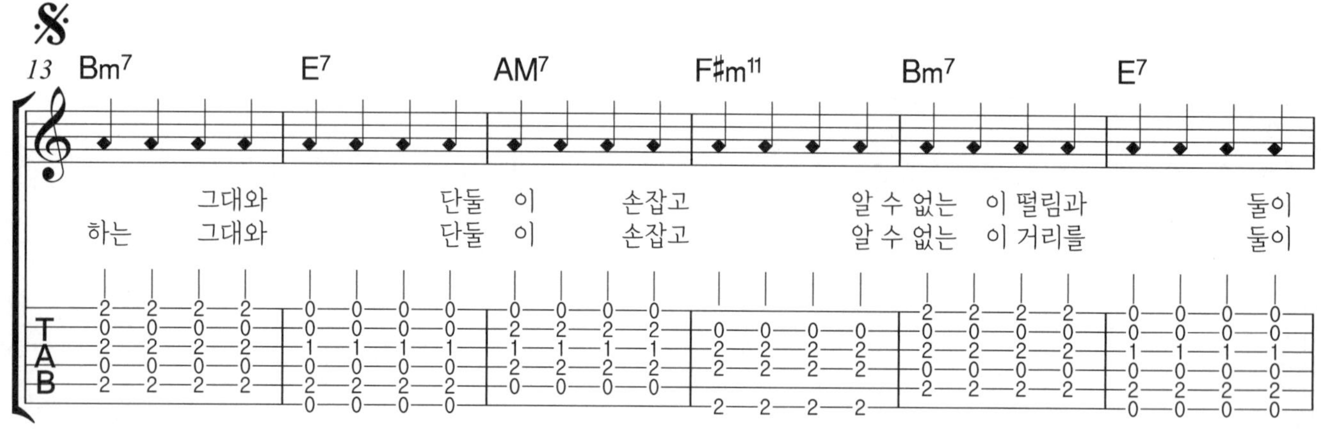

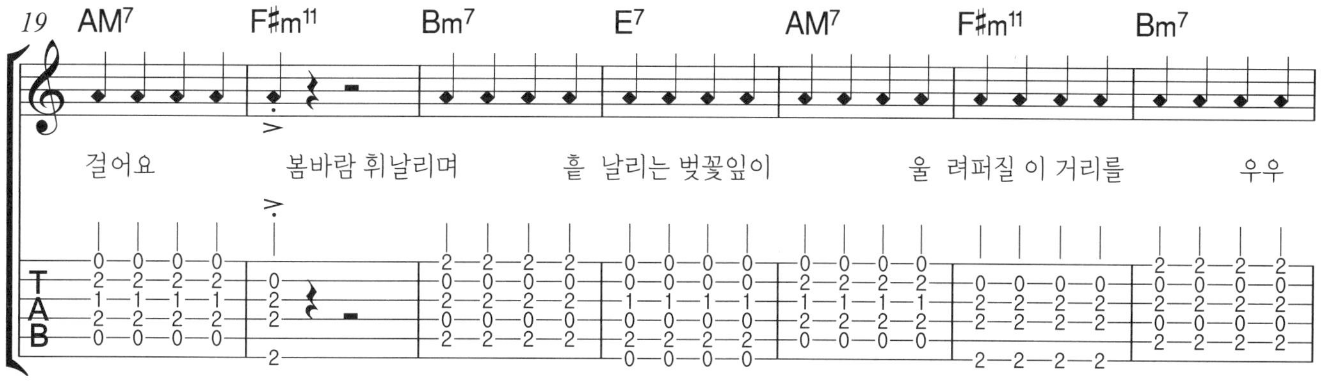
19
AM7 F#m11 Bm7 E7 AM7 F#m11 Bm7
걸어요 봄바람 휘날리며 흩 날리는 벚꽃잎이 울 려퍼질 이 거리를 우우
TAB

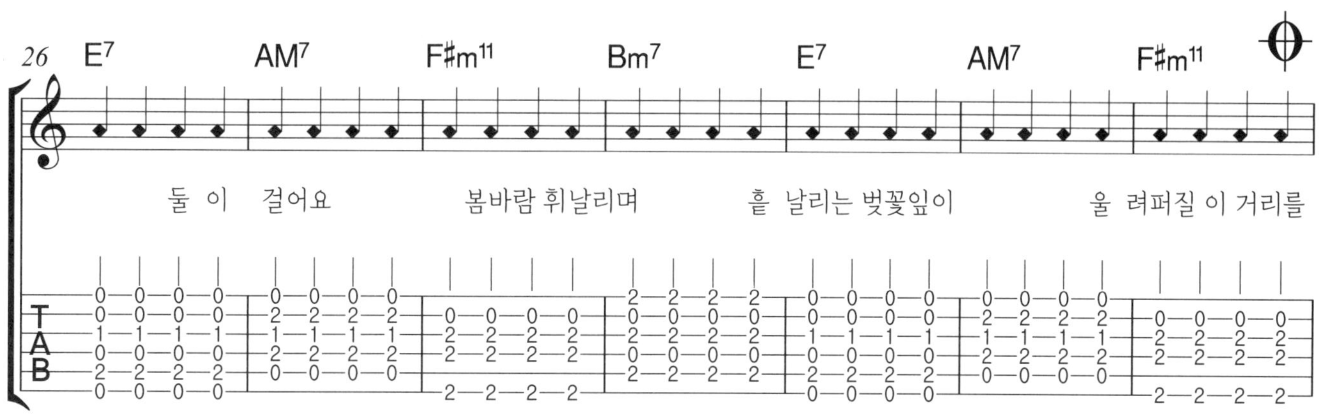
26
E7 AM7 F#m11 Bm7 E7 AM7 F#m11
둘 이 걸어요 봄바람 휘날리며 흩 날리는 벚꽃잎이 울 려퍼질 이 거리를
TAB

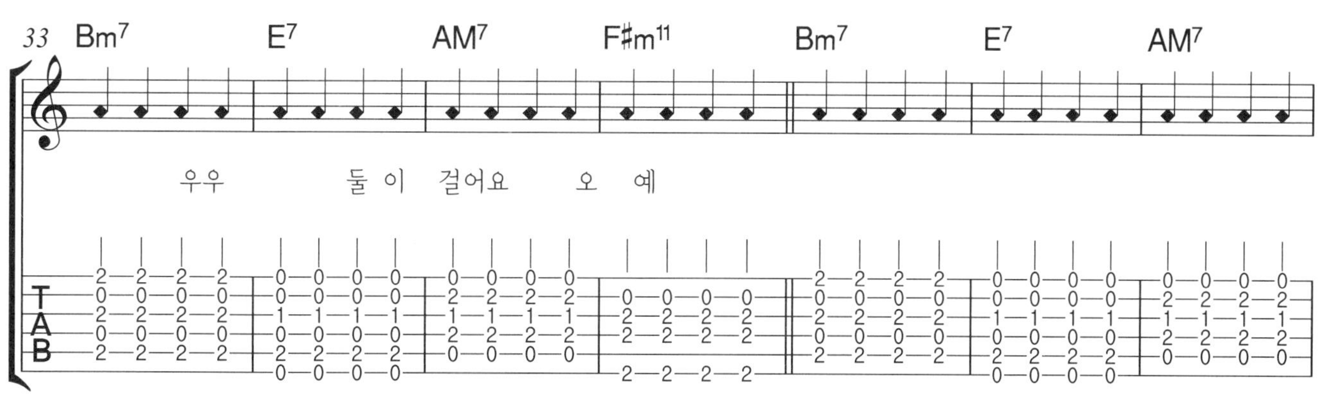
33
Bm7 E7 AM7 F#m11 Bm7 E7 AM7
우우 둘 이 걸어요 오 예
TAB

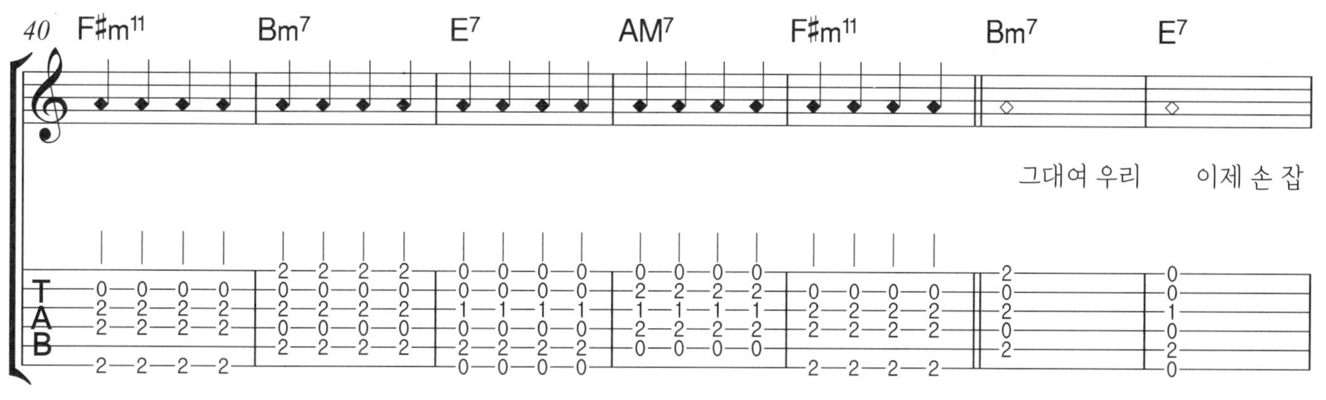
40
F#m11 Bm7 E7 AM7 F#m11 Bm7 E7
그대여 우리 이제 손 잡
TAB

47
AM7 F#m11 Bm7 E7 AM7 F#m11
아요 이 거 리에 마침 들려오는 사랑 노래 어떤 가요 오 예 사랑
TAB

D.S. al Coda

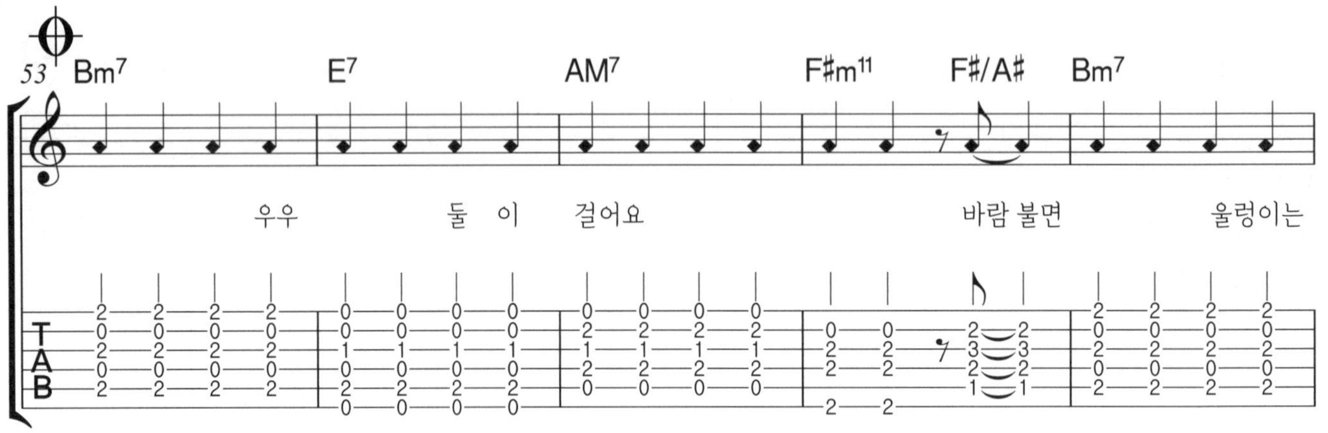
53
Bm7 E7 AM7 F#m11 F#/A# Bm7
우우 둘 이 걸어요 바람 불면 울렁이는
TAB

58
E7 AM7 F#m11 Bm7 E7
기분 탓에 나도 모르게 바람 불면 저편에서 그대여
TAB

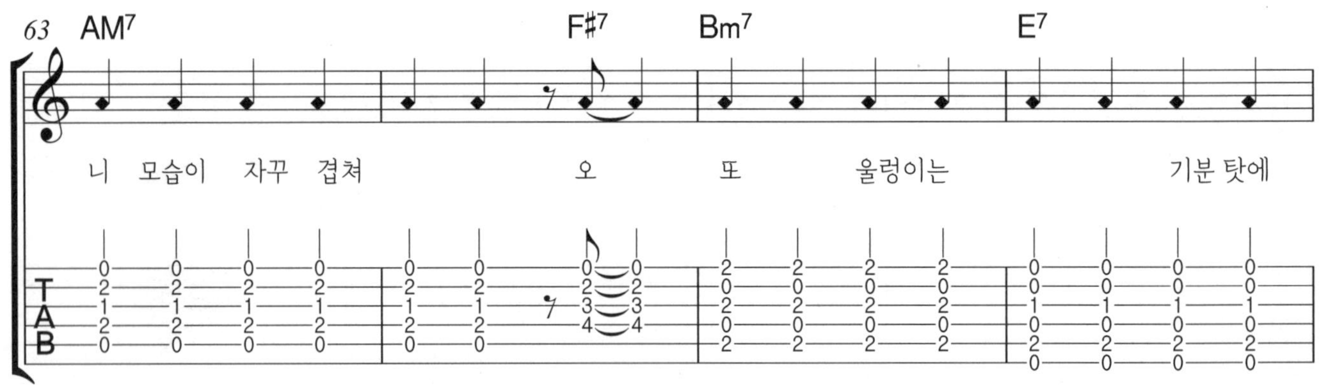
63
AM7 F#7 Bm7 E7
니 모습이 자꾸 겹쳐 오 또 울렁이는 기분 탓에
TAB

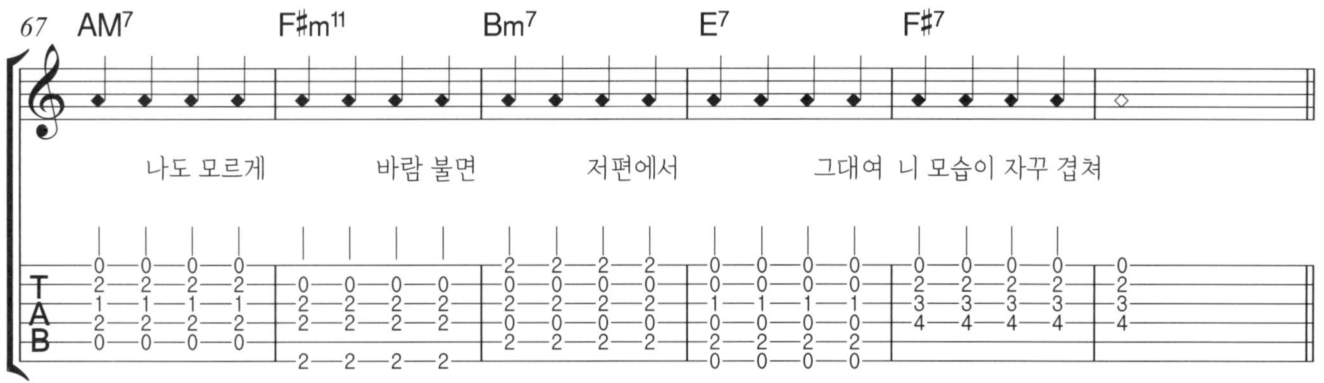
67
AM7
F♯m11
Bm7
E7
F♯7
나도 모르게
바람 불면
저편에서
그대여 니 모습이 자꾸 겹쳐

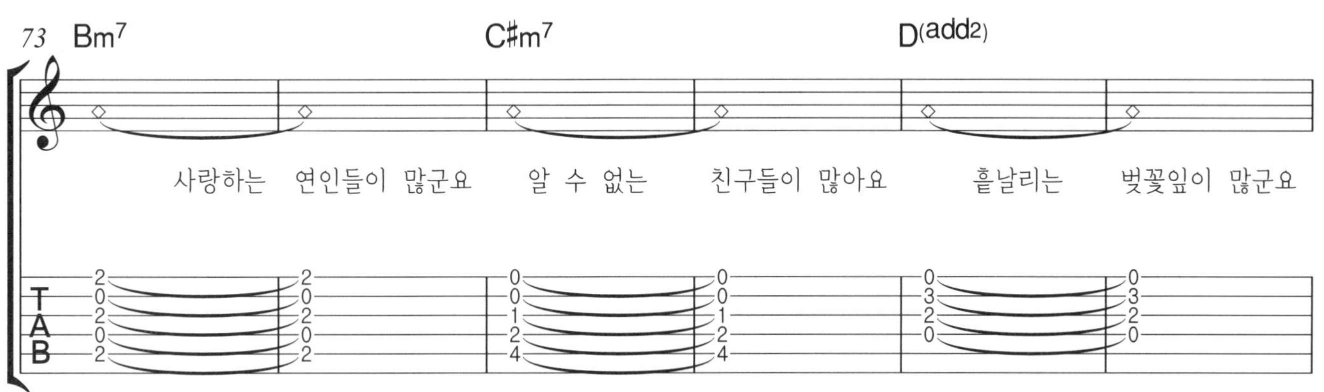
73
Bm7
C♯m7
D(add2)
사랑하는
연인들이 많군요
알 수 없는
친구들이 많아요
흩날리는
벚꽃잎이 많군요

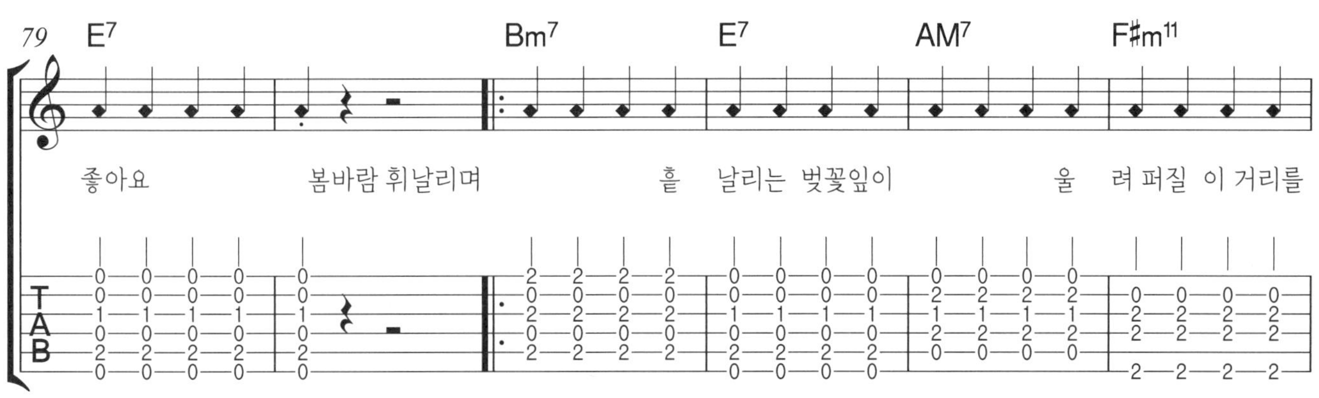
79
E7
Bm7
E7
AM7
F♯m11
좋아요
봄바람 휘날리며
흩
날리는 벚꽃잎이
울
려 퍼질 이 거리를

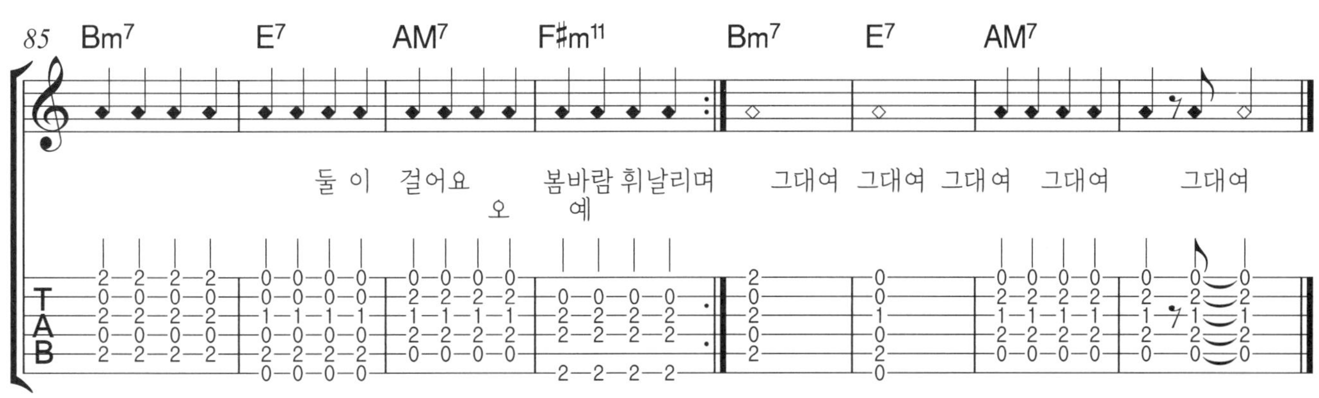
85
Bm7
E7
AM7
F♯m11
Bm7
E7
AM7
둘 이
걸어요
봄바람 휘날리며
오
예
그대여 그대여 그대여
그대여
그대여

06

DINOSAUR

노래 AKMU
작사 이찬혁
작곡 이찬혁, 로빈

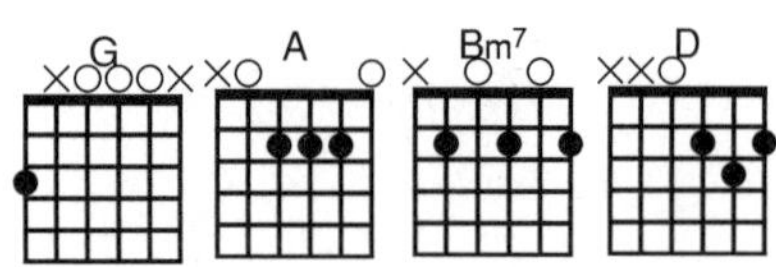

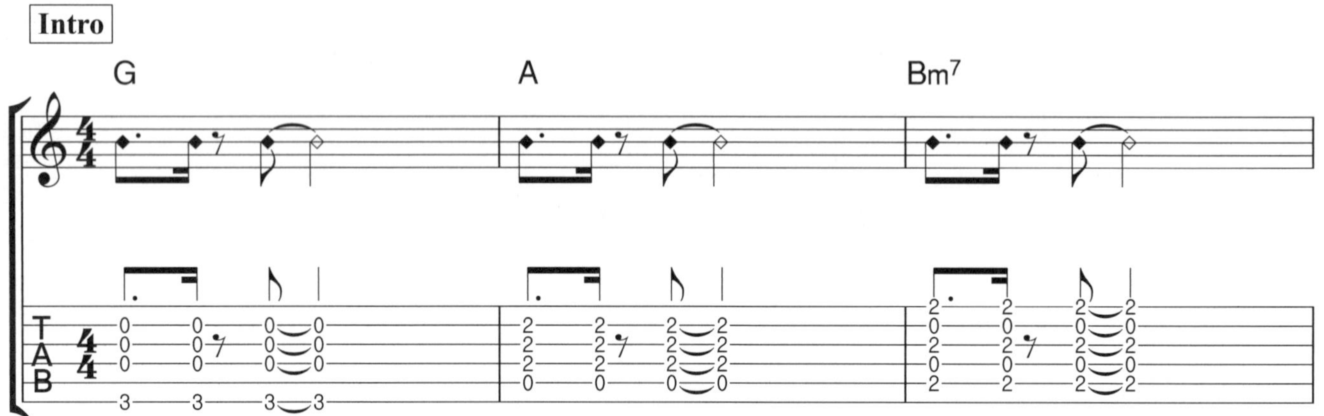

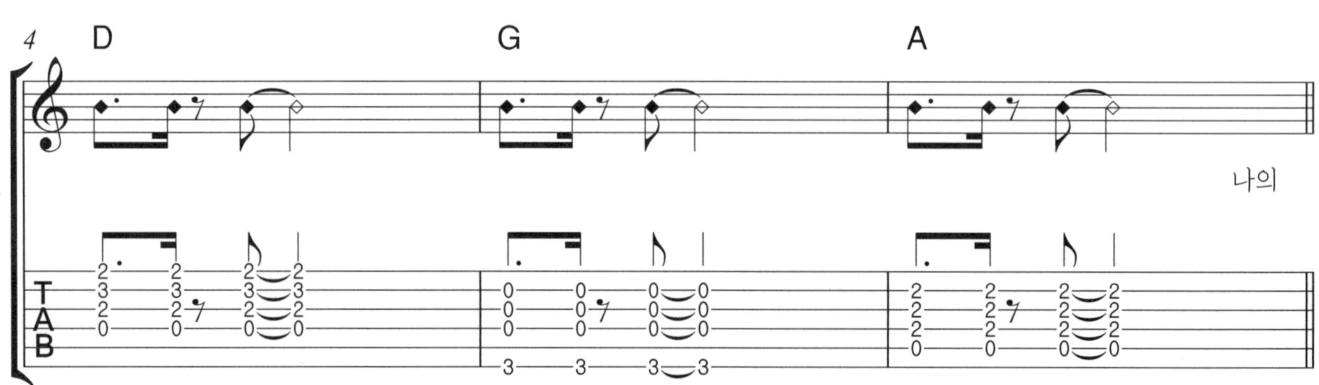

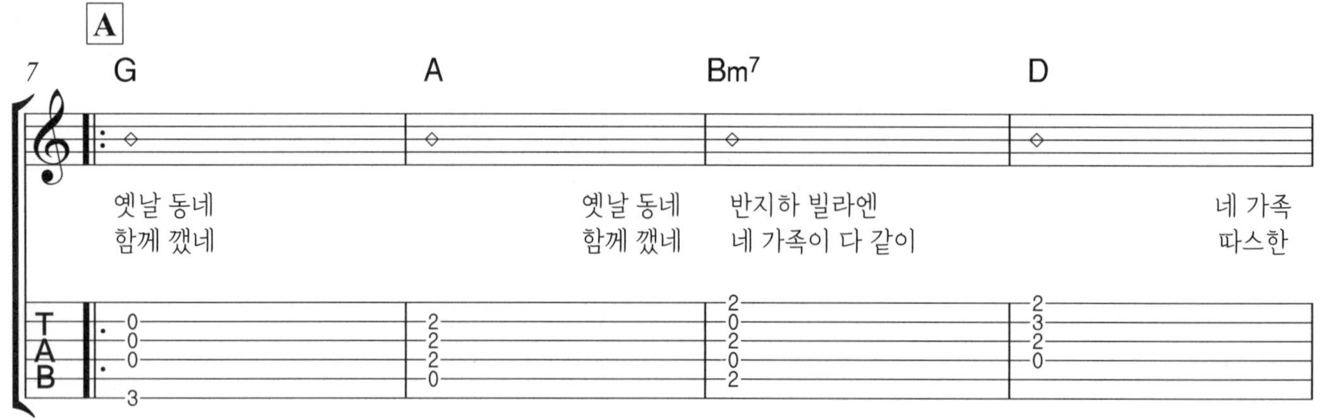

11
G
A
Bm7
D
오순 도순
오순 도순 잘 살고 있었네
화장
이부자리
이부자리 두 발로 걷어찼지
엄마

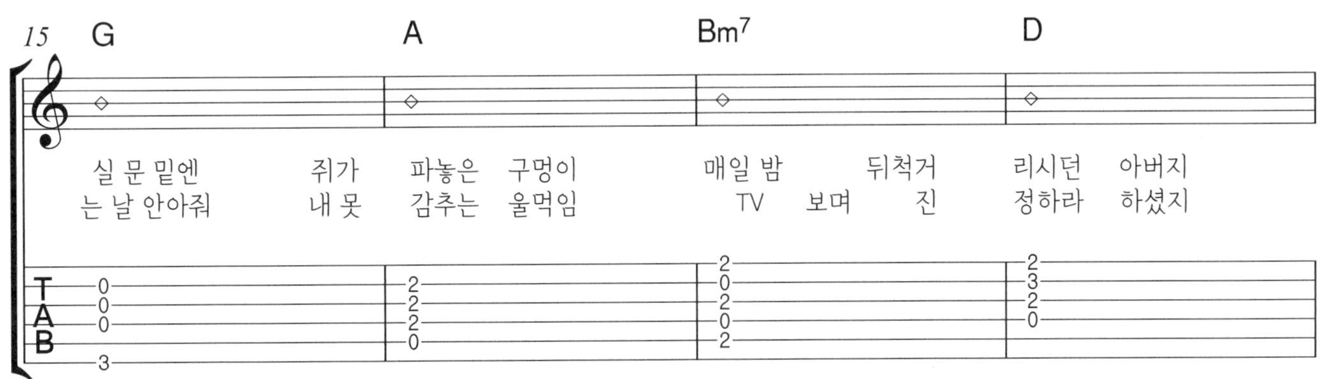
15
G
A
Bm7
D
실 문 밑엔 쥐가 파놓은 구멍이 매일 밤 뒤척거 리시던 아버지
는 날 안아줘 내 못 감추는 울먹임 TV 보며 진 정하라 하셨지

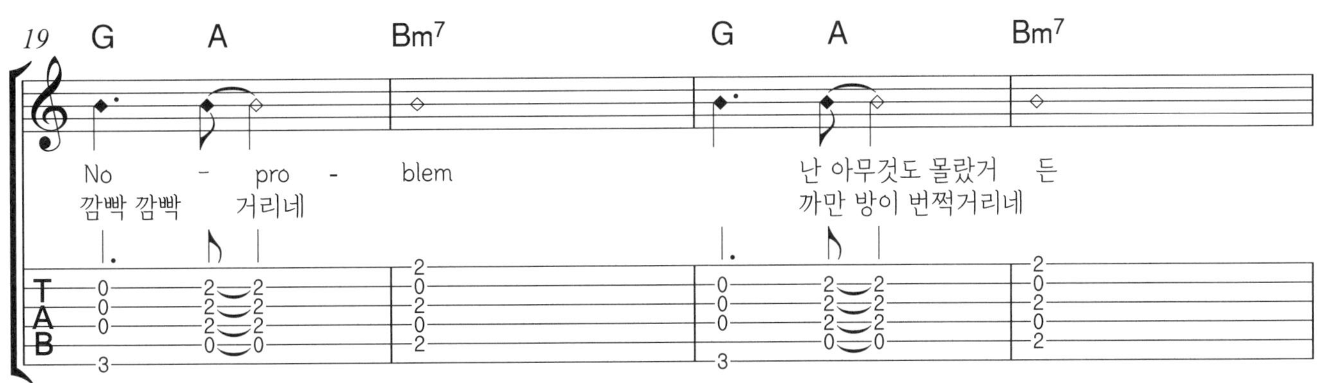
19
G
A
Bm7
G
A
Bm7
No - pro - blem
깜빡 깜빡 거리네
난 아무것도 몰랐거 든
까만 방이 번쩍거리네

23
G
A
Bm7
D
아직도 그때가 생생해 무서울게 없었던 어리기 만한 나를 펄
아직도 그꿈이 생생해 무서울게 없었던 어리기 만한 나를 펄

27
G
A
Bm7
쩍 뛰게 한 펄 쩍 뛰게 한 펄 쩍 뛰게 한
Dinosour

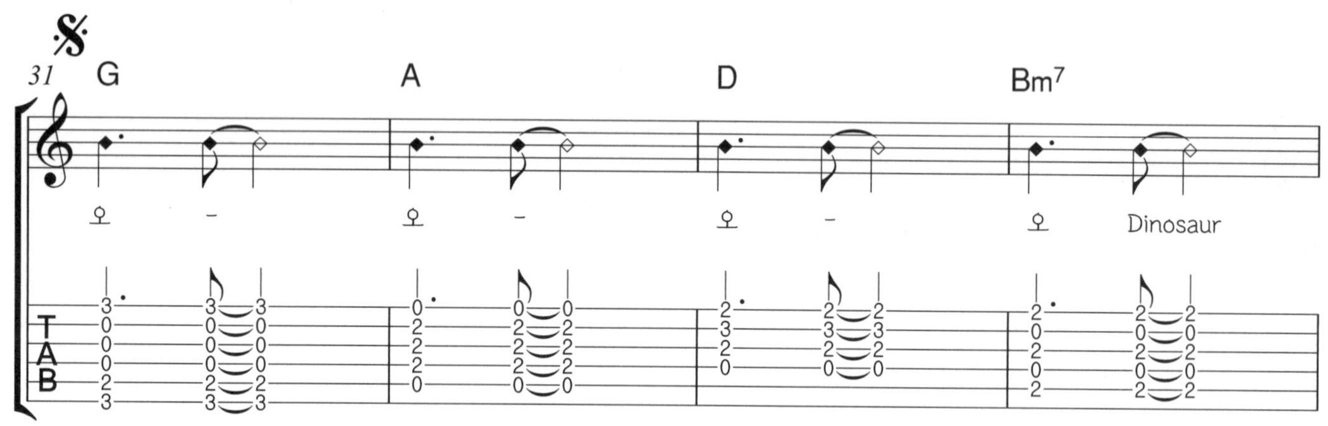
31
G
A
D
Bm7
오 – 오 – 오 – 오 Dinosaur

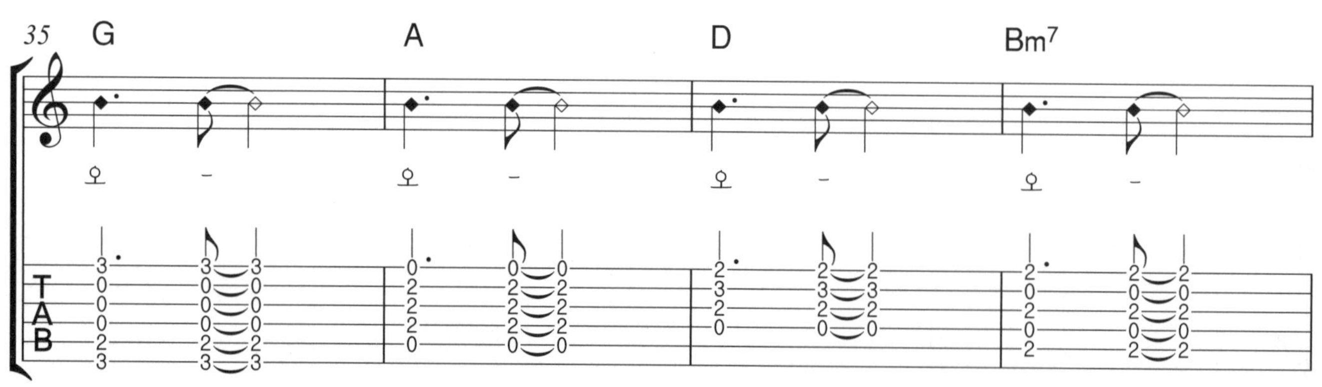
35
G
A
D
Bm7
오 – 오 – 오 – 오 –

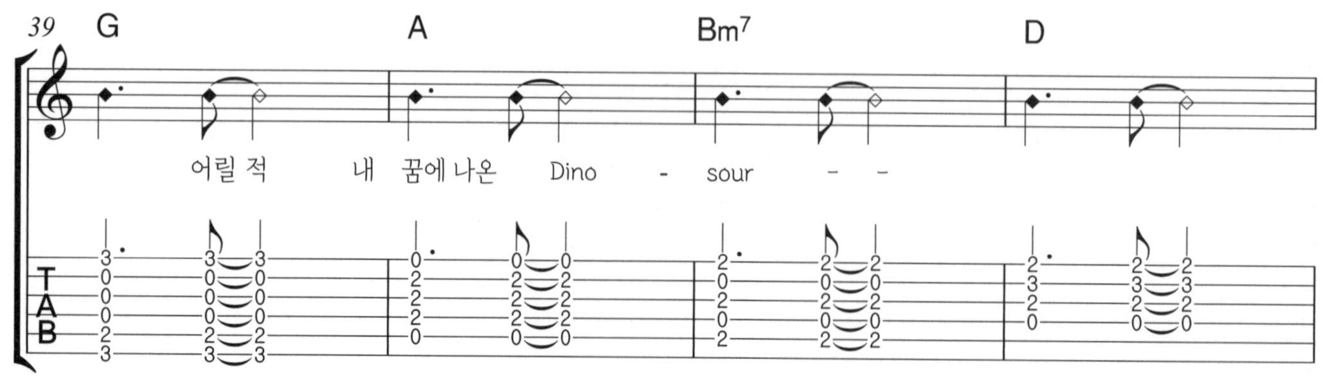
39
G
A
Bm7
D
어릴 적 내 꿈에 나온 Dino - sour – –

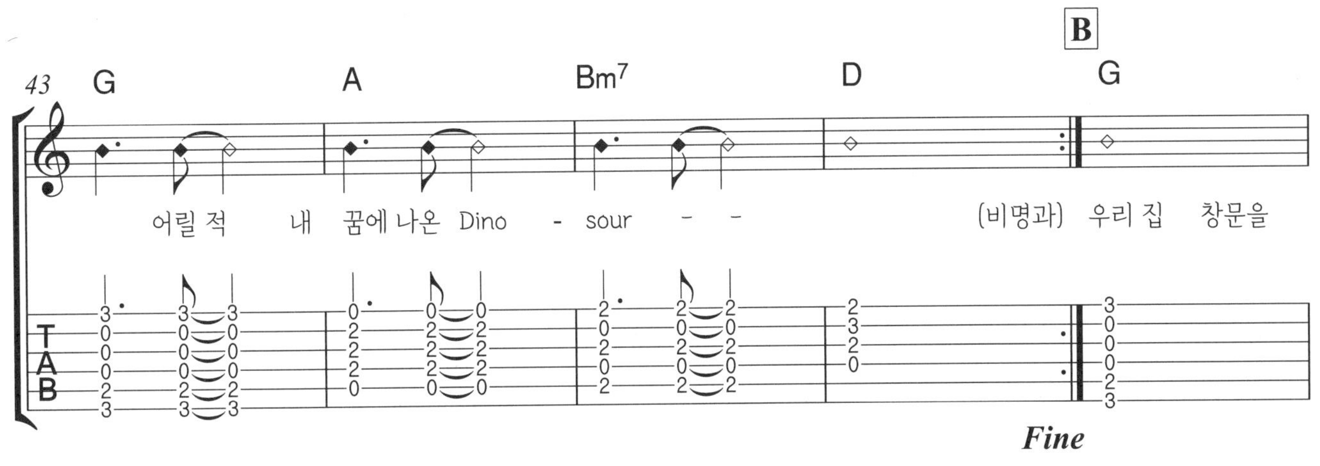
43
B
G A Bm7 D G
어릴 적 내 꿈에 나온 Dino - sour - -
(비명과) 우리 집 창문을
Fine

48
A Bm7 D G A
부수고 내 가족에게 포 효하던 널 다시 만나면 그 땐 너보다 더 크게

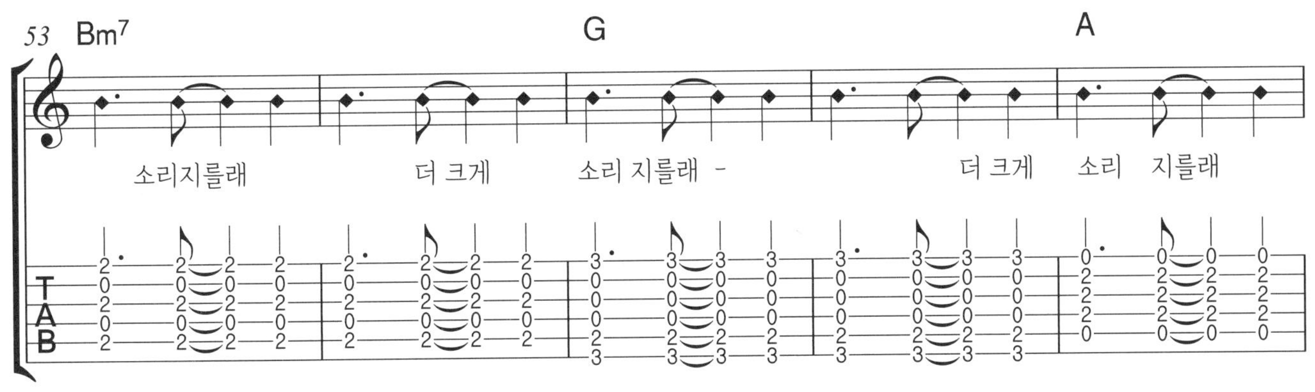
53
Bm7 G A
소리지를래 더 크게 소리 지를래 - 더 크게 소리 지를래

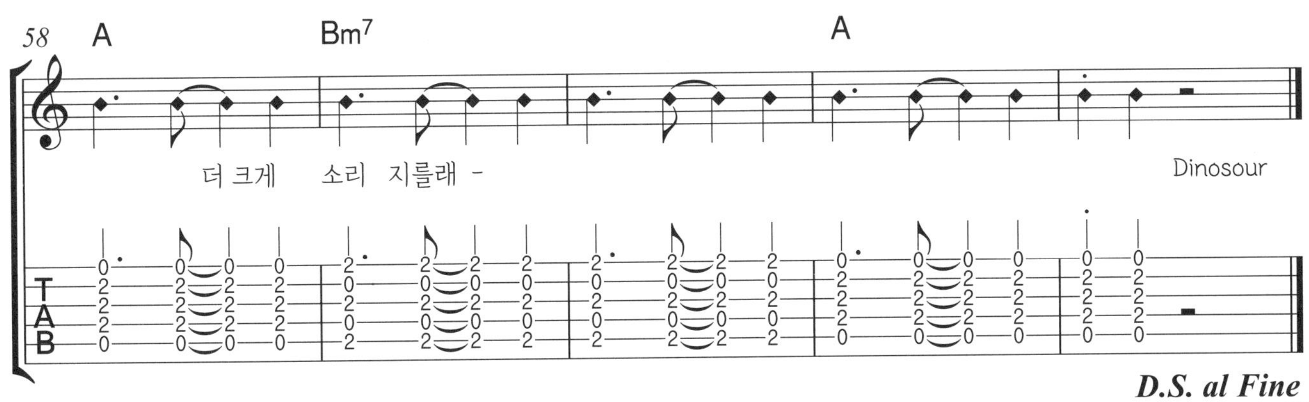
58
A Bm7 A
더 크게 소리 지를래 -
Dinosour
D.S. al Fine

07 All I Want for Christmas Is You

노래 Mariah Carey
작사/작곡 Mariah Carey,
Walter Afanasieff

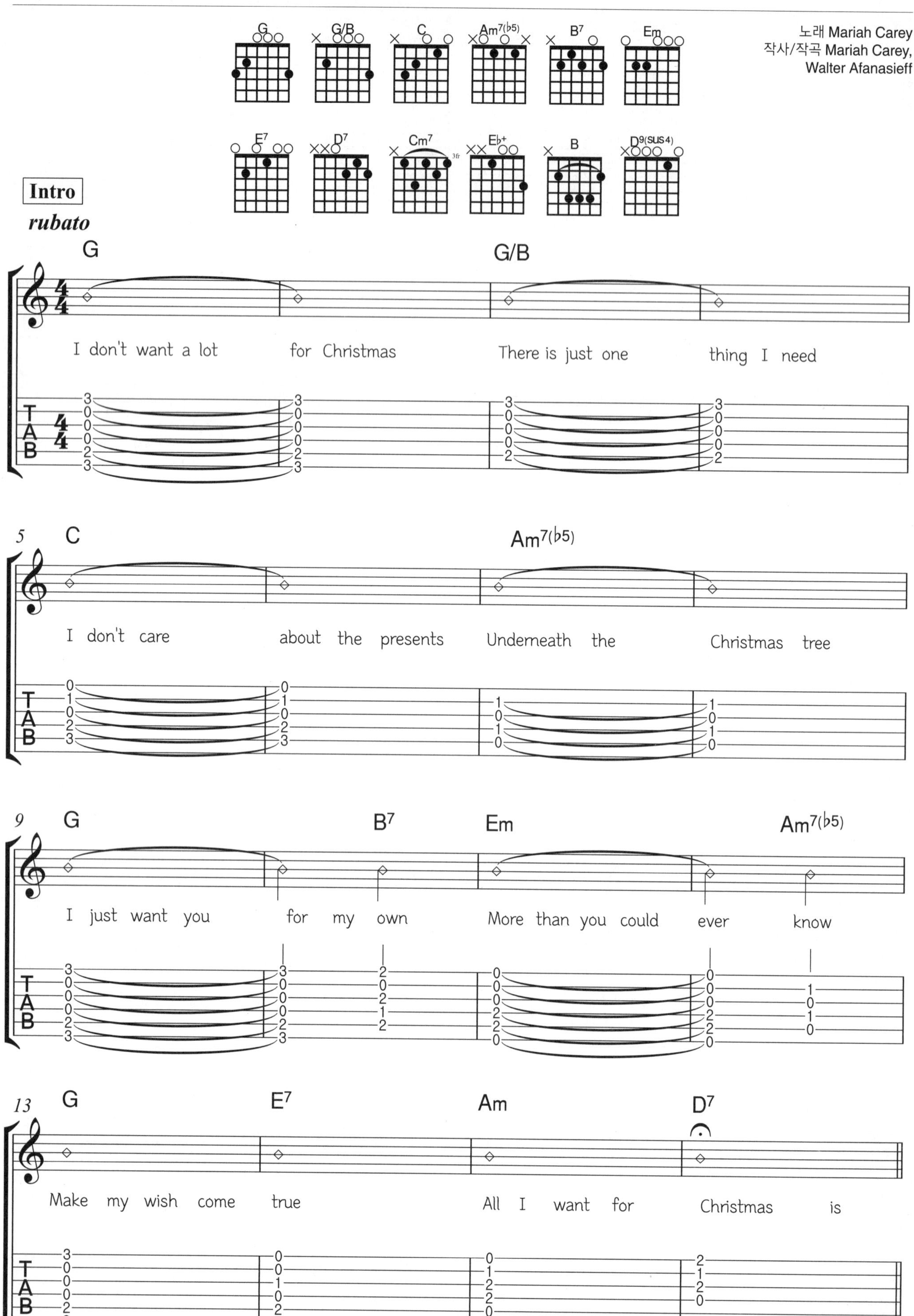

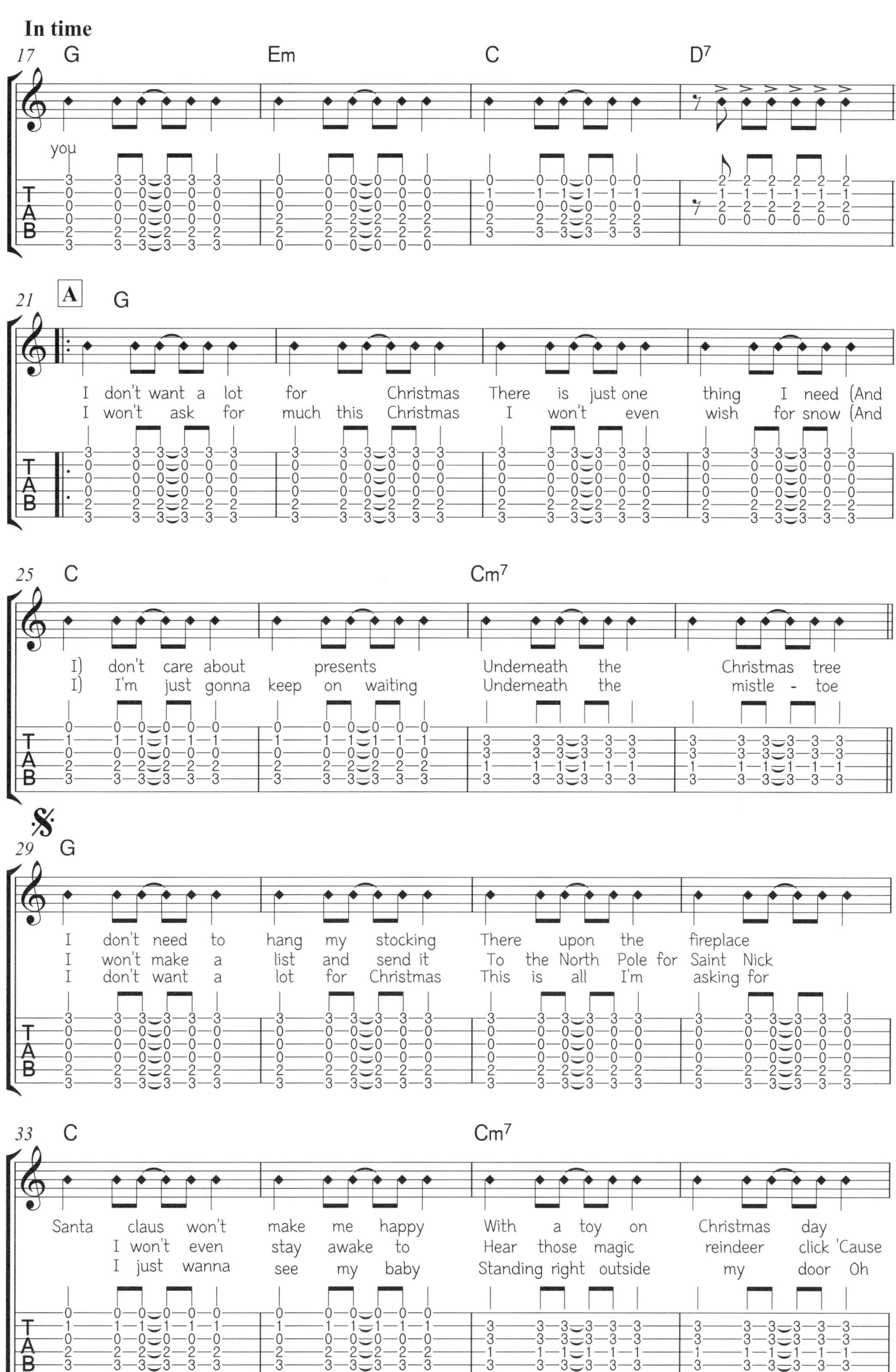
In time
17
G
Em
C
D7
you
21
A
G
I don't want a lot for Christmas There is just one thing I need (And
I won't ask for much this Christmas I won't even wish for snow (And
25
C
Cm7
I) don't care about presents Underneath the Christmas tree
I) I'm just gonna keep on waiting Underneath the mistle - toe
29
G
I don't need to hang my stocking There upon the fireplace
I won't make a list and send it To the North Pole for Saint Nick
I don't want a lot for Christmas This is all I'm asking for
33
C
Cm7
Santa claus won't make me happy With a toy on Christmas day
I won't even stay awake to Hear those magic reindeer click 'Cause
I just wanna see my baby Standing right outside my door Oh

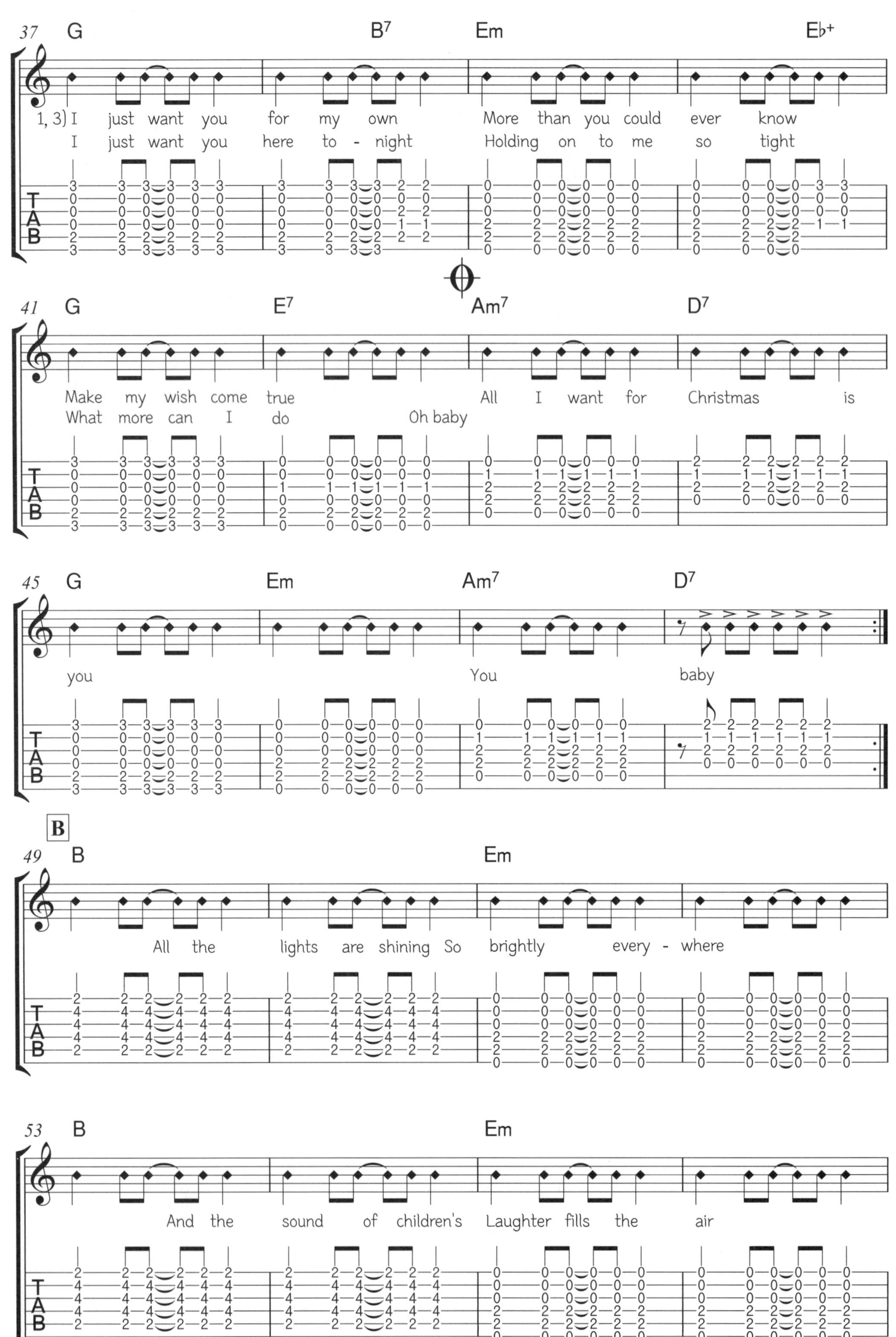
37
G
B7
Em
E♭+
1, 3) I just want you for my own More than you could ever know
I just want you here to - night Holding on to me so tight
41
G
E7
Am7
D7
Make my wish come true All I want for Christmas is
What more can I do Oh baby
45
G
Em
Am7
D7
you You baby
B
49
B
Em
All the lights are shining So brightly every - where
53
B
Em
And the sound of children's Laughter fills the air

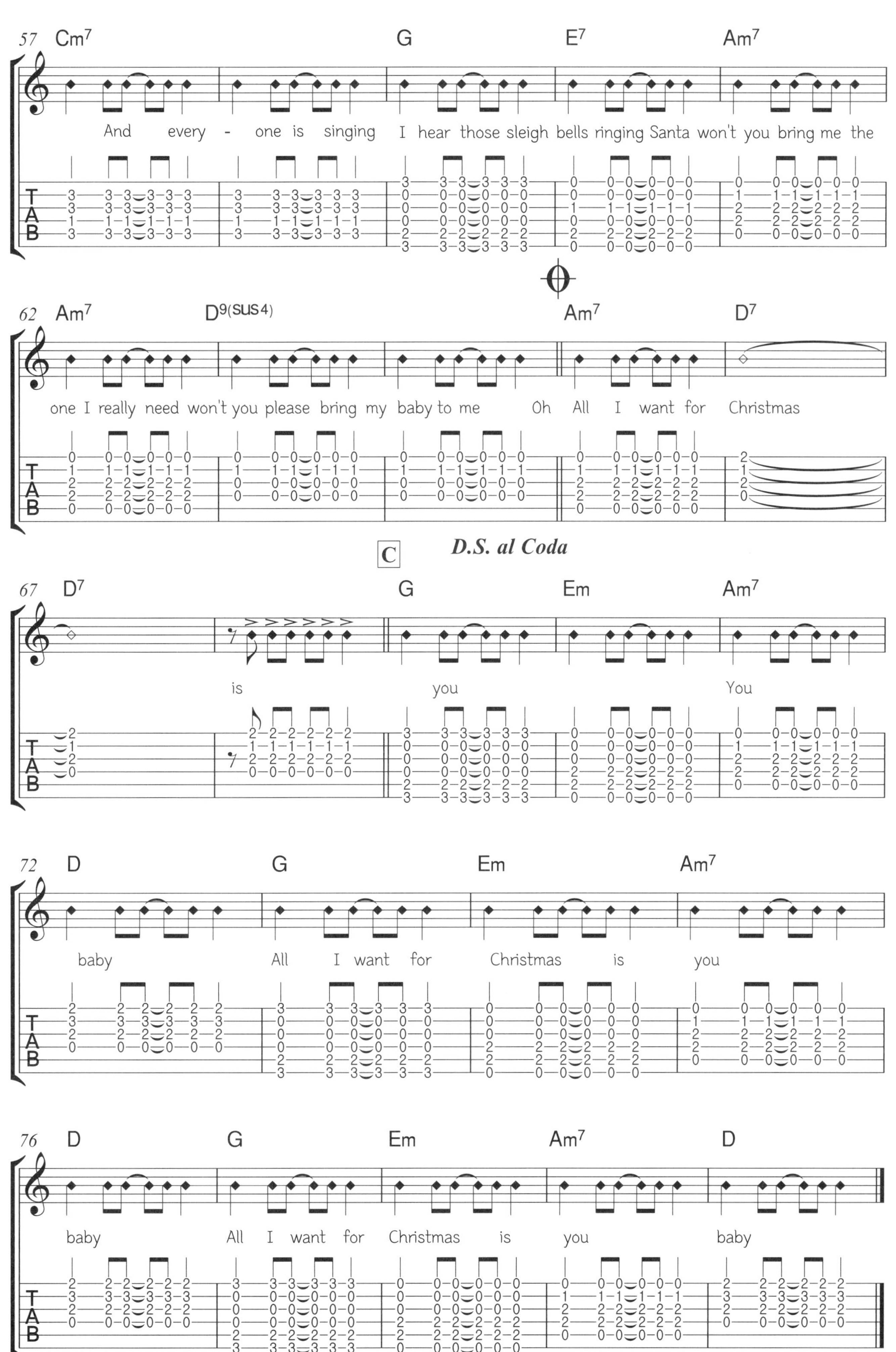
57 Cm7 G E7 Am7
And every - one is singing I hear those sleigh bells ringing Santa won't you bring me the
62 Am7 D9(SUS4) Am7 D7
one I really need won't you please bring my baby to me Oh All I want for Christmas
C
D.S. al Coda
67 D7 G Em Am7
is you You
72 D G Em Am7
baby All I want for Christmas is you
76 D G Em Am7 D
baby All I want for Christmas is you baby
Fade Out

08 In My Head

노래 CNBLUE
작사/작곡 정용화

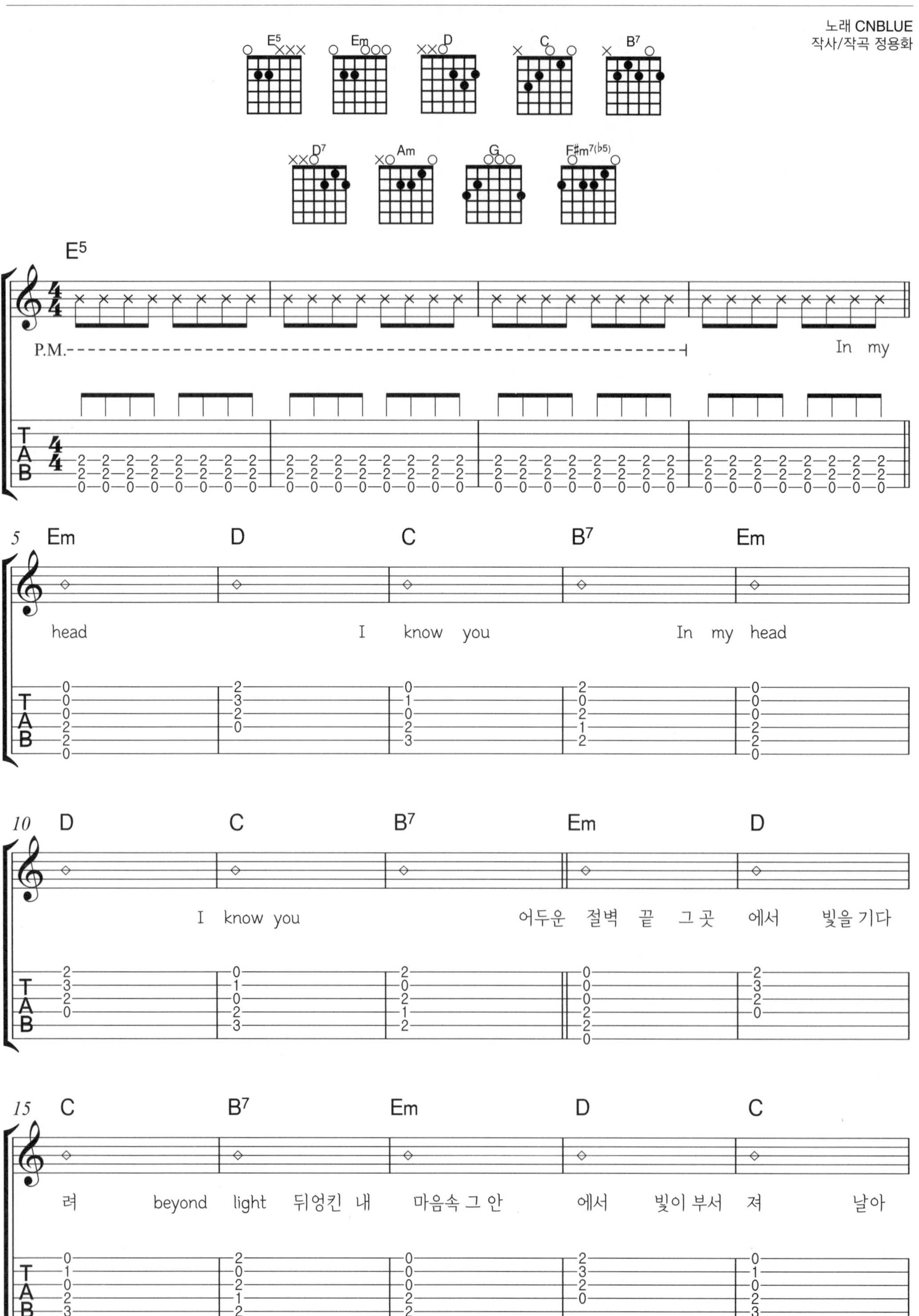

20 B7 C D7 C D7
가 I hope now 혼돈 속에서 날 비추 길 I hope now 가뭄 속에서 날 적셔 주길 I hope now
25 Am B7 Em G
얼어붙은 내 가슴을 뜨거워 지게 태워 줘 이제 Hear in my head 깨워줘
head 달려줘 내
30 D C D Em G B7 Em G D C D
멈춰버린 내맘을 In my head 잡아줘 휘 청거리는 내 몸을 Oh In my head 밝혀줘 내 가슴속 그림자를 In my
머릿속 좌표로 In my head 날아줘 무 엇도 나를 못 잡게Oh In my head 믿어줘 내 흔들린 신념을 In my
35 Am B7 Em G D C D Em G B7
head my head 난 마지막 웃을 날 원해 In my head 달려줘 내가 이끄는 대로 In my head 날아줘 무 엇도 나를 못 잡게
head my head 날 뜨겁게 만들어 줄 Oh in my
Oh In my
41 Em G D C D Am B7 Em
1.
head 믿어줘 내 흔들린 신념을 In my head my head 날 뜨겁게 만들어줄 oh In my head 던져진
T
A
B

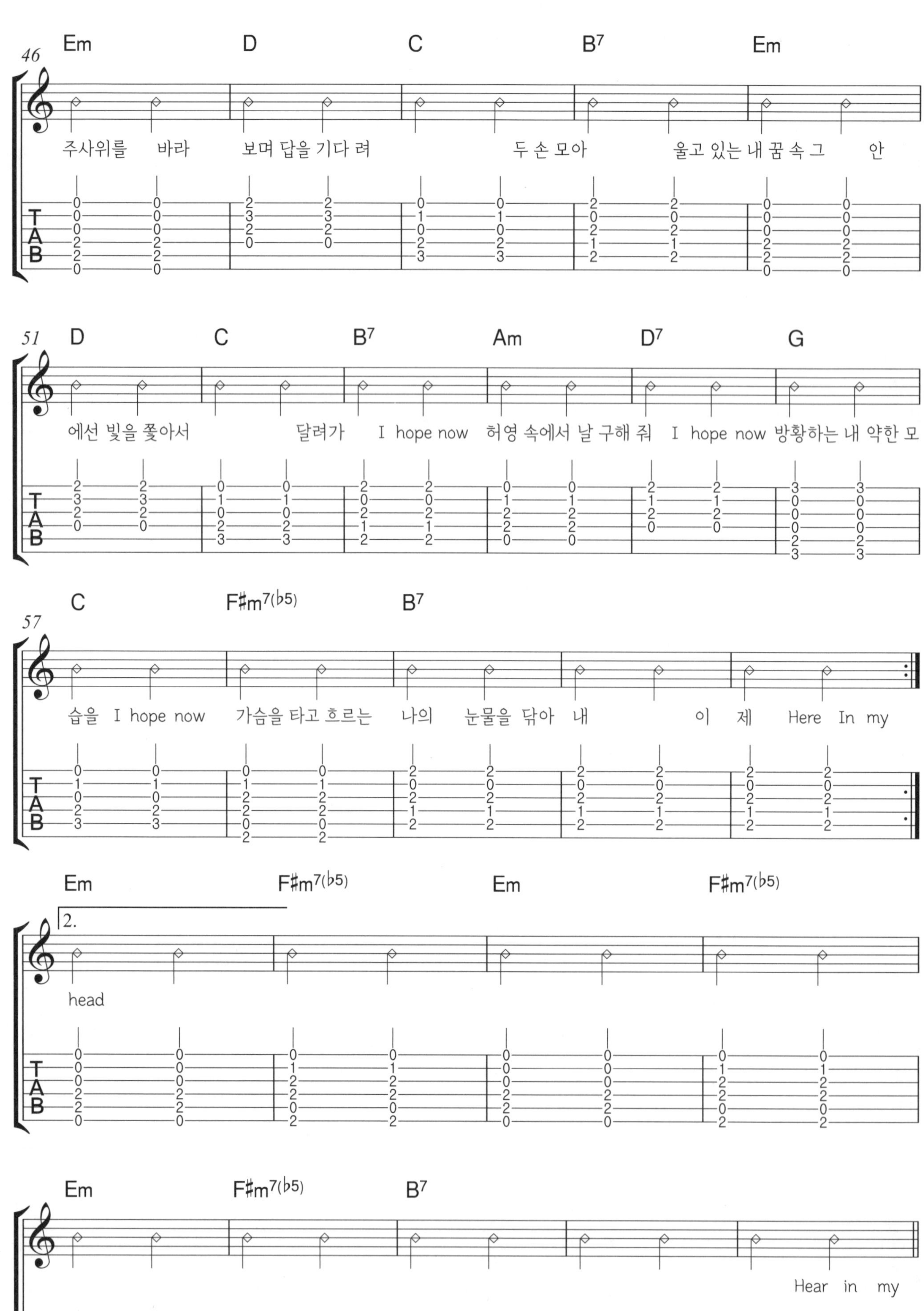
46
Em D C B7 Em
주사위를 바라 보며 답을 기다 려 두 손 모아 울고 있는 내 꿈 속 그 안
51
D C B7 Am D7 G
에선 빛을 쫓아서 달려가 I hope now 허영 속에서 날 구해 줘 I hope now 방황하는 내 약한 모
57
C F#m7(♭5) B7
습을 I hope now 가슴을 타고 흐르는 나의 눈물을 닦아 내 이 제 Here In my
Em F#m7(♭5) Em F#m7(♭5)
2.
head
Em F#m7(♭5) B7
Hear in my

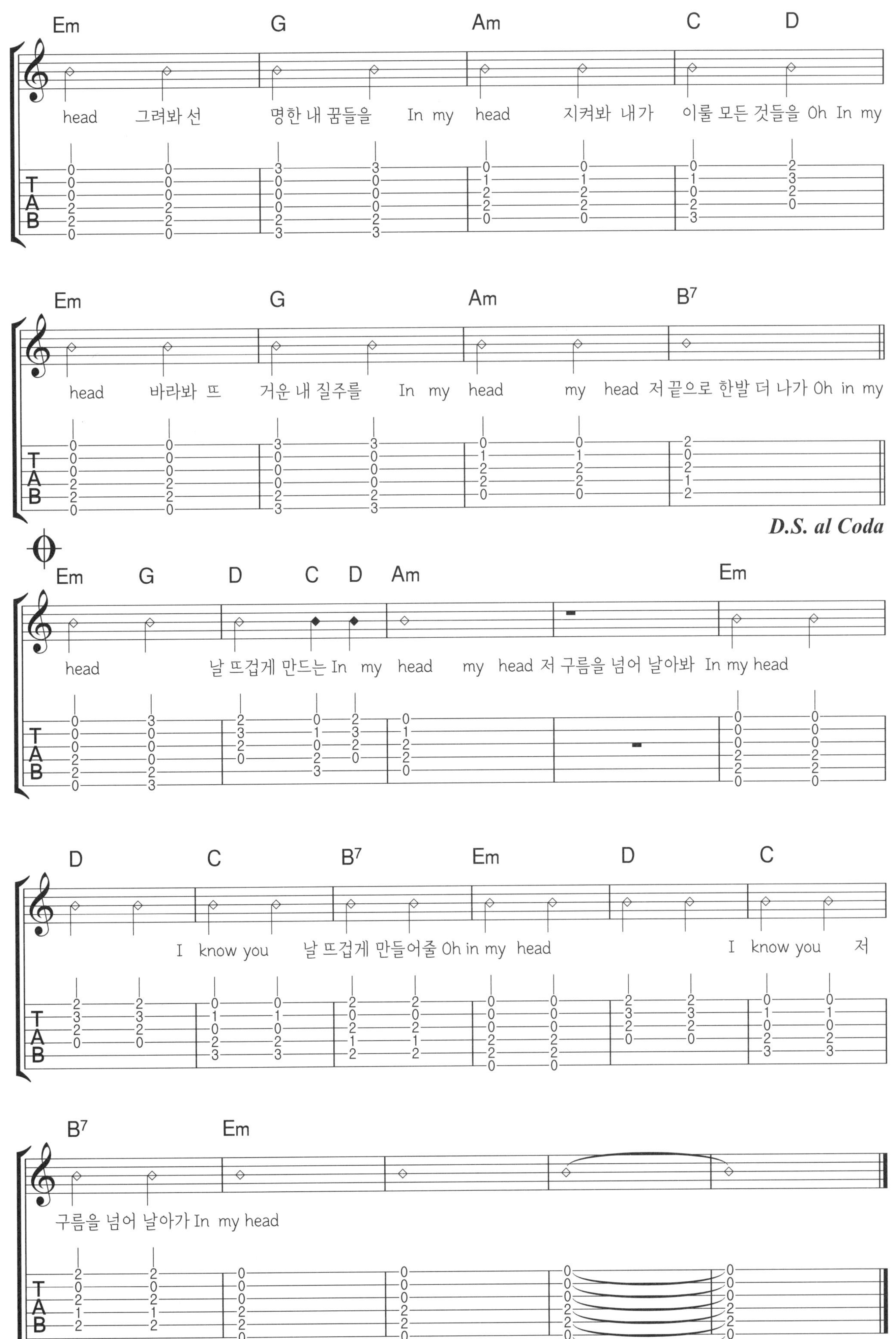

Em G Am C D
head 그려봐 선 명한 내 꿈들을 In my head 지켜봐 내가 이룰 모든 것들을 Oh In my
Em G Am B7
head 바라봐 뜨 거운 내 질주를 In my head my head 저 끝으로 한발 더 나가 Oh in my
D.S. al Coda
Em G D C D Am Em
head 날 뜨겁게 만드는 In my head my head 저 구름을 넘어 날아봐 In my head
D C B7 Em D C
I know you 날 뜨겁게 만들어줄 Oh in my head I know you 저
B7 Em
구름을 넘어 날아가 In my head

Let It Be

노래 The Beatles
작사/작곡 Lennon-McCartney

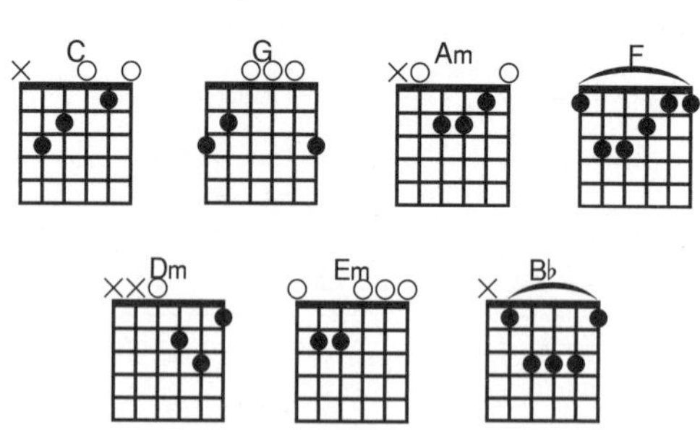

⊓ : Down Stroke

Intro

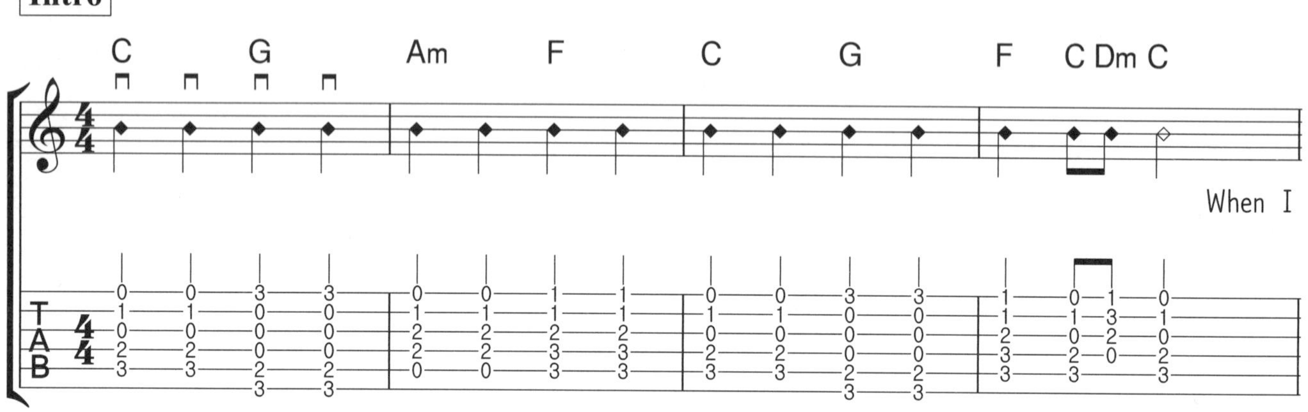

A

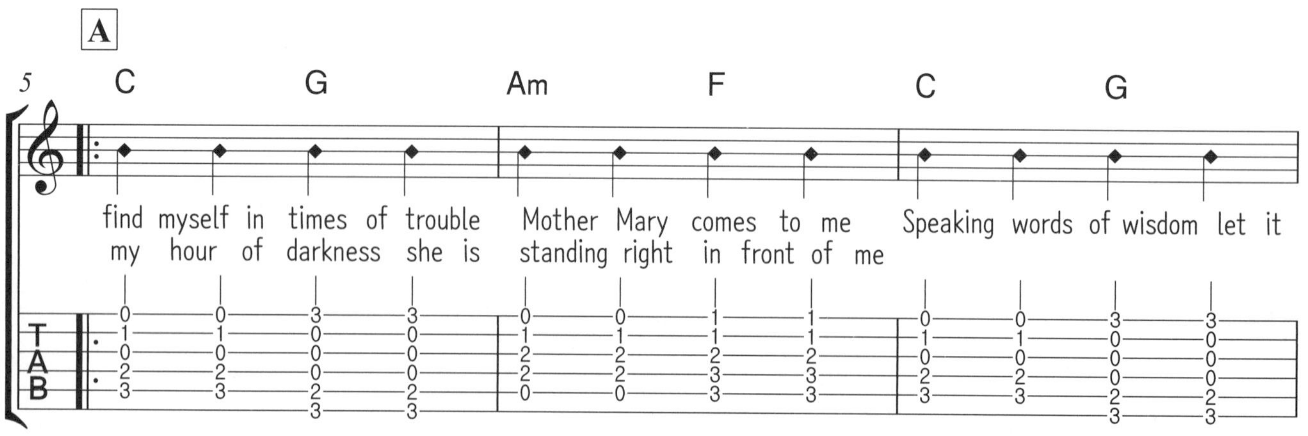

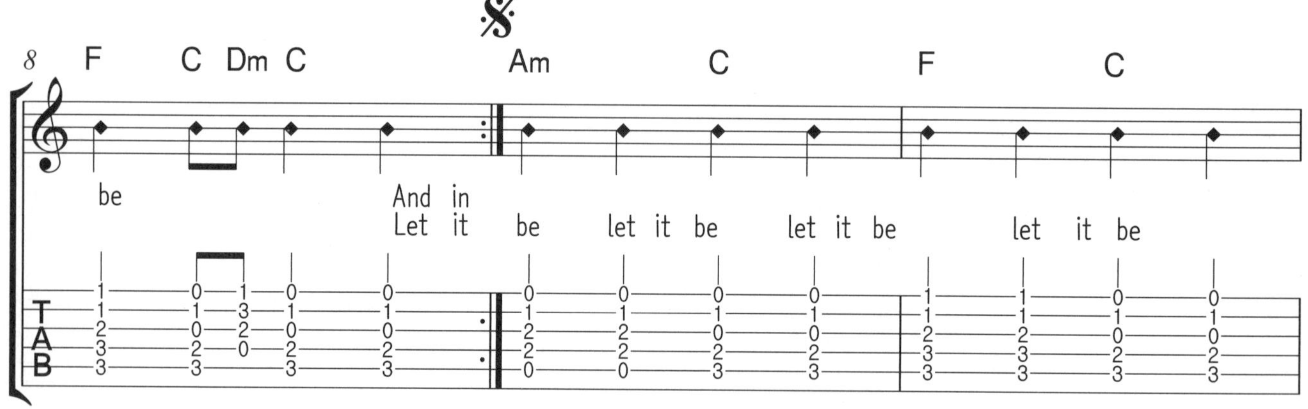

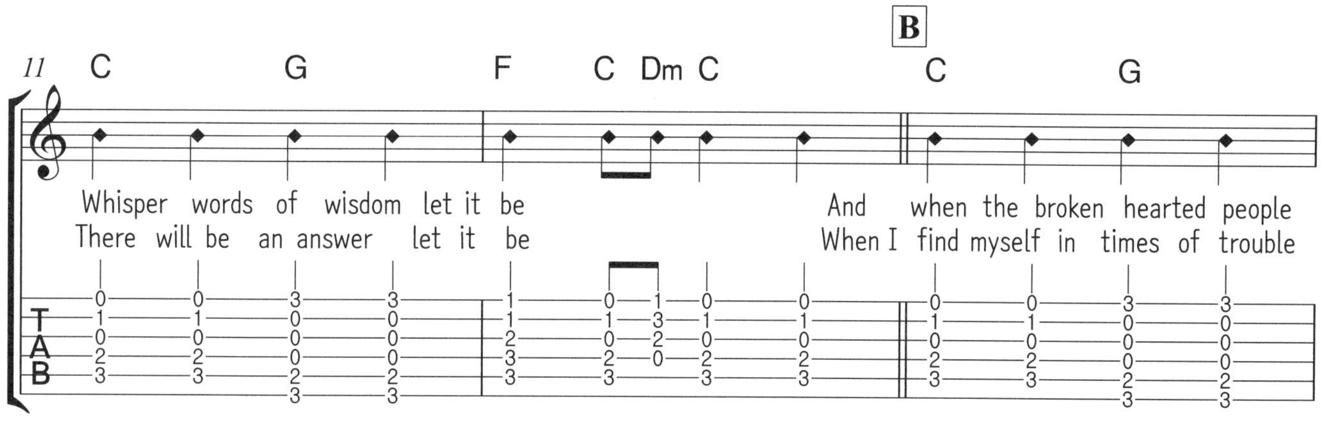
11
B
C G F C Dm C C G
Whisper words of wisdom let it be And when the broken hearted people
There will be an answer let it be When I find myself in times of trouble

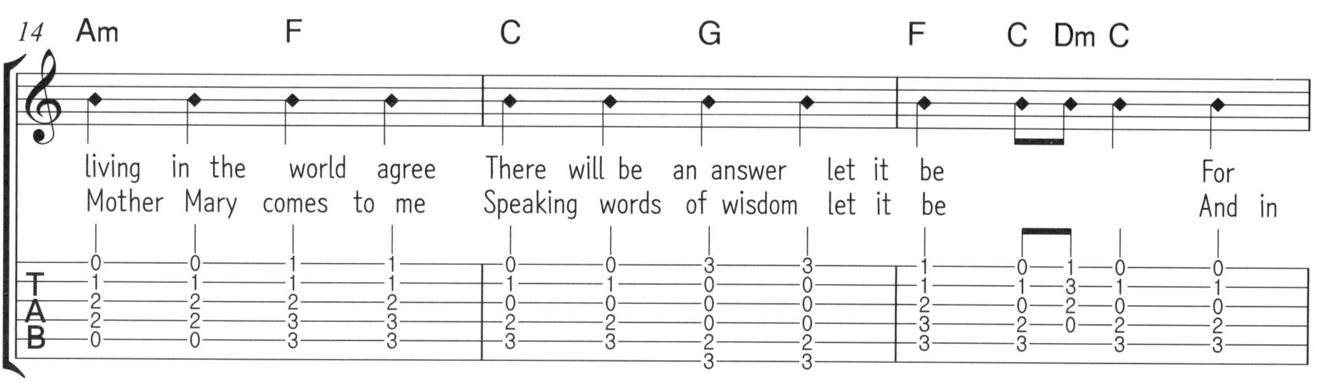
14
Am F C G F C Dm C
living in the world agree There will be an answer let it be For
Mother Mary comes to me Speaking words of wisdom let it be And in

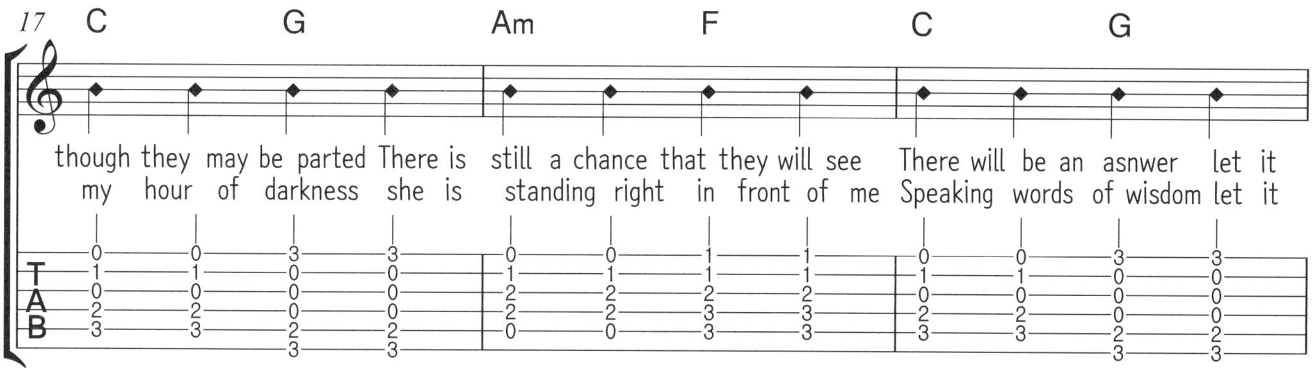
17
C G Am F C G
though they may be parted There is still a chance that they will see There will be an asnwer let it
my hour of darkness she is standing right in front of me Speaking words of wisdom let it

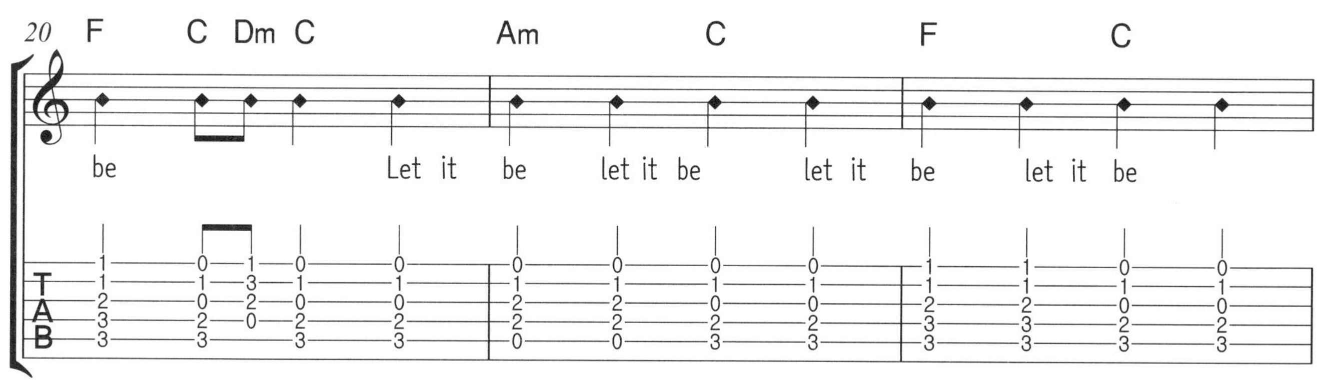
20
F C Dm C Am C F C
be Let it be let it be let it be let it be

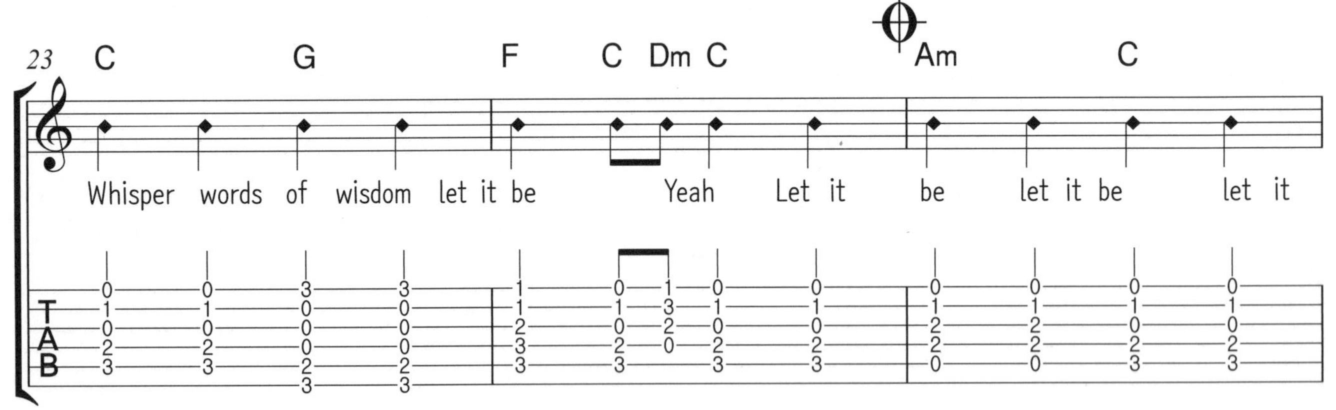
23 C G F C Dm C Am C
Whisper words of wisdom let it be Yeah Let it be let it be let it
T A B

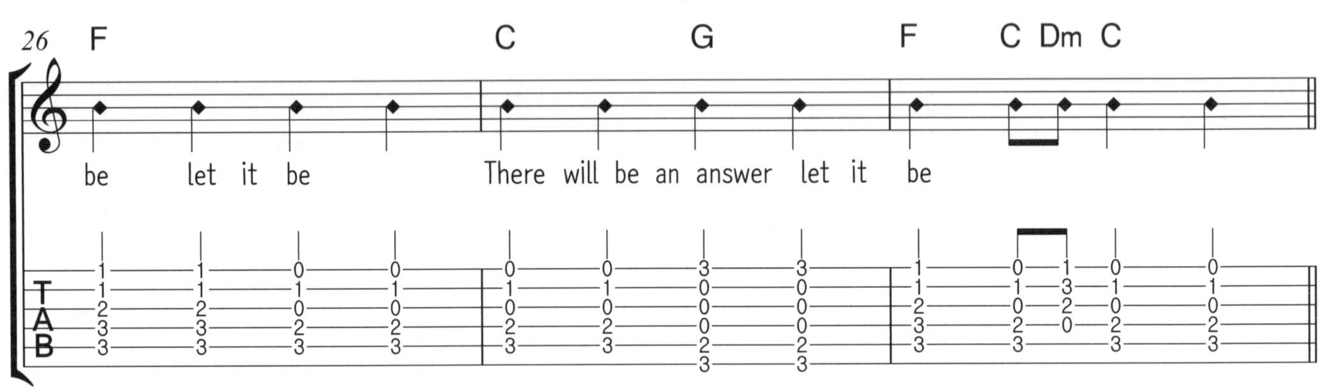
26 F C G F C Dm C
be let it be There will be an answer let it be
T A B

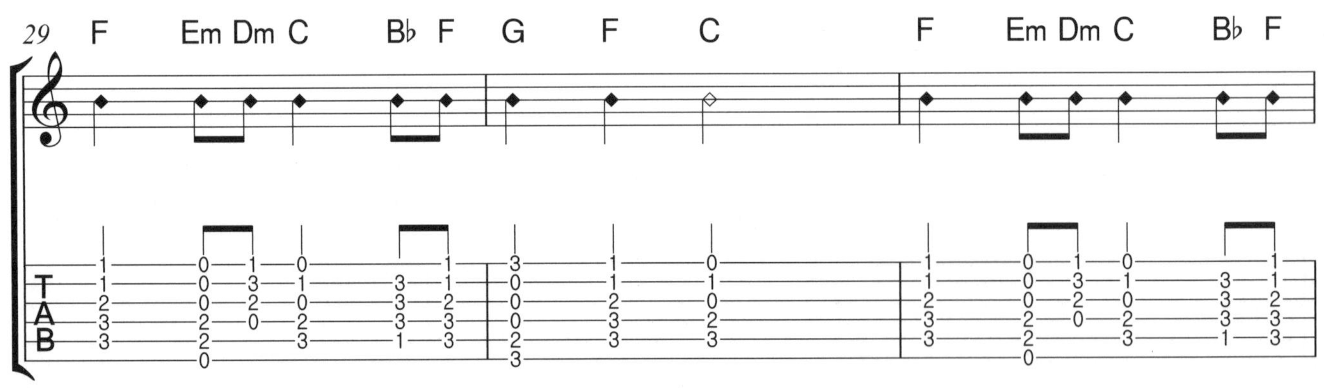
29 F Em Dm C B♭ F G F C F Em Dm C B♭ F
T A B

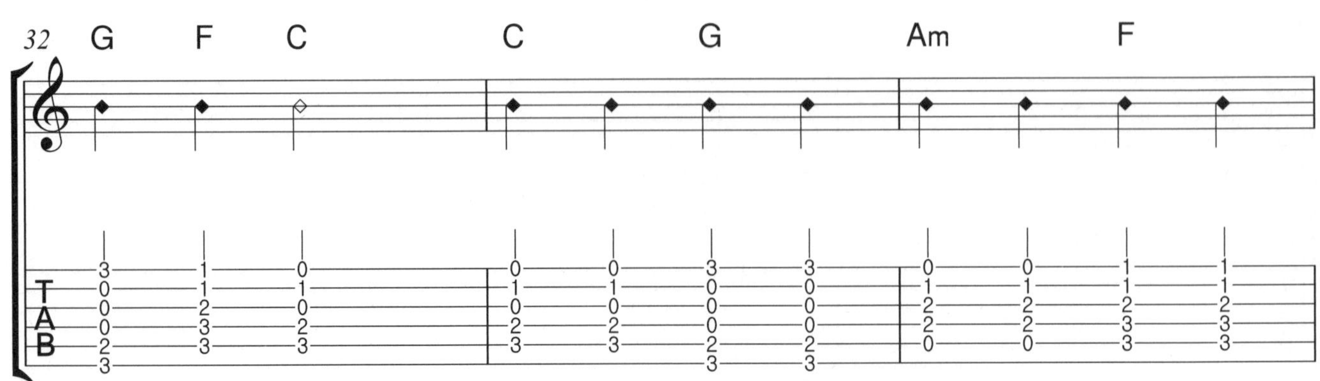
32 G F C C G Am F
T A B

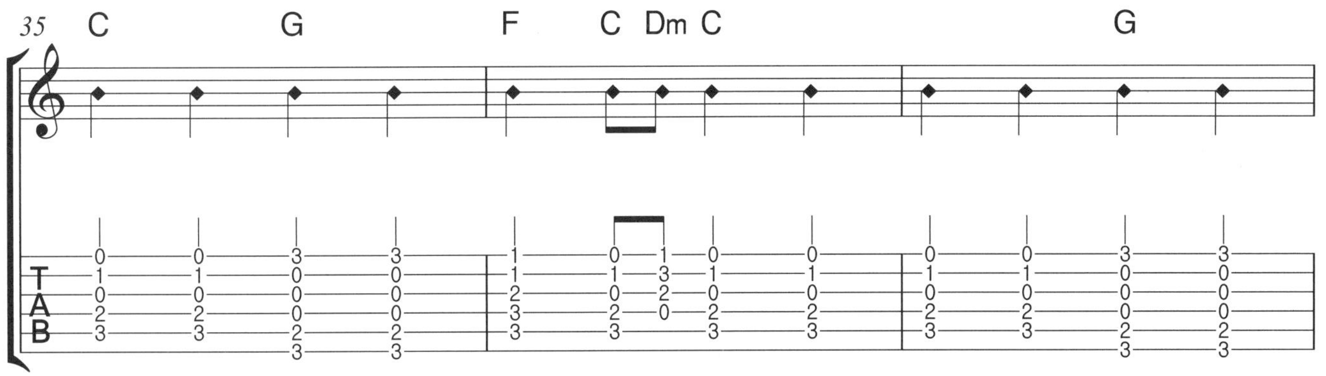
35
C G F C Dm C G
T
A
B

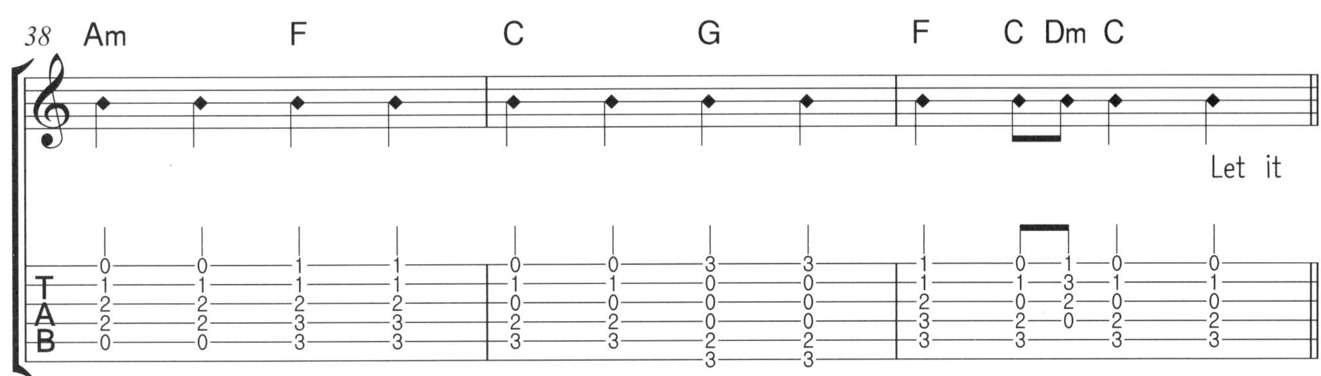
38
Am F C G F C Dm C
Let it
T
A
B

D.S. al Coda

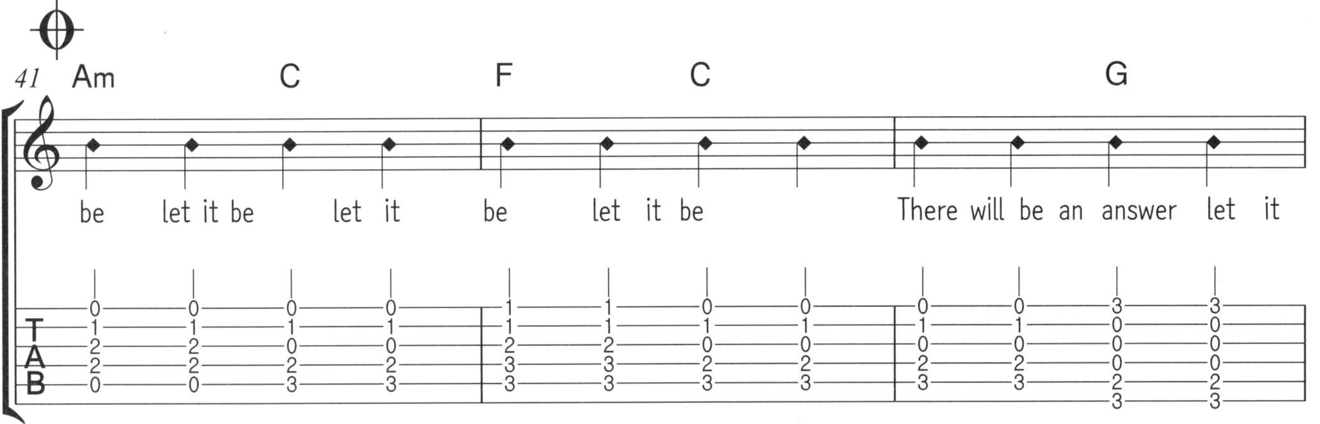
41
Am C F C G
be let it be let it be let it be There will be an answer let it
T
A
B

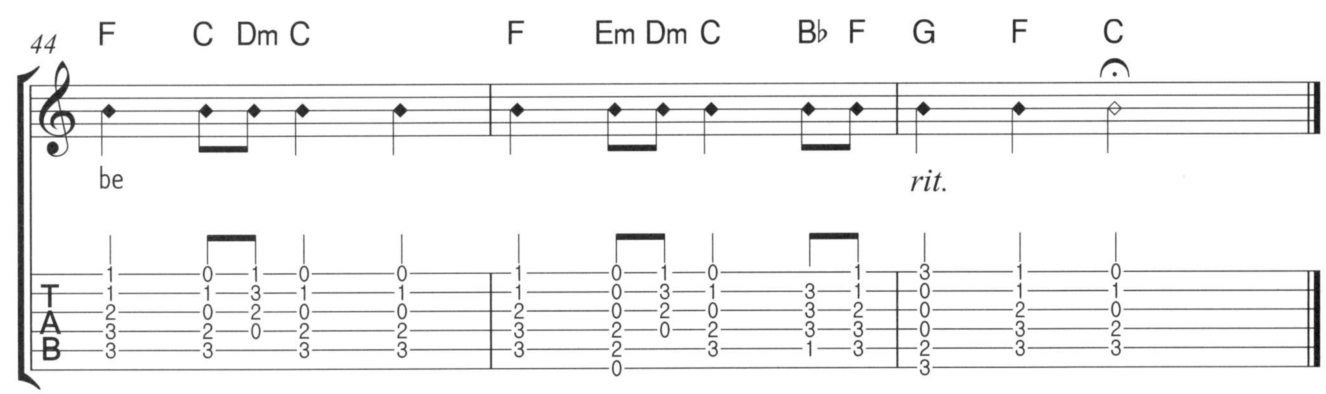
44
F C Dm C F Em Dm C B♭ F G F C
be
rit.
T
A
B

10

Island in the Sun

노래 Weezer
작사/작곡 Rivers Cuomo

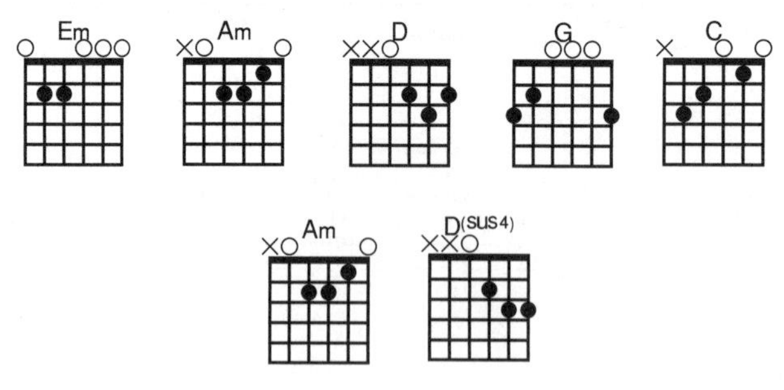

Intro

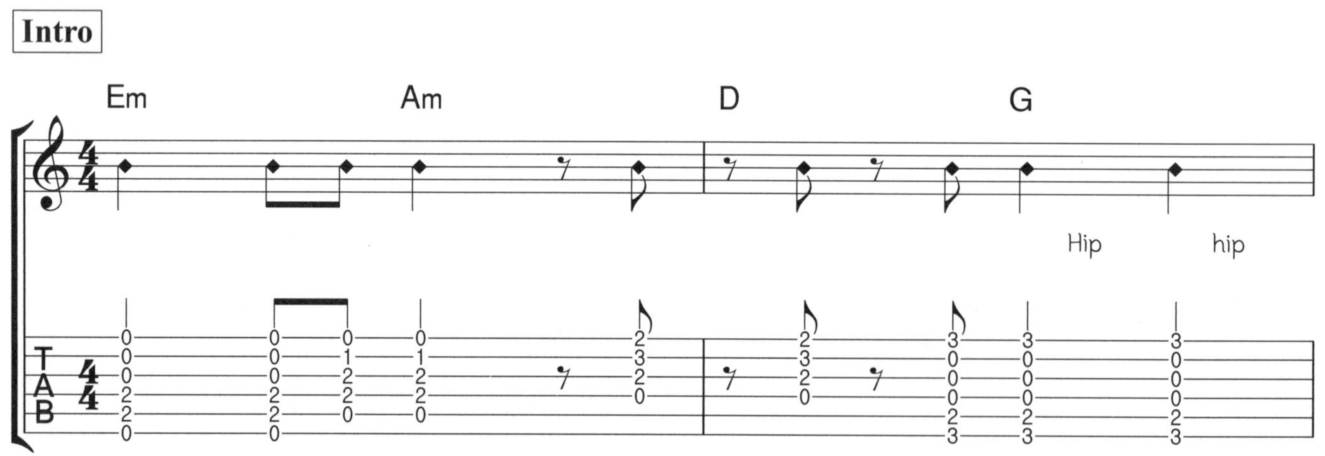

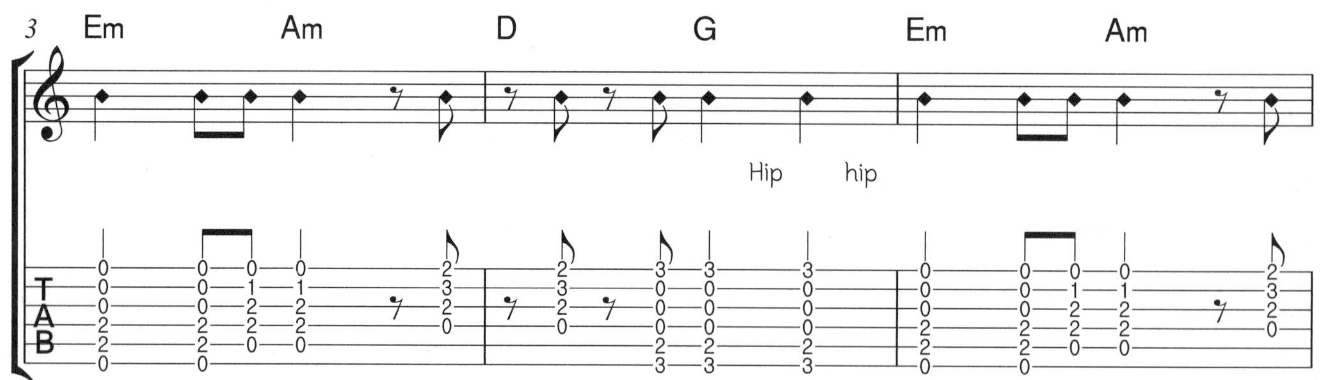

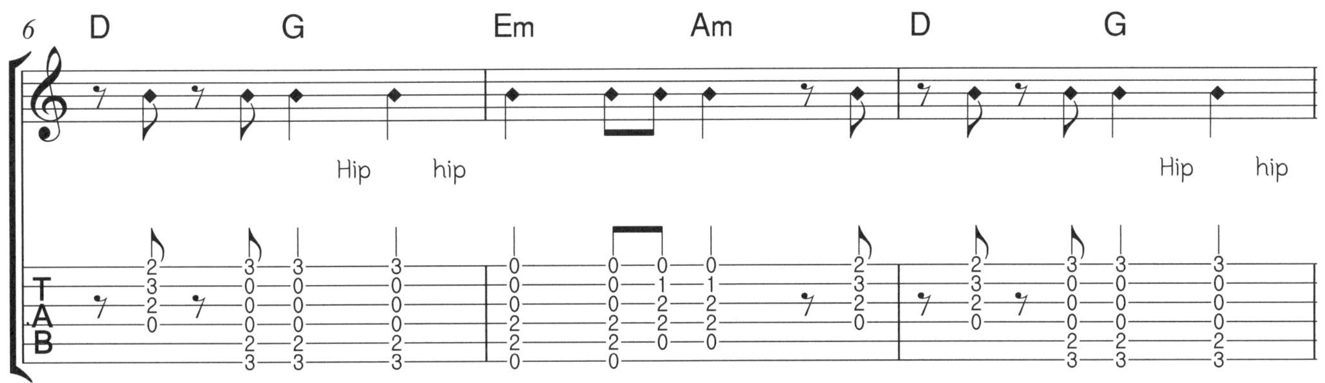
6
D G Em Am D G
Hip hip
Hip hip

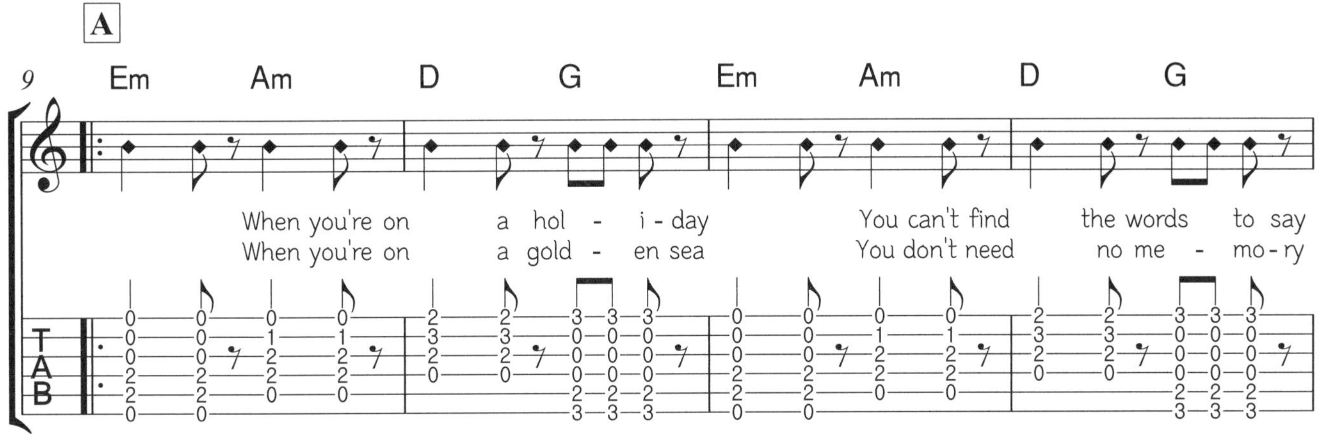
A
9
Em Am D G Em Am D G
When you're on a hol - i - day
You can't find the words to say
When you're on a gold - en sea
You don't need no me - mo - ry

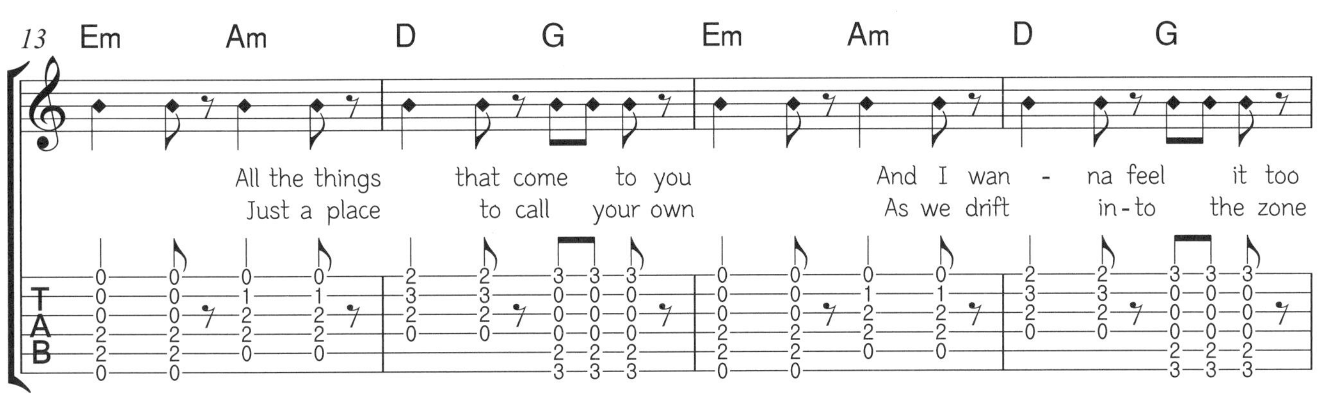
13
Em Am D G Em Am D G
All the things that come to you
And I wan - na feel it too
Just a place to call your own
As we drift in - to the zone

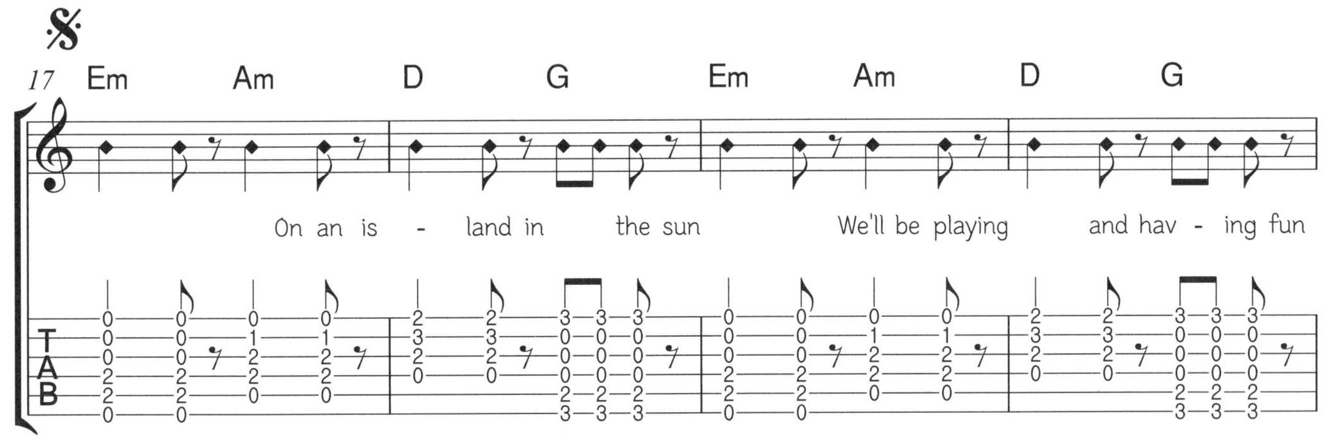
𝄋
17
Em Am D G Em Am D G
On an is - land in the sun
We'll be playing and hav - ing fun

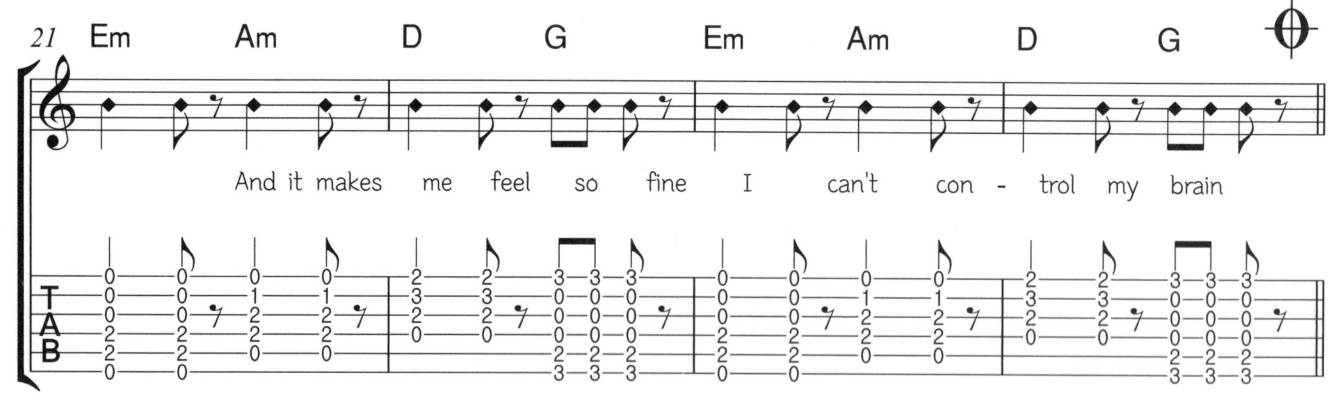
21
Em Am D G Em Am D G
And it makes me feel so fine I can't con - trol my brain
TAB

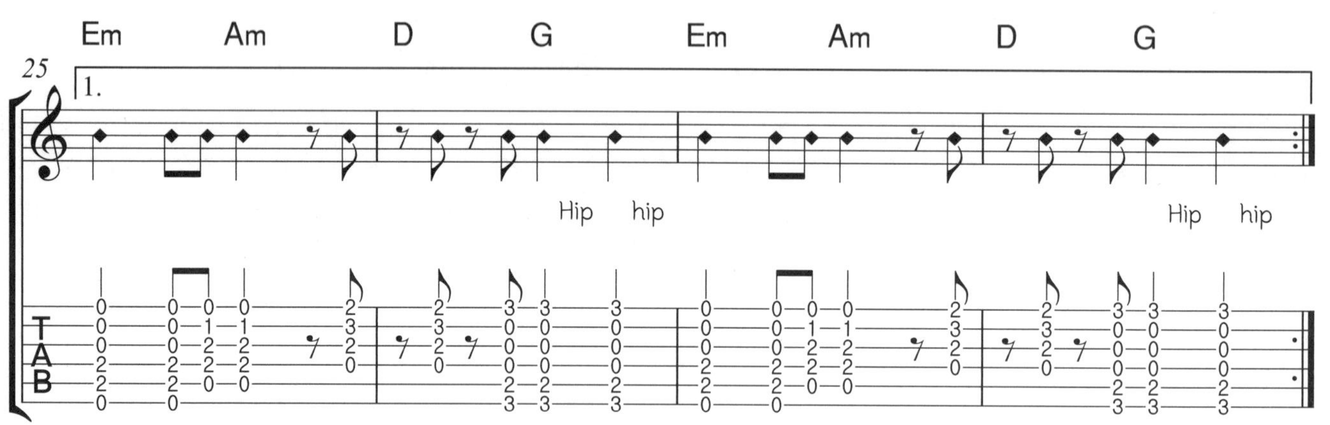
25
Em Am D G Em Am D G
1.
Hip hip Hip hip
TAB

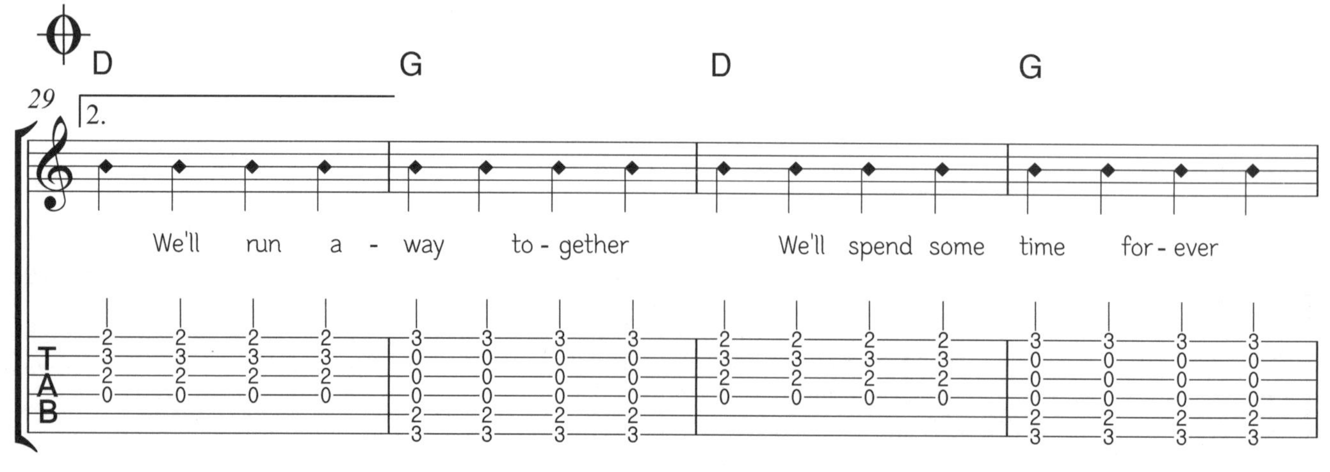
29
D G D G
2.
We'll run a - way to - gether We'll spend some time for - ever
TAB

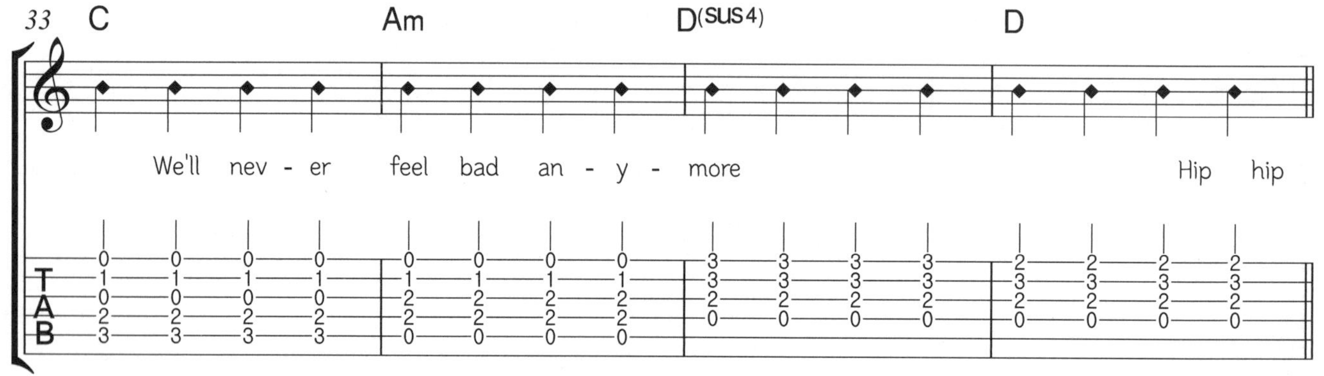
33
C Am D(SUS4) D
We'll nev - er feel bad an - y - more Hip hip
TAB

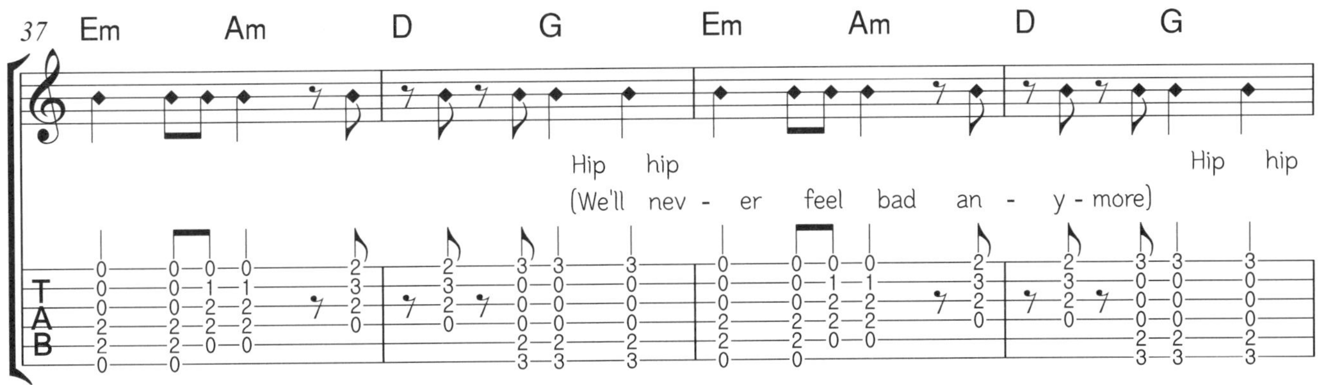
37
Em Am D G Em Am D G
Hip hip Hip hip
(We'll nev - er feel bad an - y - more)

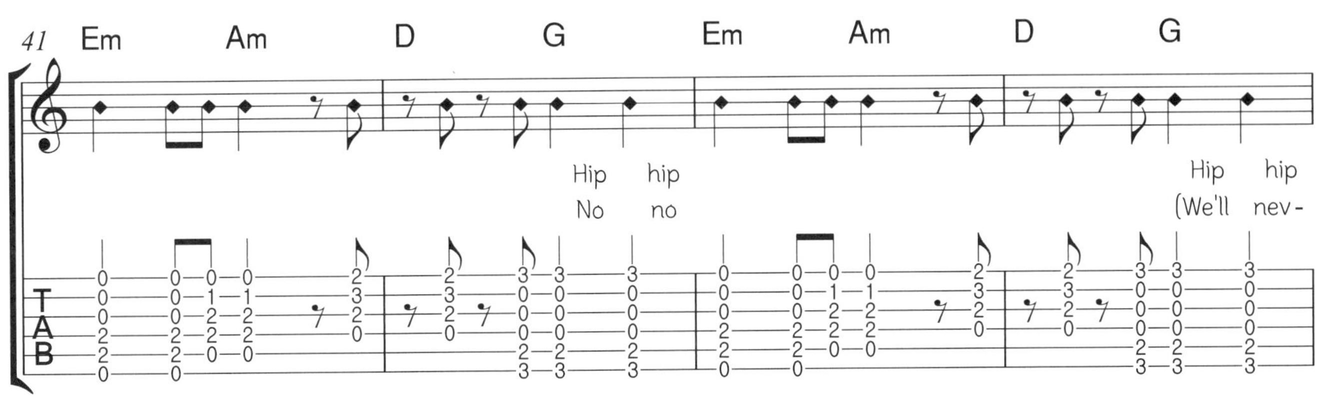
41
Em Am D G Em Am D G
Hip hip Hip hip
No no (We'll nev-

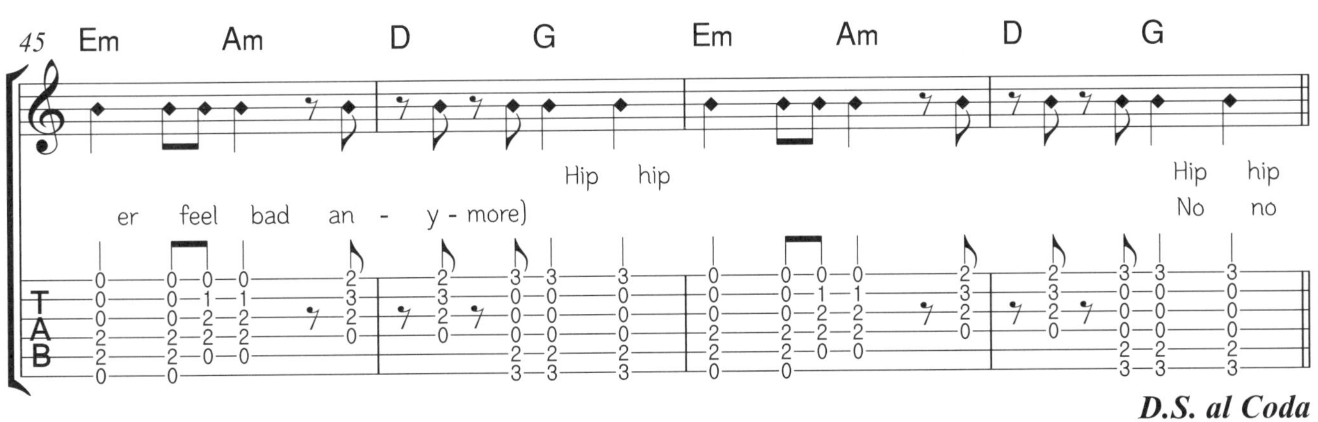
45
Em Am D G Em Am D G
Hip hip Hip hip
er feel bad an - y - more) No no
D.S. al Coda

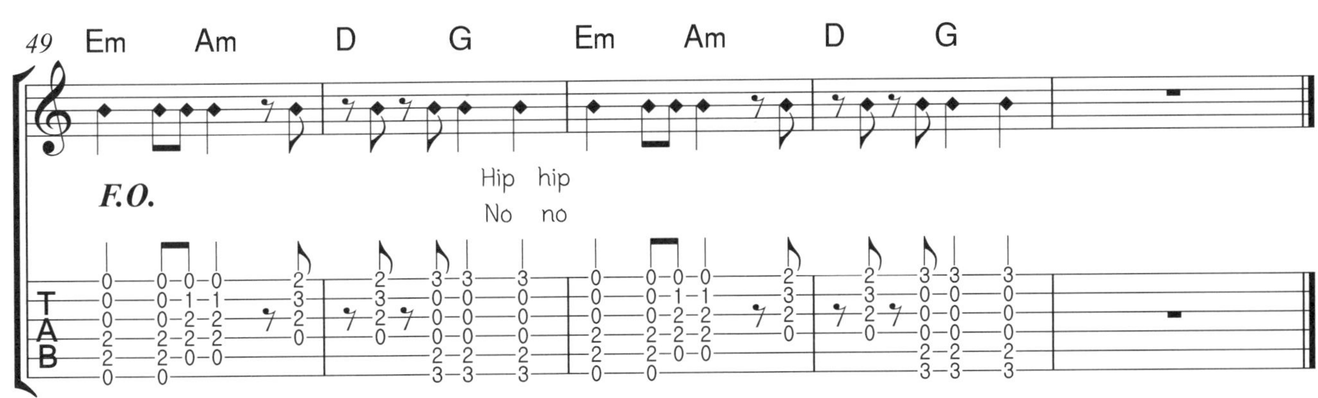
49
Em Am D G Em Am D G
F.O.
Hip hip
No no

11

Lost Stars

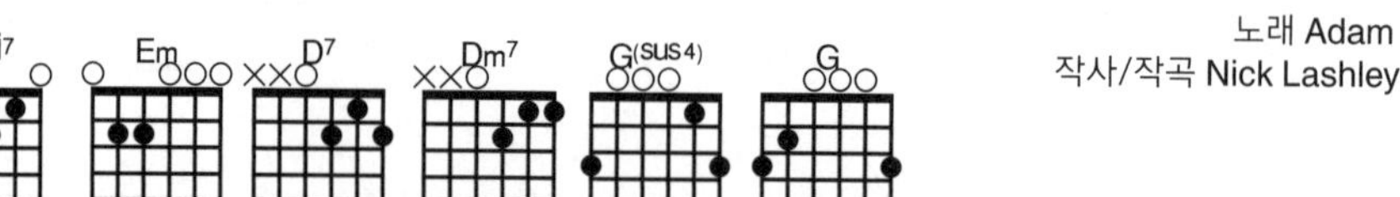

노래 Adam Levine
작사/작곡 Nick Lashley 외 3명

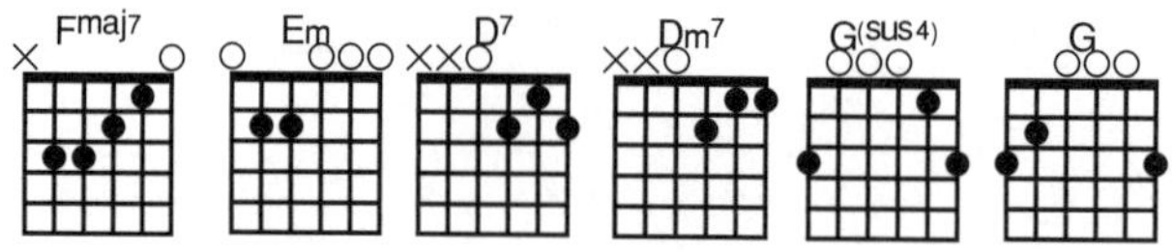

Intro

FM7

2

A

5 FM7

Please dont' see Just a boy caught up in dreams and fanta -
Who are we Just a speck of dust within the gala -

8 FM7

sies Please see me
xy Woe is me If we're not

11 FM7 Em

Reaching out for someone I can't see Take my hand Let's see where we wake up tomo -
careful turns into reali - ty Don't you dare let our best memories bring you so -

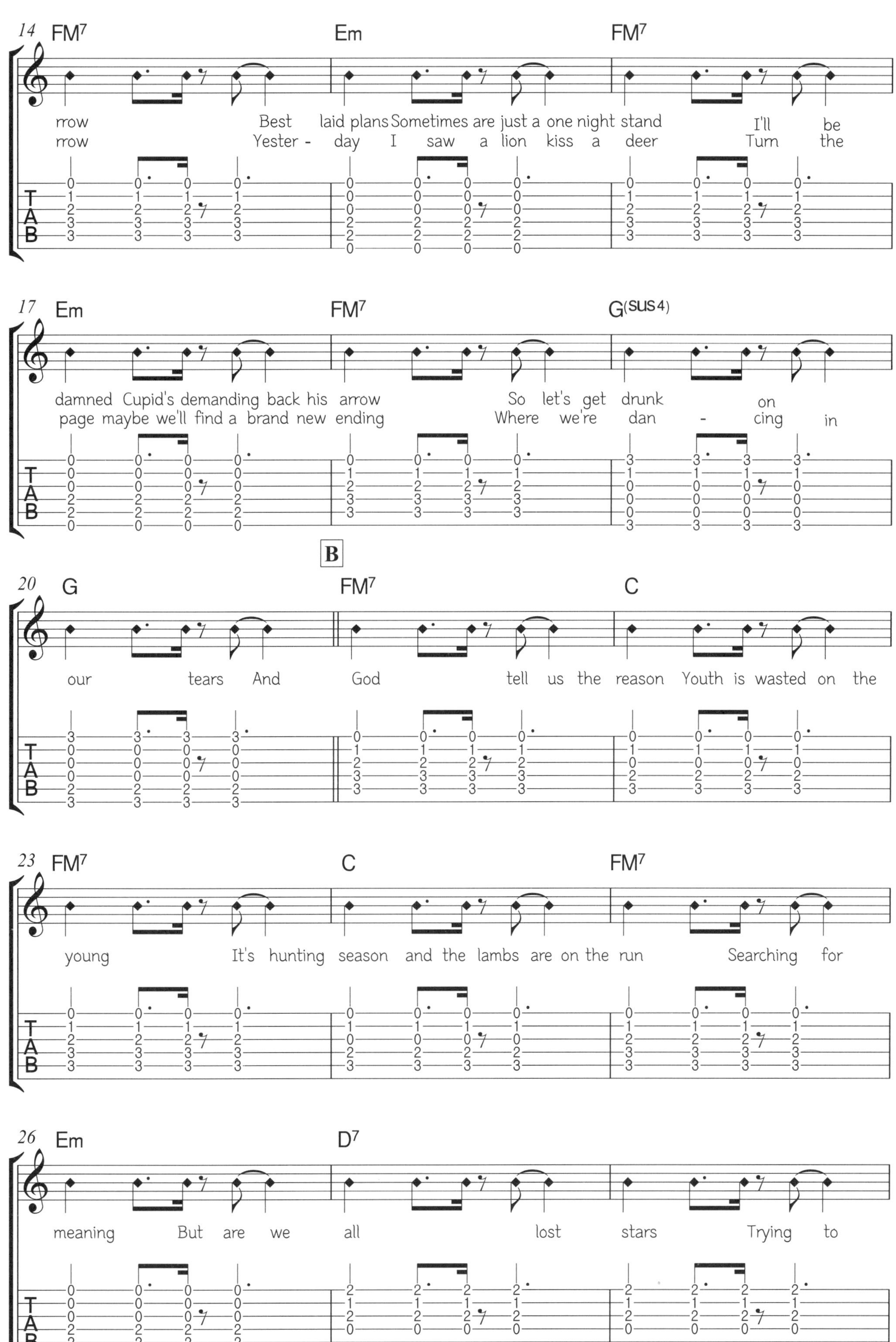
14
FM7
Em
FM7
rrow Best laid plans Sometimes are just a one night stand I'll be
rrow Yester - day I saw a lion kiss a deer Turn the
17
Em
FM7
G(sus4)
damned Cupid's demanding back his arrow So let's get drunk on
page maybe we'll find a brand new ending Where we're dan - cing in
B
20
G
FM7
C
our tears And God tell us the reason Youth is wasted on the
23
FM7
C
FM7
young It's hunting season and the lambs are on the run Searching for
26
Em
D7
meaning But are we all lost stars Trying to
TAB

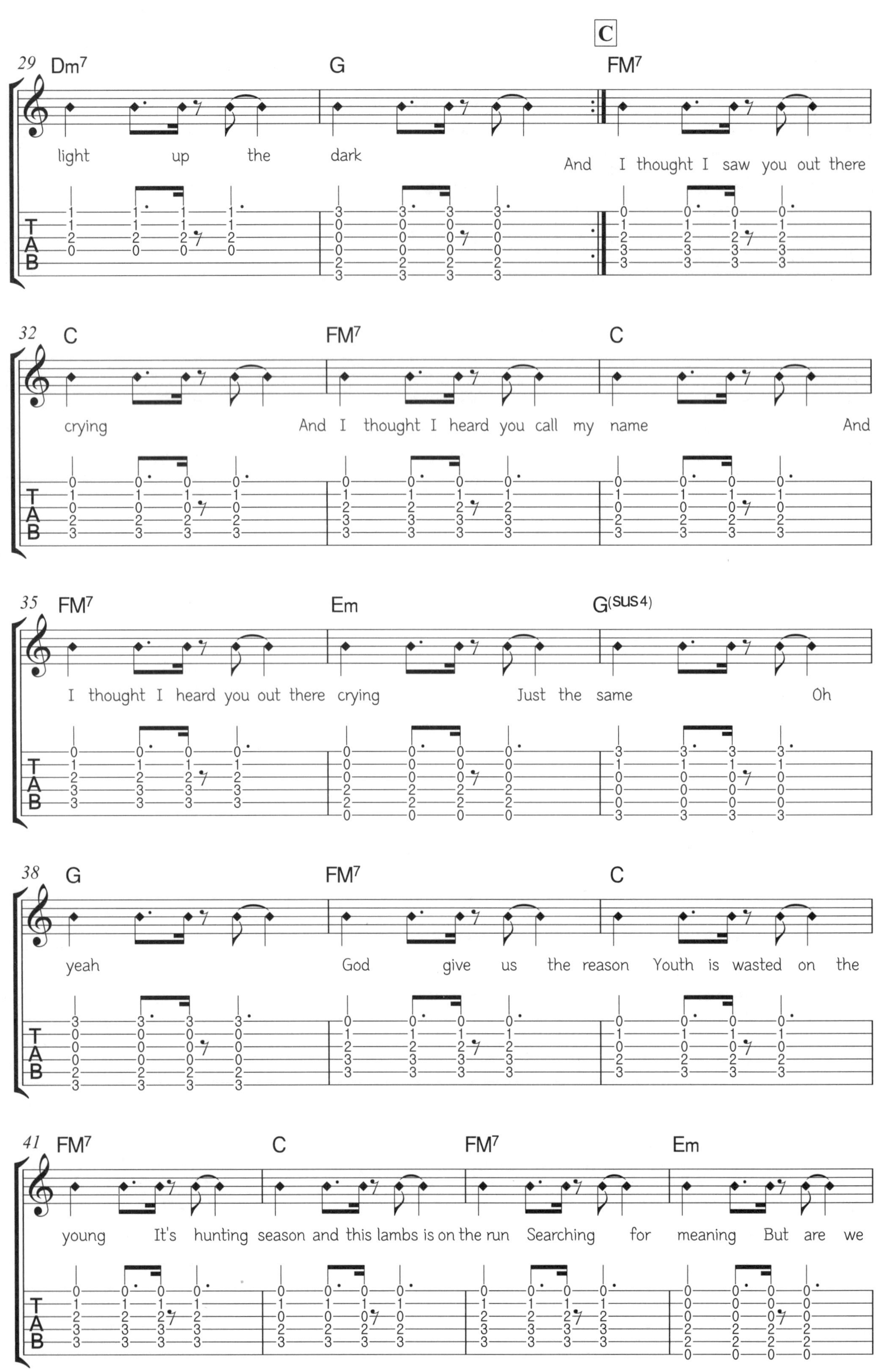
C
29 Dm7
G
FM7
light up the dark
And I thought I saw you out there
32 C
FM7
C
crying And I thought I heard you call my name And
35 FM7
Em
G(sus4)
I thought I heard you out there crying Just the same Oh
38 G
FM7
C
yeah God give us the reason Youth is wasted on the
41 FM7
C
FM7
Em
young It's hunting season and this lambs is on the run Searching for meaning But are we

45
D7
Dm7
G
all lost stars Trying to light up the dark And
49
FM7
C
FM7
C
I thought I saw you out there crying And I thought I heard you call my name And
53
FM7
Em
D7
I thought I heard you out there crying But are we all lost stars Trying to
57
Dm7
G
D7
light up the dark But are we all lost stars Trying to
61
Dm7
G
C
light up the dark

12

사랑..그 놈

노래 바비 킴
작사/작곡 박선주

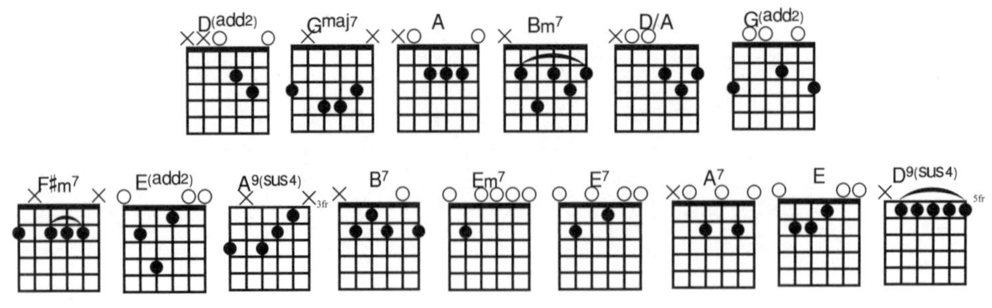

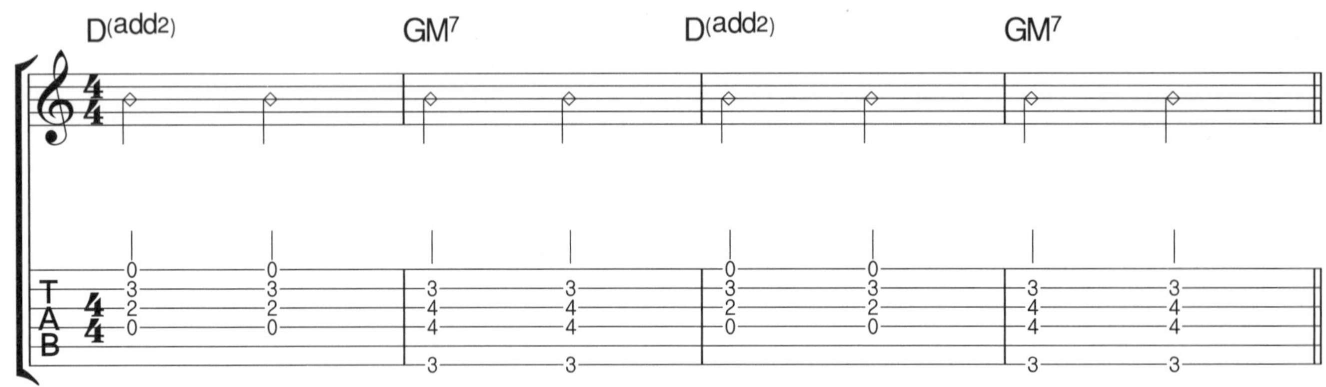

A

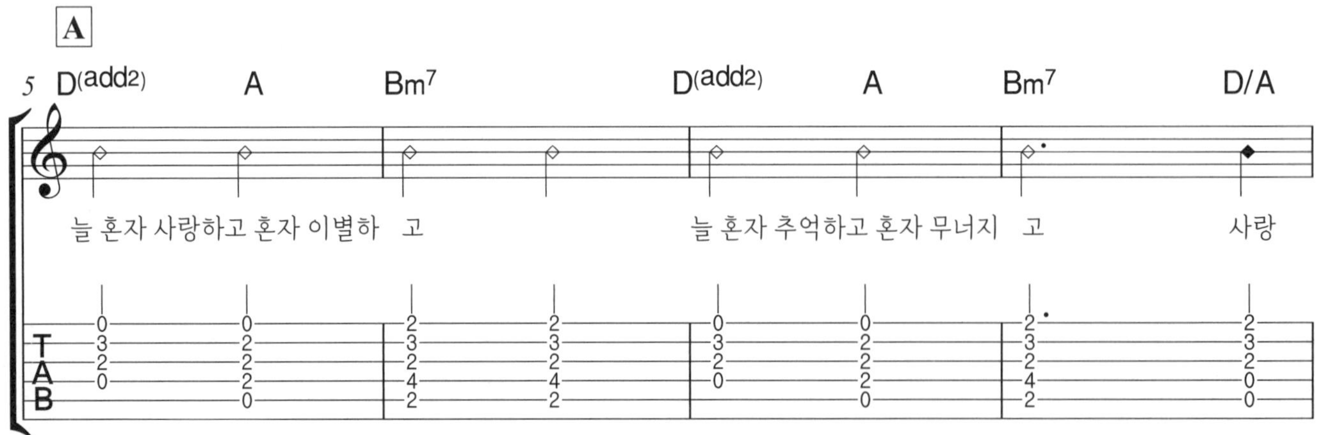

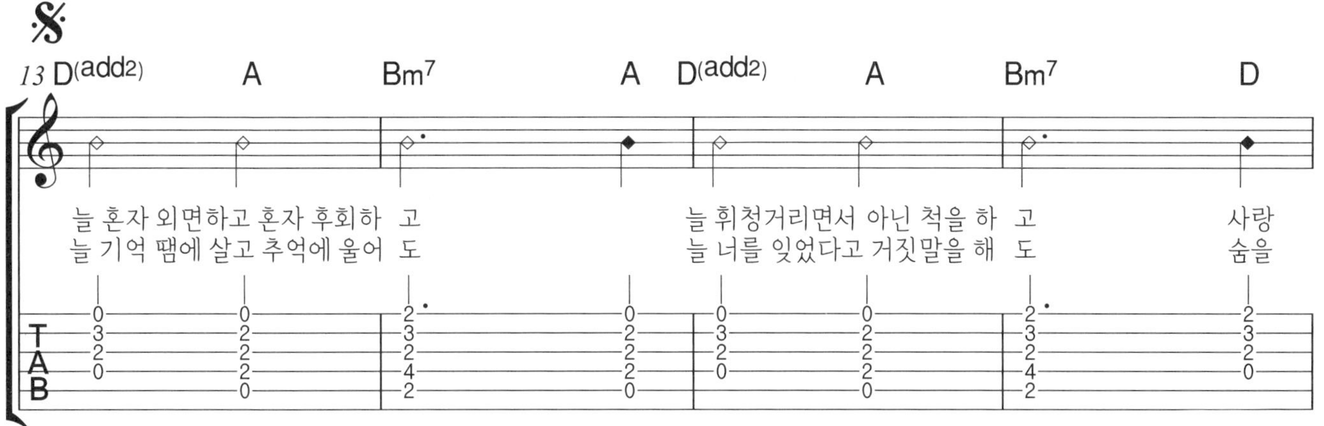

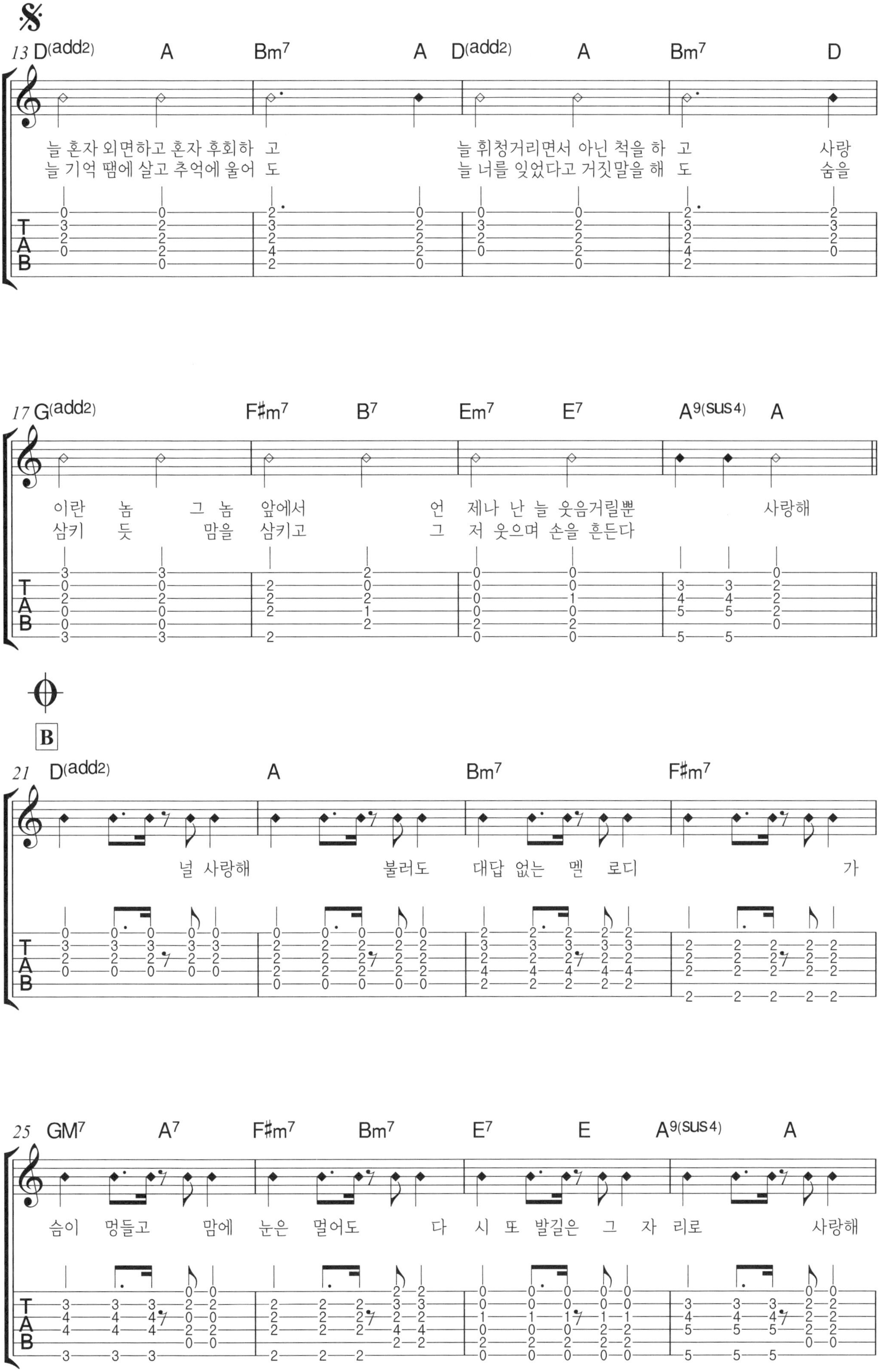

17 G(add2) F♯m7 B7 Em7 E7 A9(sus4) A

이란 놈 그 놈 앞에서 언 제나 난 늘 웃음거릴뿐 사랑해
삼키 듯 맘을 삼키고 그 저 웃으며 손을 흔든다

B

21 D(add2) A Bm7 F♯m7

널 사랑해 불러도 대답 없는 멜 로디 가

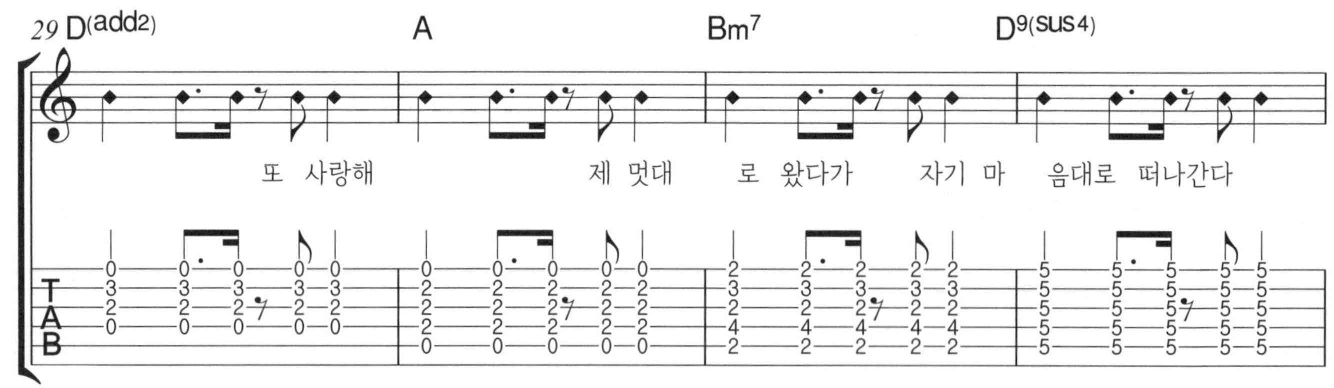
29
D(add2)
A
Bm7
D9(sus4)
또 사랑해
제 멋대
로 왔다가
자기 마
음대로 떠나간다

33
GM7
F#m7
B7
Em7
A9(sus4)
D(add2)
GM7
A9(sus4)
왔을 때
처럼
아무 말도 없이 떠나간다

D.S. al Coda

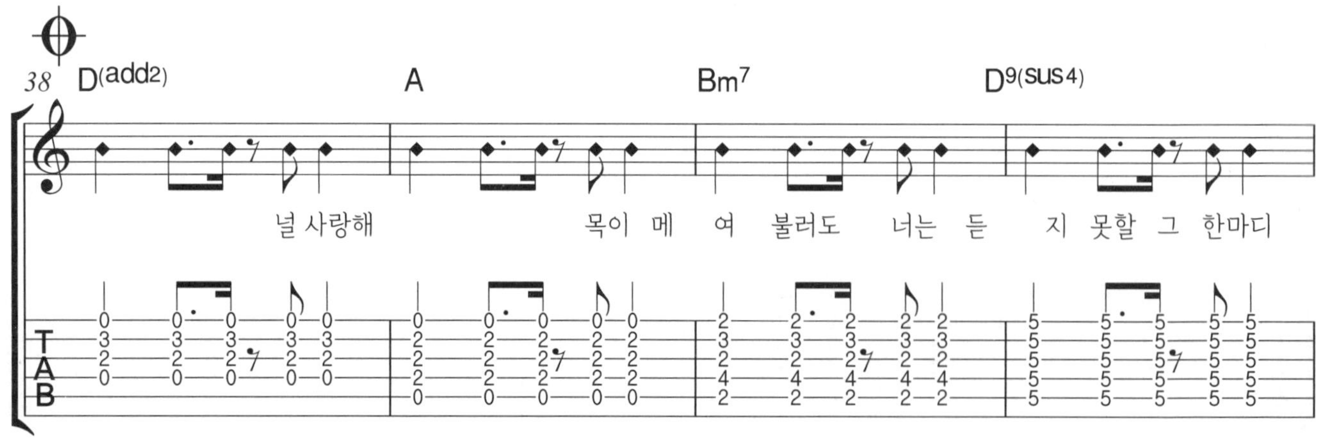
38
D(add2)
A
Bm7
D9(sus4)
널 사랑해
목이 메
여 불러도
너는 듣
지 못할 그 한마디

42
GM7
F#m7
B7
Em7
E7
A9(sus4)
A
고갤 떨
구며
사랑 앞에 난 또
서있다
사랑해

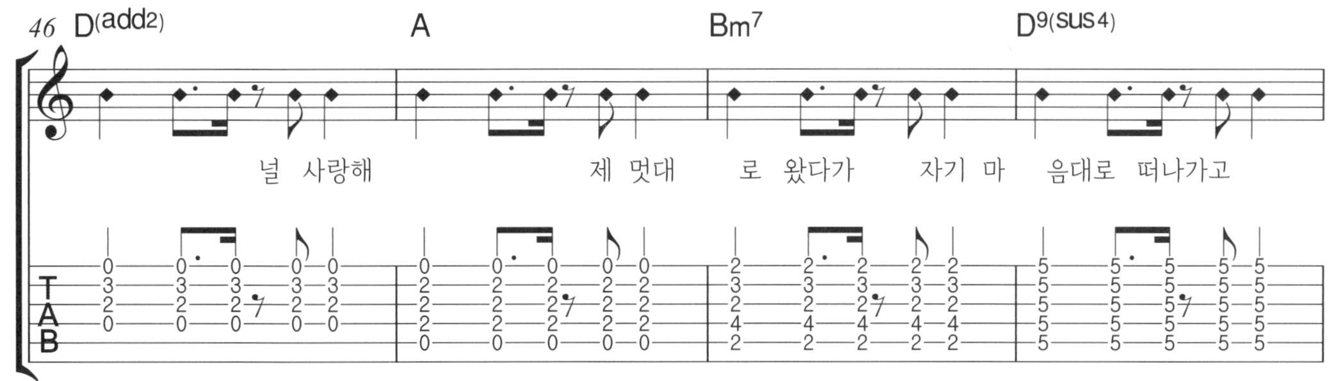
46
D(add2)
A
Bm7
D9(sus4)
널 사랑해 제 멋대 로 왔다가 자기 마 음대로 떠나가고
T
A
B

50
GM7
F#m7
B7
Em7
A9(sus4)
F#7
Bm7
왔을 때 처럼 아무 말도 없이 떠나가도 모른척
T
A
B

54
F#m7
Bm7
F#m7
B7
Em7
A9(sus4)
D(add2)
해도 날 잊는 대도 사 랑은 다시 또 온다
Arp.
T
A
B

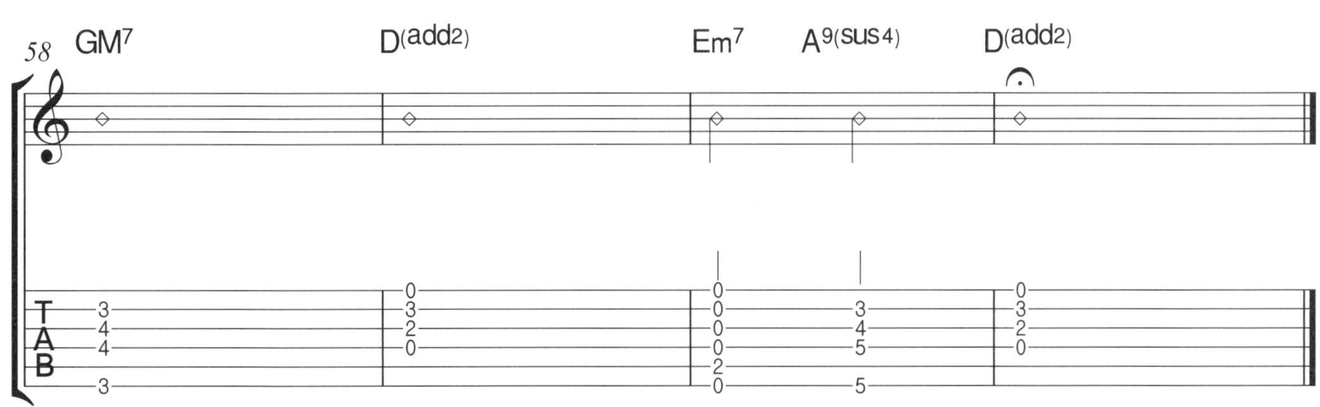
58
GM7
D(add2)
Em7
A9(sus4)
D(add2)
T
A
B

13

사랑 Two

노래 윤도현
작사 이경희
작곡 임준철

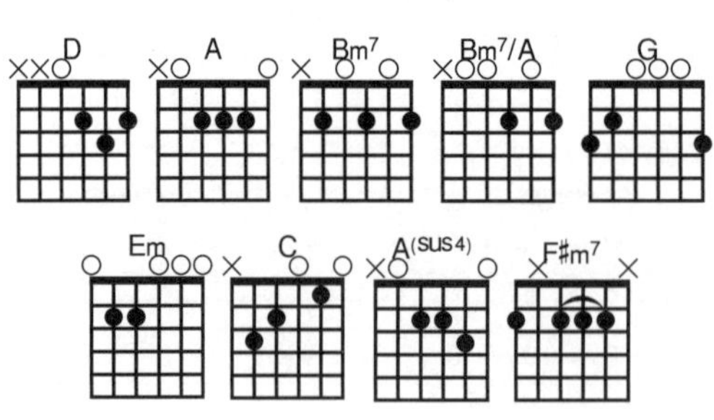

A

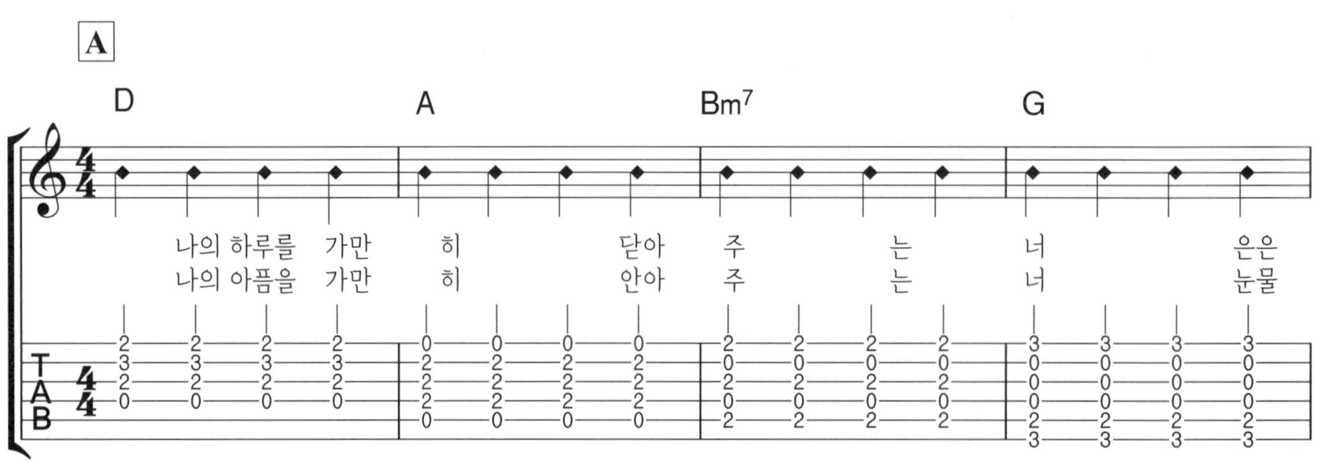

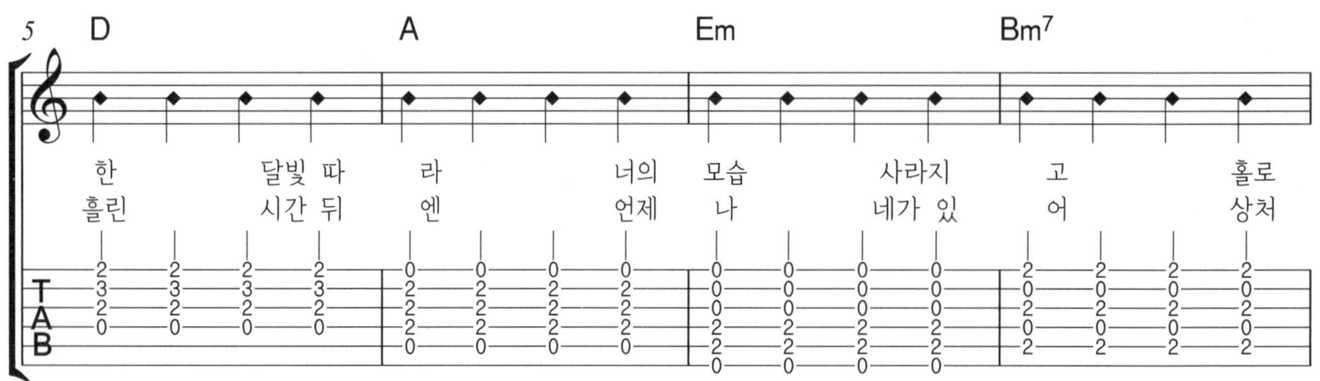

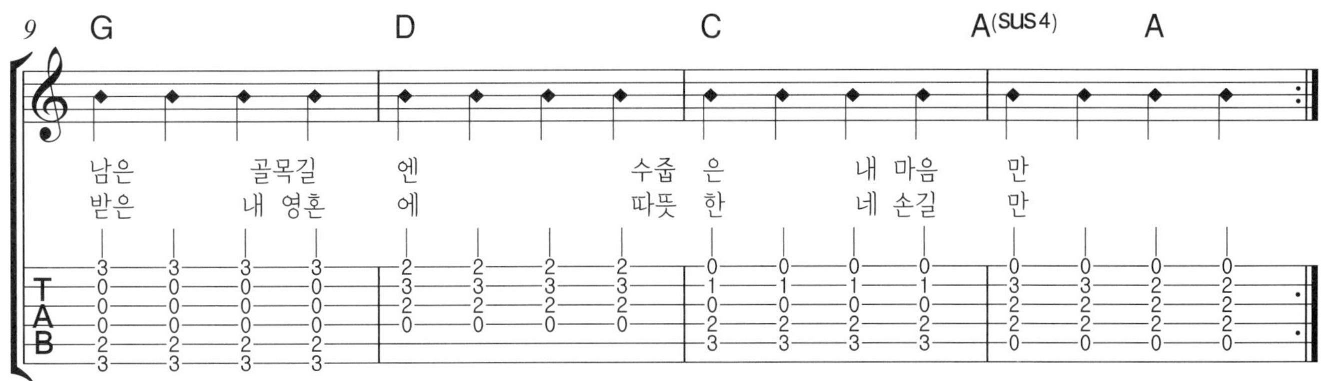
9
G D C A(SUS4) A
남은 골목길 엔 수줍 은 내 마음 만
받은 내 영혼 에 따뜻 한 네 손길 만
TAB

13
Bm7 A D A G D F♯m7 G A(SUS4) A Bm7 A D
처음엔 그냥 친 군 줄만 알았어 아무 색깔 없이 언 제나 영원하길 또 다시 사랑이 라 부
TAB

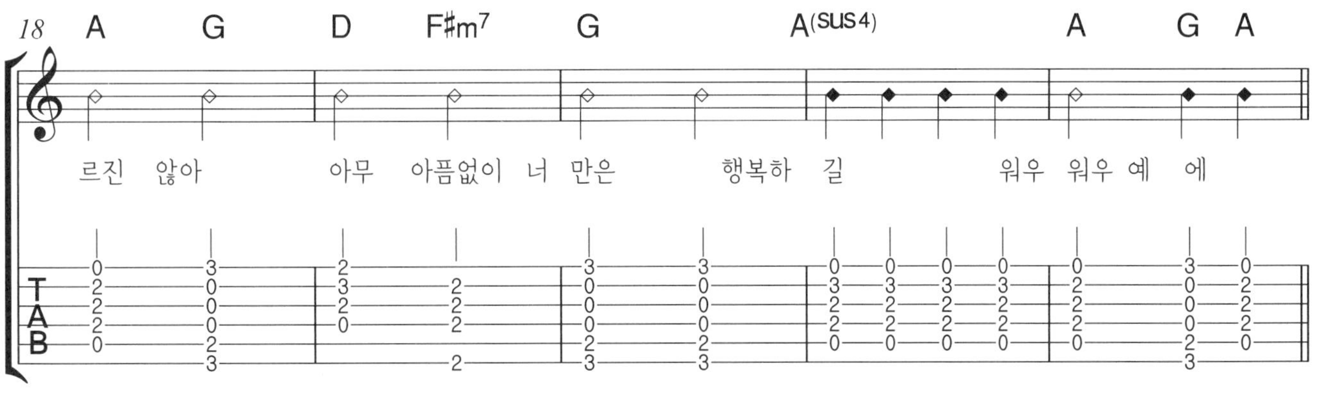
18
A G D F♯m7 G A(SUS4) A G A
르진 않아 아무 아픔없이 너 만은 행복하 길 워우 워우 예 에
TAB

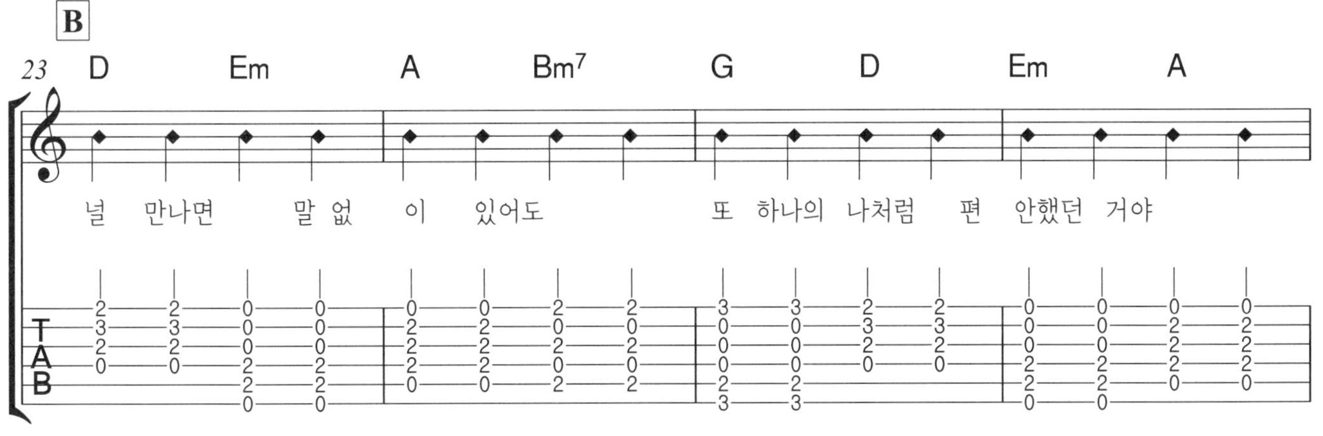
B
23
D Em A Bm7 G D Em A
널 만나면 말 없 이 있어도 또 하나의 나처럼 편 안했던 거야
TAB

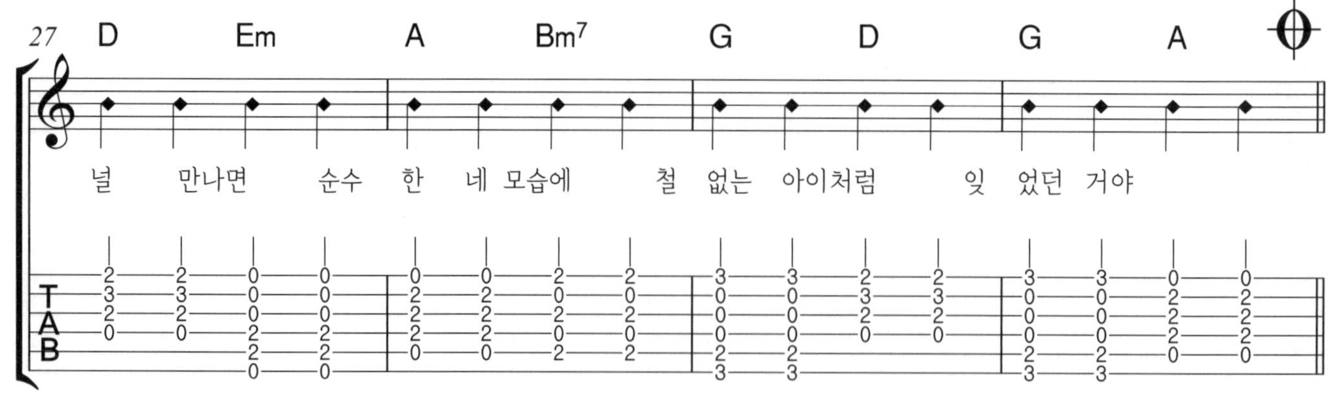
27
D Em A Bm7 G D G A
널 만나면 순수 한 네 모습에 철 없는 아이처럼 잊 었던 거야

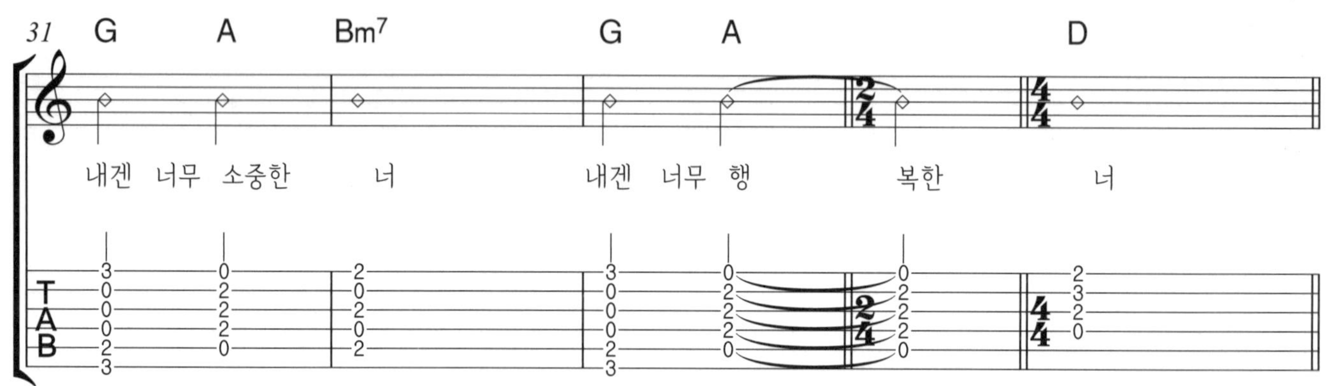
31
G A Bm7 G A D
내겐 너무 소중한 너 내겐 너무 행 복한 너

Guitar Solo

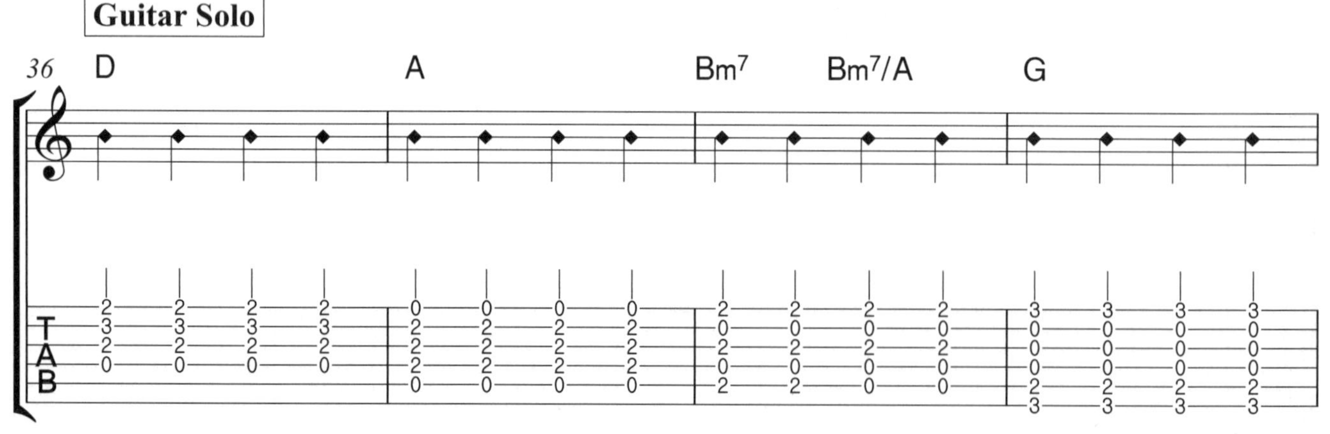
36
D A Bm7 Bm7/A G

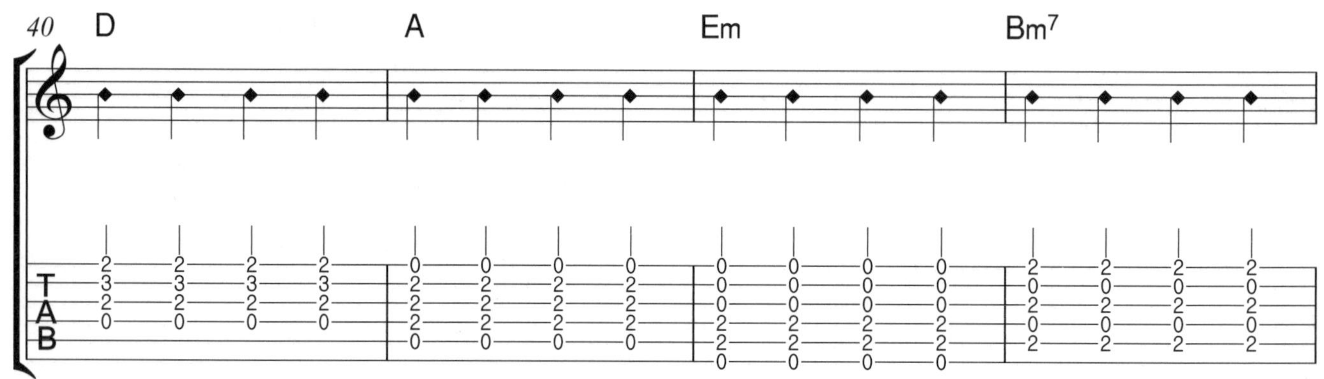
40
D A Em Bm7

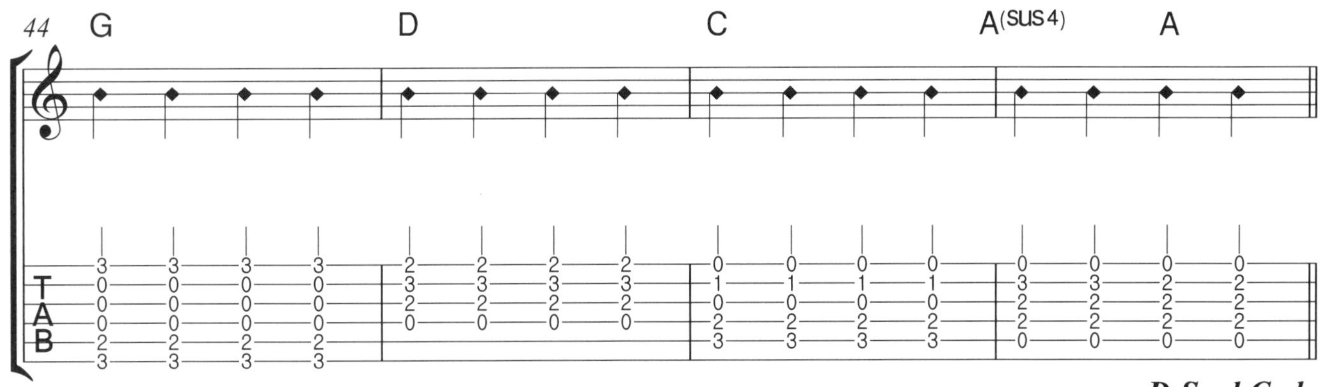
44
G
D
C
A(SUS 4)
A
T
A
B
D.S. al Coda

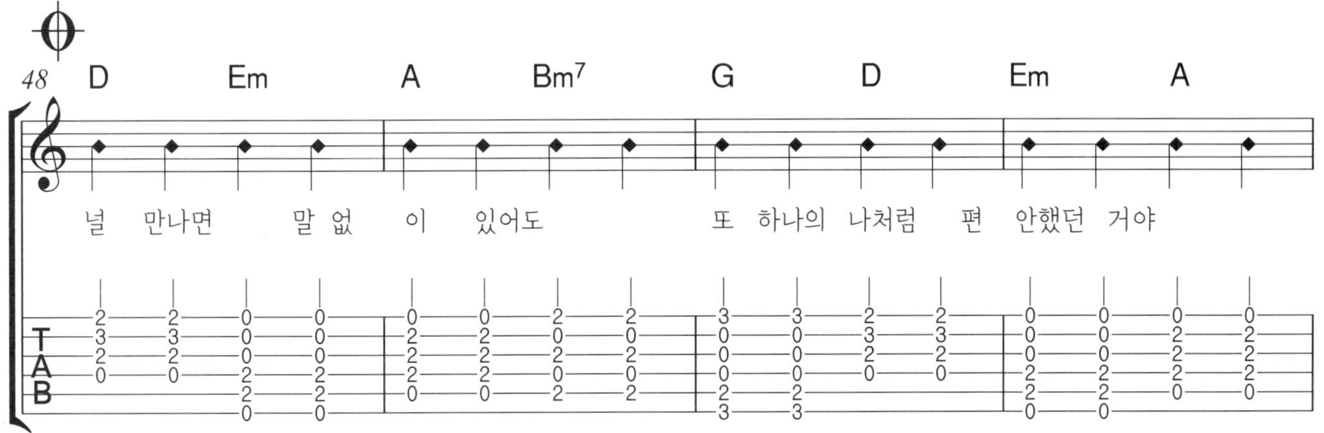
48
D
Em
A
Bm7
G
D
Em
A
널 만나면 말 없 이 있어도 또 하나의 나처럼 편 안했던 거야
T
A
B

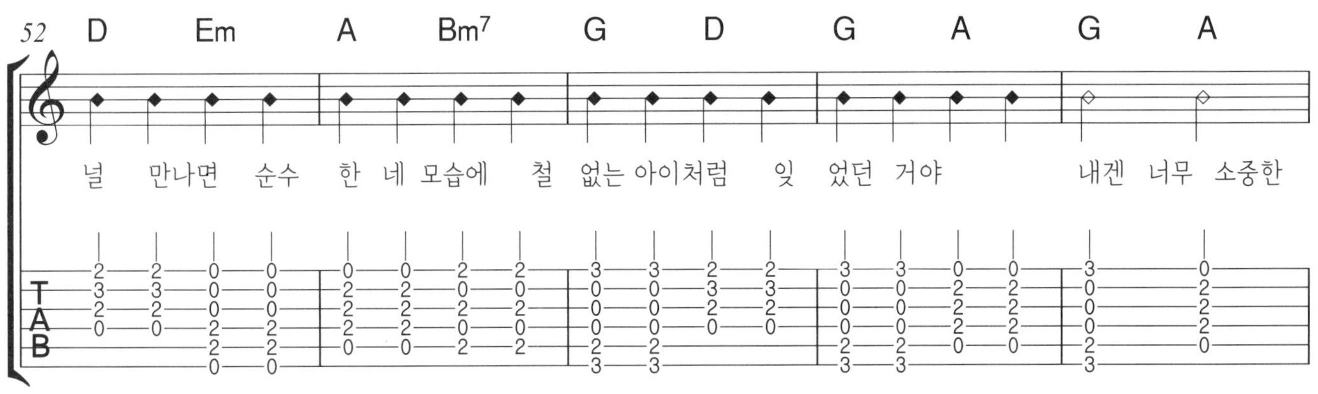
52
D
Em
A
Bm7
G
D
G
A
G
A
널 만나면 순수 한 네 모습에 철 없는 아이처럼 잊 었던 거야 내겐 너무 소중한
T
A
B

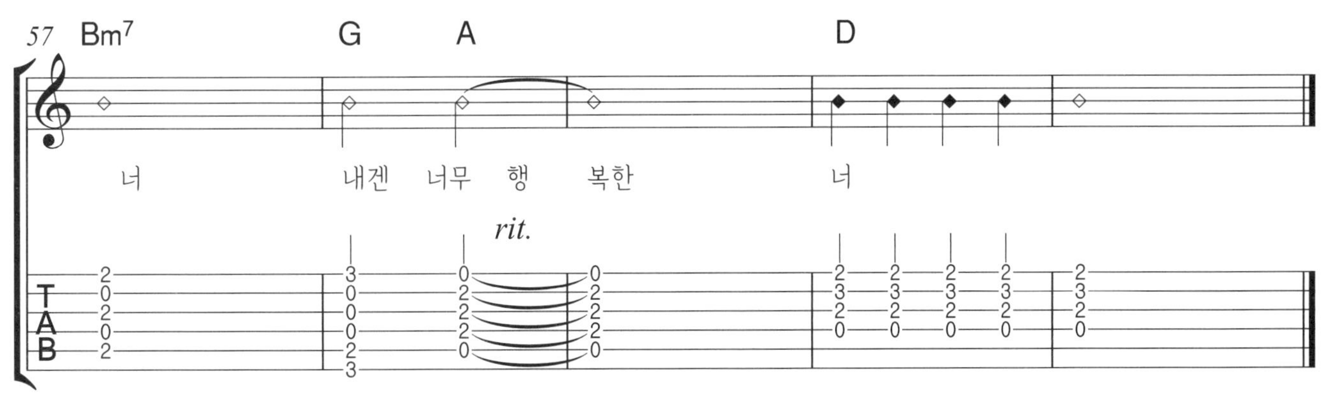
57
Bm7
G
A
D
너 내겐 너무 행 복한 너
rit.
T
A
B

14

날아라 병아리

노래 N.EX.T
작사/작곡 신해철

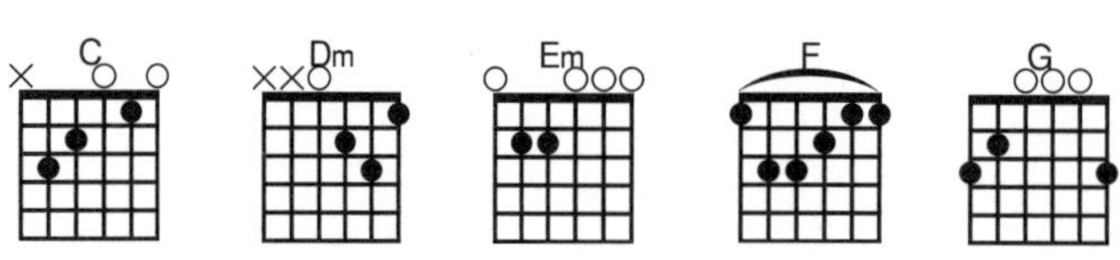

ㄇ : Down Stroke
V : Up Stroke

Intro

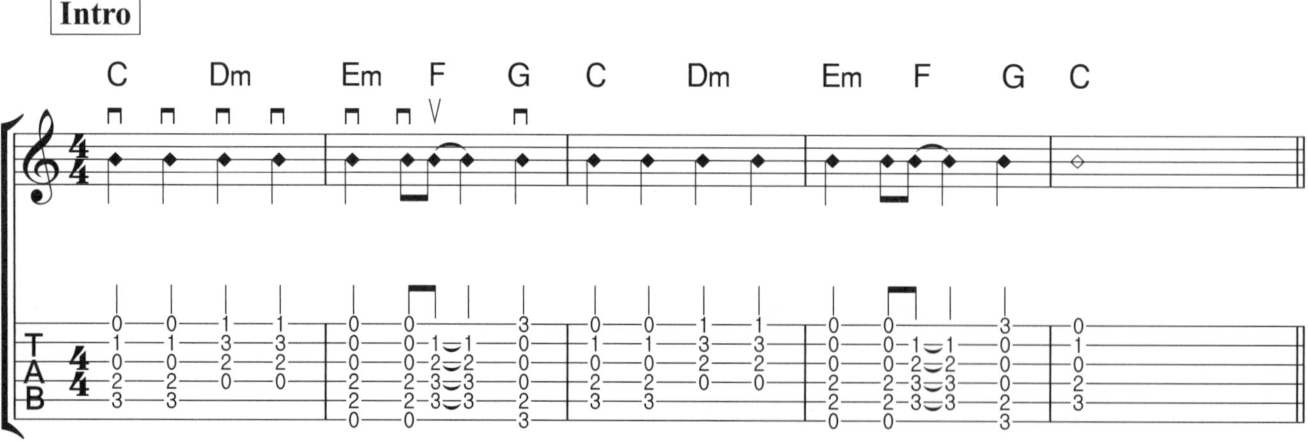

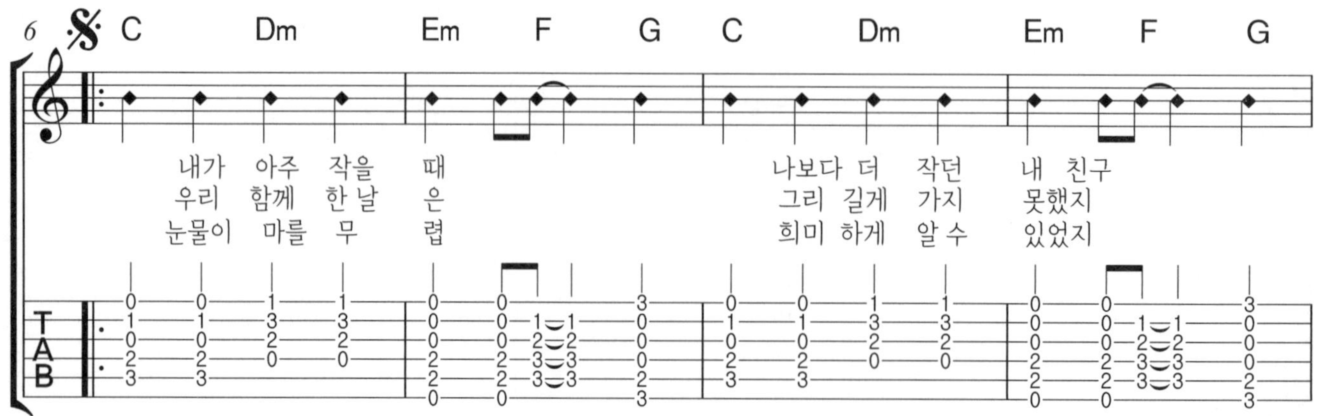

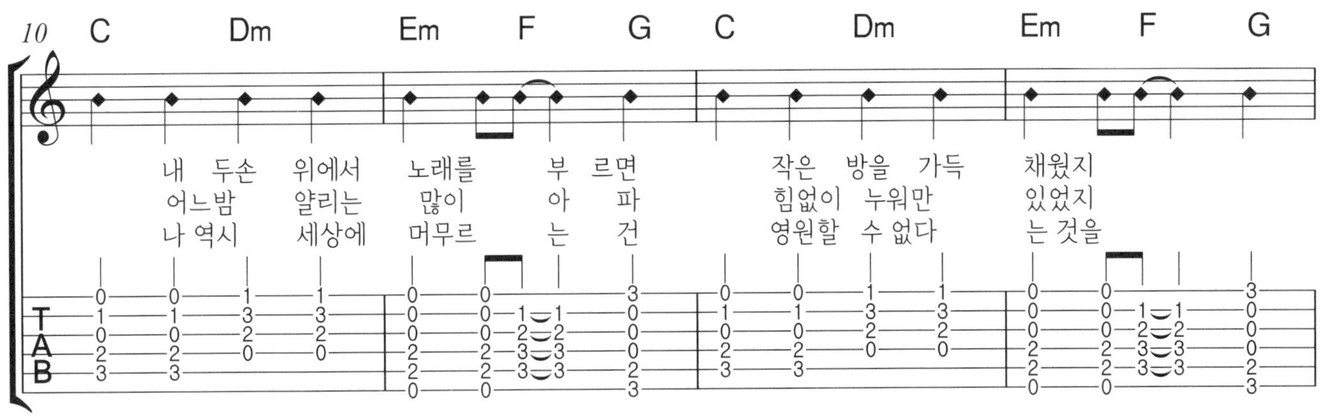
10
C Dm Em F G C Dm Em F G
내 두손 위에서 노래를 부 르면 작은 방을 가득 채웠지
어느밤 얄리는 많이 아 파 힘없이 누워만 있었지
나 역시 세상에 머무르 는 건 영원할 수 없다 는 것을
TAB

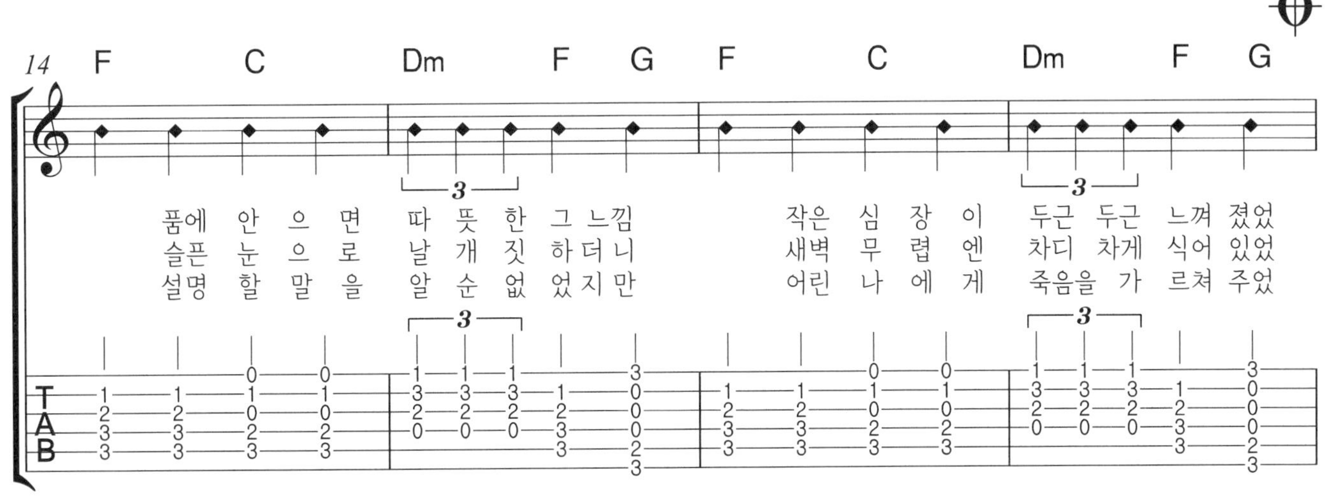
14
F C Dm F G F C Dm F G
품에 안 으 면 따 뜻 한 그 느낌 작은 심 장 이 두근 두근 느껴 졌었
슬픈 눈 으 로 날 개 짓 하 더 니 새벽 무 렵 엔 차디 차게 식어 있었
설명 할 말 을 알 순 없 었 지 만 어린 나 에 게 죽음을 가 르쳐 주었
3
TAB

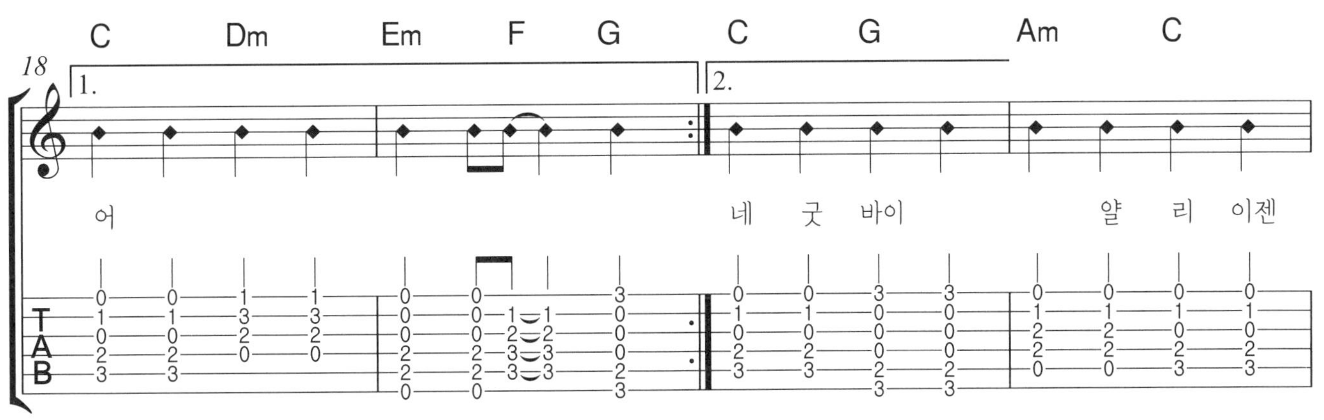
18
C Dm Em F G C G Am C
1.
2.
어
네 굿 바이 얄 리 이젠
TAB

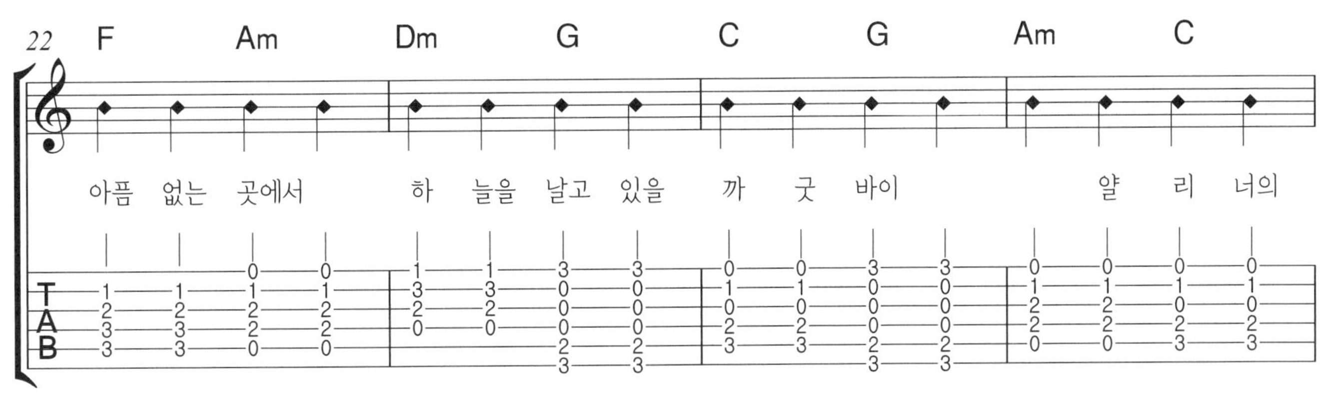
22
F Am Dm G C G Am C
아픔 없는 곳에서 하 늘을 날고 있을 까 굿 바이 얄 리 너의
TAB

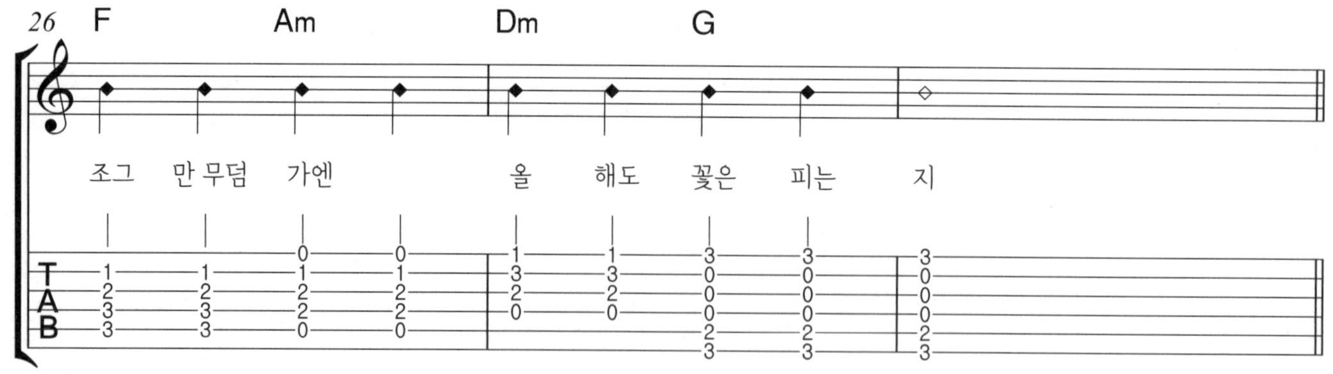

Guitar Solo

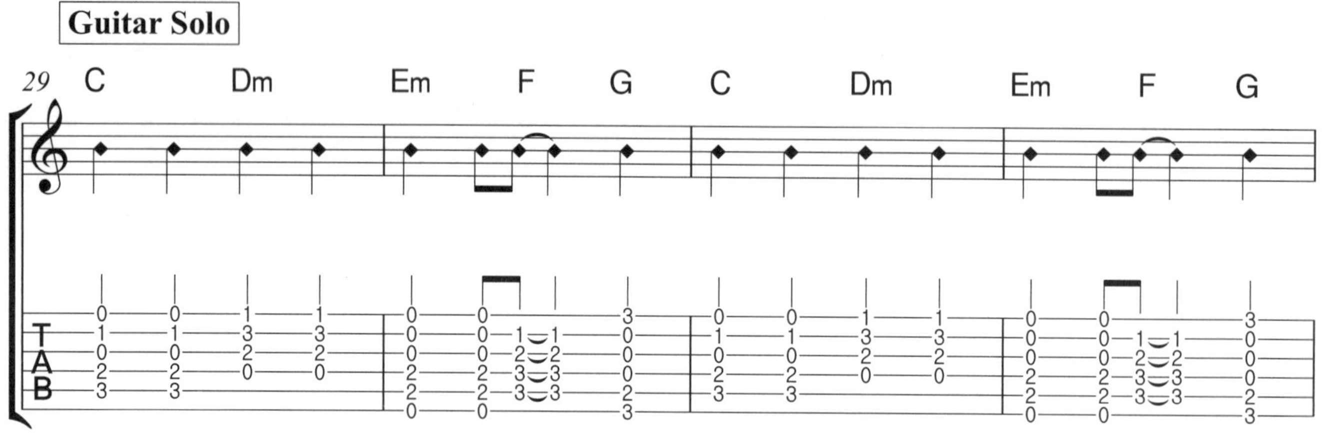

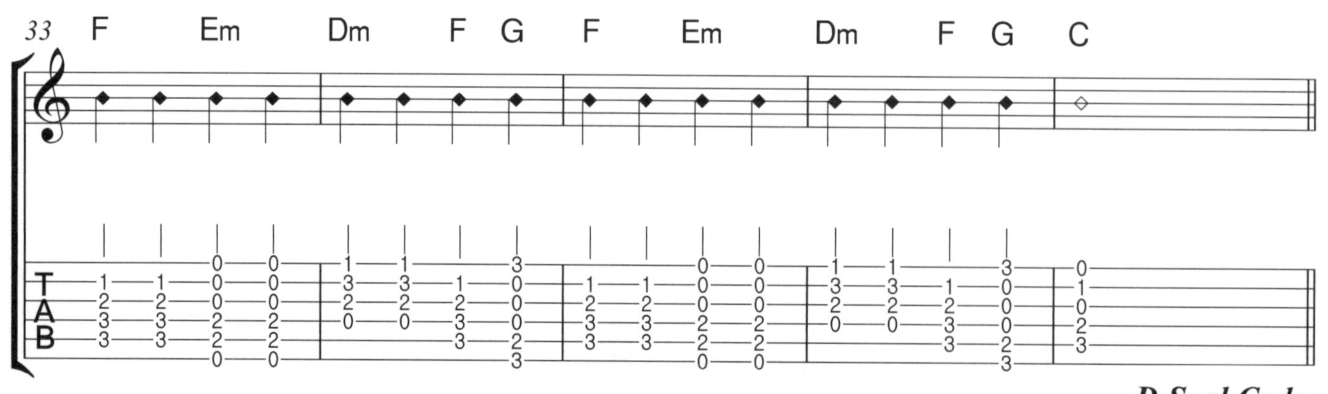

D.S. al Coda
(No Repeat)

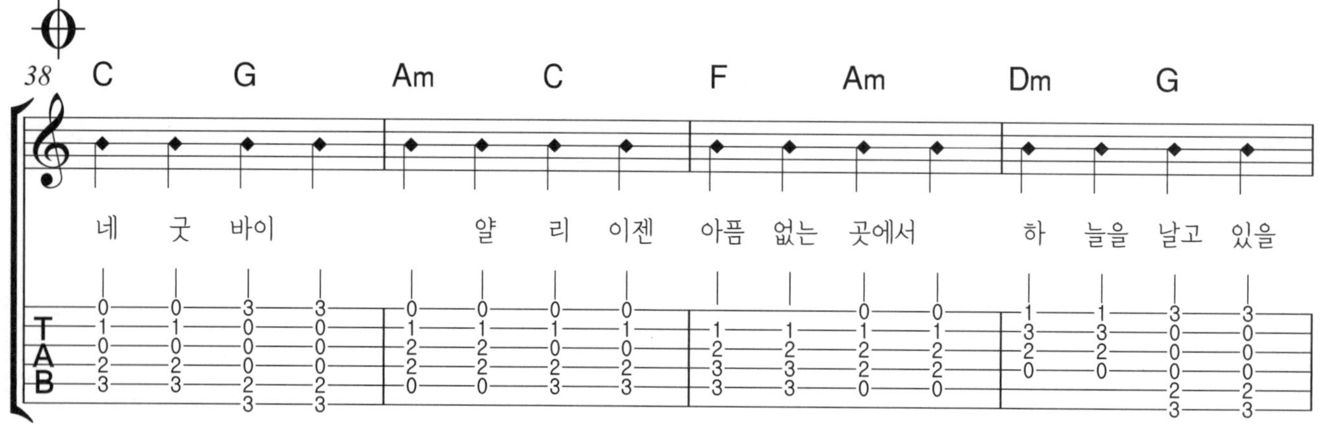

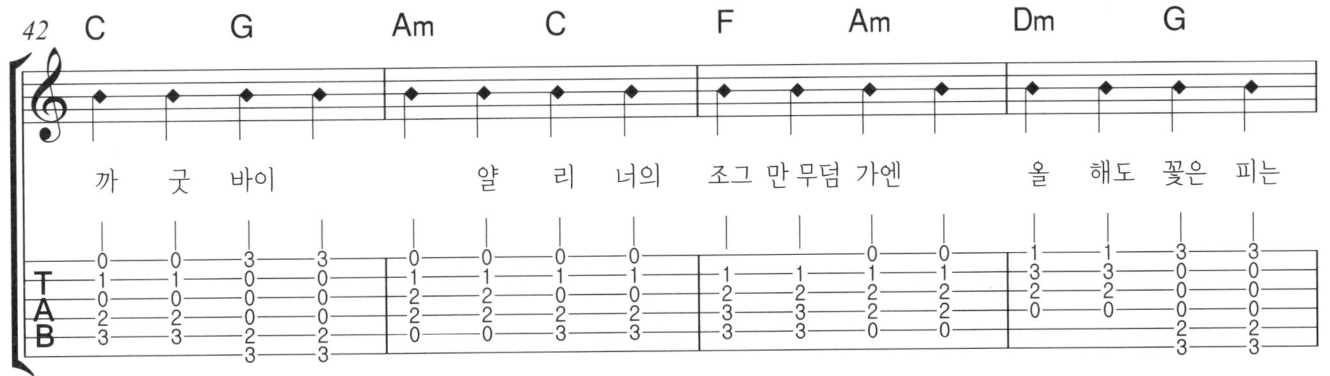

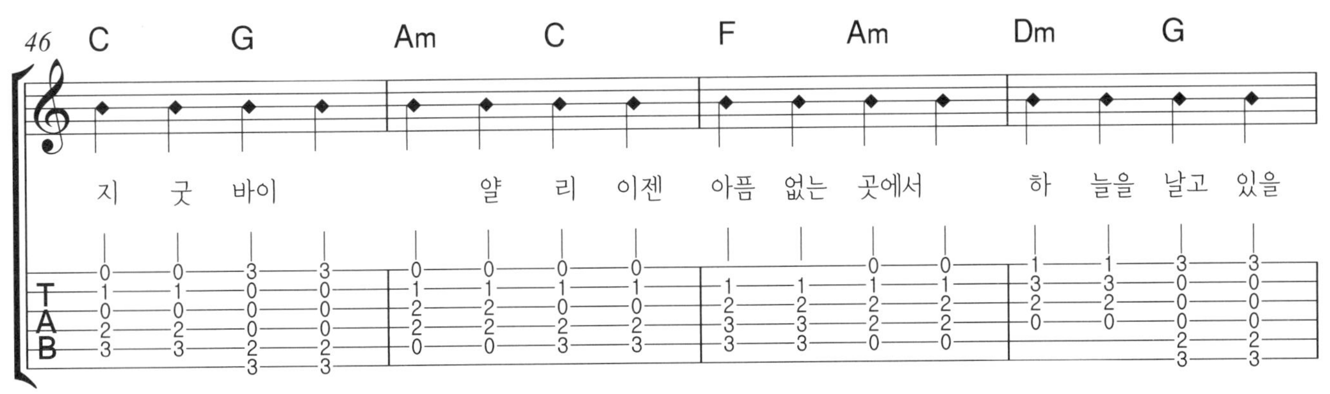

In time

On Cue

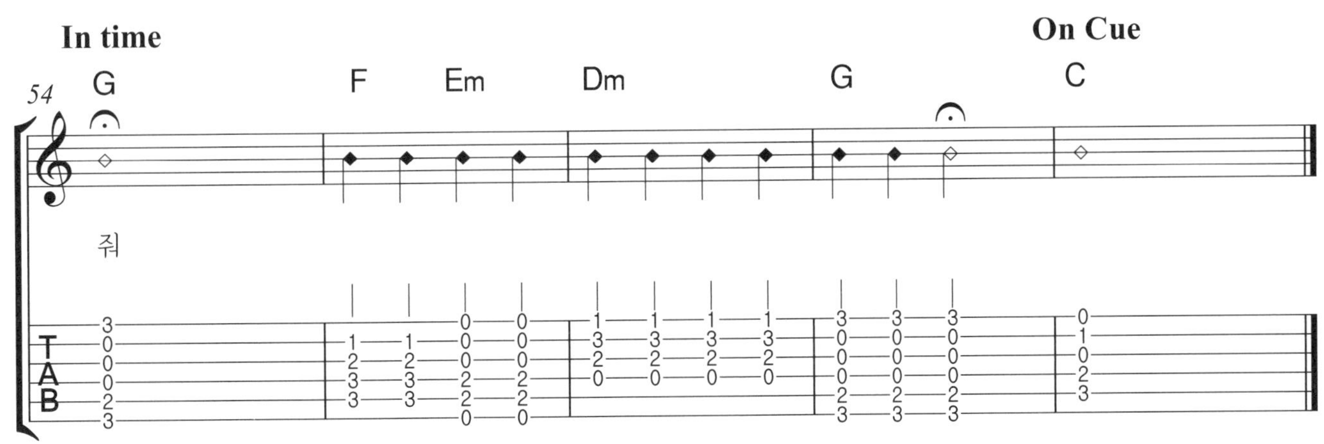

⑮ 사랑을 했다 (LOVE SCENARIO)

노래 iKON
작사 BOBBY, B.I, 못말
작곡 B.I, MILLENNIUM, 승

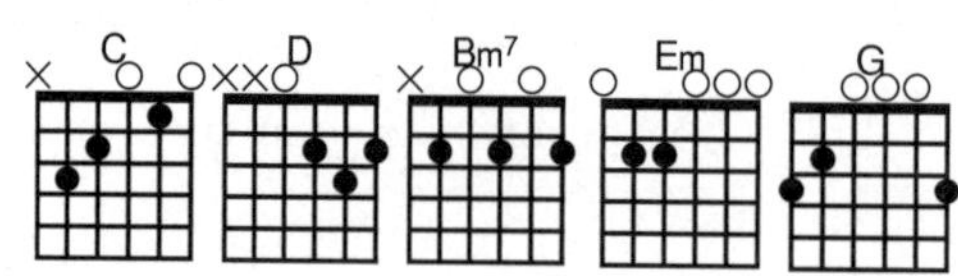

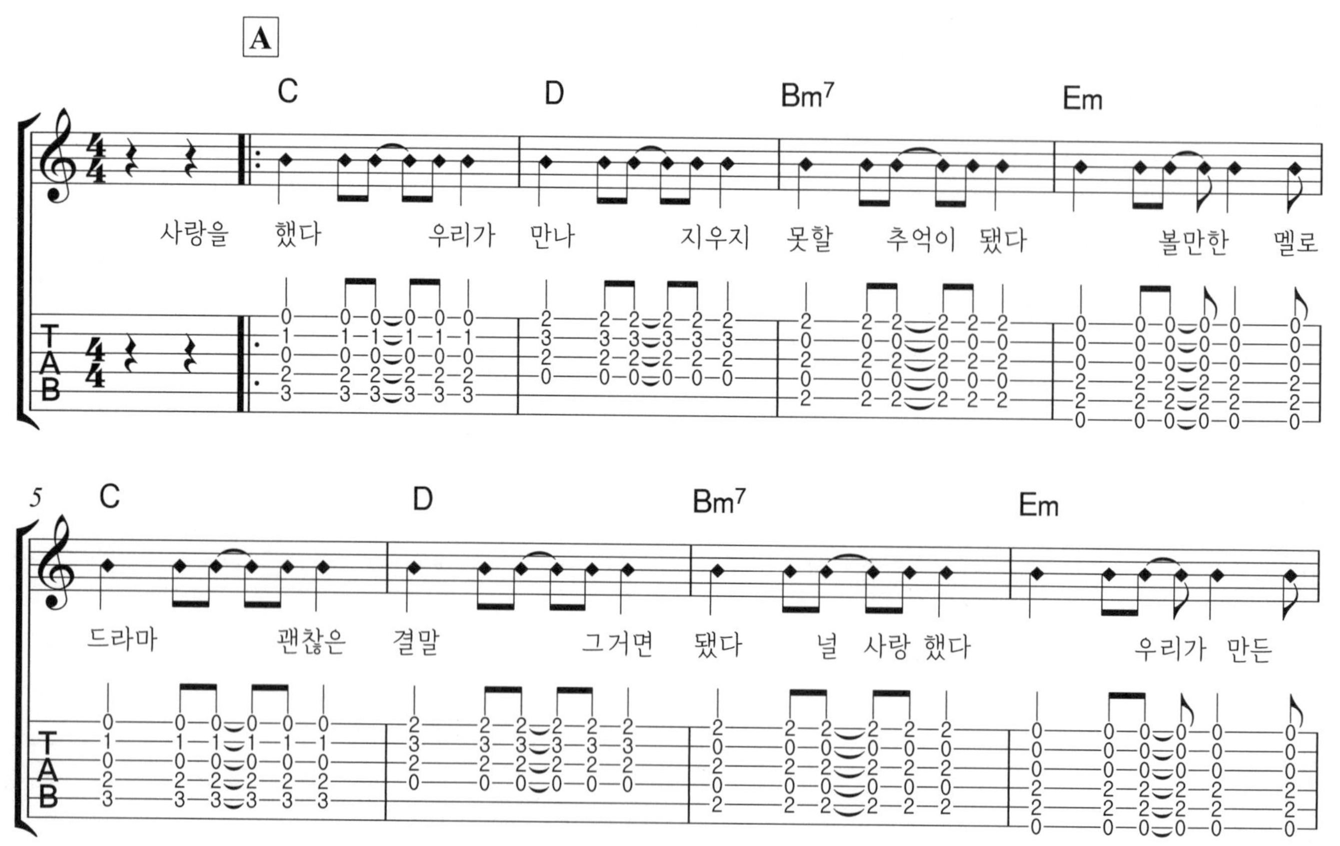

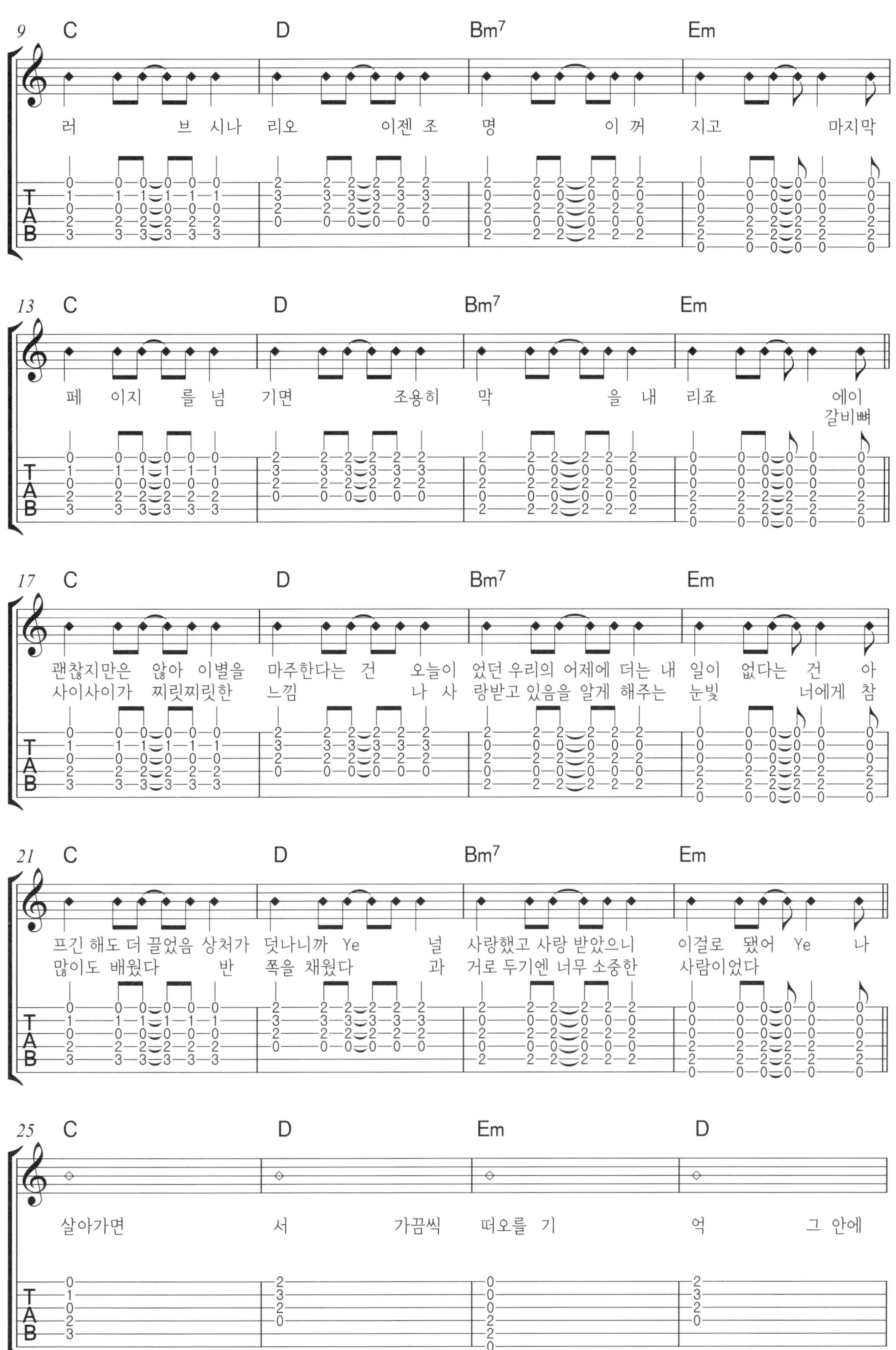
9 C D Bm7 Em
러 브 시나 리오 이젠 조 명 이 꺼 지고 마지막
13 C D Bm7 Em
페 이지 를 넘 기면 조용히 막 을 내 리죠 에이
갈비뼈
17 C D Bm7 Em
괜찮지만은 않아 이별을 마주한다는 건 오늘이 었던 우리의 어제에 더는 내 일이 없다는 건 아
사이사이가 찌릿찌릿한 느낌 나 사 랑받고 있음을 알게 해주는 눈빛 너에게 참
21 C D Bm7 Em
프긴 해도 더 끌었음 상처가 덧나니까 Ye 널 사랑했고 사랑 받았으니 이걸로 됐어 Ye 나
많이도 배웠다 반 쪽을 채웠다 과 거로 두기엔 너무 소중한 사람이었다
25 C D Em D
살아가면 서 가끔씩 떠오를 기 억 그 안에

29 C D Em G
네가 있다 면 그거면 충 분 해 사랑을
B
33 C D Bm7 Em
했다 우 리가 만나 지 우지 못할 추억이 됐다 볼만한 멜로
37 C D Bm7 Em
드라마 괜찮은 결말 그거면 됐다 널 사랑 했다 네가
41 C D Bm7 Em
벌 써 그 립지만 그 리워하지 않으려 해 한 편의
45 C D Bm7
영 화 따 스했던 봄 으로 너를 기억할 게 우리가 만든

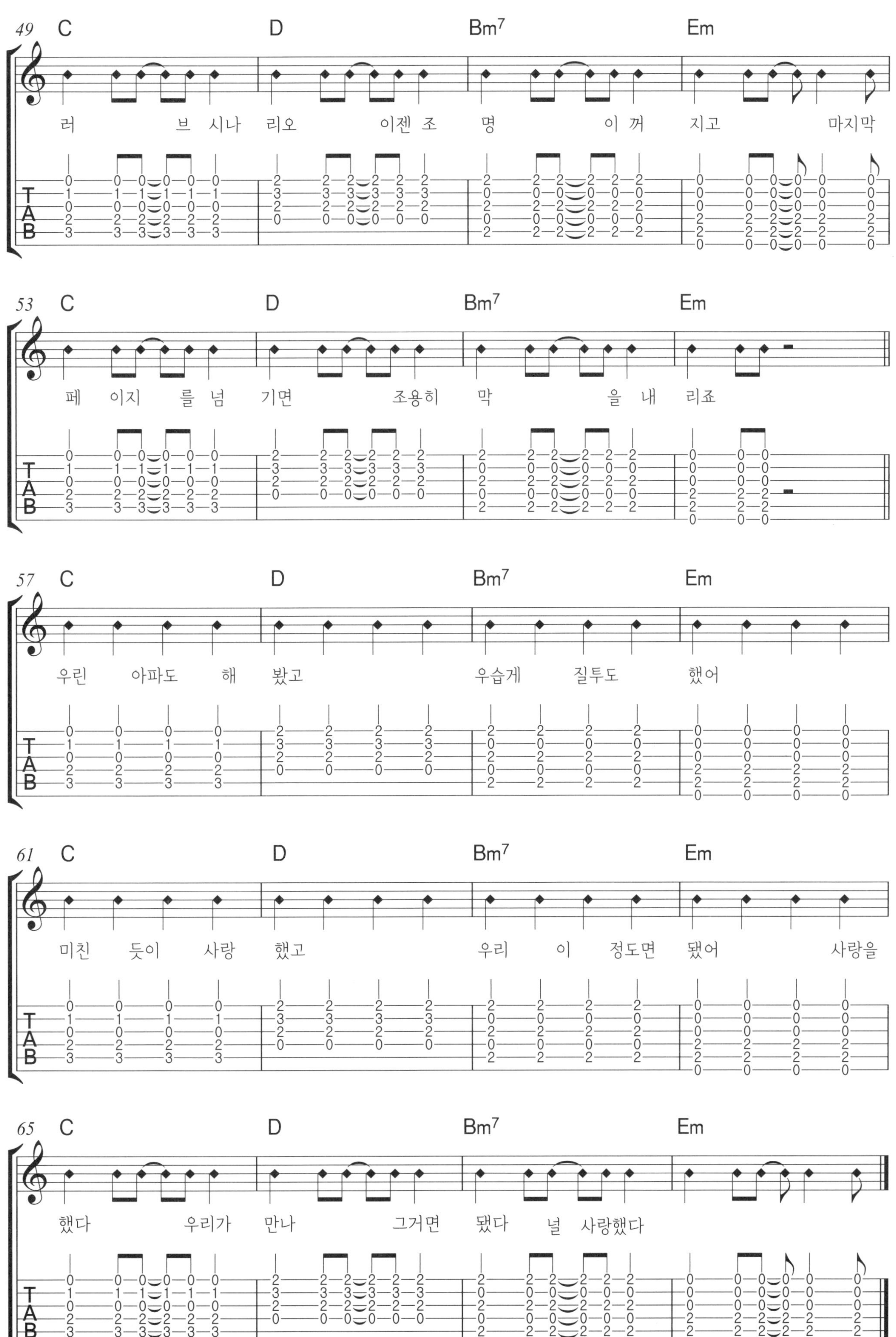
49
C
D
Bm7
Em
러 브 시나 리오 이젠 조 명 이 꺼 지고 마지막
53
C
D
Bm7
Em
페 이지 를 넘 기면 조용히 막 을 내 리죠
57
C
D
Bm7
Em
우린 아파도 해 봤고 우습게 질투도 했어
61
C
D
Bm7
Em
미친 듯이 사랑 했고 우리 이 정도면 됐어 사랑을
65
C
D
Bm7
Em
했다 우리가 만나 그거면 됐다 널 사랑했다

16

나만, 봄

노래 볼빨간사춘기
작사 안지영
작곡 안지영, 바닐라맨

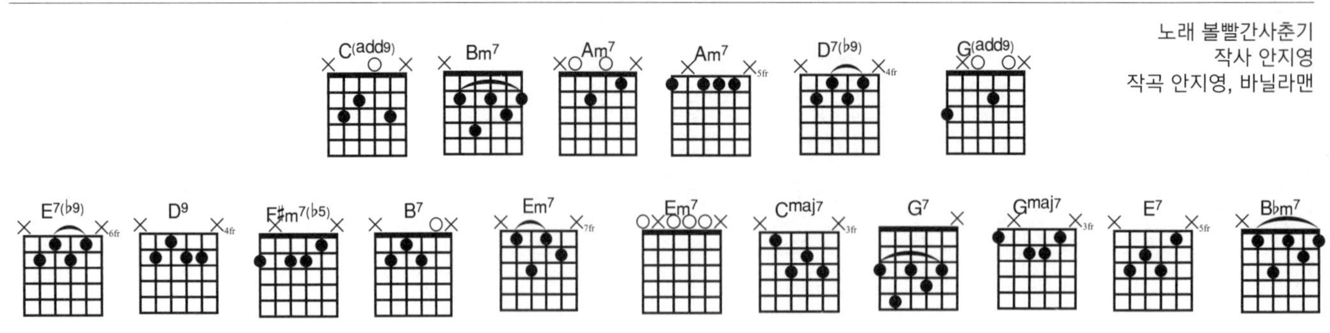

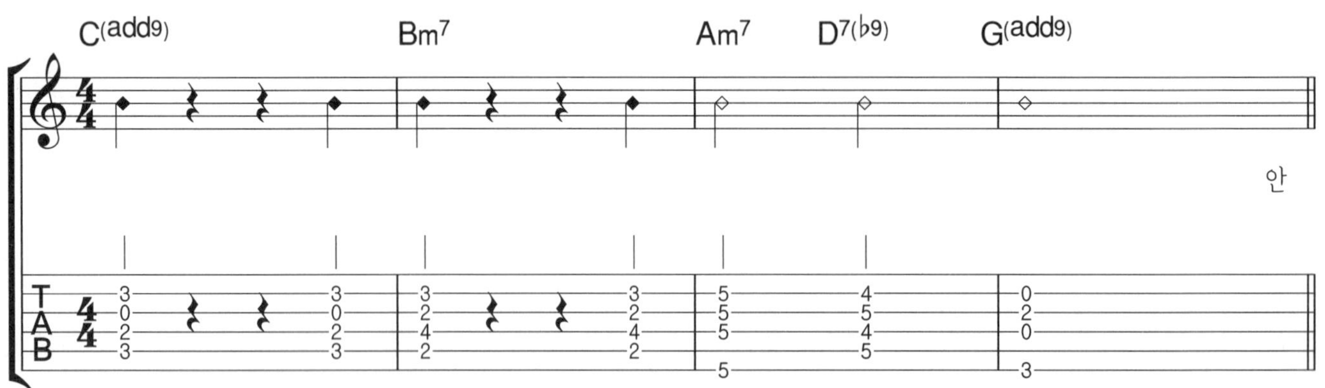

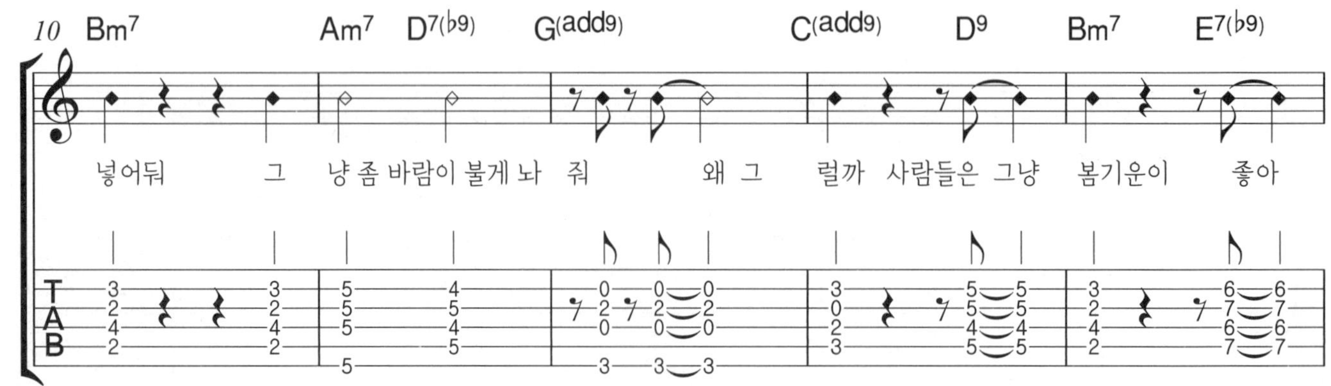

15
Am7 D9 G(add9) C(add9) D9 Bm7 E7(♭9) Am7 D9
눈치없이 밖을 나가는걸까 왜 이 럴까 뭐가 설렌다고 봄바람이 좋아 내 맘도 모르고 더 불어와
TAB

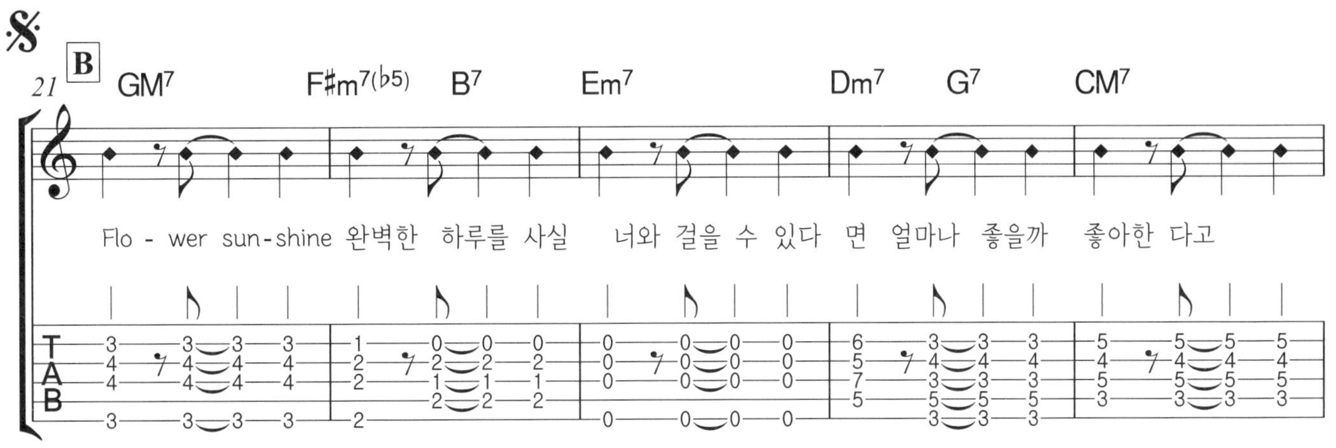
B
21
GM7 F#m7(♭5) B7 Em7 Dm7 G7 CM7
Flo - wer sun-shine 완벽한 하루를 사실 너와 걸을 수 있다 면 얼마나 좋을까 좋아한 다고
TAB

26
Bm7 Em7 Am7 D9 GM7 F#m7(♭5) B7
말하기가 무서 워서 네 곁을 맴돌고 있는 난 벚 꽃 도 뭐 고다 필요없어 나는
TAB

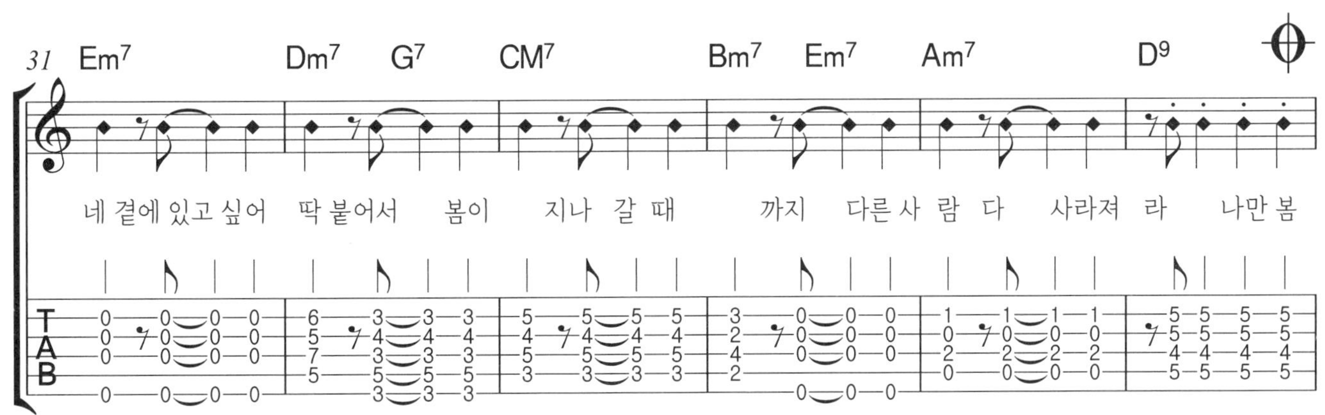
31
Em7 Dm7 G7 CM7 Bm7 Em7 Am7 D9
네 곁에 있고 싶어 딱 붙어서 봄이 지나 갈 때 까지 다른사 람 다 사라져 라 나만 봄
TAB

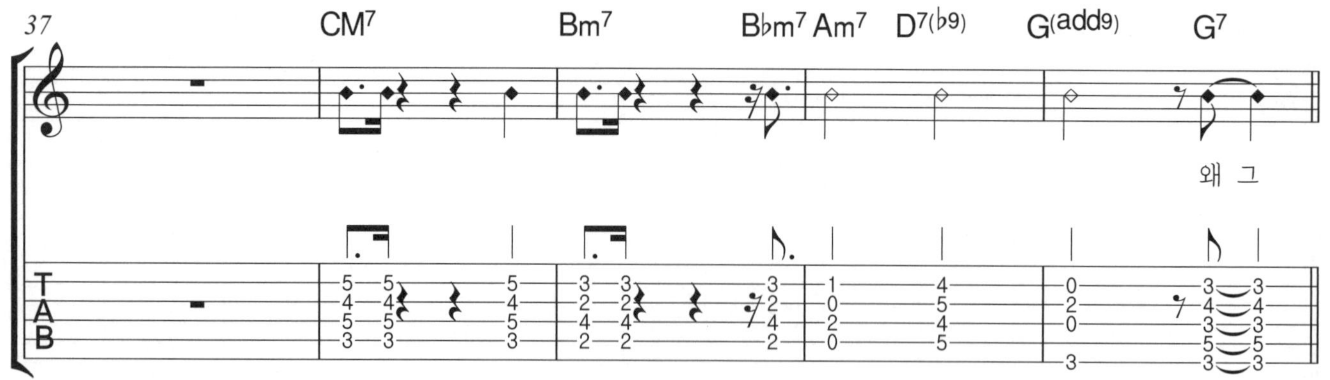
37
CM7 Bm7 B♭m7 Am7 D7(♭9) G(add9) G7
왜 그

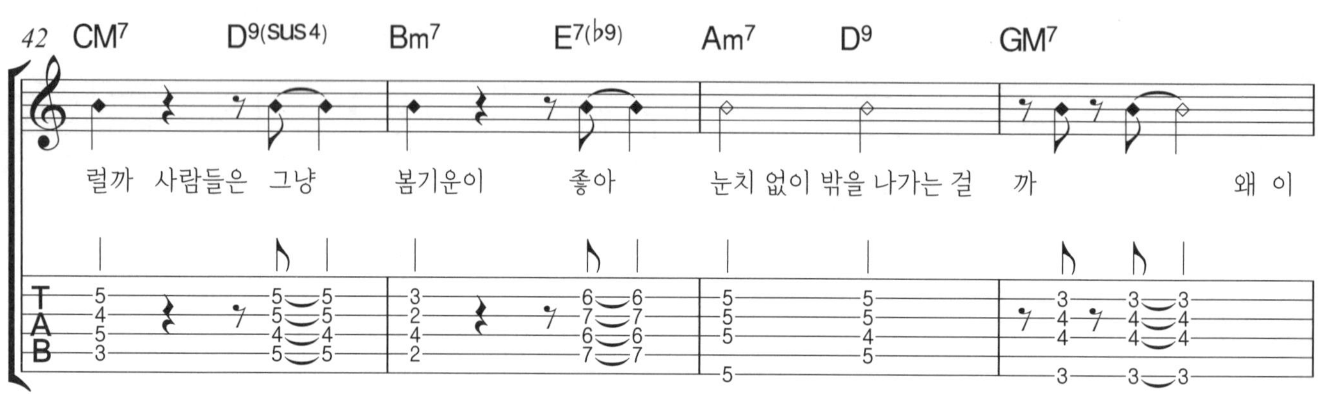
42
CM7 D9(sus4) Bm7 E7(♭9) Am7 D9 GM7
럴까 사람들은 그냥 봄기운이 좋아 눈치 없이 밖을 나가는 걸 까 왜 이

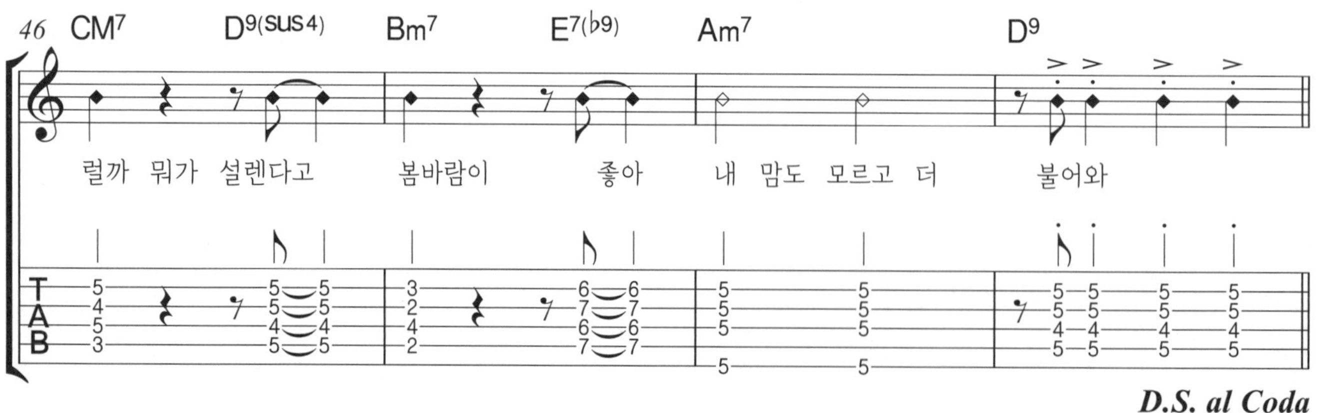
46
CM7 D9(sus4) Bm7 E7(♭9) Am7 D9
럴까 뭐가 설렌다고 봄바람이 좋아 내 맘도 모르고 더 불어와

D.S. al Coda

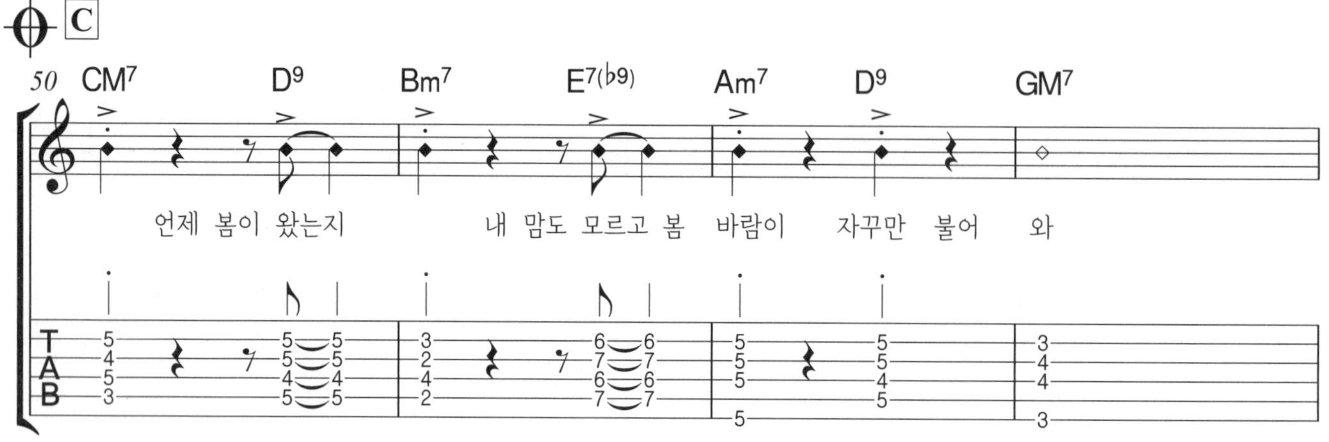
C
50
CM7 D9 Bm7 E7(♭9) Am7 D9 GM7
언제 봄이 왔는지 내 맘도 모르고 봄 바람이 자꾸만 불어 와

54
C(add9) D9(sus4) Bm7 E7 Am7 D9
네 곁에 딱 붙어서 떨어지지 않고 싶어 내 맘을 이제 말 하고 싶어 벚

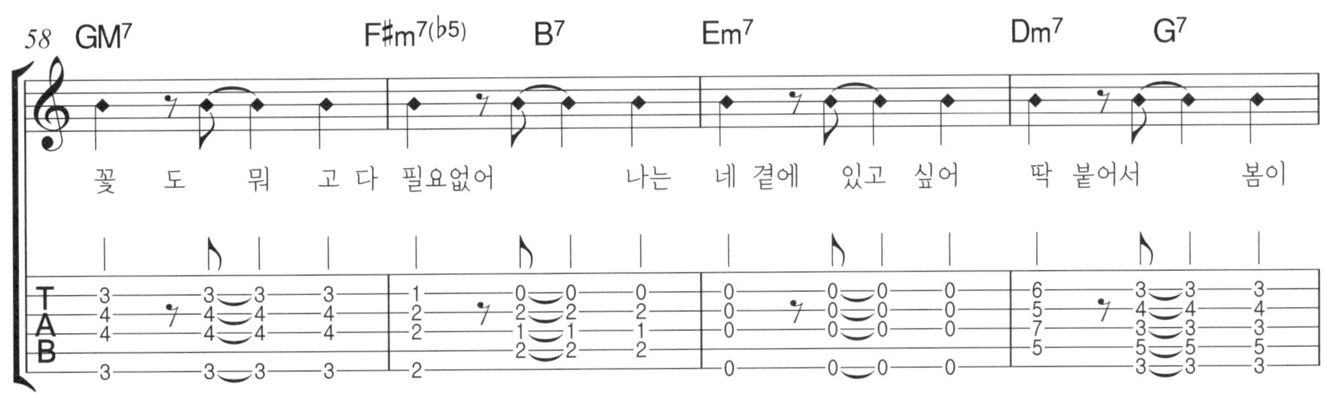
58
GM7 F#m7(b5) B7 Em7 Dm7 G7
꽃 도 뭐 고 다 필요없어 나는 네 곁에 있고 싶어 딱 붙어서 봄이

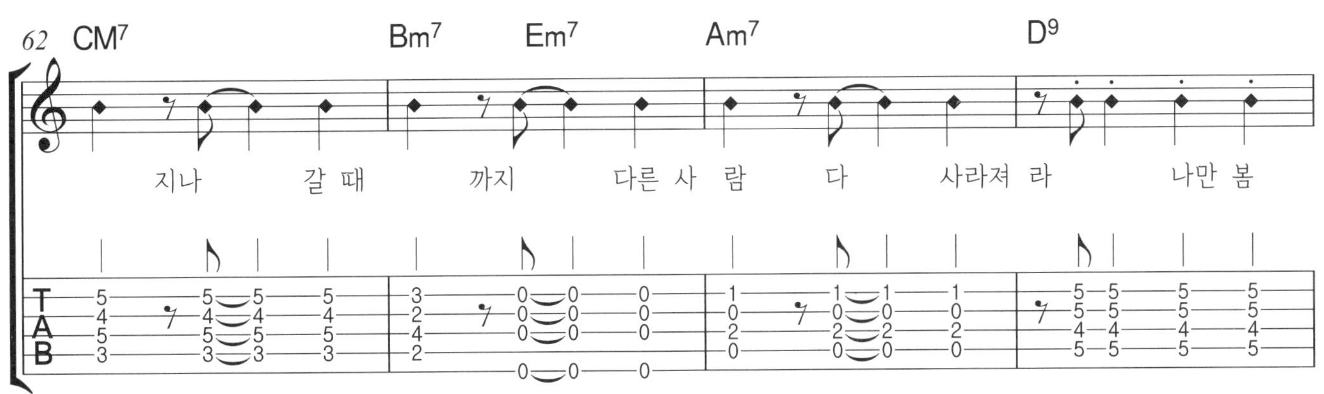
62
CM7 Bm7 Em7 Am7 D9
지나 갈 때 까지 다른 사 람 다 사라져 라 나만 봄

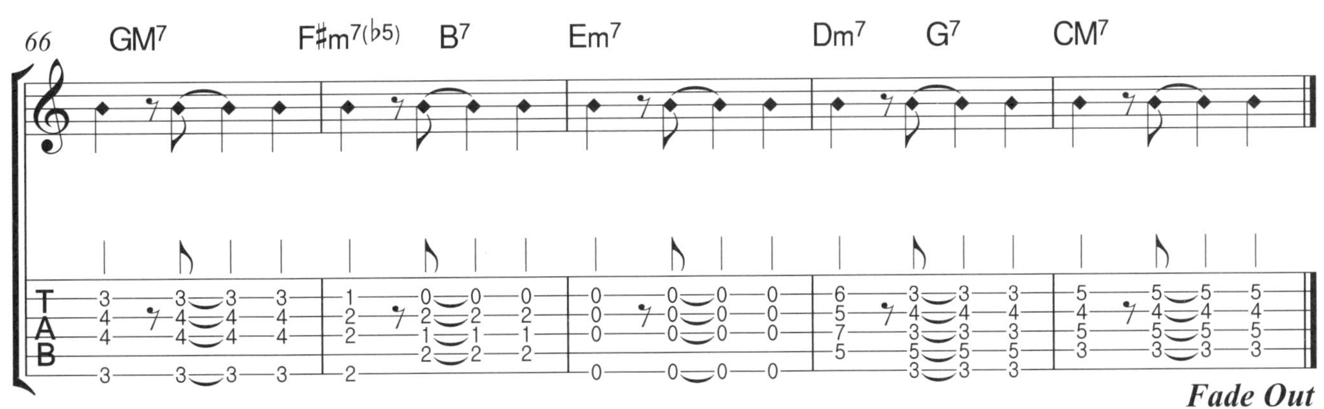
66
GM7 F#m7(b5) B7 Em7 Dm7 G7 CM7

Fade Out

17

가을 아침

노래 아이유
작사/작곡 이병우

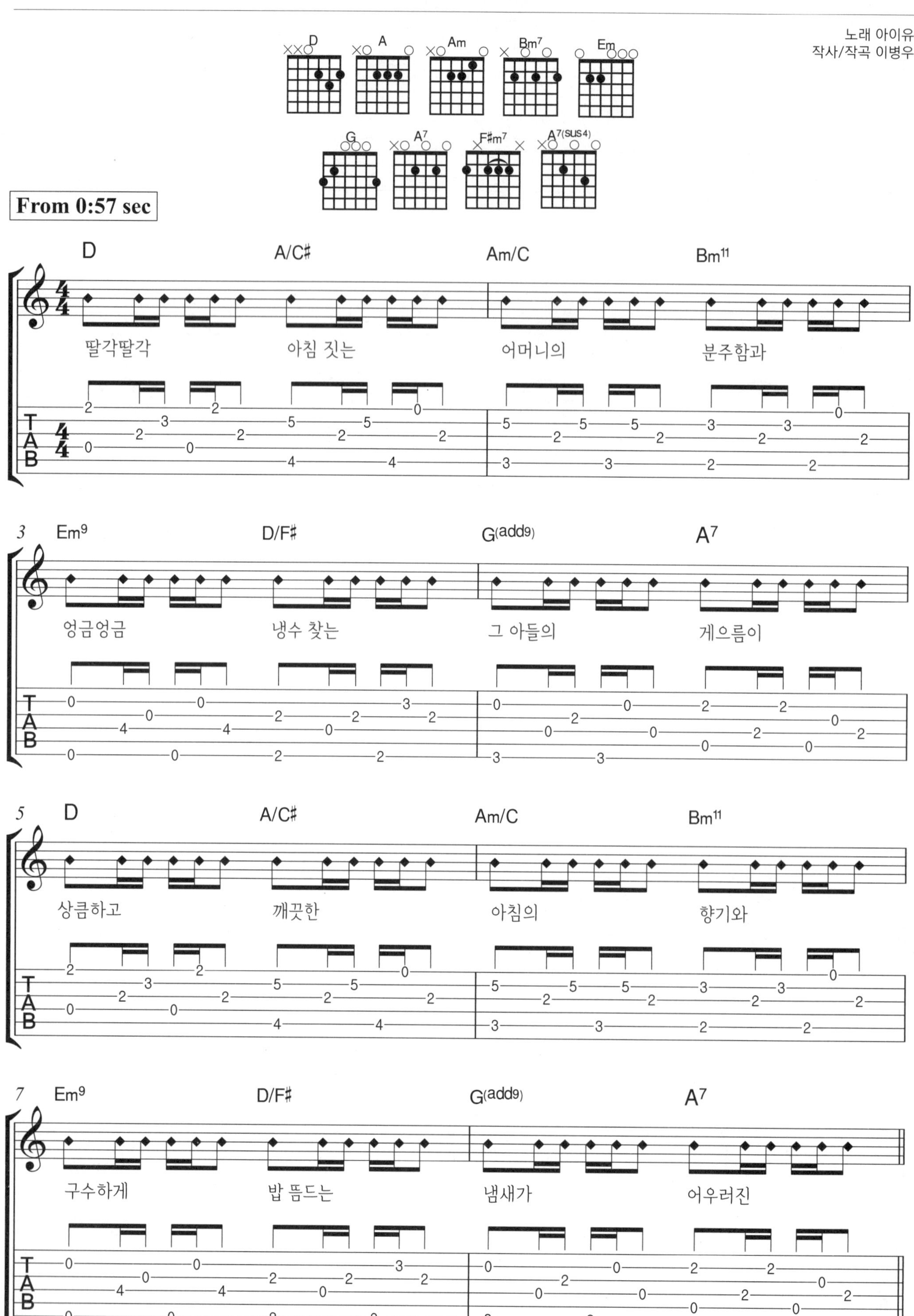

9
F#m7
Bm11
F#m7
Bm11
가을 아침
내겐 정말
커다란
기쁨이야
11
F#m7
Bm11
F#m7
Bm11
가을 아침
내겐 정말
커다란
행복이야
13
Em9
A7
응석만
부렸던
내겐
15
D
A/C#
Am/C
Bm11
파란 하늘
바라보며
커다란
숨을 쉬니
토닥토닥
빨래하는
어머니의
분주함과
17
Em9
D/F#
G(add9)
A7
드높은
하늘처럼
내 마음
편해지네
동기동기
기타 치는
그 아들의
한가함이

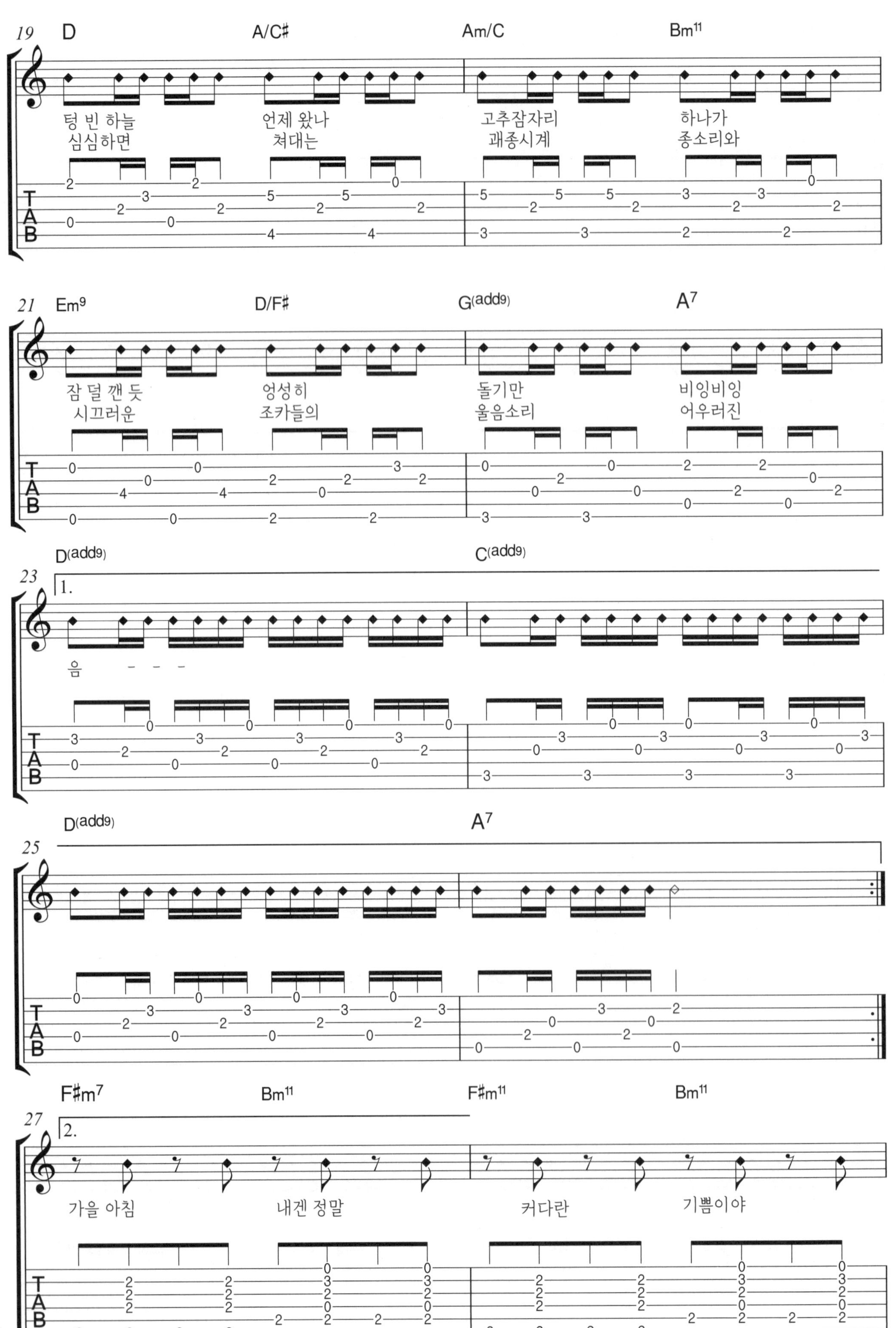
19
D
A/C♯
Am/C
Bm11
텅 빈 하늘
심심하면
언제 왔나
쳐대는
고추잠자리
괘종시계
하나가
종소리와
21
Em9
D/F♯
G(add9)
A7
잠 덜 깬 듯
시끄러운
엉성히
조카들의
돌기만
울음소리
비잉비잉
어우러진
23
D(add9)
C(add9)
1.
음 - - -
25
D(add9)
A7
27
F♯m7
Bm11
F♯m11
Bm11
2.
가을 아침
내겐 정말
커다란
기쁨이야

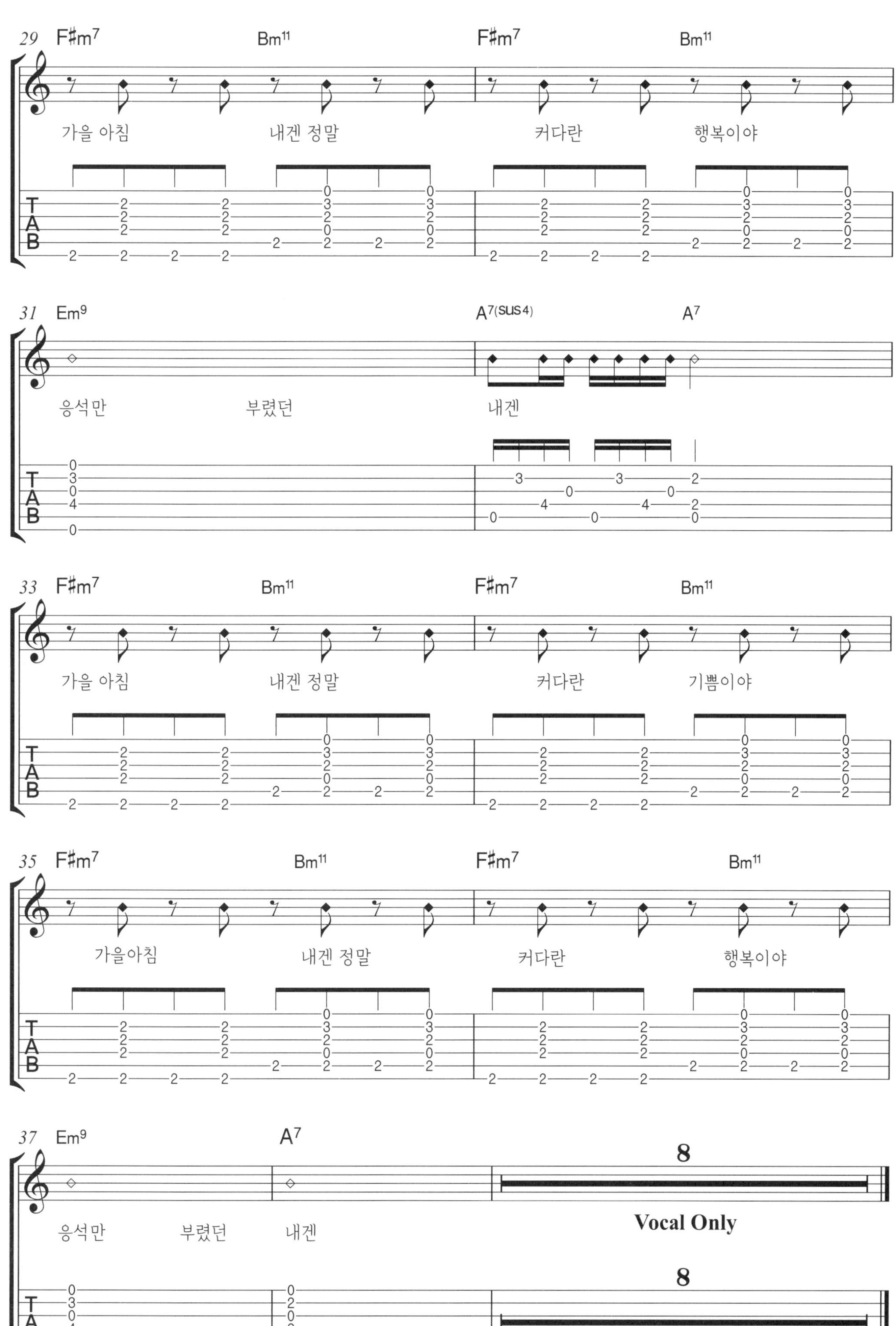
29
F♯m7
Bm11
F♯m7
Bm11
가을 아침
내겐 정말
커다란
행복이야
31
Em9
A7(SUS4)
A7
응석만
부렸던
내겐
33
F♯m7
Bm11
F♯m7
Bm11
가을 아침
내겐 정말
커다란
기쁨이야
35
F♯m7
Bm11
F♯m7
Bm11
가을아침
내겐 정말
커다란
행복이야
37
Em9
A7
8
응석만
부렸던
내겐
Vocal Only
8

18

도망가지마

노래 모트(Motte)
작사/작곡 모트(Motte)

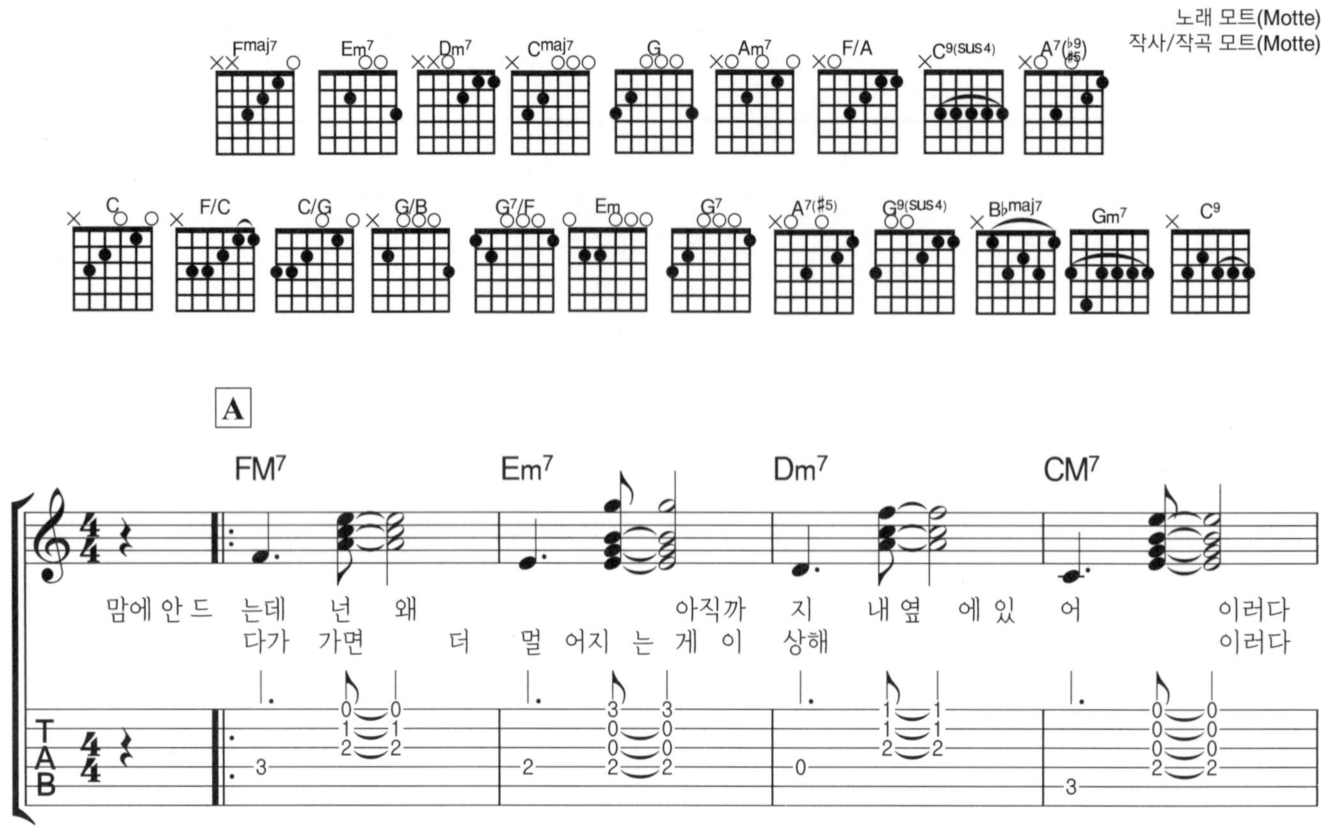

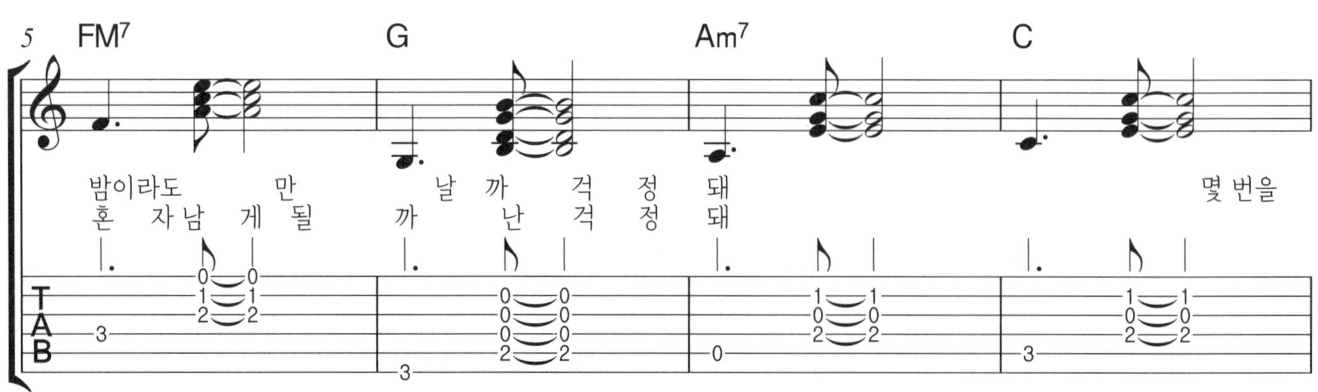

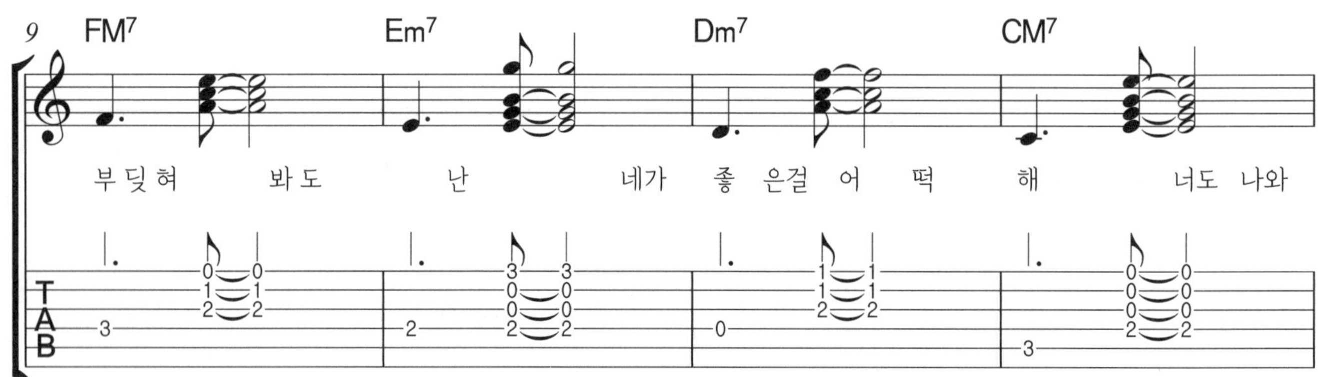

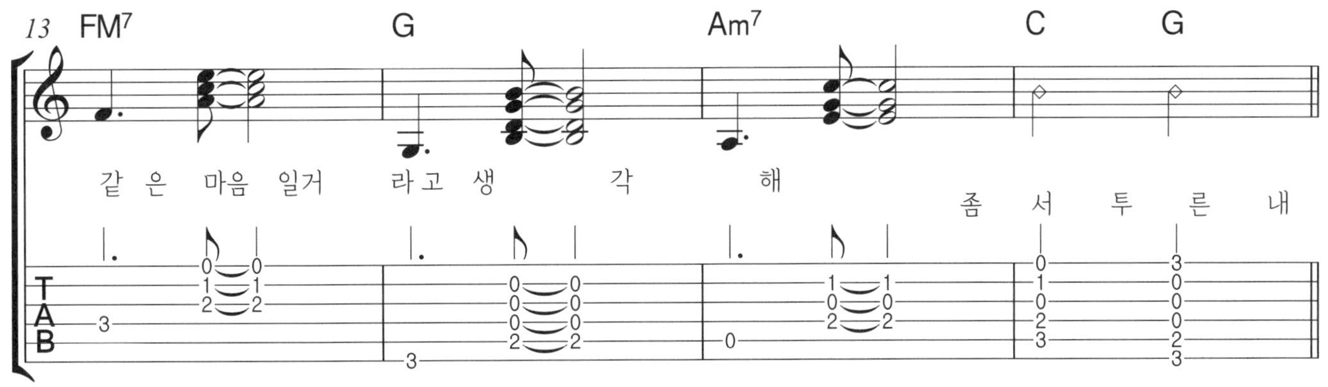
13
FM7
G
Am7
C
G
같 은 마음 일거 라고 생 각 해
좀 서 투 른 내

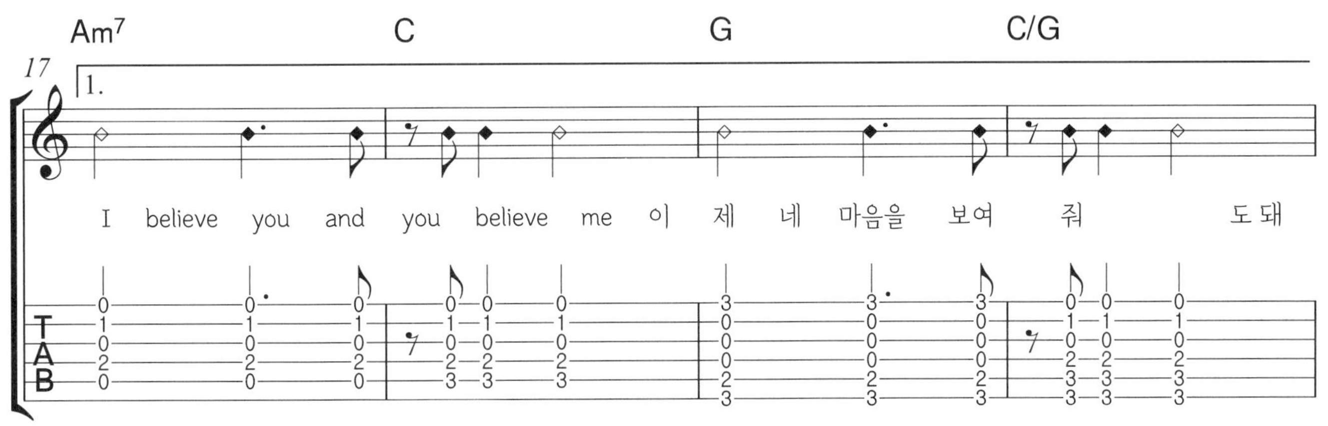
17
Am7
C
G
C/G
1.
I believe you and you believe me 이 제 네 마음을 보여 줘 도돼

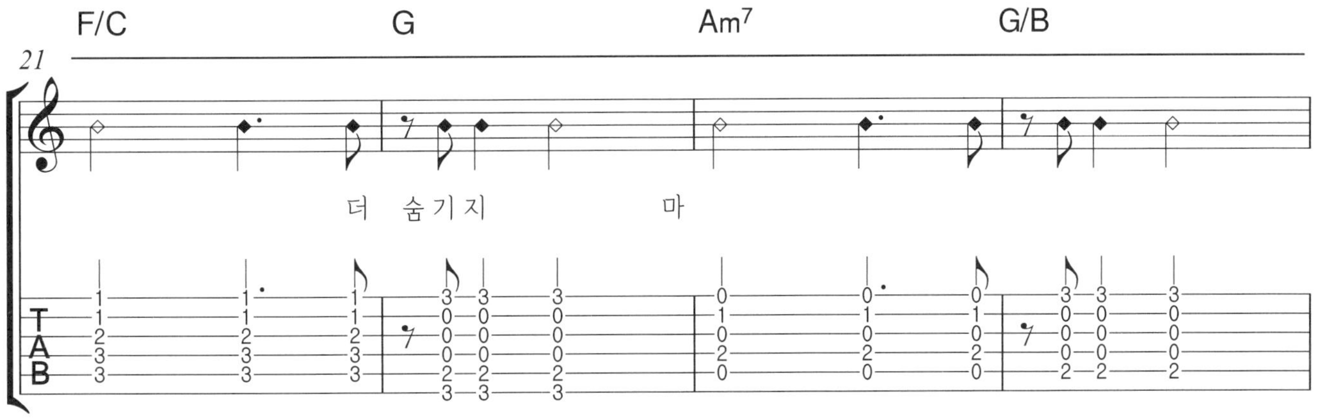
21
F/C
G
Am7
G/B
더 숨기지 마

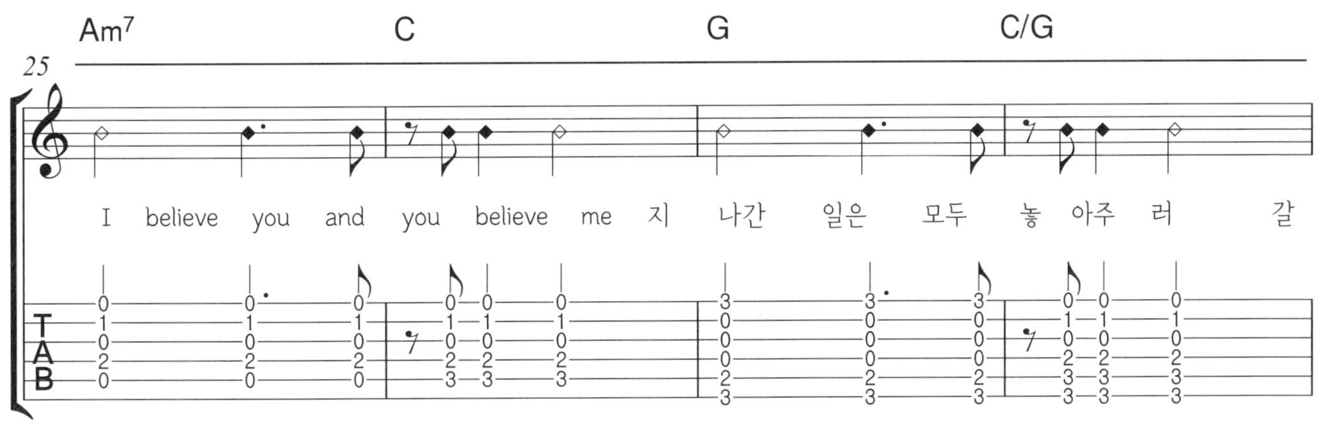
25
Am7
C
G
C/G
I believe you and you believe me 지 나간 일은 모두 놓 아주 러 갈

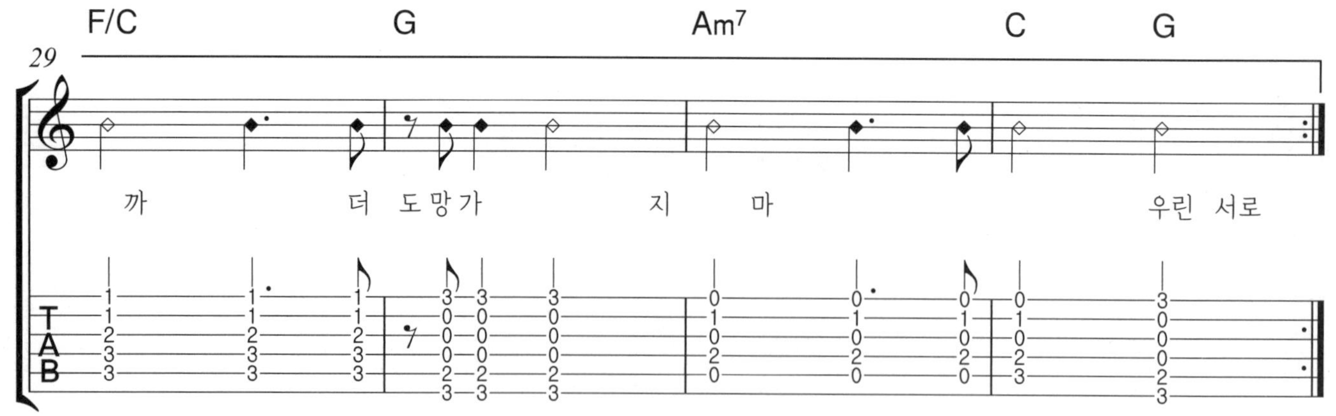
F/C G Am7 C G
29
까 더 도망가 지 마 우린 서로

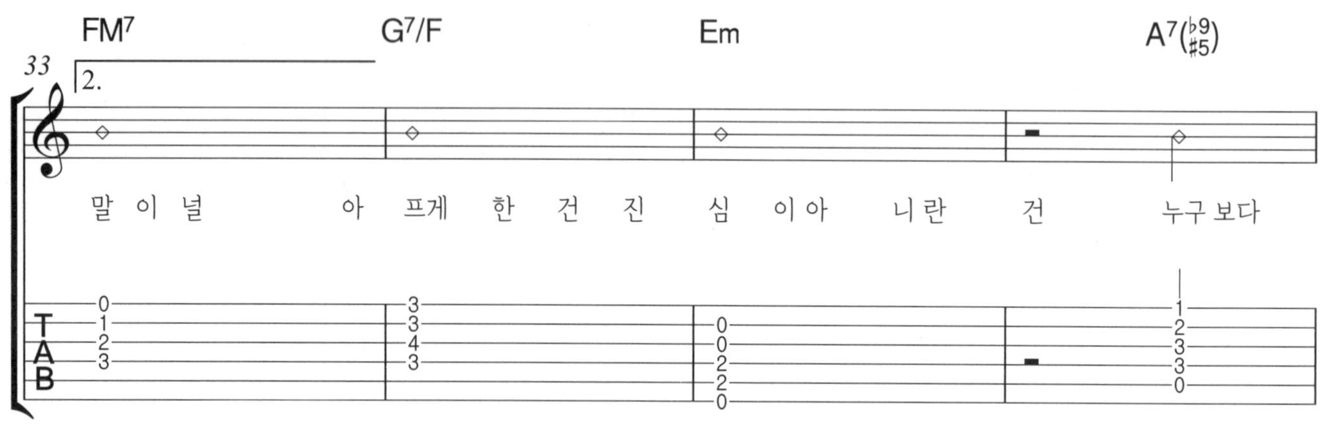
FM7 G7/F Em A7(♭9 ♯5)
33
2.
말이널 아 프게 한 건 진 심 이아 니란 건 누구보다

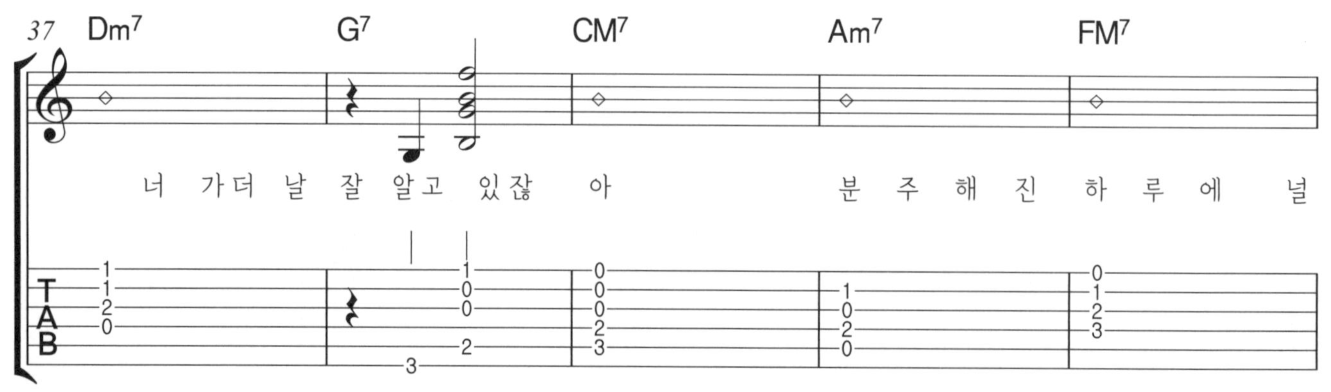
37 Dm7 G7 CM7 Am7 FM7
너 가더 날 잘 알고 있잖 아 분 주 해 진 하 루 에 널

42 G7/F Em A7(♯5) Dm7
담 고가 면난 정 말괜 찮을 텐데 너는 어때 너는

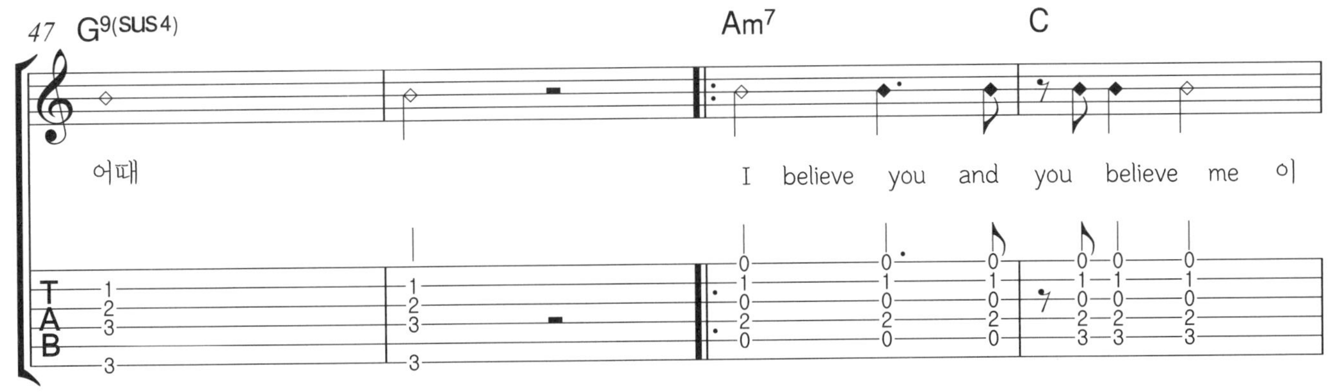
47
G9(SUS4)
Am7
C
어때
I believe you and you believe me 이

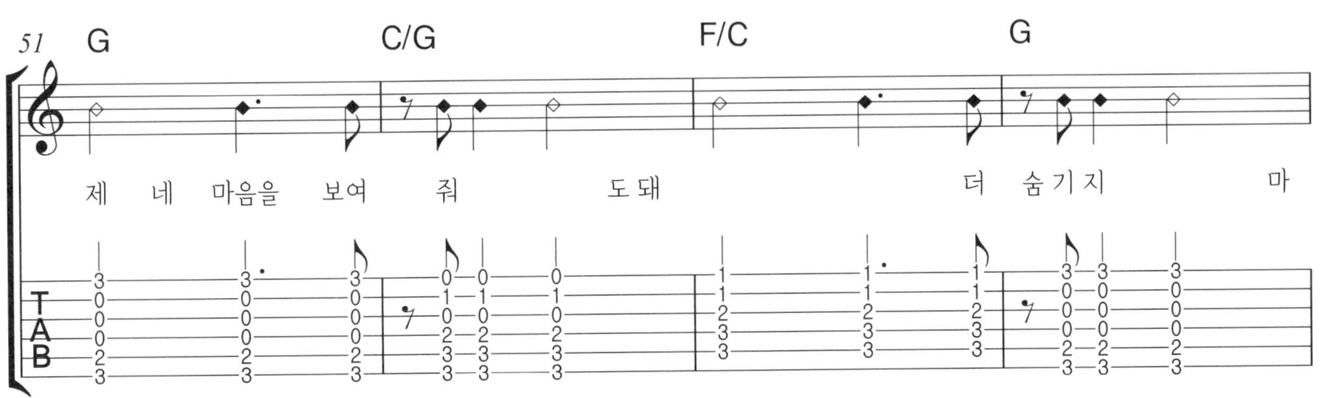
51
G
C/G
F/C
G
제 네 마음을 보여 줘 도 돼 더 숨기지 마

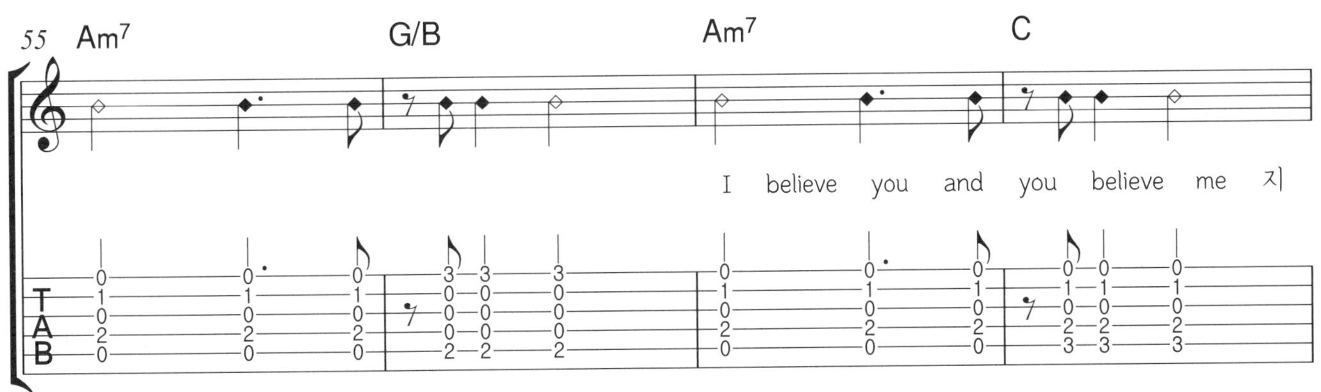
55
Am7
G/B
Am7
C
I believe you and you believe me 지

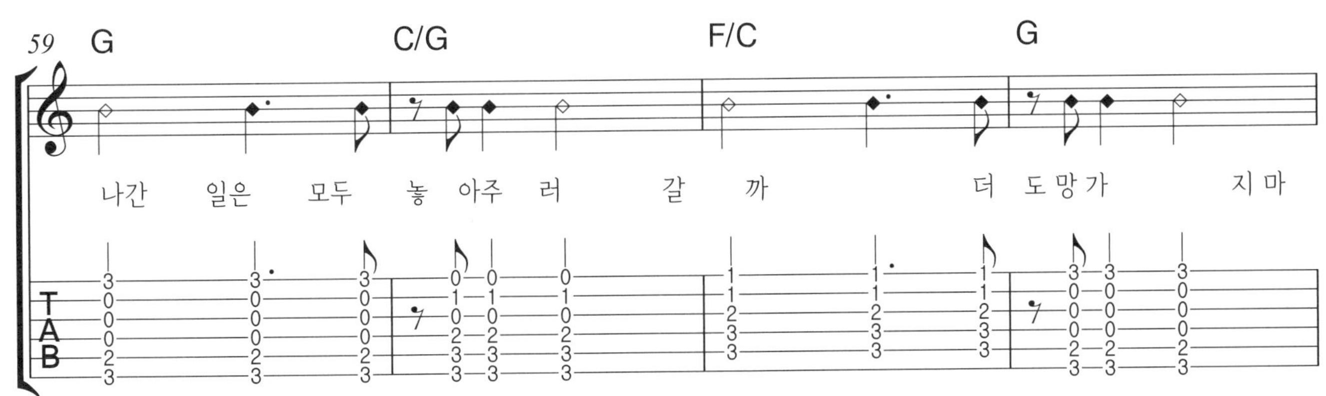
59
G
C/G
F/C
G
나간 일은 모두 놓 아주 러 갈 까 더 도망가 지 마

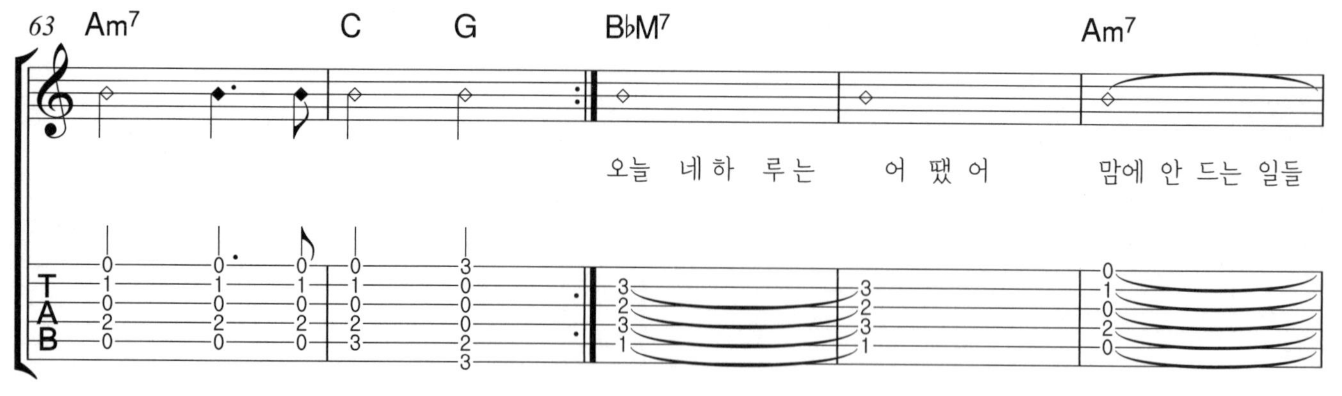
63
Am7 C G B♭M7 Am7
오늘 네하 루는 어 땠 어 맘에 안 드는 일들
TAB

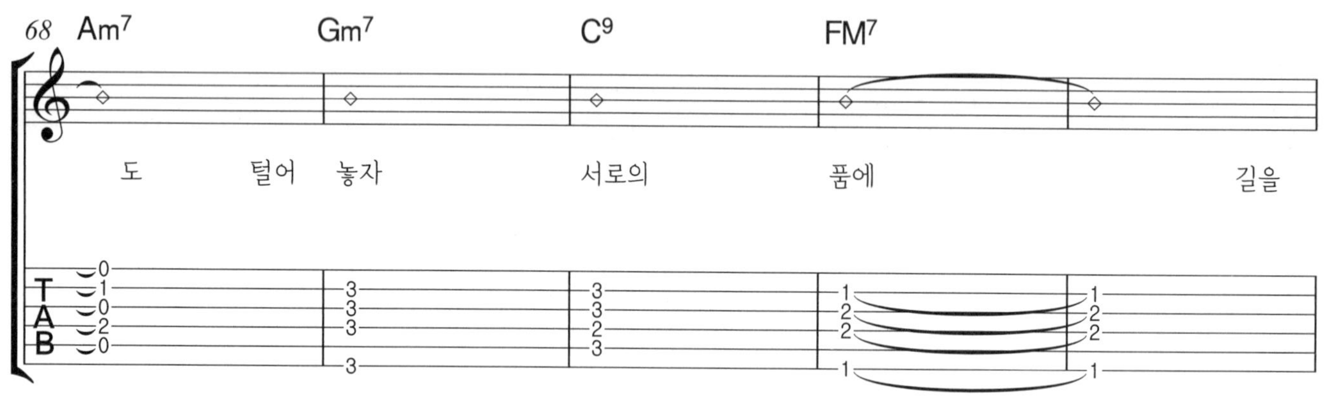
68
Am7 Gm7 C9 FM7
도 털어 놓자 서로의 품에 길을
TAB

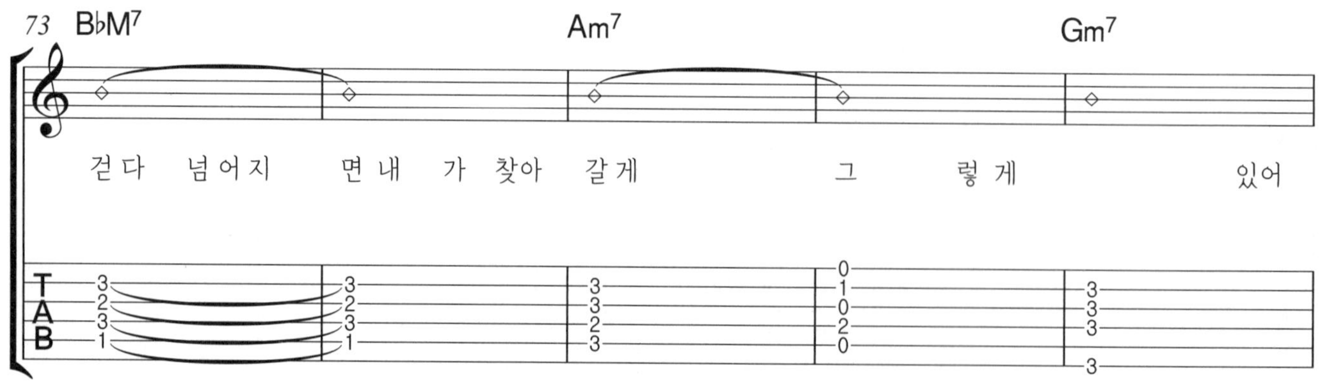
73
B♭M7 Am7 Gm7
걷다 넘어지 면내 가 찾아 갈게 그 렇게 있어
TAB

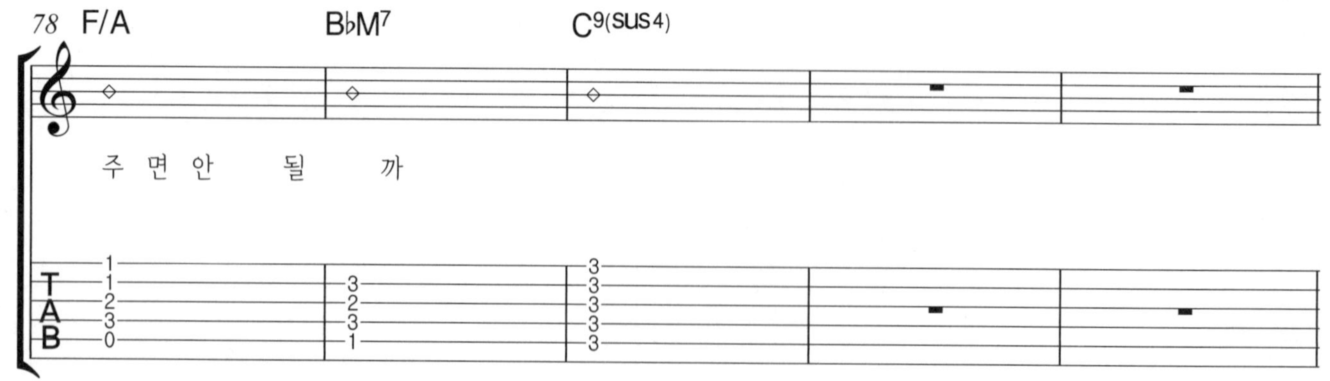
78
F/A B♭M7 C9(SUS4)
주 면 안 될 까
TAB

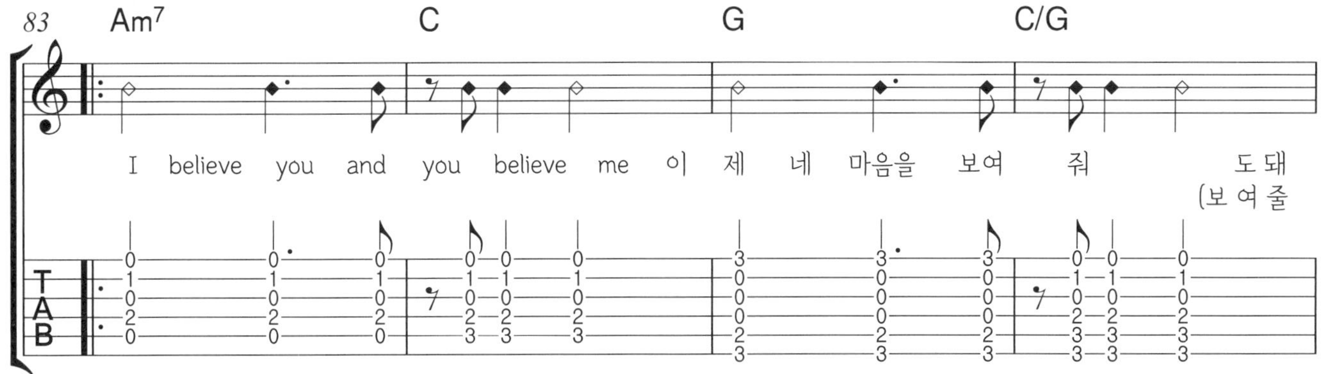
83
Am7 C G C/G
I believe you and you believe me 이 제 네 마음을 보여 줘 도 돼
(보 여 줄

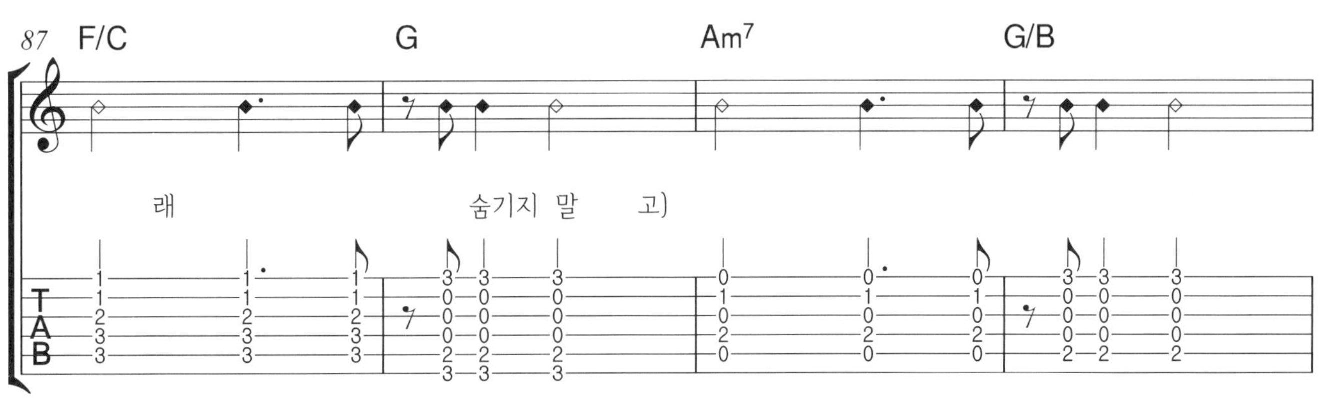
87
F/C G Am7 G/B
래 숨기지 말 고)

91
Am7 C G C/G
I believe you and you believe me 지 나간 일은 모두 놓 아주 러 갈
(놓 아 줄

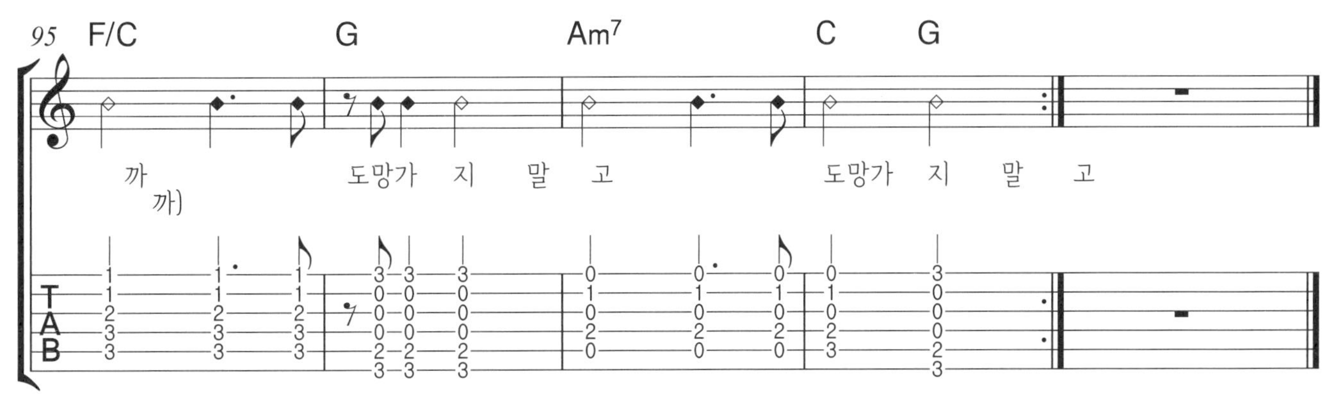
95
F/C G Am7 C G
까 도망가 지 말 고 도망가 지 말 고
까)

19

10월의 날씨

노래 10CM
작사/작곡 권정열, 윤철종

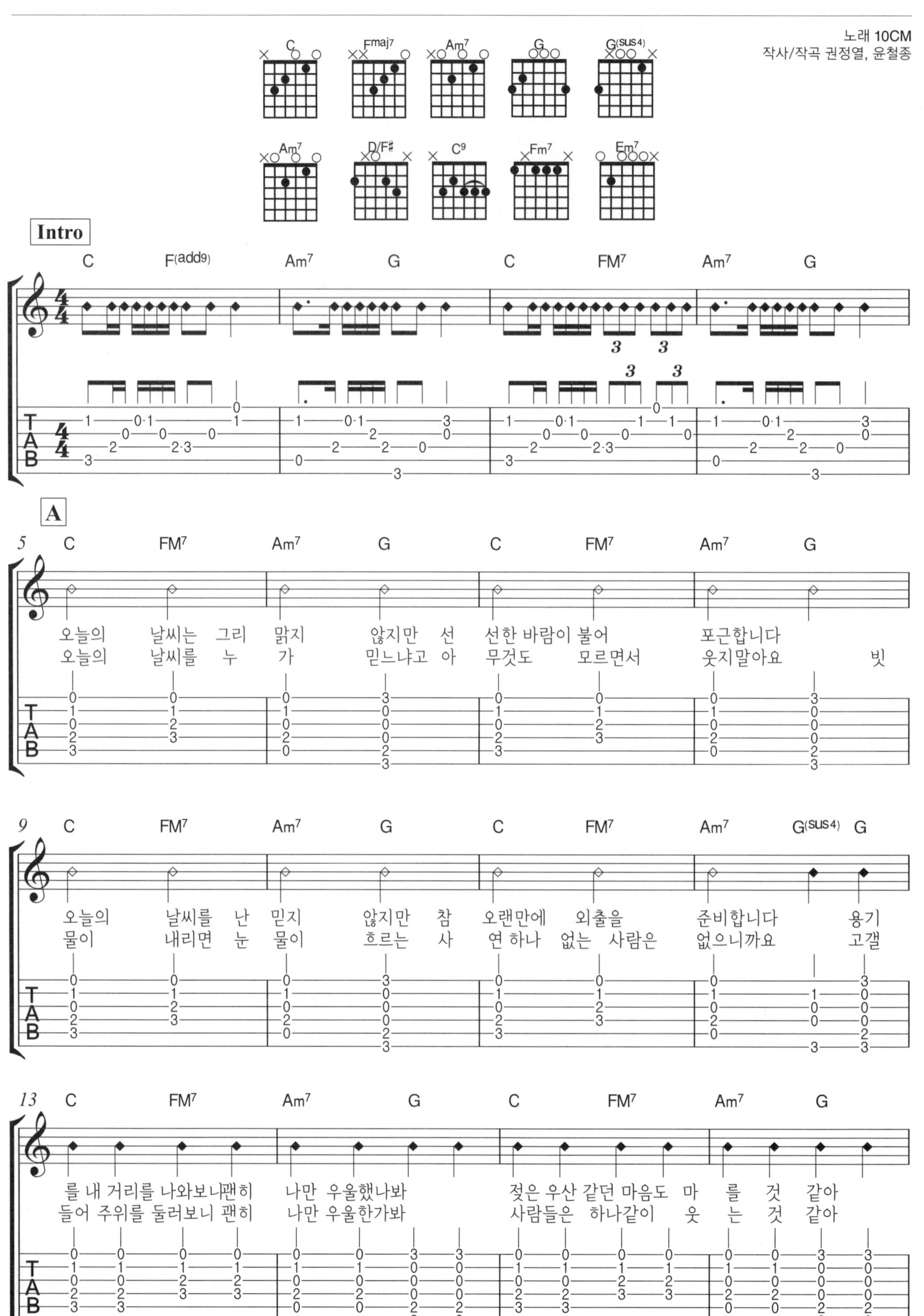

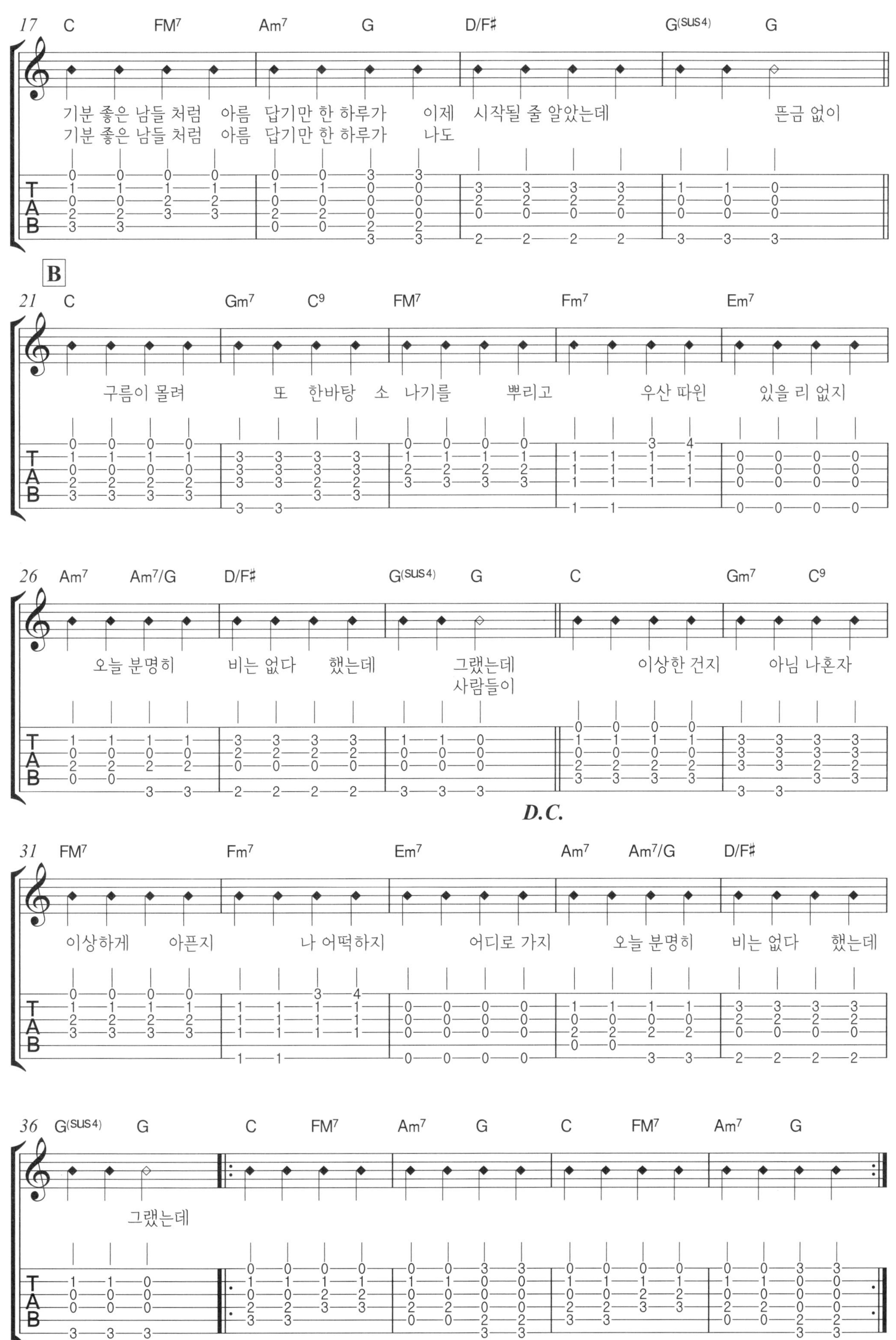
17 C FM7 Am7 G D/F♯ G(SUS4) G
기분 좋은 남들 처럼 아름 답기만 한 하루가 이제 시작될 줄 알았는데 뜬금 없이
기분 좋은 남들 처럼 아름 답기만 한 하루가 나도
B
21 C Gm7 C9 FM7 Fm7 Em7
구름이 몰려 또 한바탕 소 나기를 뿌리고 우산 따윈 있을 리 없지
26 Am7 Am7/G D/F♯ G(SUS4) G C Gm7 C9
오늘 분명히 비는 없다 했는데 그랬는데 이상한 건지 아님 나혼자
사람들이
D.C.
31 FM7 Fm7 Em7 Am7 Am7/G D/F♯
이상하게 아픈지 나 어떡하지 어디로 가지 오늘 분명히 비는 없다 했는데
36 G(SUS4) G C FM7 Am7 G C FM7 Am7 G
그랬는데
Fade out

20

The Lazy Song

노래 Bruno Mars
작사/작곡 Bruno Mars 외 3명

9
B
F♯
E
kick my feet up then stare at the fan
I'll wake up do some P90X Meet a
Turn the TV on throw my hand in my pants
really nice girl Have some really nice sex
11
B
F♯
E
Nobody's gonna tell me I can't
She's gonna scream out This is great
I'll be
Yeah I
13
B
F♯
E
lounging on the couch Just chillin' in my snuggie
might mess around and get my college degree I
Click to MTV So they can teach me how to dougie
bet my old man will be so proud of me But
15
B
F♯
E
Cause in my castle I'm the freak - ing man
sorry paps you'll just have to wait
Oh oh
17
C♯m
D♯m
E
F♯
B
F♯
yes I said it I said it I said it cause I can To - day I don't feel like doing a -

20 E B F♯ E
nything I just wanna lay in my bed Don't
23 B F♯ E B F♯
feel like picking up my phone So leave a message at the tone Cause today I swear I'm not doing a-
26 E B F♯ E
1.
nything Nothing at all Nothing at all
No I
29 B F♯ E C♯m D♯m G♯m
2.
Tomorrow ain't gonna comb my hair Cause I ain't going anywhere
33 C♯m D♯m G♯m C♯m D♯m
No no no no no no no no no I'll just strut in my birthday suit And let

36 G#m C#m D#m G#m
everyhing hang loose Yeah yeah yeah yeah yeah yeah yeah yeah yeah yeah To-
39 B F# E B F#
day I don't feel like doing a - nything I just wanna lay in my bed
42 E B F# E
Don't feel like picking up my phone So leave a message at the tone Cause To-
45 B F# E B F#
day I swear I'm not doing a - nything Nothing at all
48 E B F# E
Nothing at all Nothing at all

21

눈의 꽃

노래 박효신
작사 Satomi
작곡 Ryoki Matsumoto

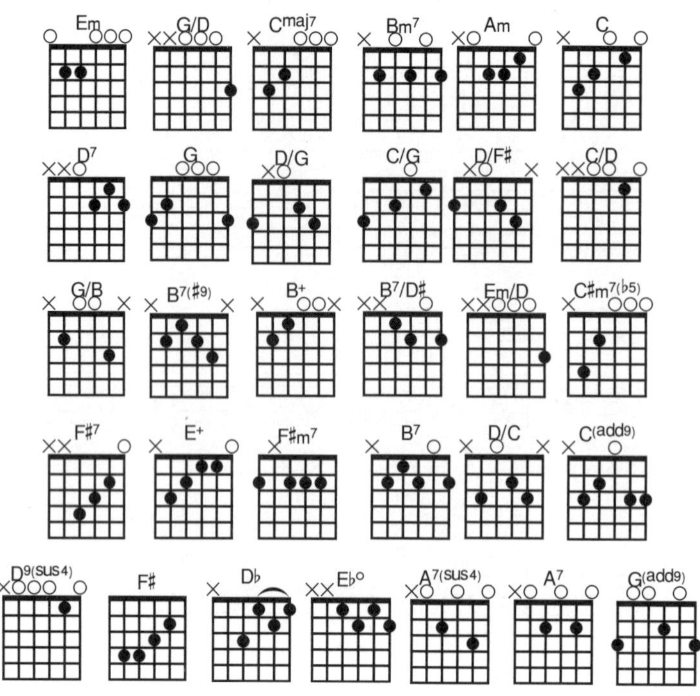

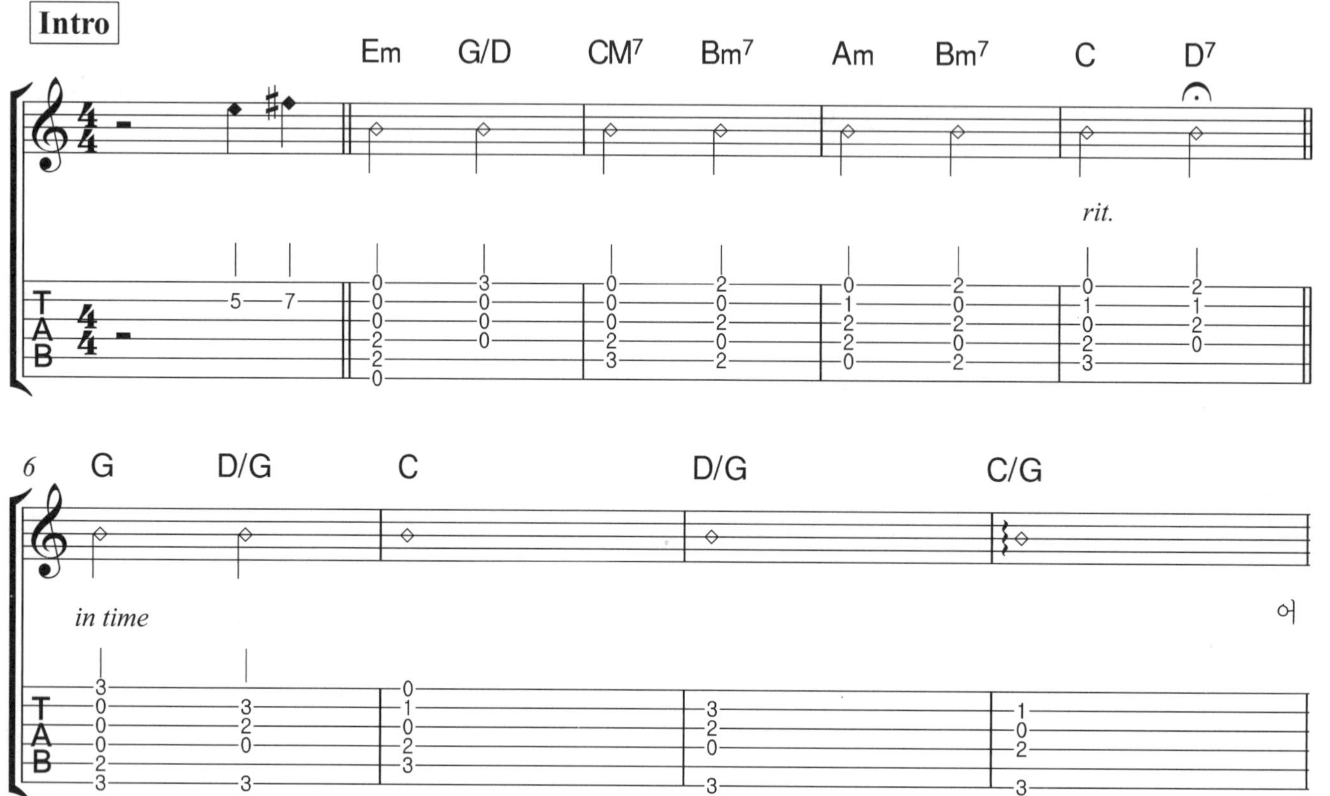

A
10 G D/G C/G G D/F♯ Em Bm7 C C/D D7
느새 길어진 그림 자를 따라서 땅거 미 진 어둠 속을 그대 와 걷고 있네요 손
대 겯 이라면 또 어 떤 일 이라도 할 수 있을 것만 같아 그런 기 분이 드네요 오
14 G D/G C/G G D/F♯ Em Bm7 C G
을 마주 잡고 그 언 제까지라도 함께 있는 것만으로 눈물 이 나는 걸요
늘이 지 나고 또 언 제까지라도 우리 사랑 영원하길 기도 하고 있어 요
18 Am7 G/B CM7 B7(♯9) B7 Em G/D Am7 B+ B7/D♯
바람 이 차가워 지는 만큼 겨울 은 가까워 오네요
바람 이 나의 창 을 흔 들고 어두 운 밤마저 깨우면
22 Em Em/D C♯m7(♭5) F♯7 Bm7 E+ Am7 F♯m7 B7
조금 씩 이 거리 그 위로 그대를 보내 야 했던 계절 이 오네요 지금
그대 아 픈 기억 마 저도 내가 다 지워 줄 게요 환한 그 미소로 끝없
B
27 Em G/D CM7 D/C Bm7 Em Am7 G/B
올해의 첫 눈꽃을 바 라보며 함께 있는 이 순간에 내 모든 걸 당신께 주고 싶어 이런
이 내리는 새하얀 눈 꽃들로 우리 걷던 이 거리가 어느새 변한 것도 모르는 채 환한

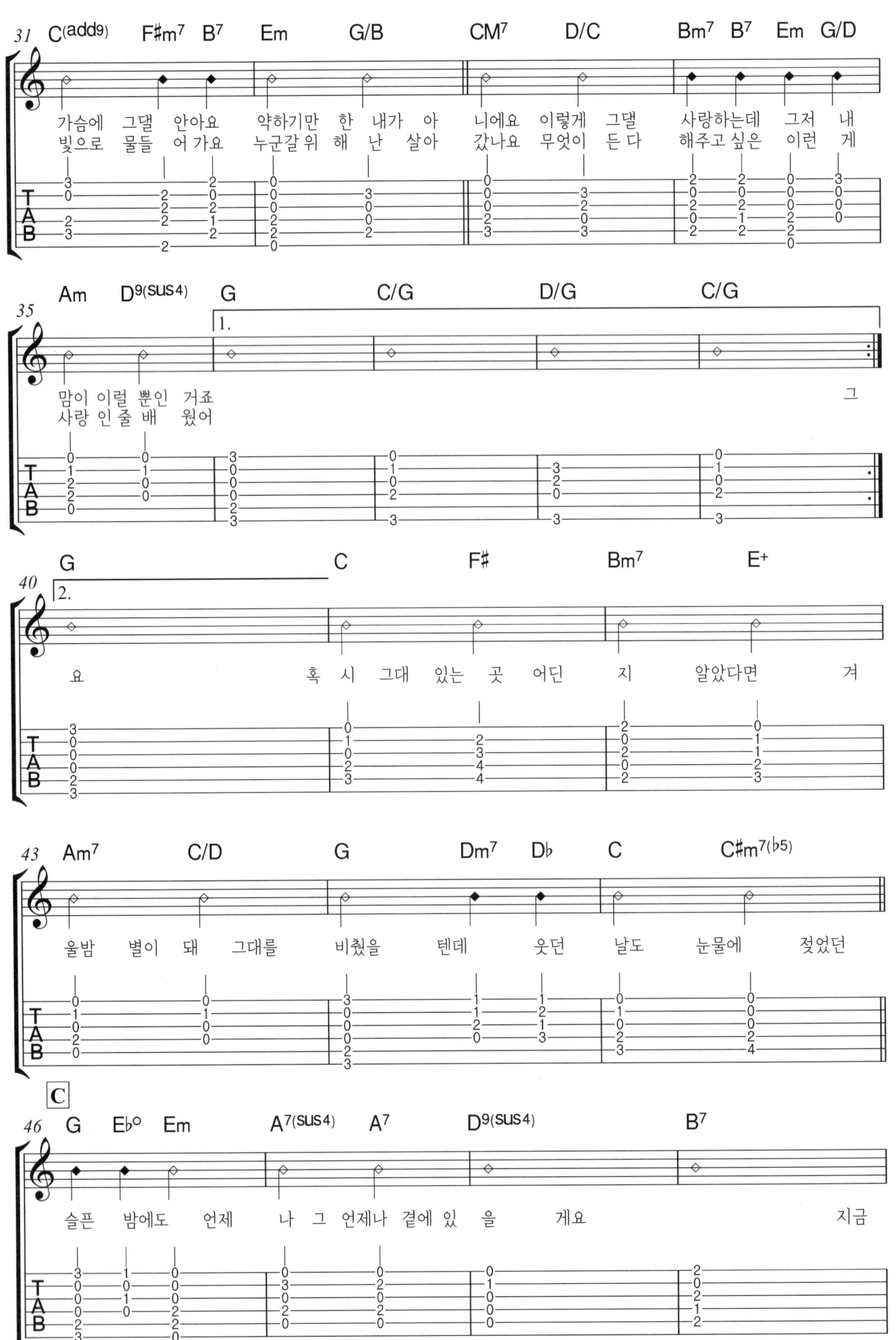
31 C(add9) F♯m7 B7 Em G/B CM7 D/C Bm7 B7 Em G/D
가슴에 그댈 안아요 약하기만 한 내가 아 니에요 이렇게 그댈 사랑하는데 그저 내
빛으로 물들 어 가요 누군갈 위 해 난 살아 갔나요 무엇이 든 다 해주고 싶은 이런 게
35 Am D9(sus4) G C/G D/G C/G
1.
맘이 이럴 뿐인 거죠 그
사랑 인 줄 배 웠어
40 G C F♯ Bm7 E+
2.
요 혹 시 그대 있는 곳 어딘 지 알았다면 겨
43 Am7 C/D G Dm7 D♭ C C♯m7(♭5)
울밤 별이 돼 그대를 비췄을 텐데 웃던 날도 눈물에 젖었던
C
46 G E♭o Em A7(sus4) A7 D9(sus4) B7
슬픈 밤에도 언제 나 그 언제나 곁에 있 을 게요 지금

50 Em G/B CM7 D/C Bm7 Em Am7 G/D
올해의 첫 눈꽃을 바 라보며 함께 있는 이 순간에 내 모든 걸 당신께 주고 싶어 이런
54 C F♯m7 B7 Em G/B CM7 D/C Bm7 Em
가슴에 그댈 안아요 울지 말아요 나를 바 라봐요 그저 그대의 곁에서 함께 있
58 Am7 G/D C F♯m7 B7 Em G/D CM7 D/C
고 싶은 맘뿐이라고 다신 그댈 놓지 않을 테요 끝없이 내리며 우릴 감싸온 거리 가득한
62 Bm7 E♭o7 Em D Am7 G/B CM7 G/B Am7 D7
눈꽃 속에서 그대와 내 가슴에 조금씩 작은 추억을 그리네요 영원 히 내 곁에 그대
66 G C/G D/G C/G G(add9)
있어요

22 Count On Me

노래 Bruno Mars
작사/작곡 Bruno Mars 외 2명

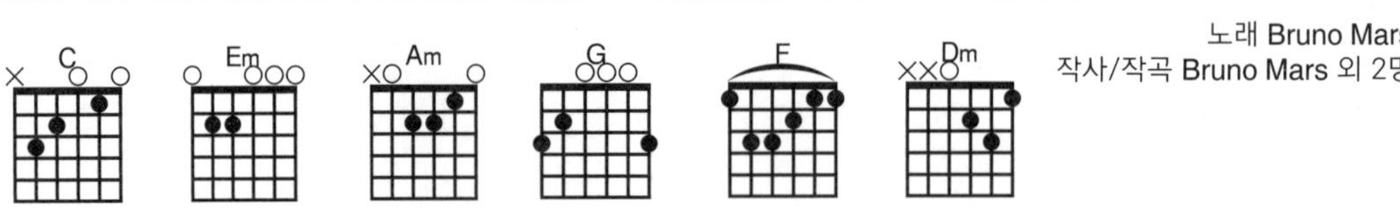

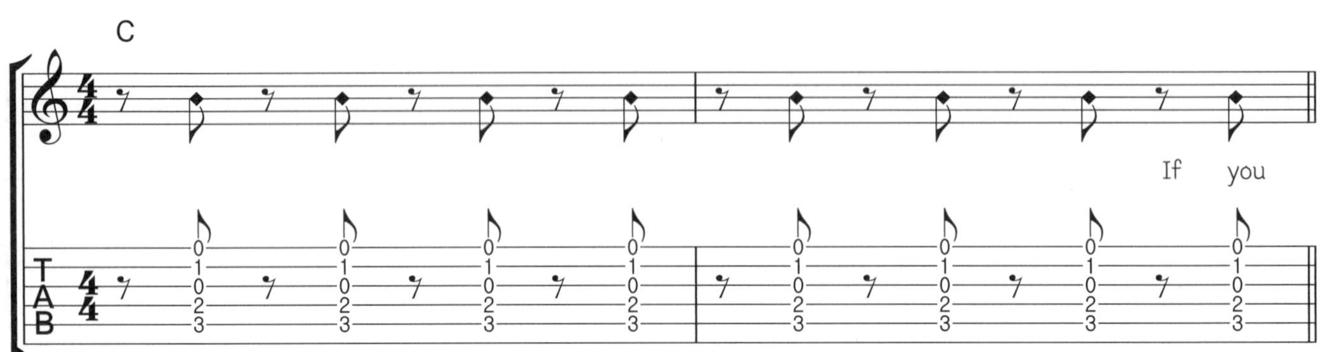

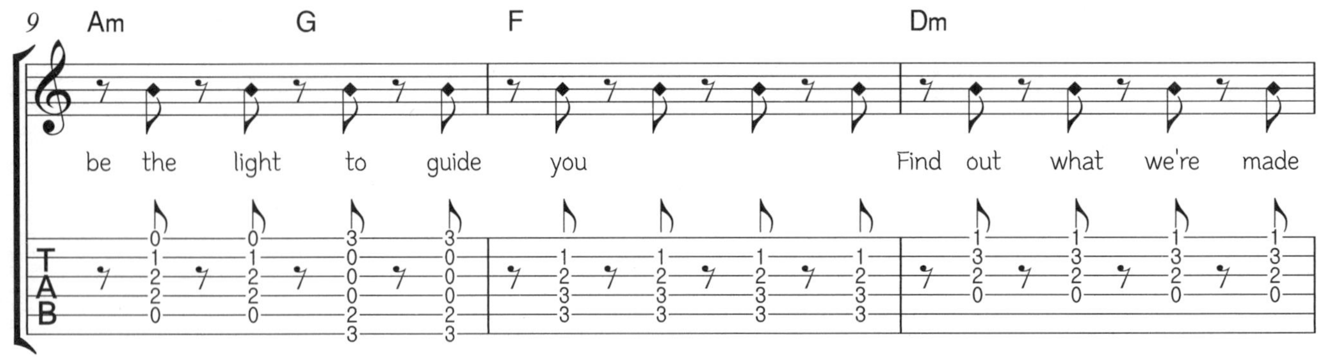

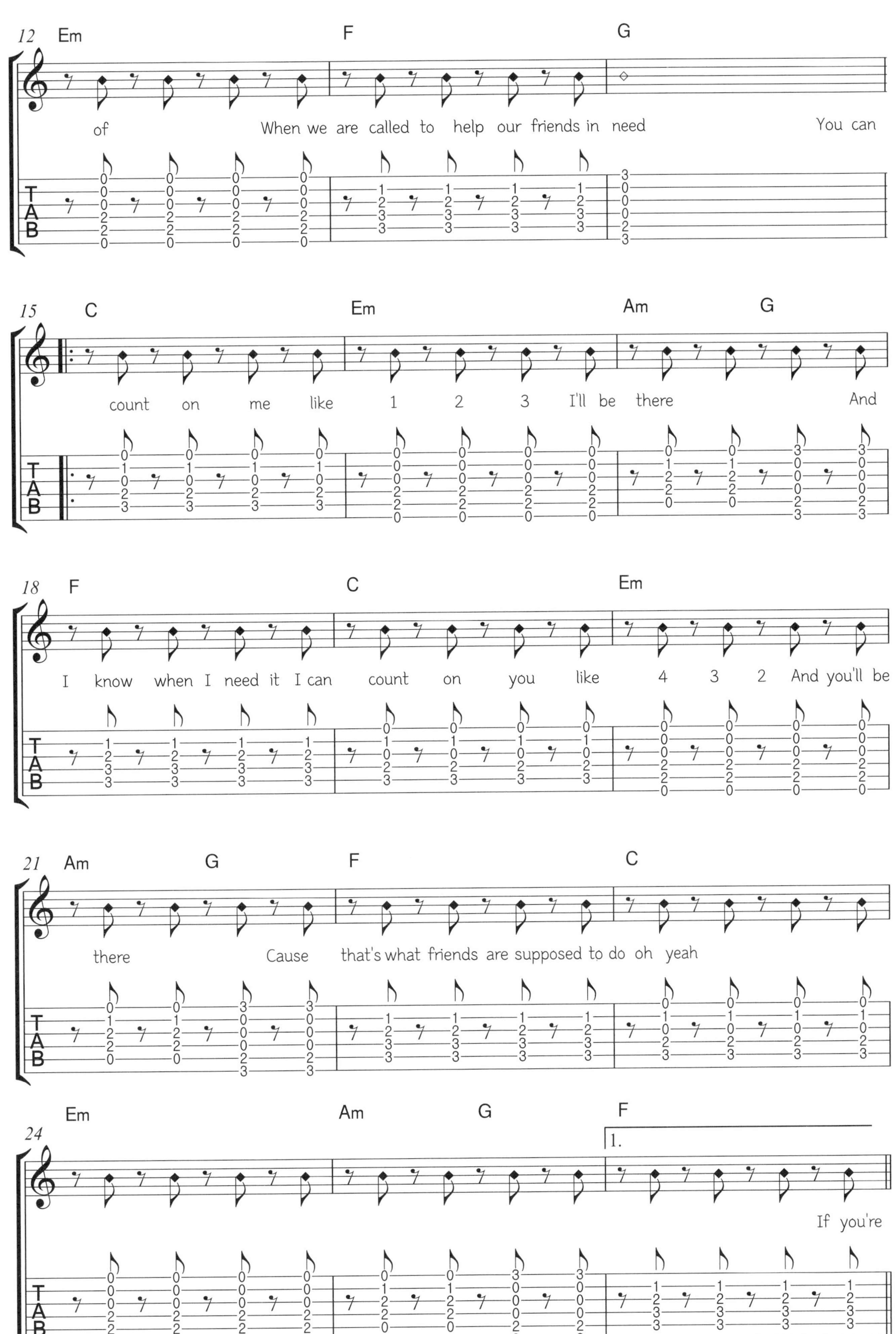
12 Em
F
G
of When we are called to help our friends in need You can
15 C
Em
Am G
count on me like 1 2 3 I'll be there And
18 F
C
Em
I know when I need it I can count on you like 4 3 2 And you'll be
21 Am G
F
C
there Cause that's what friends are supposed to do oh yeah
24 Em
Am G
F
1.
If you're

C
Em
Am
G
tossing and you're turning and you just can't fall asleep
I'll sing a song beside
F
C
Em
you
And if you ever forget how much you really mean to me
Everyday I
Am
G
F
Dm
will remind you
Find out what we're
Em
F
G
made of
When we are called to help our friends in need
You can
F
Dm
Em
2.
You'll always have my shoulder when you

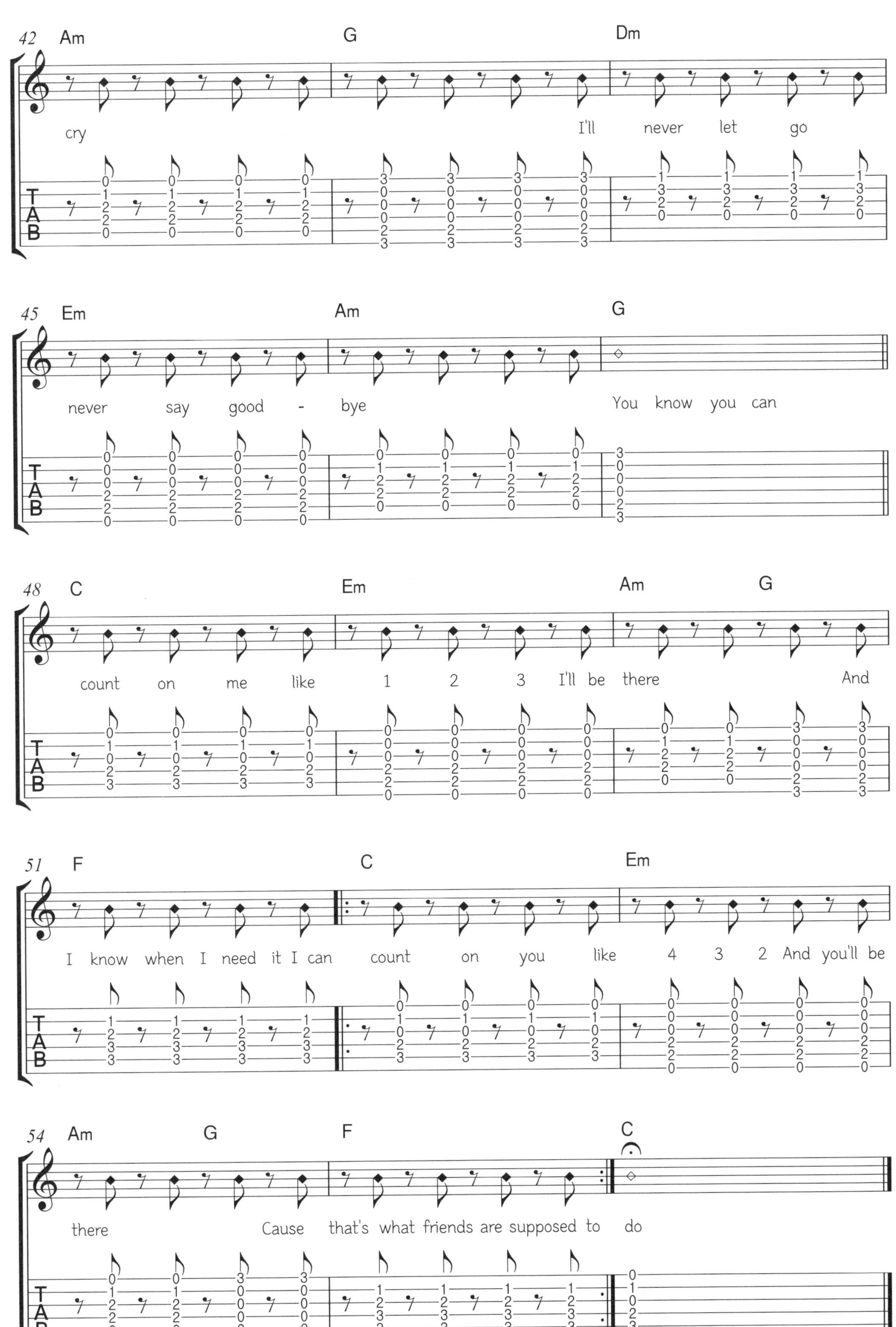
42 Am
G
Dm
cry
I'll never let go
45 Em
Am
G
never say good - bye
You know you can
48 C
Em
Am G
count on me like 1 2 3 I'll be there
And
51 F
C
Em
I know when I need it I can count on you like 4 3 2 And you'll be
54 Am
G
F
C
there
Cause that's what friends are supposed to do
T
A
B

23

Hello

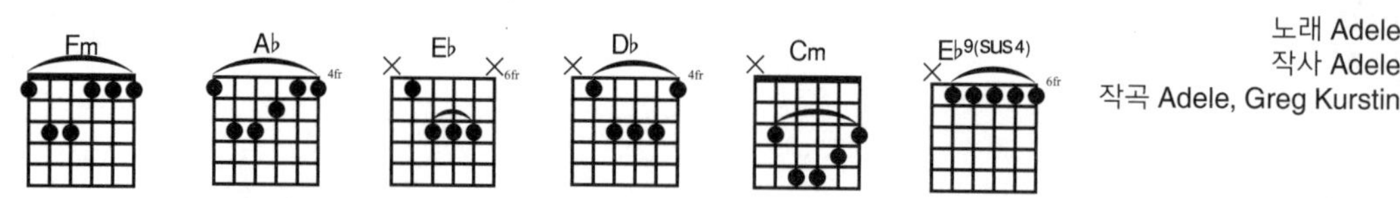

노래 Adele
작사 Adele
작곡 Adele, Greg Kurstin

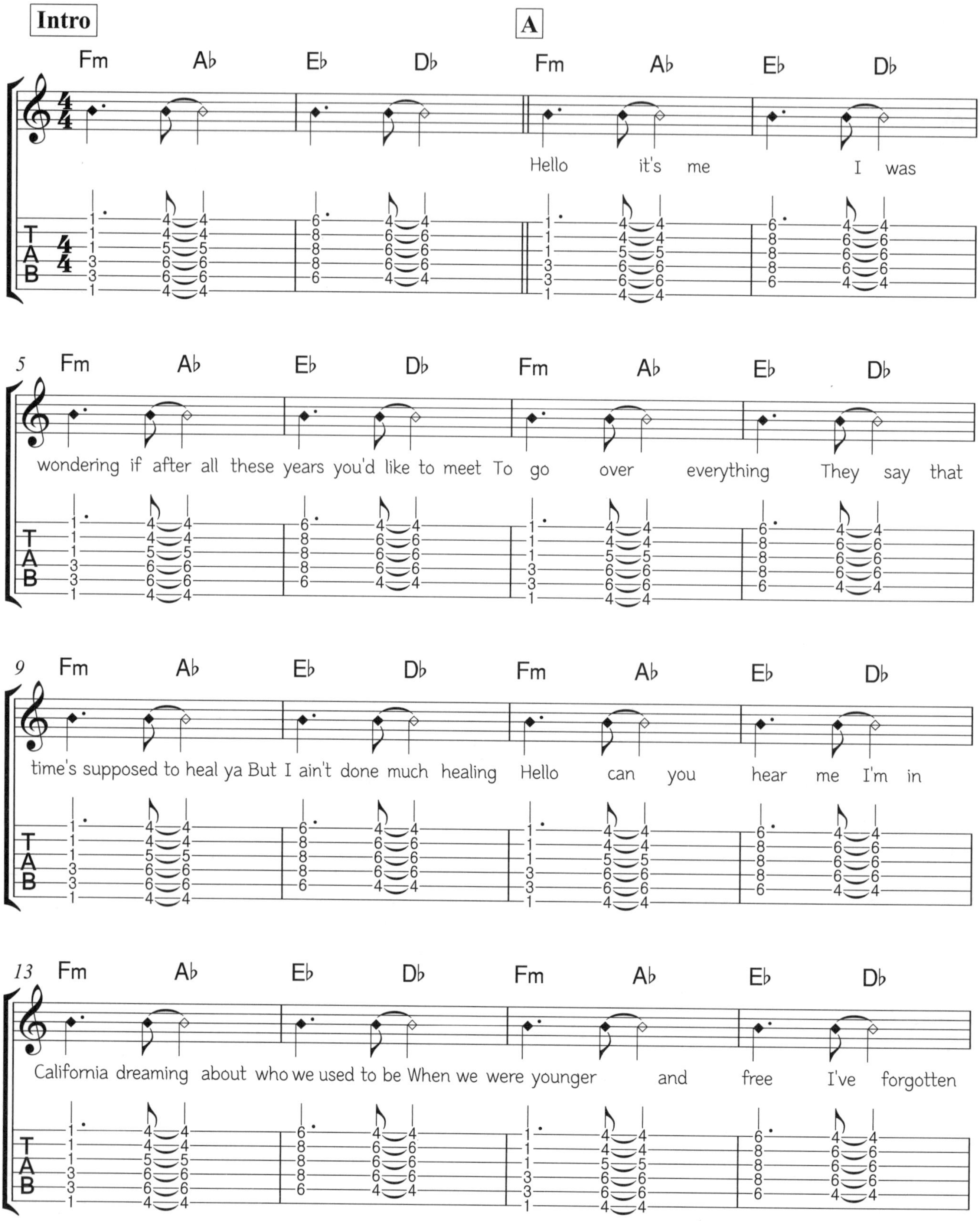

Intro

Fm A♭ E♭ D♭

A

Fm A♭ E♭ D♭

Hello it's me I was

5 Fm A♭ E♭ D♭ Fm A♭ E♭ D♭

wondering if after all these years you'd like to meet To go over everything They say that

9 Fm A♭ E♭ D♭ Fm A♭ E♭ D♭

time's supposed to heal ya But I ain't done much healing Hello can you hear me I'm in

13 Fm A♭ E♭ D♭ Fm A♭ E♭ D♭

California dreaming about who we used to be When we were younger and free I've forgotten

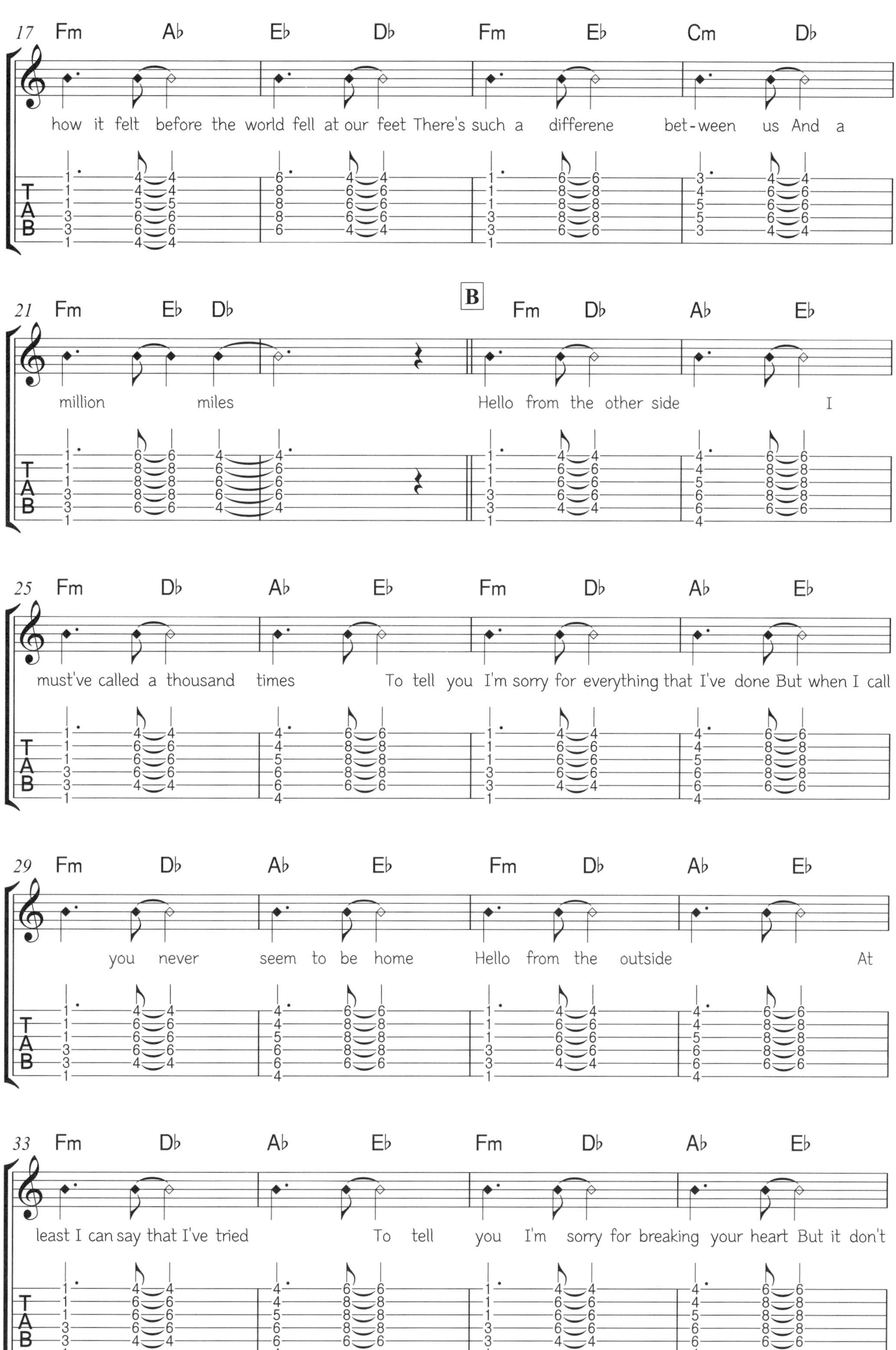
17
Fm
A♭
E♭
D♭
Fm
E♭
Cm
D♭
how it felt before the world fell at our feet There's such a differene bet-ween us And a
21
Fm
E♭
D♭
B
Fm
D♭
A♭
E♭
million miles
Hello from the other side I
25
Fm
D♭
A♭
E♭
Fm
D♭
A♭
E♭
must've called a thousand times To tell you I'm sorry for everything that I've done But when I call
29
Fm
D♭
A♭
E♭
Fm
D♭
A♭
E♭
you never seem to be home Hello from the outside At
33
Fm
D♭
A♭
E♭
Fm
D♭
A♭
E♭
least I can say that I've tried To tell you I'm sorry for breaking your heart But it don't

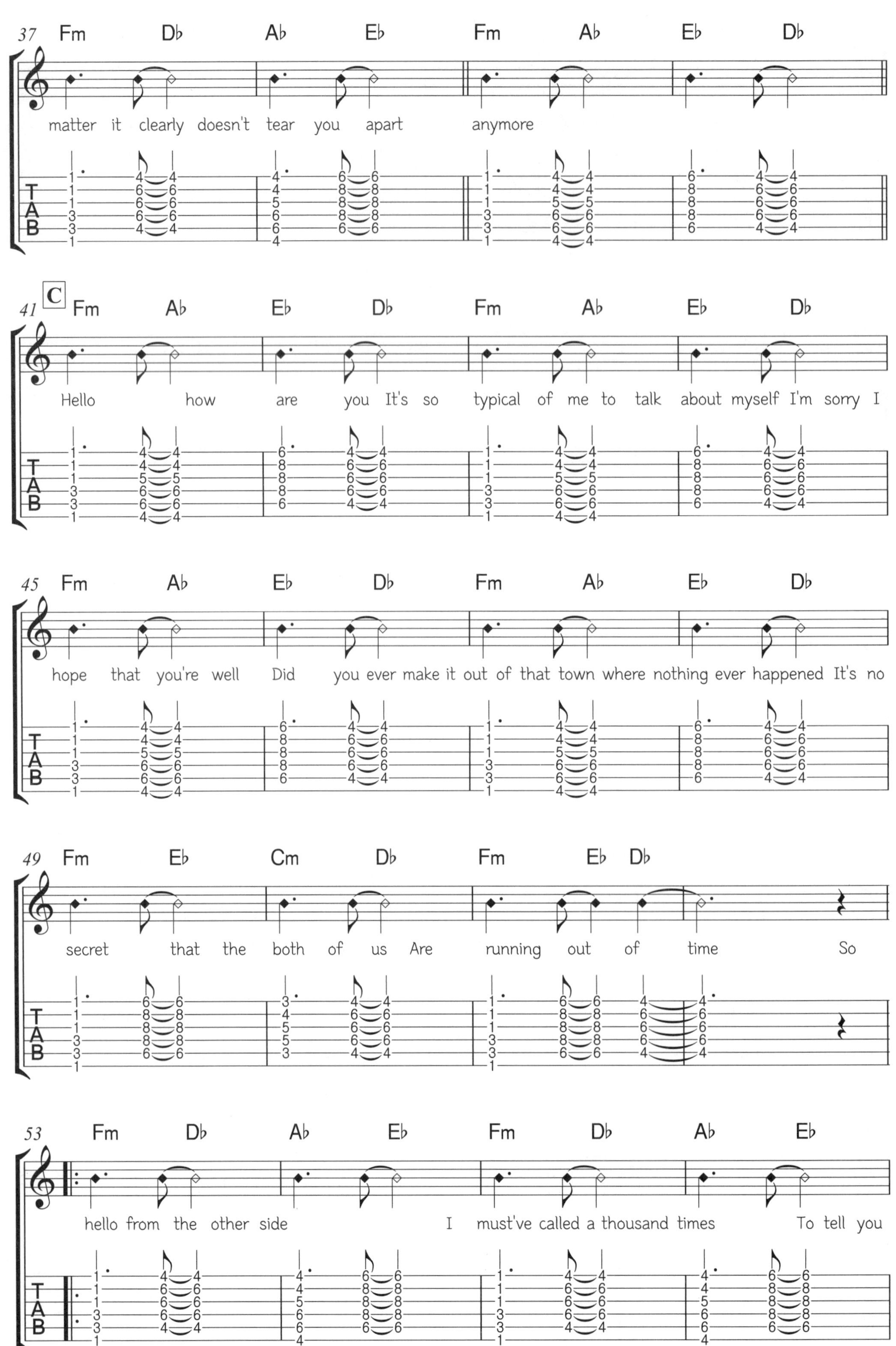
37 Fm Db Ab Eb Fm Ab Eb Db
matter it clearly doesn't tear you apart anymore
C
41 Fm Ab Eb Db Fm Ab Eb Db
Hello how are you It's so typical of me to talk about myself I'm sorry I
45 Fm Ab Eb Db Fm Ab Eb Db
hope that you're well Did you ever make it out of that town where nothing ever happened It's no
49 Fm Eb Cm Db Fm Eb Db
secret that the both of us Are running out of time So
53 Fm Db Ab Eb Fm Db Ab Eb
hello from the other side I must've called a thousand times To tell you
TAB

57
Fm Db Ab Eb Fm Db Ab Eb
I'm sorry for everything that I've done But when I call you never seem to be home
61
Fm Db Ab Eb Fm Db Ab Eb Fm Db
Hello from the outside At least I can say that I've tried To tell you I'm sorry
66
Ab Eb Fm Db Ab Eb Fm Db Eb Ab
1.
breaking your heart But it don't matter it clearly doesn't tear you apart any - more
71
Fm Db Eb Ab Fm Db Eb Ab Fm Db
76
Eb9(SUS4) Ab Eb Fm Eb Db Fm
2.
tear you apart any - more

24

Home

노래 로이킴
작사/작곡 로이킴

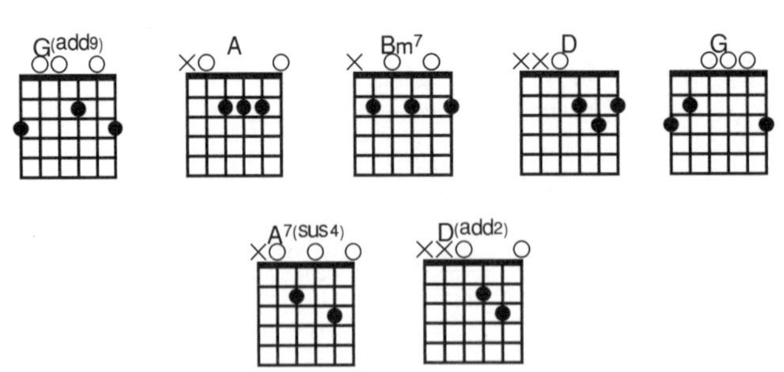

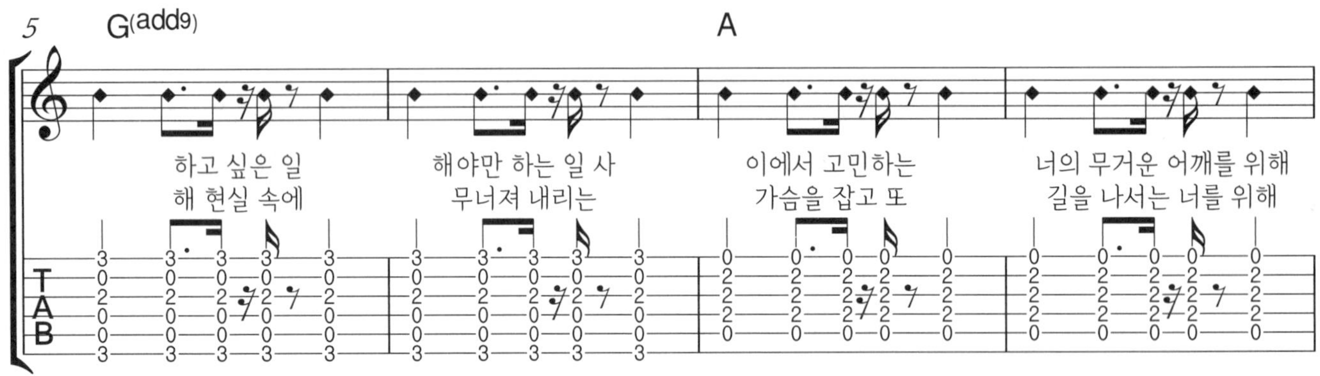

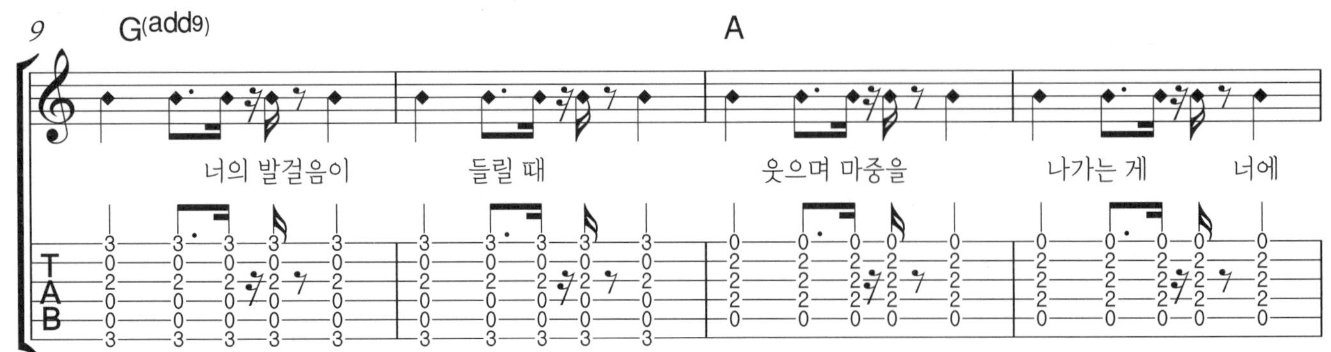

218
D(add2)
A
Bm7
니 많이 힘들었
지 난 걱정 안 해도
돼 너만 괜찮으면
돼 가슴이 시릴
때 아무도 없을
T
A
B

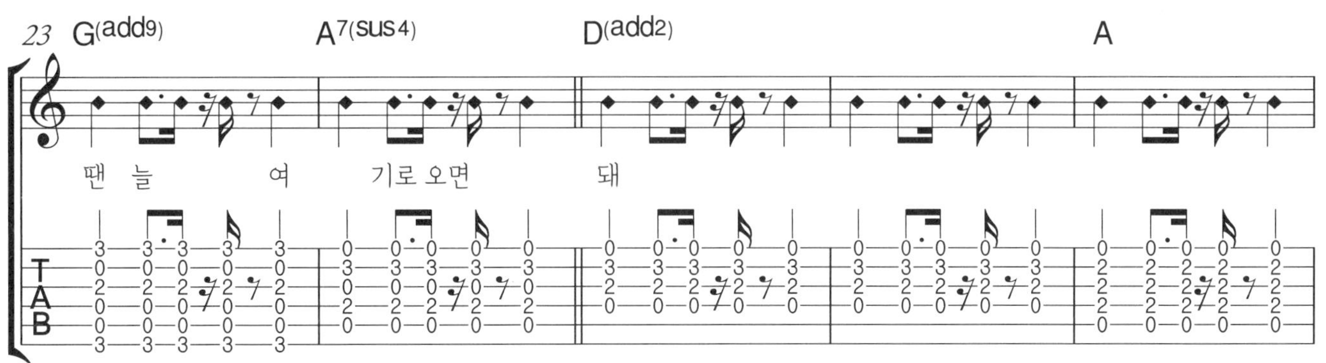
23
G(add9)
A7(sus4)
D(add2)
A
땐 늘 여
기로 오면
돼
T
A
B

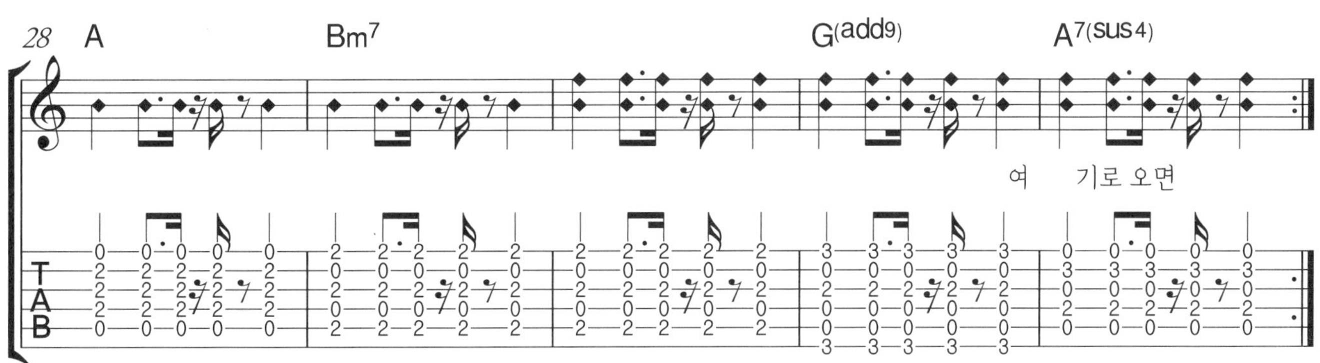
28
A
Bm7
G(add9)
A7(sus4)
여 기로 오면
T
A
B

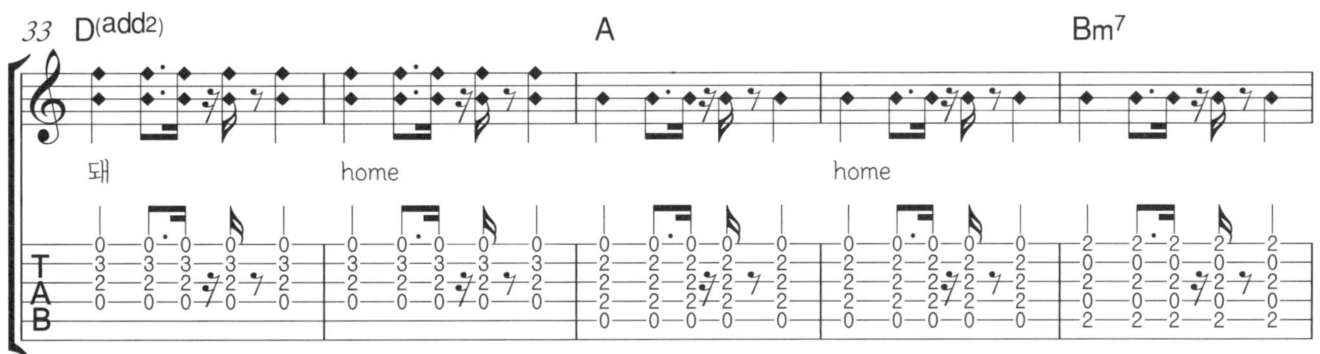
33
D(add2)
A
Bm7
돼
home
home
T
A
B

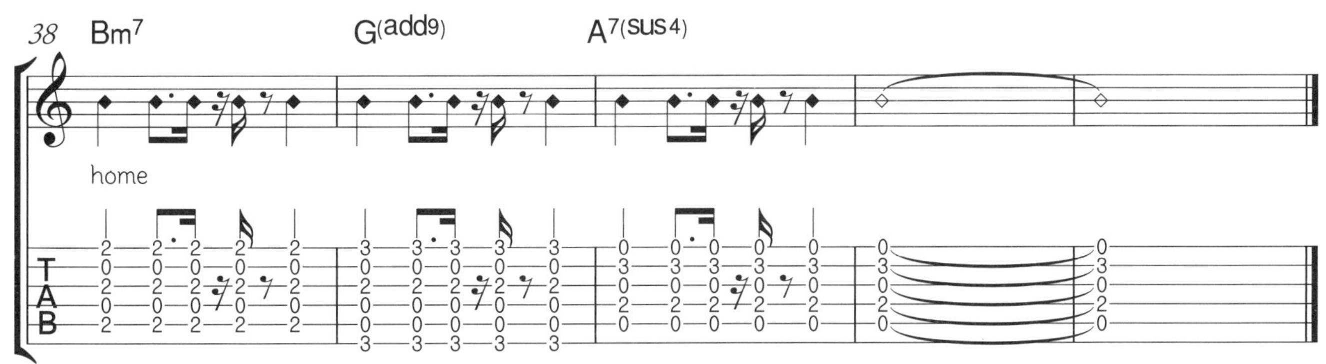
38
Bm7
G(add9)
A7(sus4)
home
T
A
B

25

그대 내 품에

노래 유재하
작사/작곡 유재하

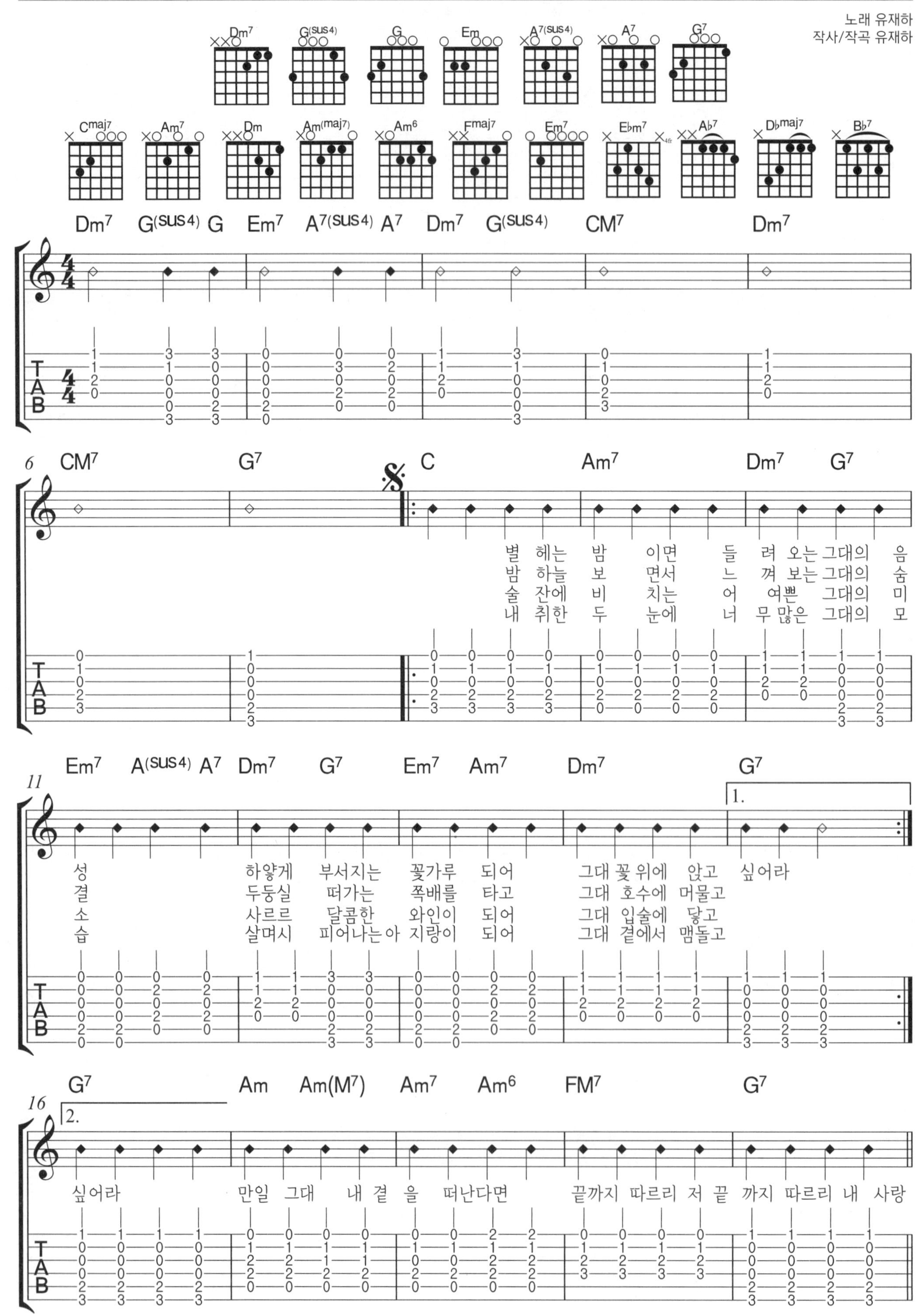

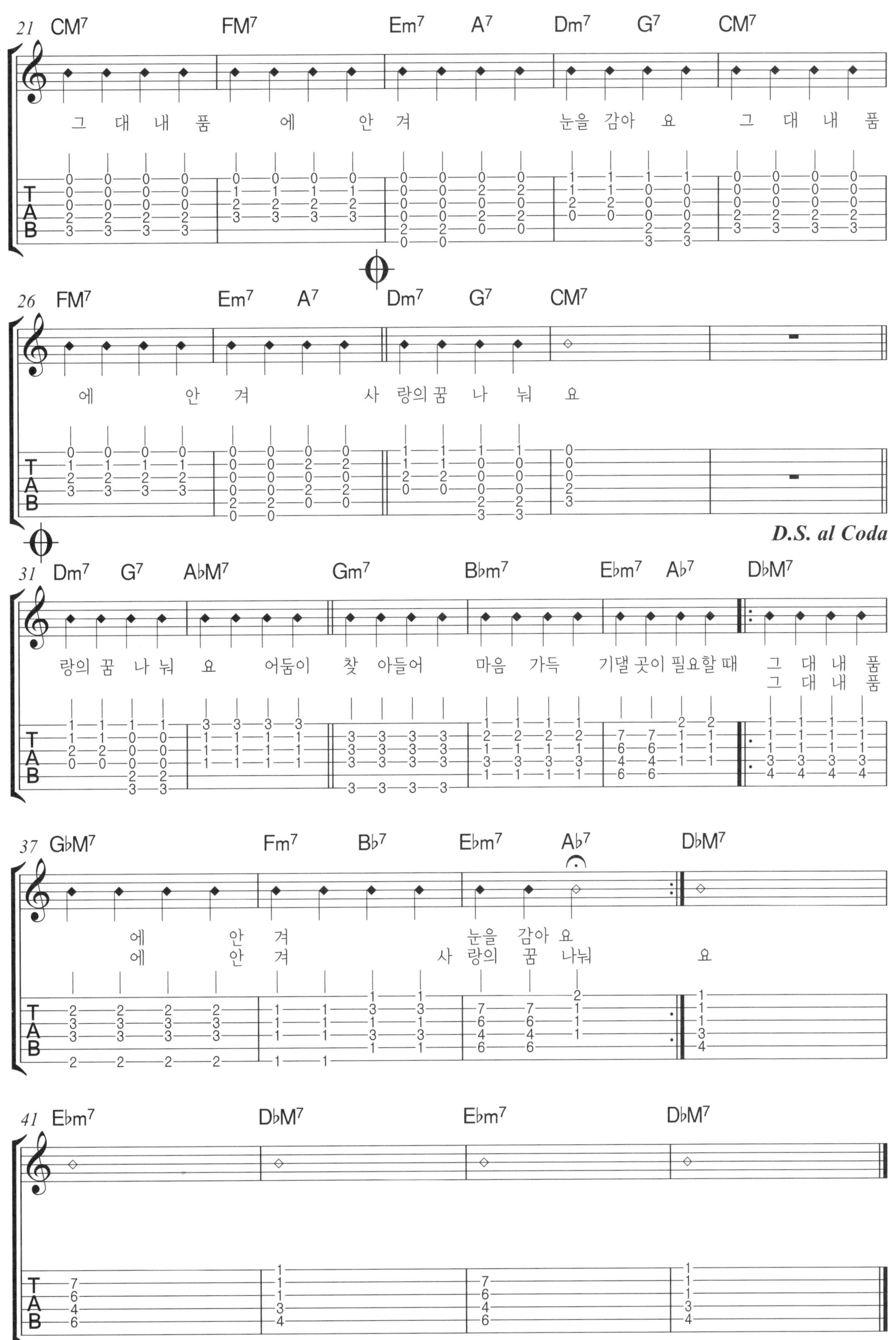
21 CM7 FM7 Em7 A7 Dm7 G7 CM7
그 대 내 품 에 안 겨 눈을 감아 요 그 대 내 품
26 FM7 Em7 A7 Dm7 G7 CM7
에 안 겨 사 랑의 꿈 나 눠 요
D.S. al Coda
31 Dm7 G7 A♭M7 Gm7 B♭m7 E♭m7 A♭7 D♭M7
랑의 꿈 나 눠 요 어둠이 찾 아들어 마음 가득 기댈 곳이 필요할 때 그 대 내 품
그 대 내 품
37 G♭M7 Fm7 B♭7 E♭m7 A♭7 D♭M7
에 안 겨 눈을 감아 요
에 안 겨 사 랑의 꿈 나눠 요
41 E♭m7 D♭M7 E♭m7 D♭M7

26 너를 만나

C G F Dm7 G(sus4) B♭ G7(♭9) Em E°7 C♯°7
A(sus4) A C♯°7 Gm7 B7 C7 F♯m7(♭5) A♭maj7
노래 폴킴
작사 폴킴
작곡 폴킴, JOSEPH K, DONNIE J
A
C G F C
너를 만난 그 이후로 사소한 변 화들에 행복해져 눈이 부시게
F C Dm7 G(sus4) G
빛나는 아침 너를 떠올 리며 눈 뜨는 하루 식탁 위에
C G B♭ A(sus4) A G C♯°7
마주 앉아 너의 하루는 어땠는지 묻거나 나의 하루도
Dm7 G(sus4) Em Am Dm7 G7(♭9) C Dm7 C
썩 괜찮았어 웃으며 대 답해 주고 싶어 별
T
A
B

17
F Em Am Dm7 G(sus4) Gm7 C7 E°7
것 아닌 일에 맘 이 통할 때면 익숙해진 서로가 놀라웠어 널 사 랑해 평온한
21
F Em Am Dm7 G(sus4)
지금처럼만 영원하 고 싶다고 너를 바 라보다 생각했 어 너를 만나
B
25
C G F Em C
참 행복했어 나 이토록 사 랑할 수 있었던 건 아직 어리고
29
F Em Am Dm7 G(sus4)
모자란 내 맘 따뜻한 이 해로 다 안아줘서
33
F C Dm7 G(sus4) Gm7 C7
무

36 F Em Am Dm7 G(sus4) G Gm7 C7 G♭7(♭5)
심한 말투에 서 로 아플 때면 차가워진 사이가 견딜 수 없어 미 안해 불안한
40 F Em Am E♭o7 Dm7 G(sus4)
지금이라도 영원하 고 싶다고 너를 바 라보다 생각했 어 너를 만나
44 C G F Em C
참 행복했어 나 이토록 사 랑할 수 있었던 건 아직 어리고
48 F Em Am Dm7 G(sus4)
모자란 내 맘 따뜻한 이 해로 다 안아줘서 뜨거웠던
C
52 Dm7 C F Gm7 C7
여름 지나 그리워질 빗소리에 하나 둘 수줍어 또 얼굴 붉히 면 생

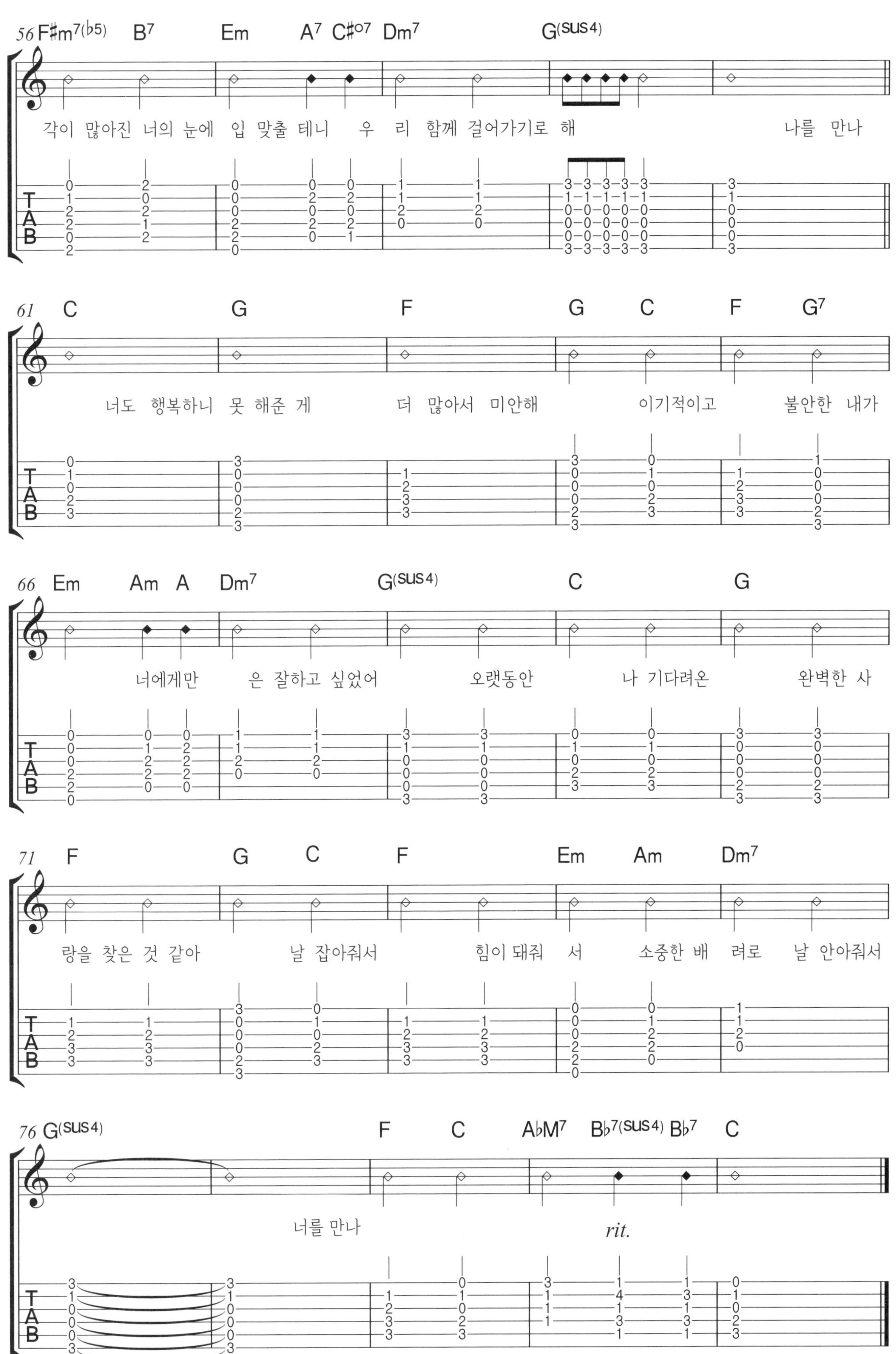
56 F#m7(♭5) B7 Em A7 C#o7 Dm7 G(SUS4)
각이 많아진 너의 눈에 입 맞출 테니 우 리 함께 걸어가기로 해 나를 만나
61 C G F G C F G7
너도 행복하니 못 해준 게 더 많아서 미안해 이기적이고 불안한 내가
66 Em Am A Dm7 G(SUS4) C G
너에게만 은 잘하고 싶었어 오랫동안 나 기다려온 완벽한 사
71 F G C F Em Am Dm7
랑을 찾은 것 같아 날 잡아줘서 힘이 돼줘 서 소중한 배 려로 날 안아줘서
76 G(SUS4) F C A♭M7 B♭7(SUS4) B♭7 C
너를 만나
rit.

27 출국

노래 하림
작사 탁영
작곡 하림

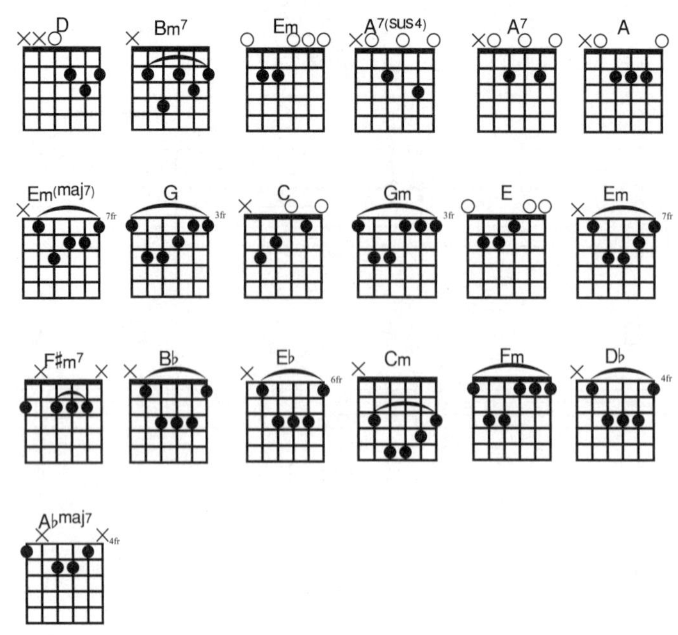

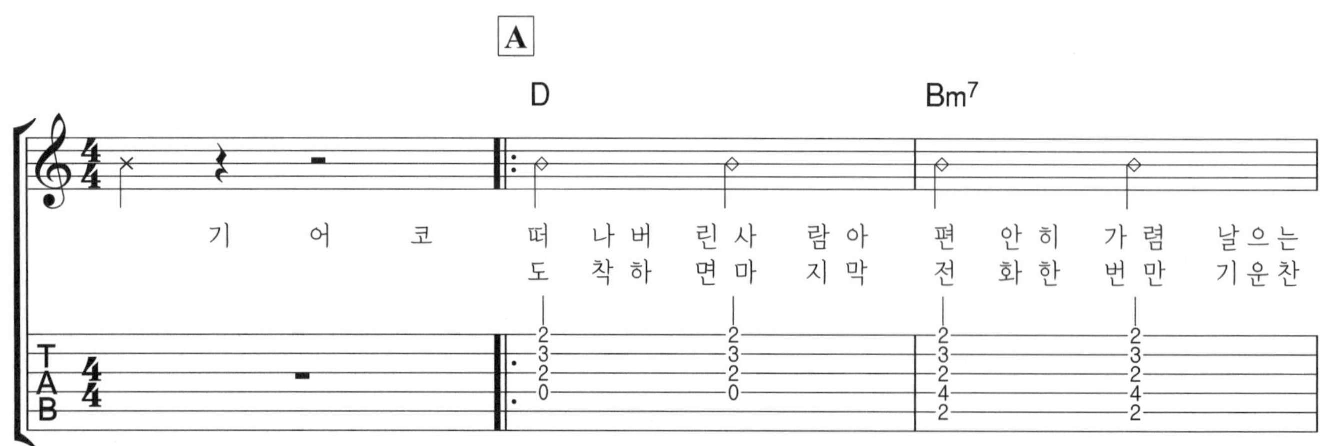

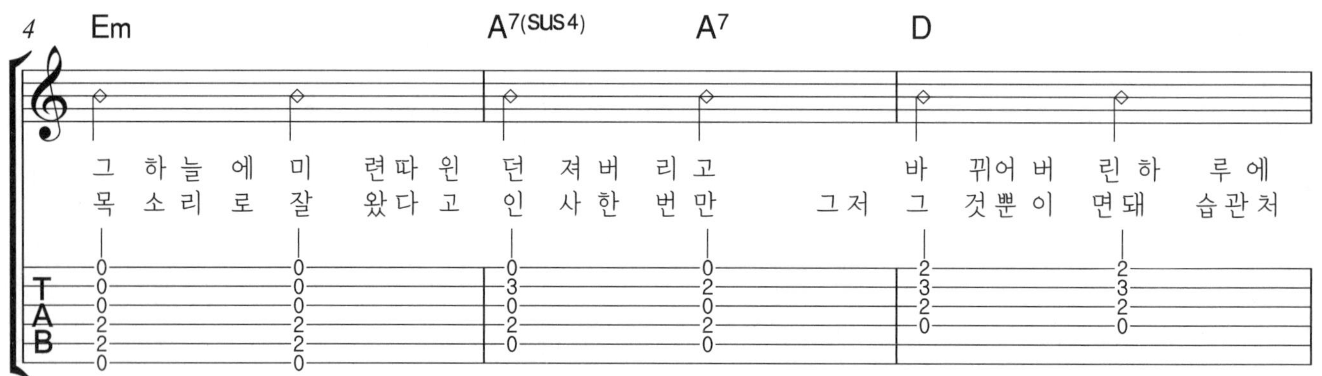

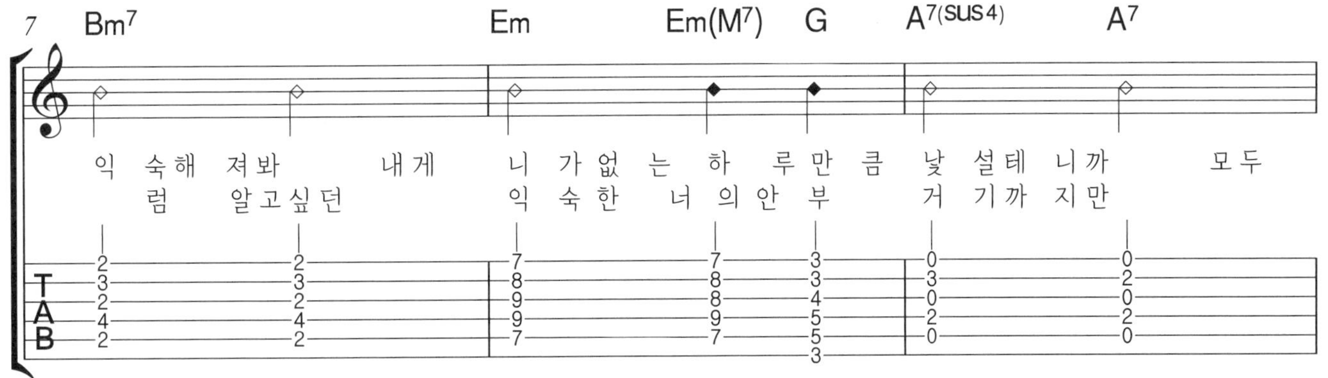
7
Bm7 Em Em(M7) G A7(SUS4) A7
익 숙해 져봐 내게 니 가 없 는 하 루 만 큼 낯 설 테 니 까 모 두
럼 알 고 싶 던 익 숙 한 너 의 안 부 거 기 까 지 만

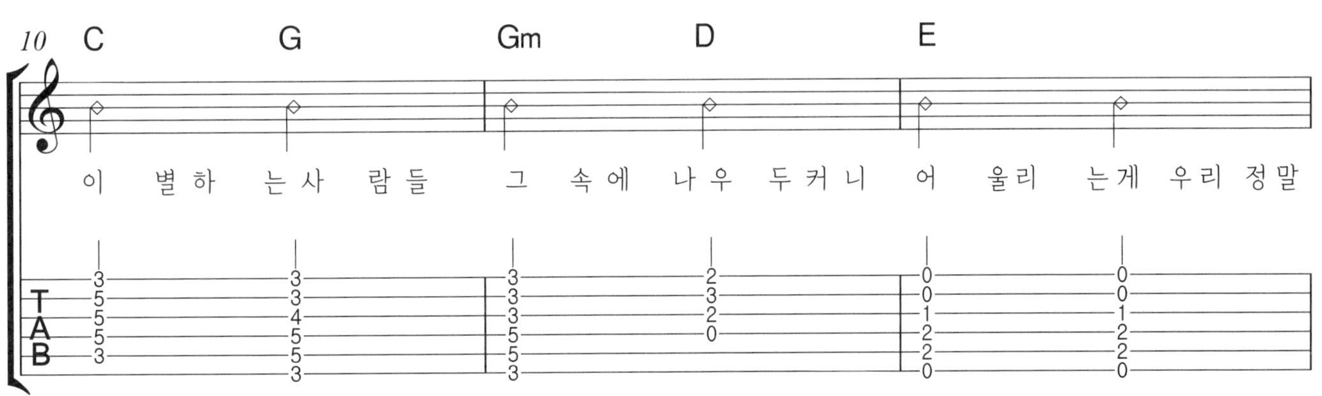
10
C G Gm D E
이 별 하 는 사 람 들 그 속 에 나 우 두 커 니 어 울 리 는 게 우 리 정 말

Gm A7 D Bm7
13
1.
헤 어 졌 나 봐 모 르 게 바 라 보 았 어 니 가 떠 난 모 습 너 의

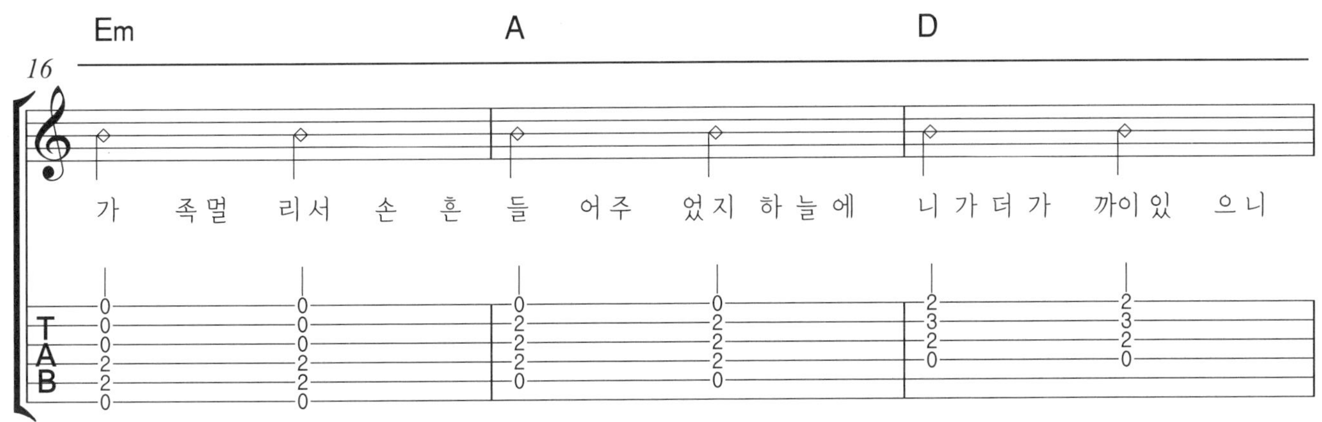
Em A D
16
가 족 멀 리 서 손 흔 들 어 주 었 지 하 늘 에 니 가 더 가 까 이 있 으 니

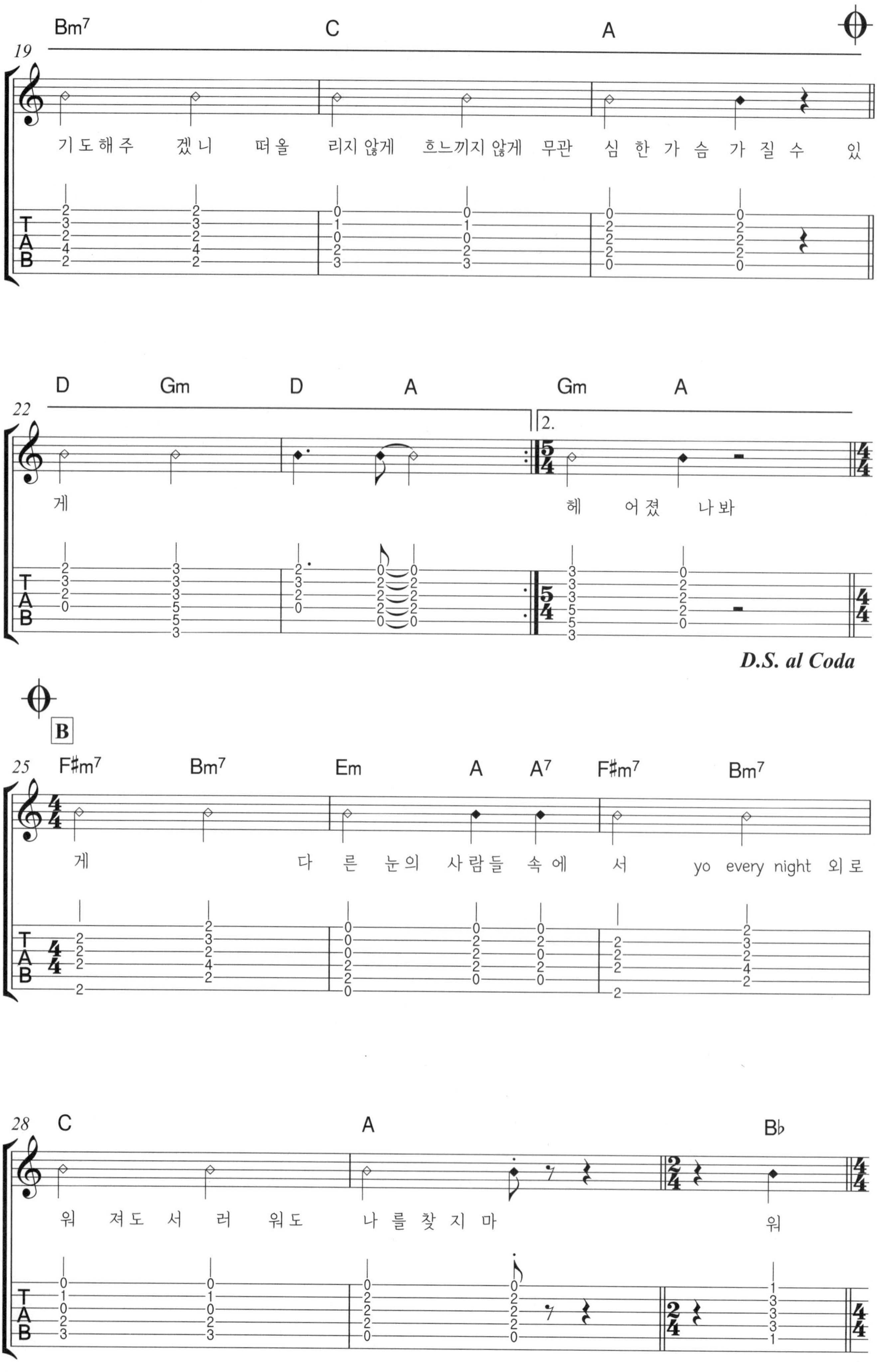

22
D Gm D A Gm A
2.
게
헤 어졌 나봐

D.S. al Coda

B

25
F#m7 Bm7 Em A A7 F#m7 Bm7
게 다 른 눈의 사람들 속에 서 yo every night 외로

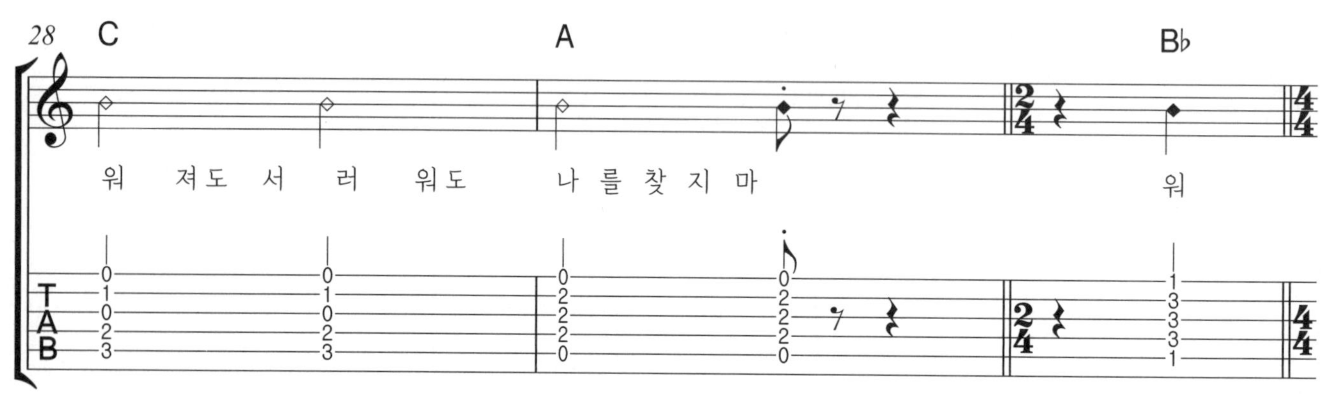

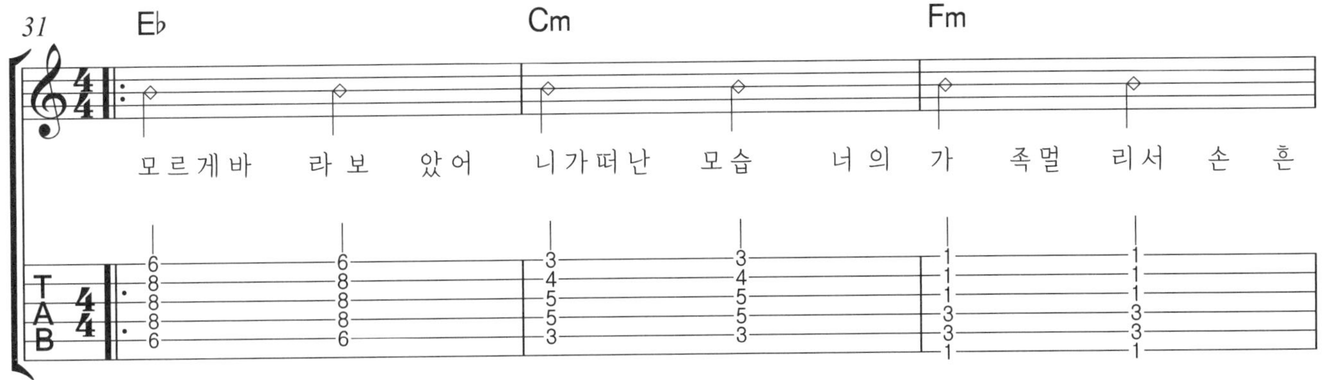
31
E♭
Cm
Fm
모르게바 라보 았어 니가떠난 모습 너의 가 족멀 리서 손 흔
T
A
B

34
B♭
E♭
Cm
들 어주 었지 하늘에 니가더가 까이있 으니 기도해주 겠니 떠올
T
A
B

37
D♭
B♭
Cm
B♭
리지 않게 흐느끼지 않게 무관 심 한 가 슴 가 질 수 있 게
T
A
B

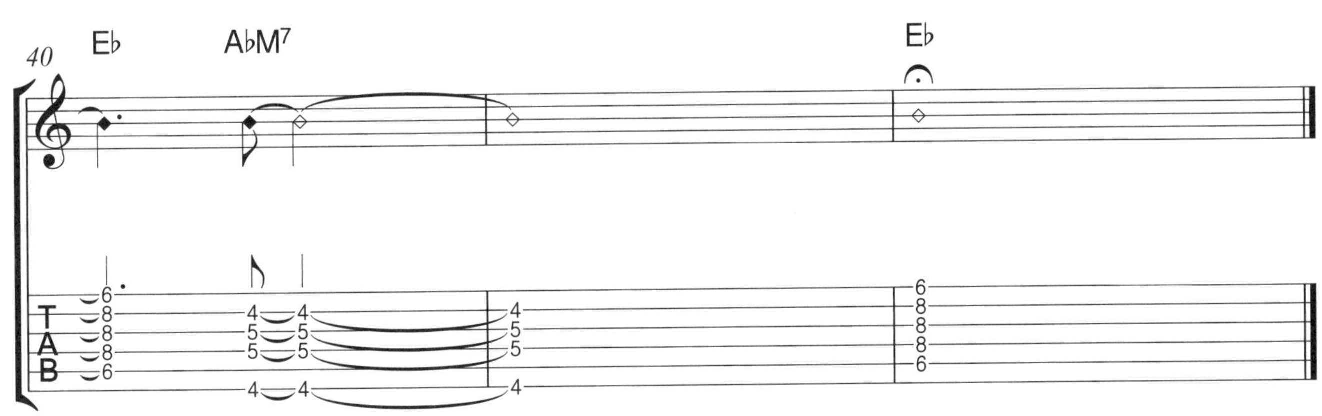
40
E♭
A♭M7
E♭
T
A
B

28

여수 밤바다

노래 버스커 버스커
작사/작곡 장범준

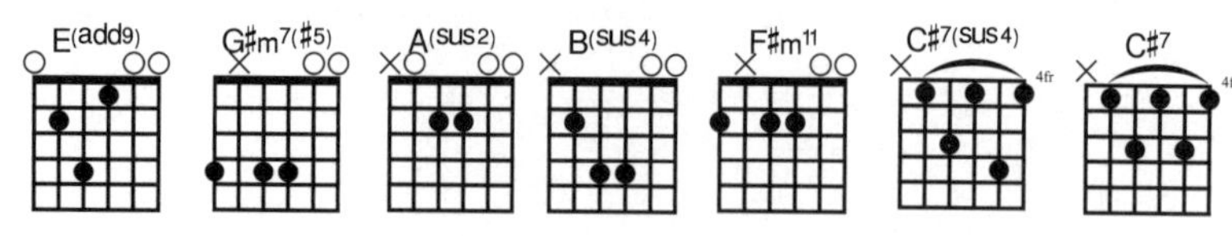

Intro

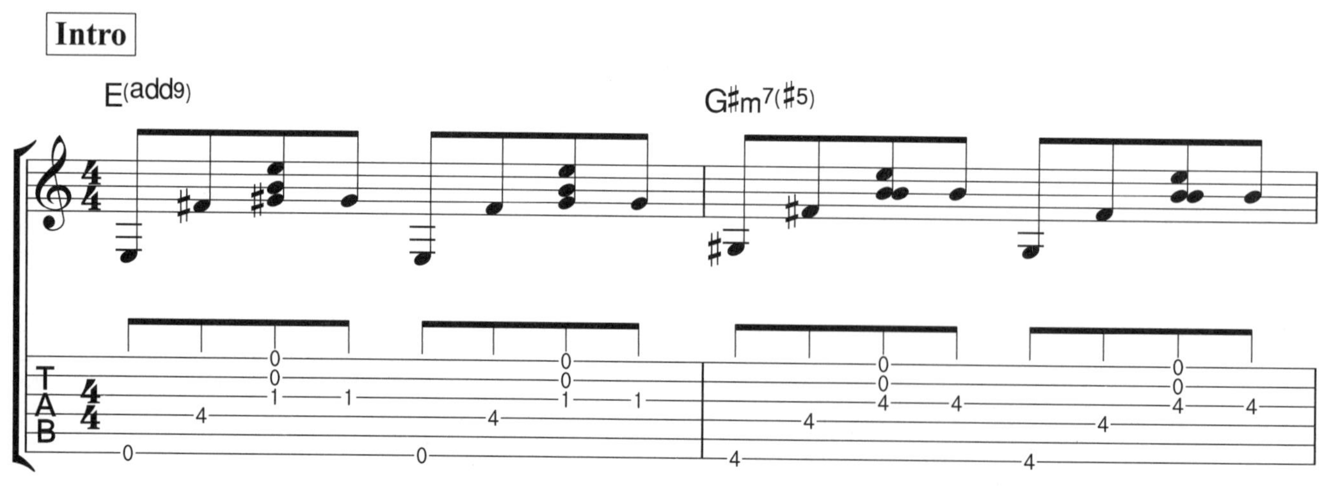

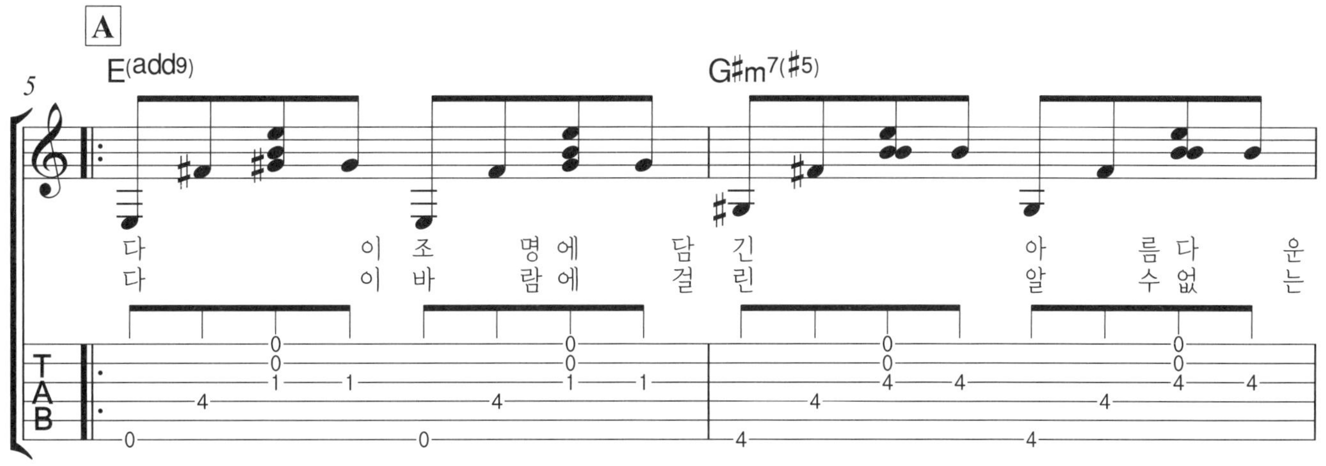
A
5
E(add9)
G♯m7(♯5)
다 이 조 명 에 담 긴 아 름 다 운
다 이 바 람 에 걸 린 알 수 없 는
TAB

7
A(sus2)
B(sus4)
E(add9)
얘 기가 있어 네게 들 려 주 고 파 전활 걸 어 뭐 하 고 있 냐
향 기가 있어 네게 전 해 주 고 파 전활 걸 어 뭐 하 고 있 냐
TAB

10
G♯m7(♯5)
A(sus2)
B(sus4)
고 나 는지 금 여 수 밤 바 다 여 수 밤 바 다
3
TAB

B
13
A(sus2)
G♯m7(♯5)
F♯m11
A(sus2)
G♯m7(♯5)
아 아 아 아 아
TAB

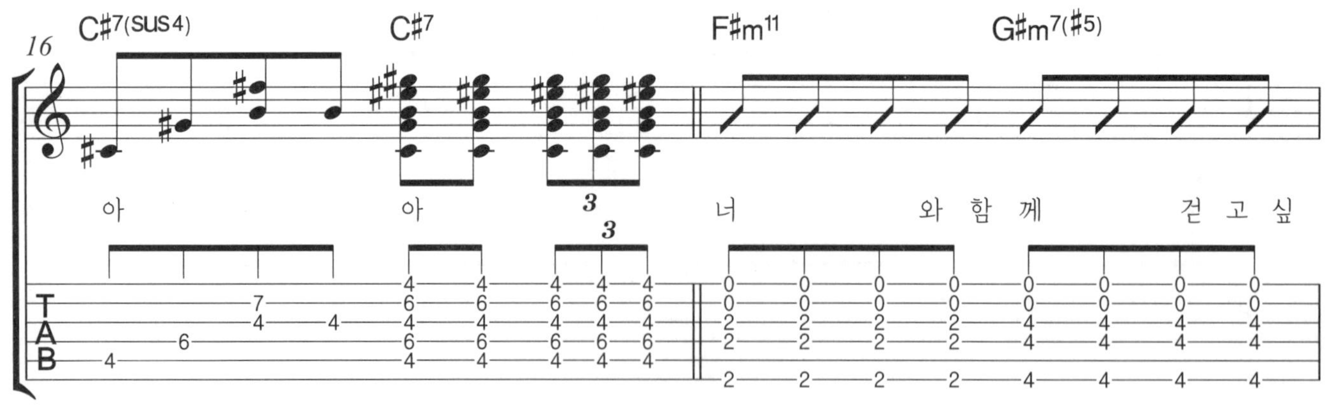
16
C#7(sus4)
C#7
F#m11
G#m7(#5)
아 아 너 와 함 께 걷 고 싶
3
TAB

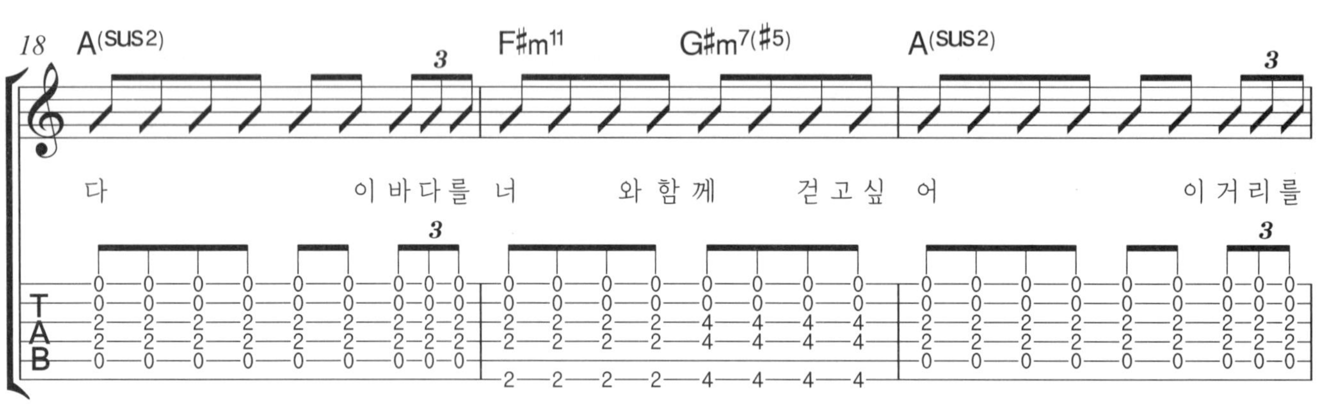
18
A(sus2)
F#m11
G#m7(#5)
A(sus2)
다 이 바 다 를 너 와 함 께 걷 고 싶 어 이 거 리 를
3
TAB

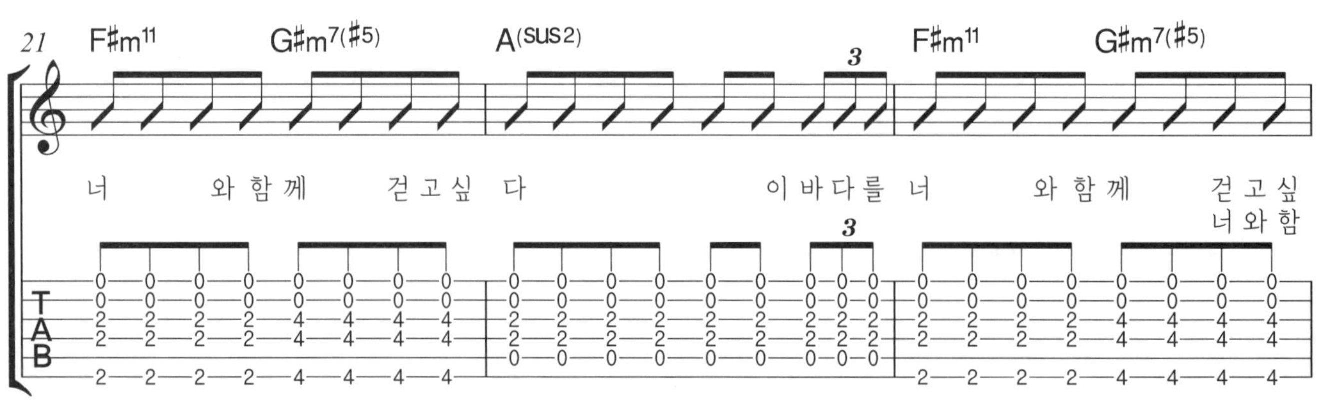
21
F#m11
G#m7(#5)
A(sus2)
F#m11
G#m7(#5)
너 와 함 께 걷 고 싶 다 이 바 다 를 너 와 함 께 걷 고 싶
너 와 함
3
TAB

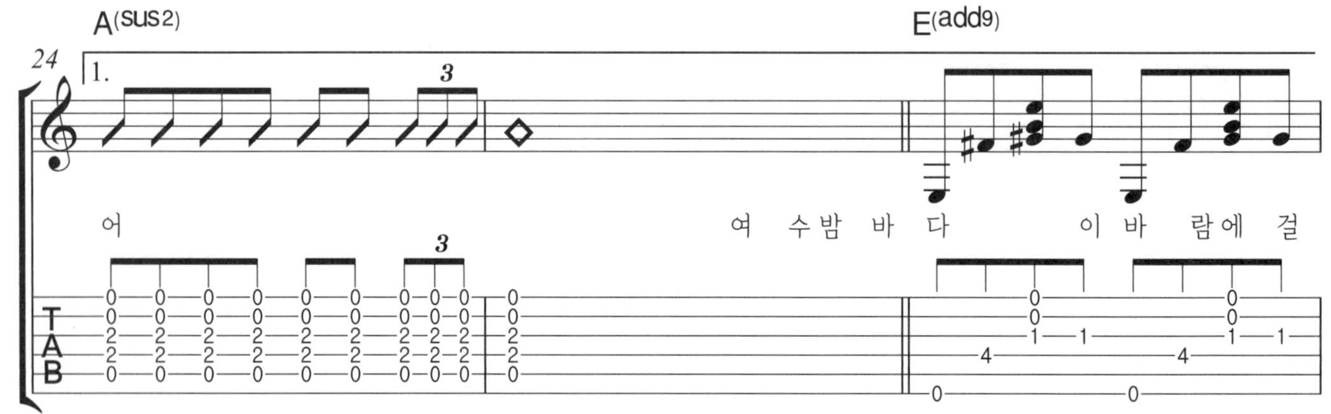
24
A(sus2)
E(add9)
1.
어 여 수 밤 바 다 이 바 람 에 걸
3
TAB

G♯m7(♯5)
A(sus2)
B(sus4)
27
여 수밤 바

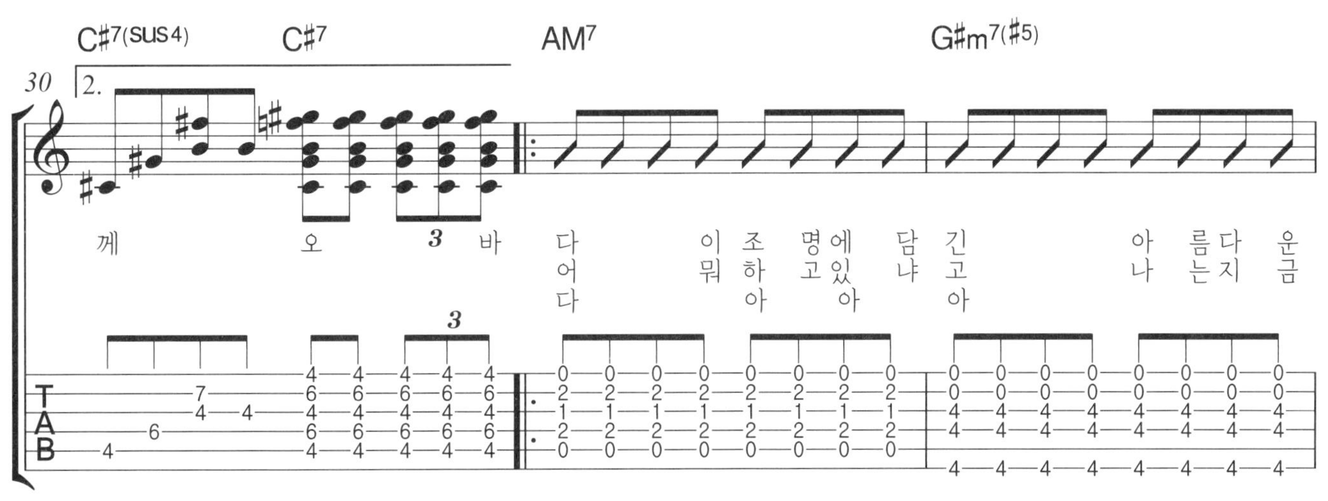
C♯7(sus4)
C♯7
AM7
G♯m7(♯5)
30
2.
께 오 바 다 이 조 명에 담 긴 아 름다 운
어 뭐 하 고있 냐 고 나 는지 금
다 아 아 아

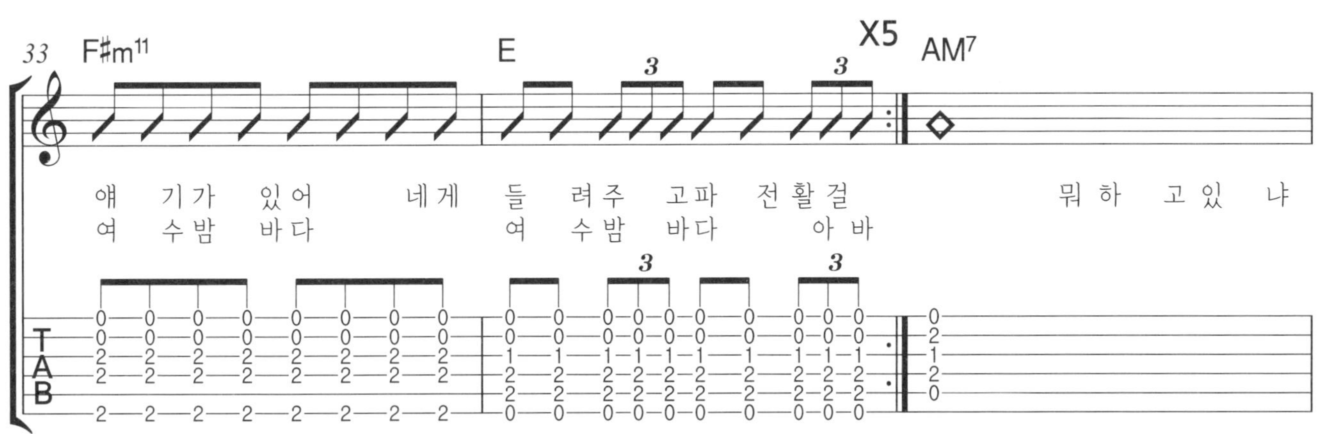
F♯m11
E
X5
AM7
33
얘 기가 있어 네게 들 려주 고파 전활걸 뭐하 고있 냐
여 수밤 바다 여 수밤 바다 아 바

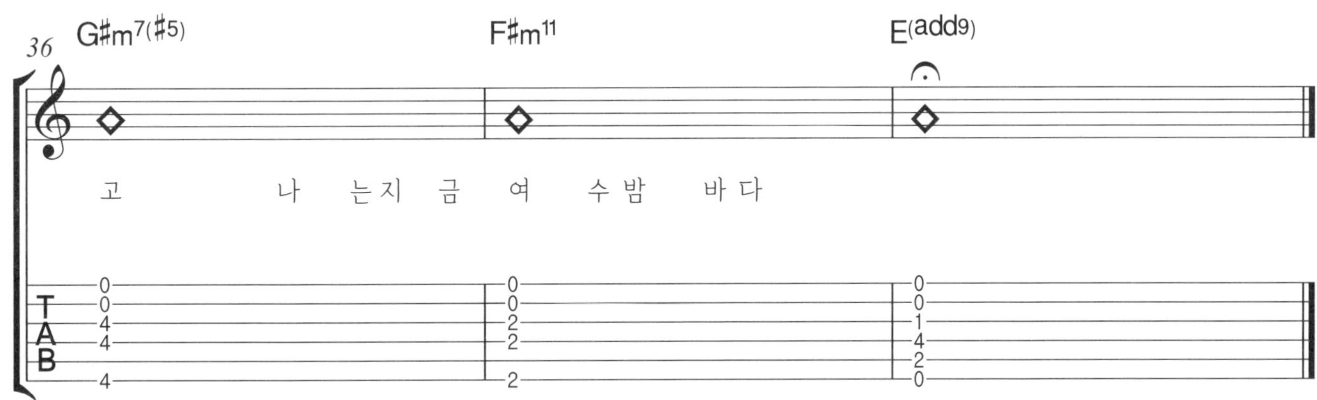
G♯m7(♯5)
F♯m11
E(add9)
36
고 나 는지 금 여 수밤 바다

29

Hype Boy

노래 뉴진스
작사 GIGI 외 2명
작곡 250외 1명

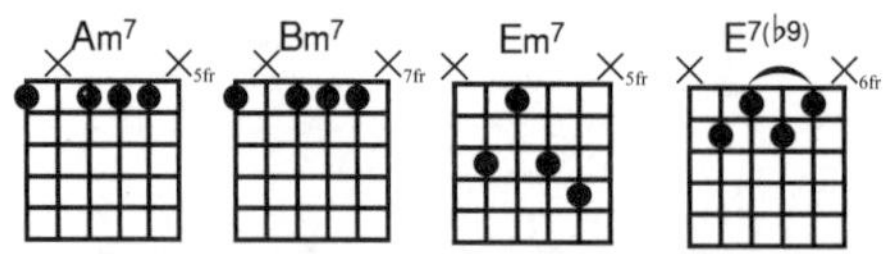

Intro

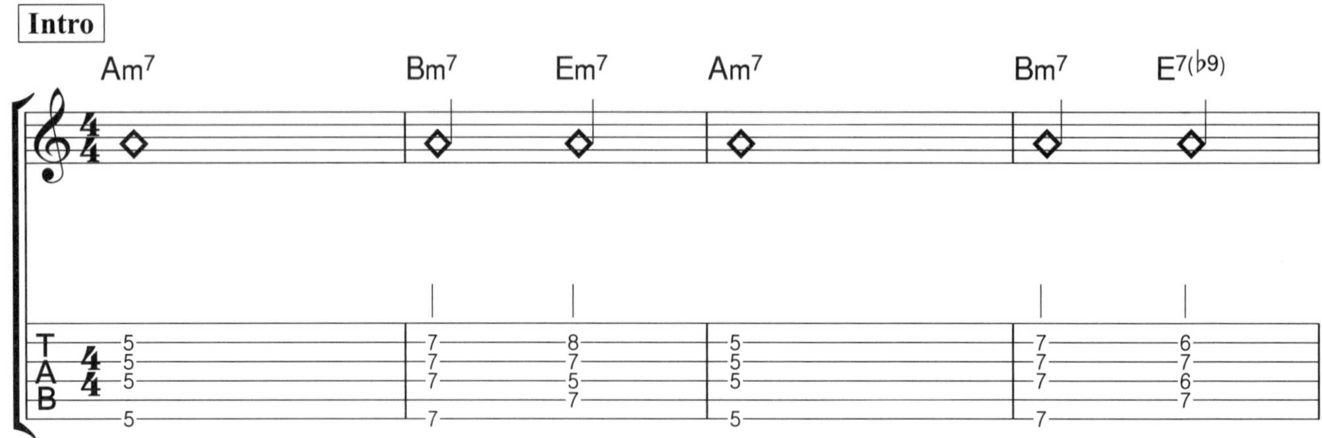

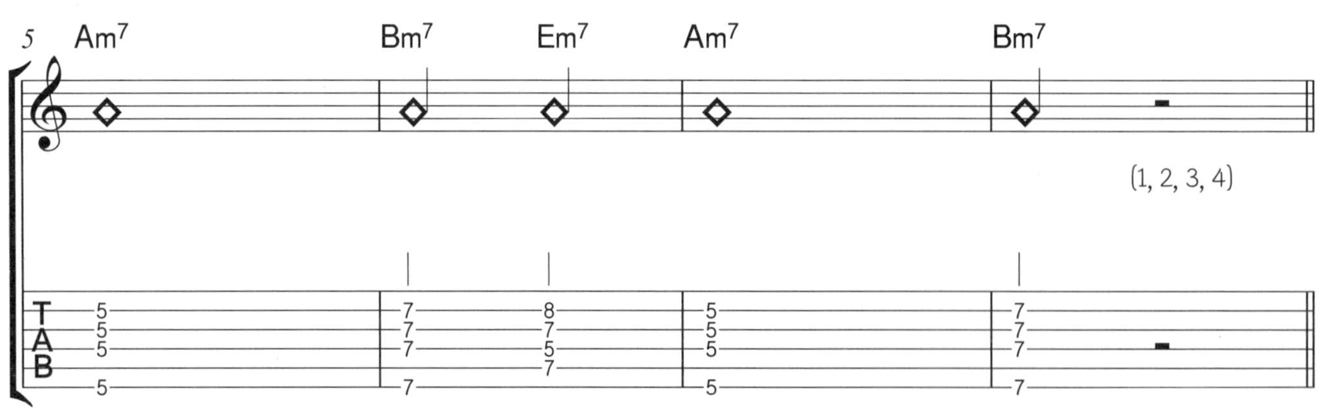

A

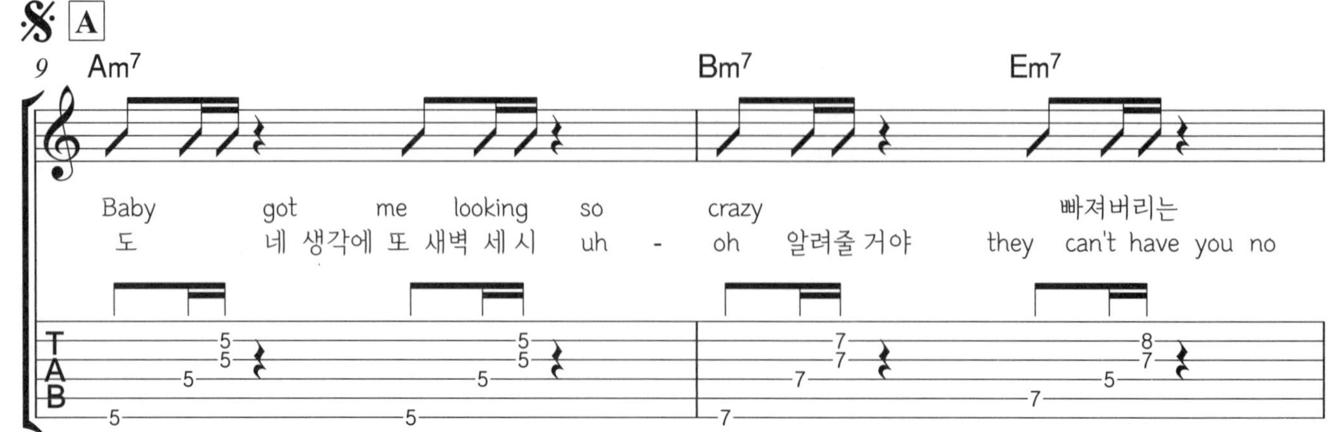

11
Am7
Bm7
E7(♭9)
daydream Got me feeling you 너도 말해줄 래
more 봐봐 여기 내 이름 써있다 고
T
A
B

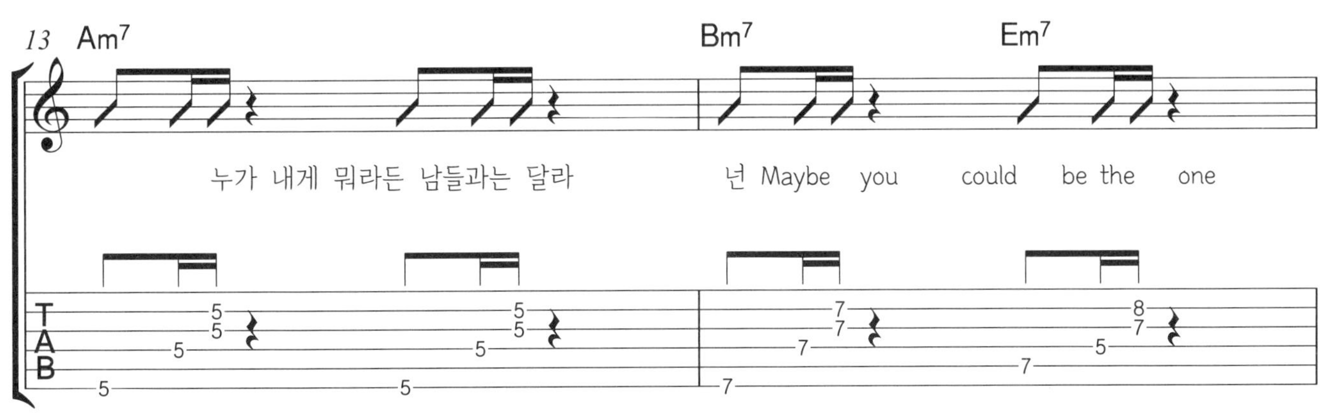
13
Am7
Bm7
Em7
누가 내게 뭐라든 남들과는 달라 넌 Maybe you could be the one
T
A
B

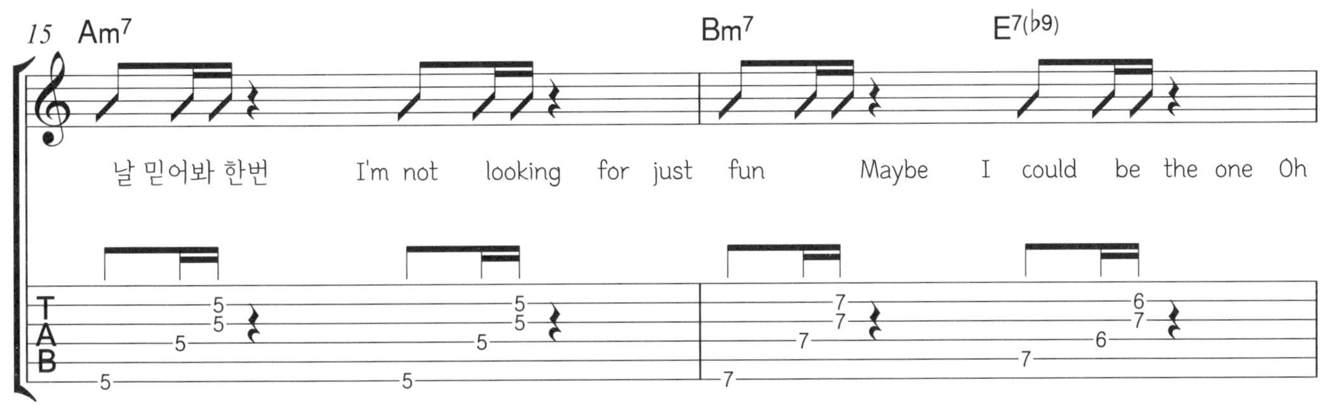
15
Am7
Bm7
E7(♭9)
날 믿어봐 한번 I'm not looking for just fun Maybe I could be the one Oh
T
A
B

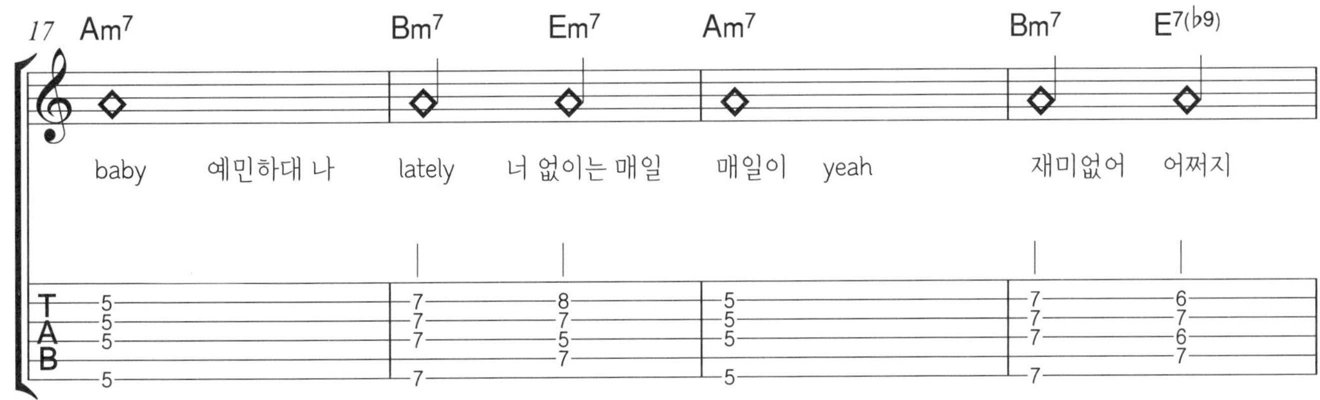
17
Am7
Bm7
Em7
Am7
Bm7
E7(♭9)
baby 예민하대 나 lately 너 없이는 매일 매일이 yeah 재미없어 어쩌지
T
A
B

21
I just want you Call my phone right now
I just wanna hear you're mine 'Cause
T
A
B

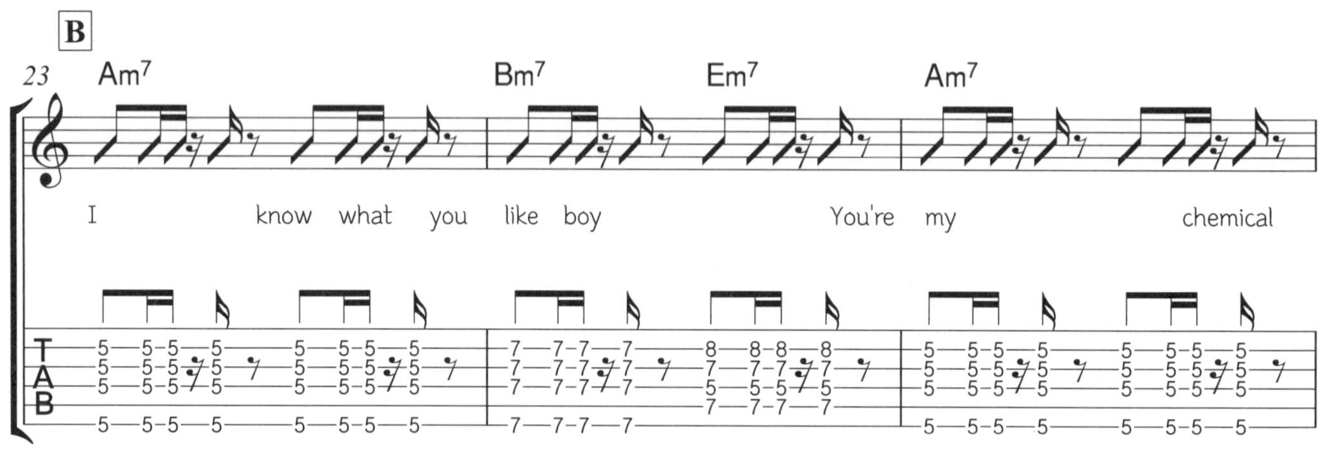
B
23
Am7
Bm7
Em7
Am7
I know what you like boy
You're my chemical
T
A
B

26
Bm7
E7(♭9)
Am7
Bm7
Em7
hype boy
내 지난 날들은
눈 뜨면 잊는 꿈
T
A
B

29
Am7
Bm7
E7(♭9)
Am7
Hype boy 너만 원해
Hype boy 내가 전해
And we can go high
말해봐
T
A
B

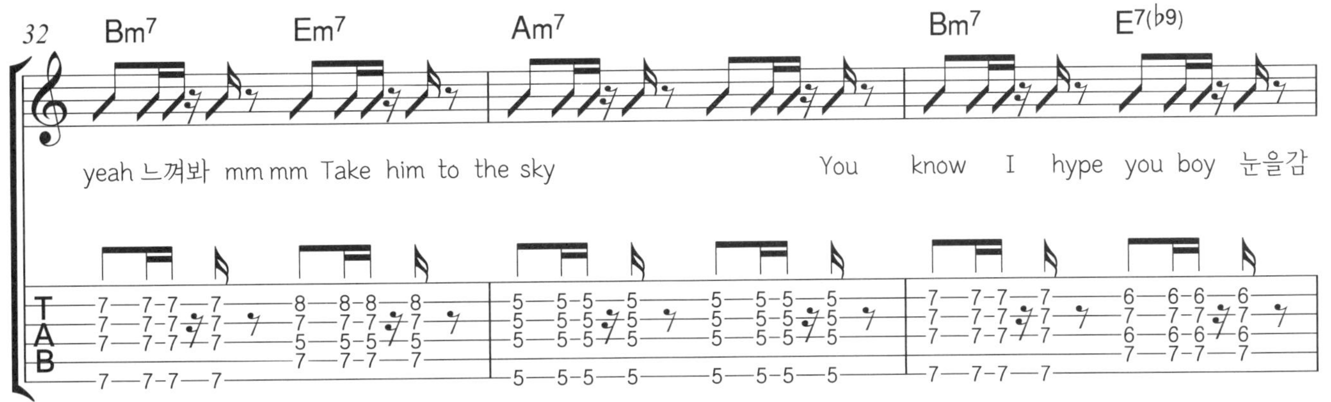
32
Bm7
Em7
Am7
Bm7
E7(♭9)
yeah 느껴봐 mm mm Take him to the sky
You know I hype you boy 눈을감

35
Am7
Bm7
Em7
Am7
아 말해봐 yeah 느껴봐 mm mm Take him to the sky
You

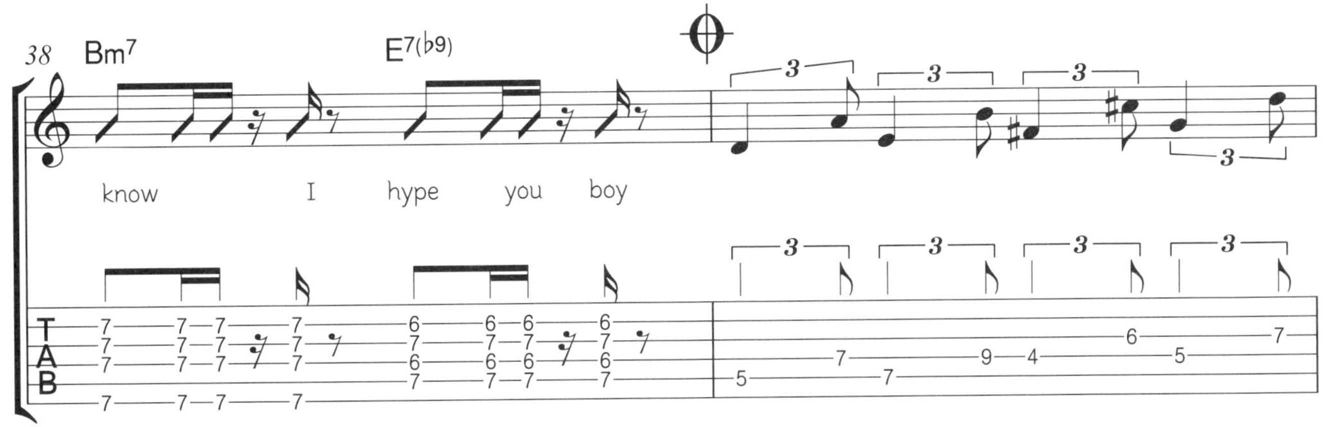
38
Bm7
E7(♭9)
know I hype you boy

40
잠에 들려고 잠에 들려해
D.S. al Fine

30

밤이 깊었네

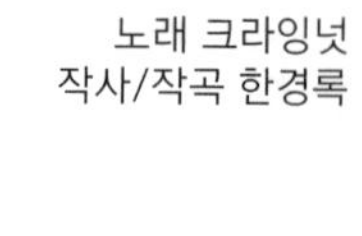
노래 크라잉넛
작사/작곡 한경록

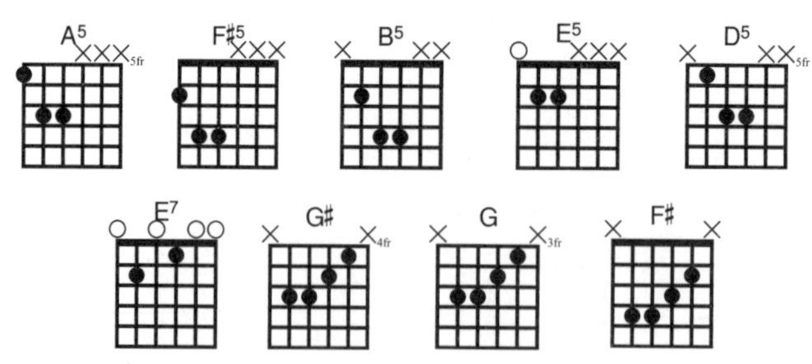
A5
F#5
B5
E5
D5
E7
G#
G
F#

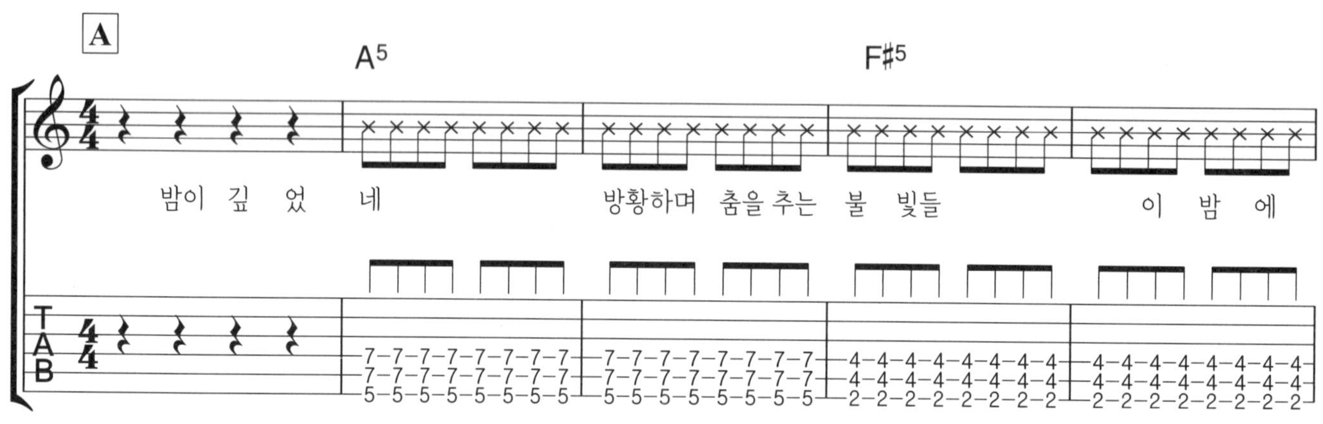
A
A5
F#5
밤이 깊 었 네
방황하며 춤을 추는 불 빛들
이 밤 에
T
A
B

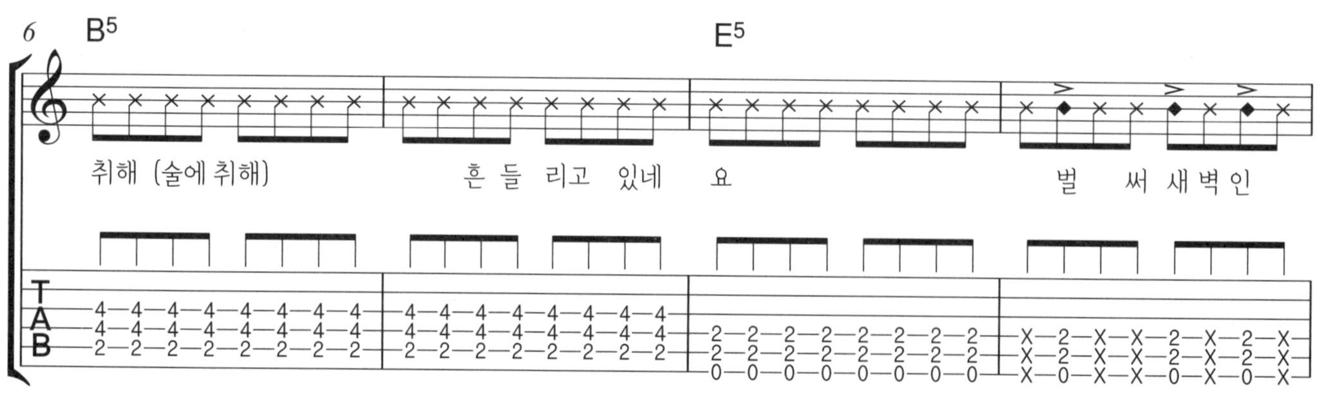
6
B5
E5
취해 (술에 취해)
흔 들 리고 있네 요
벌 써 새 벽 인

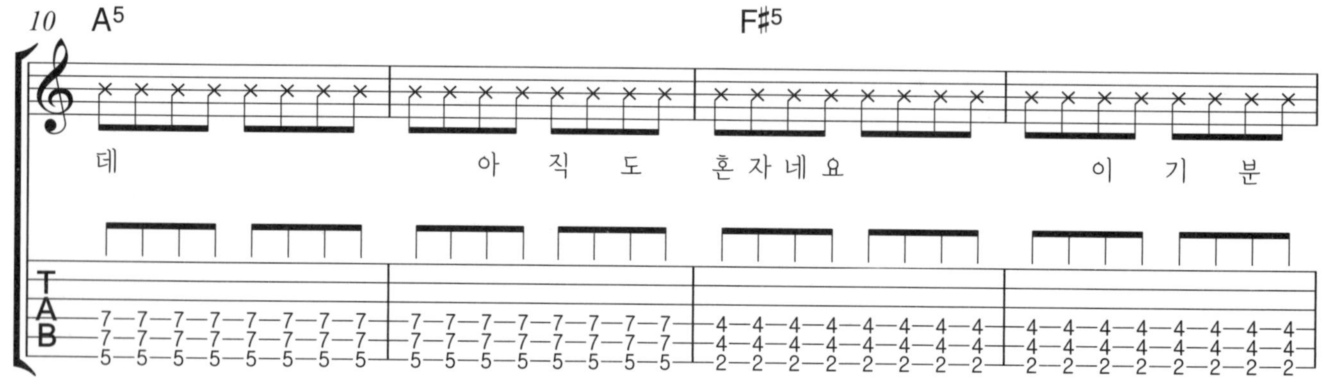
10
A5
F#5
데
아 직 도 혼 자 네 요
이 기 분

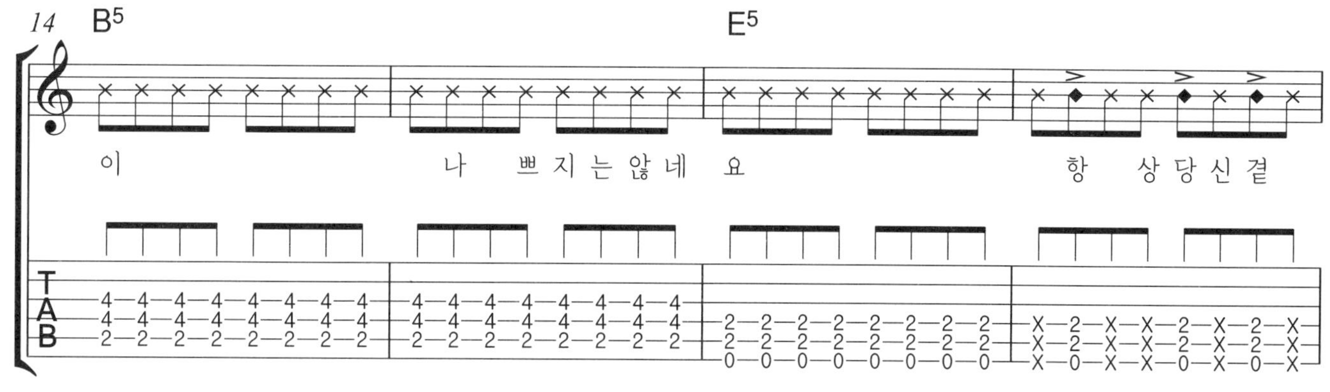
14
B5
E5
T
A
B
이 나 쁘 지 는 않 네 요 항 상 당 신 곁

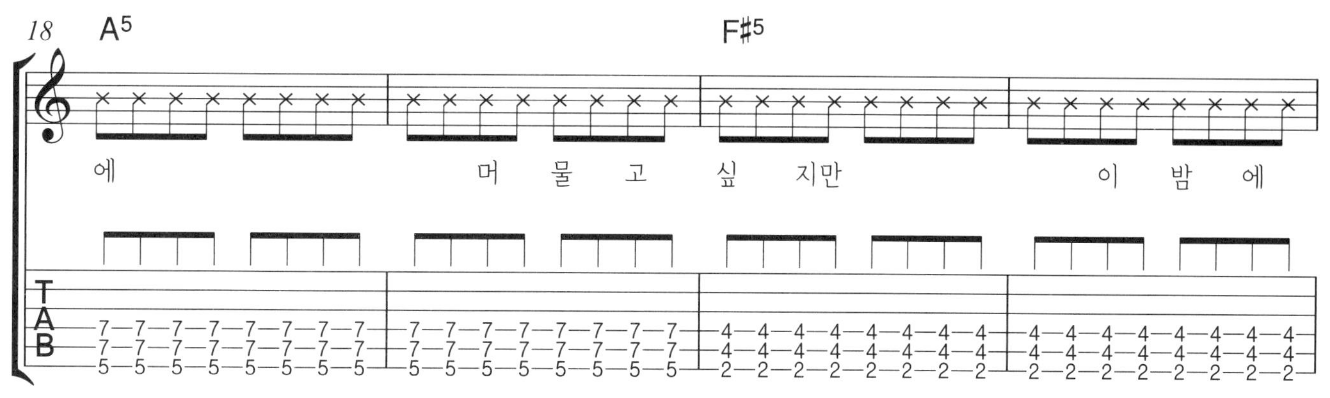
18
A5
F#5
에 머 물 고 싶 지만 이 밤 에

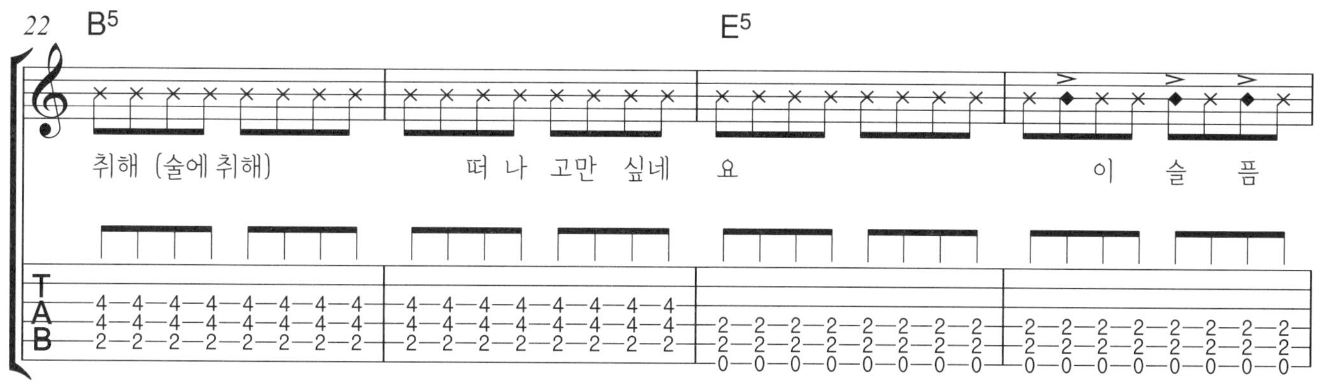
22
B5
E5
취해 (술에 취해) 떠 나 고만 싶네 요 이 슬 픔

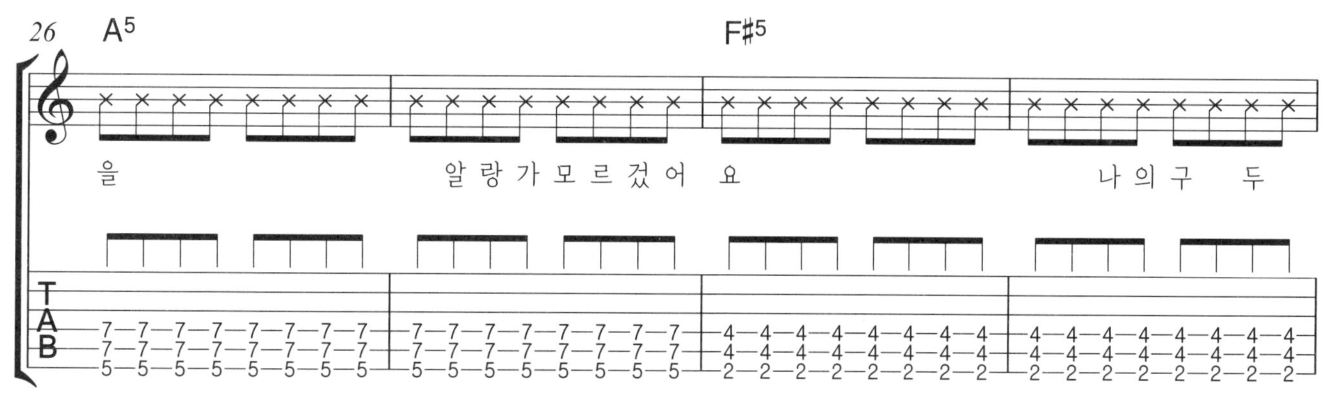
26
A5
F#5
을 알 랑 가 모 르 겄 어 요 나 의 구 두

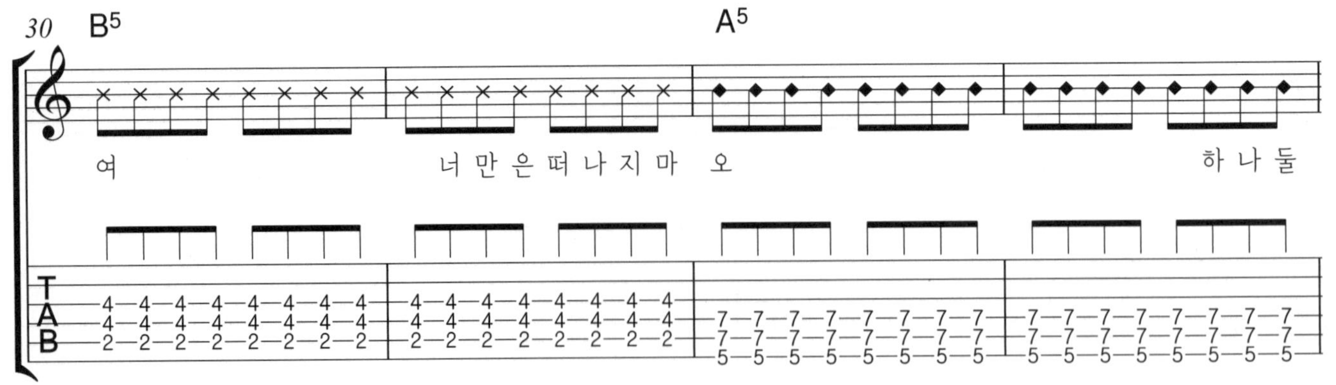
30
B5
A5
여
너 만 은 떠 나 지 마 오
하 나 둘
TAB

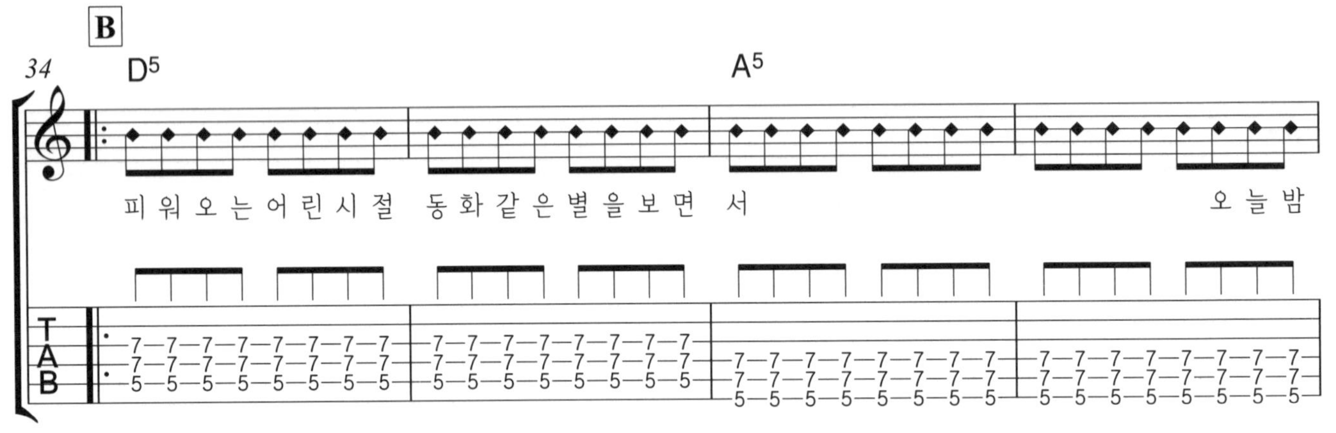
B
34
D5
A5
피 워 오 는 어 린 시 절 동 화 같 은 별 을 보 면 서
오 늘 밤
TAB

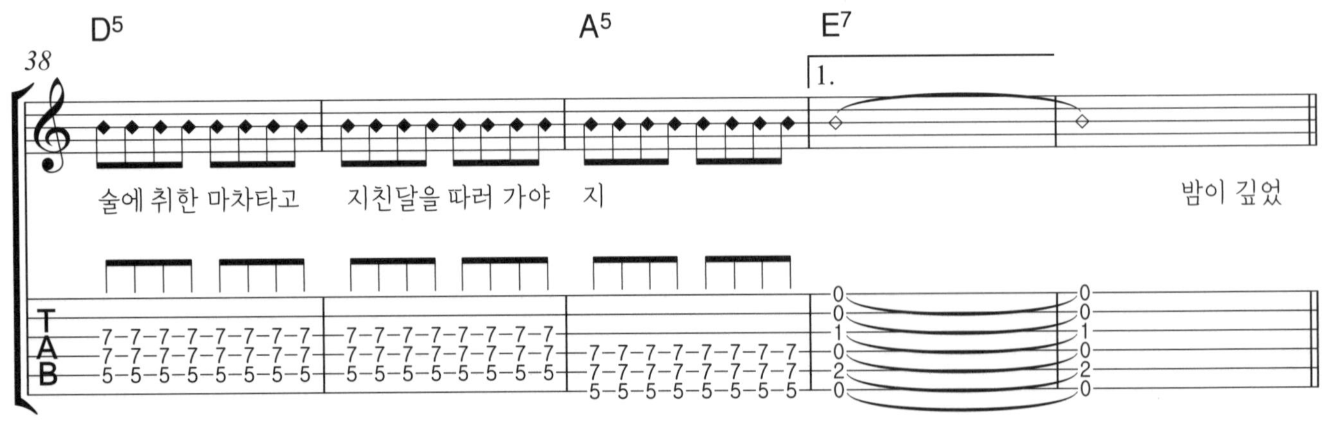
38
D5
A5
E7
1.
술에 취한 마차타고 지친달을 따러 가야 지
밤이 깊었
TAB

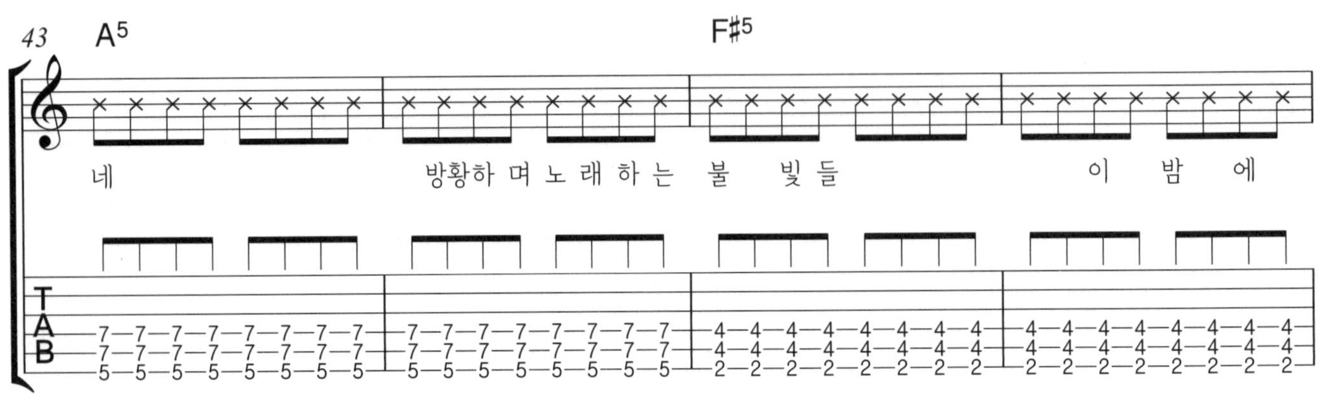
43
A5
F#5
네
방황하 며 노 래 하 는 불 빛 들
이 밤 에
TAB

47 B5 A5

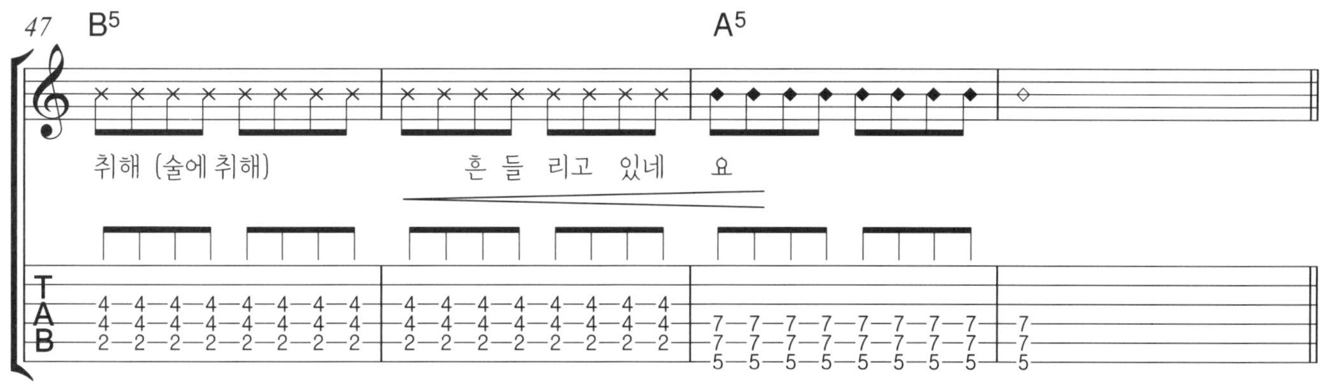

Guitar Solo

51 A5 F#5

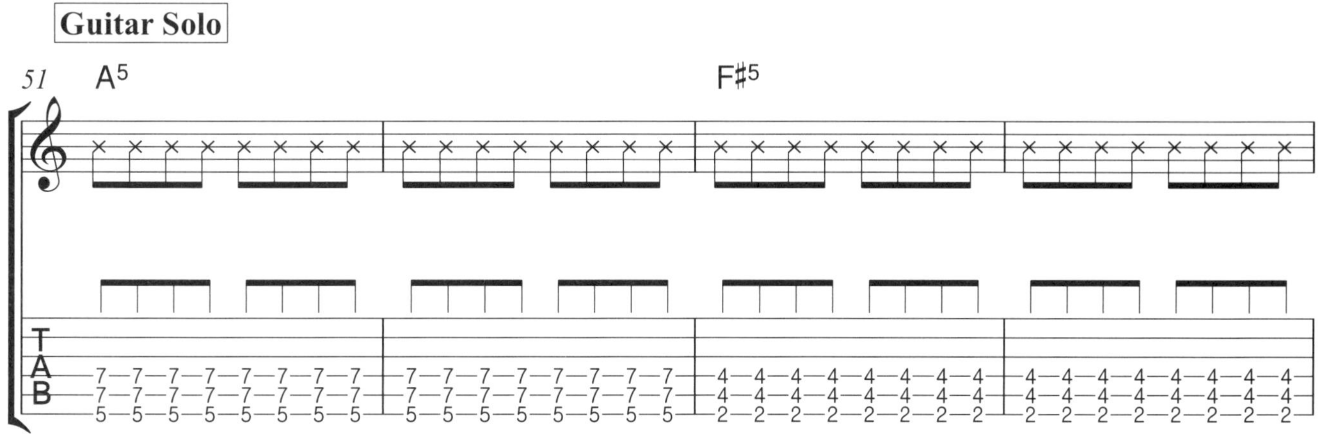

55 B5 E5

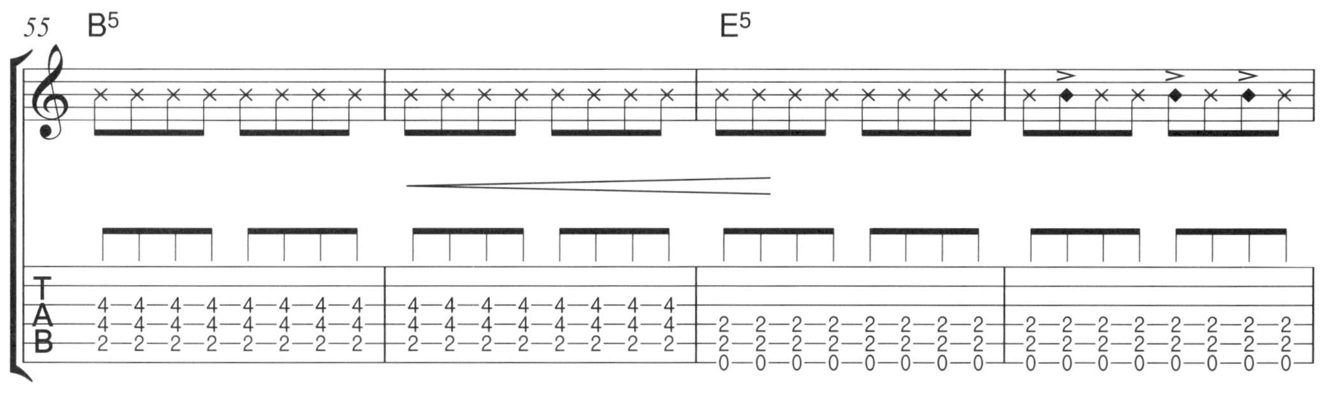

59 A5 F#5

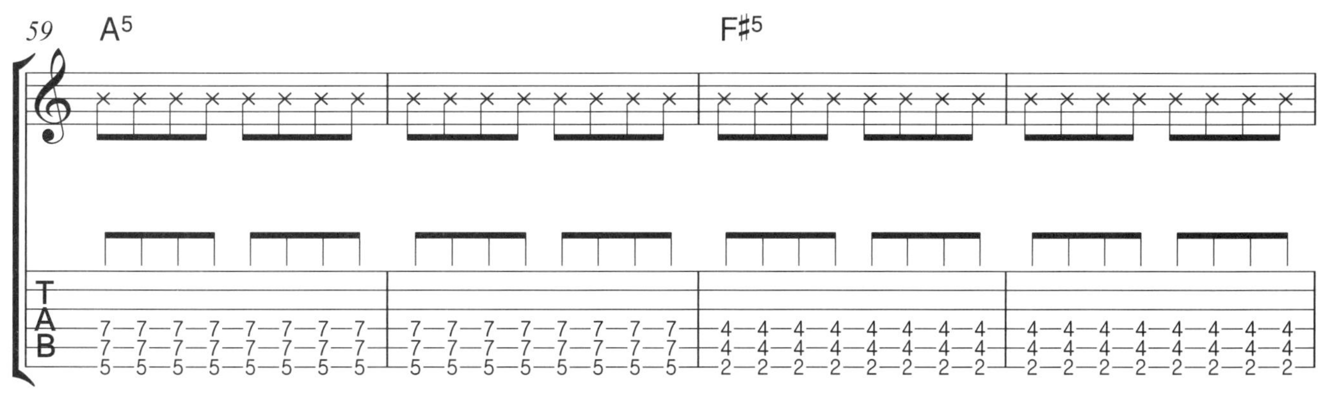

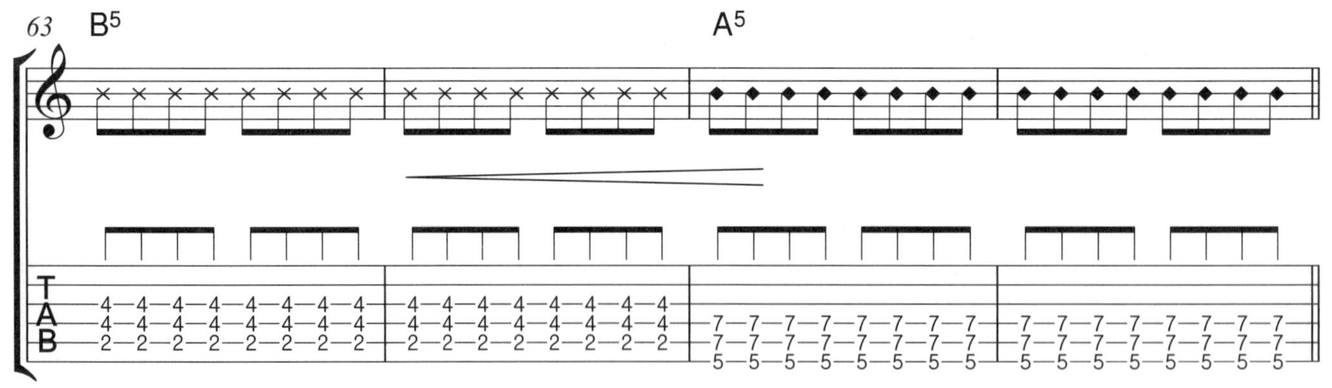
63
B5
A5
TAB

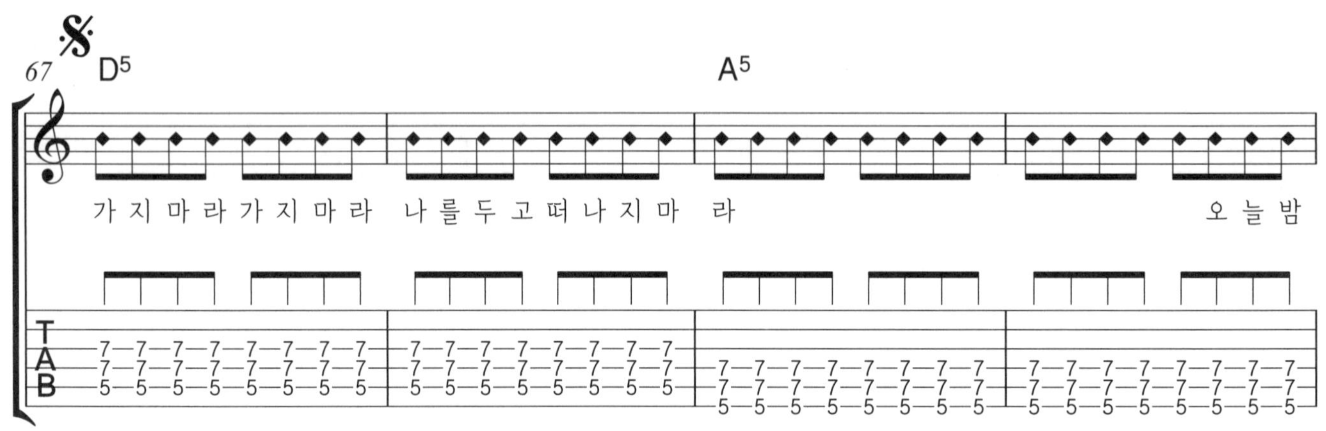
67
D5
A5
가 지 마 라 가 지 마 라 나 를 두 고 떠 나 지 마 라 오 늘 밤
TAB

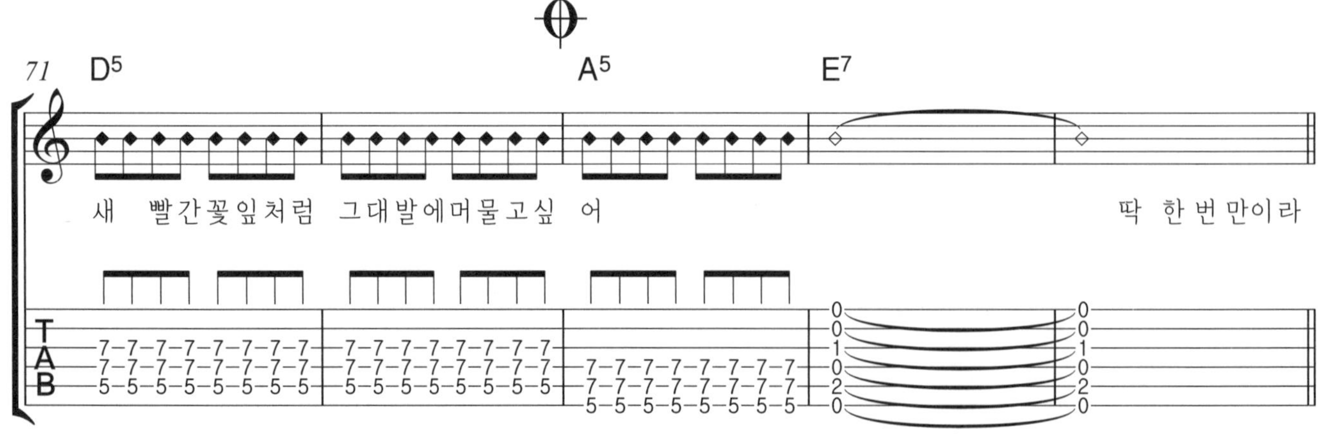
71
D5
A5
E7
새 빨간꽃잎처럼 그대발에머물고싶 어 딱 한번만이라
TAB

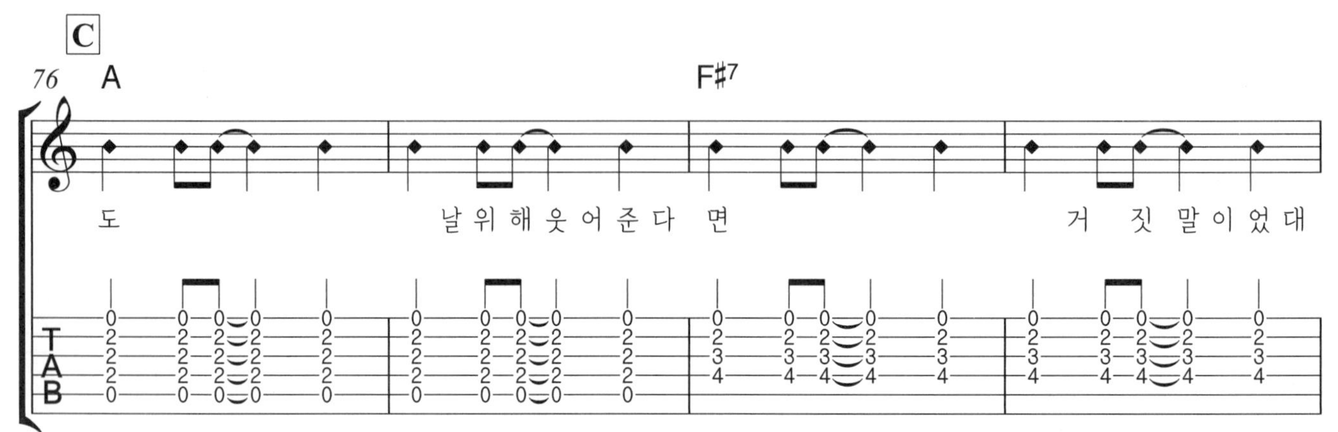
C
76
A
F#7
도 날위해웃어준다 면 거 짓 말 이 었 대
TAB

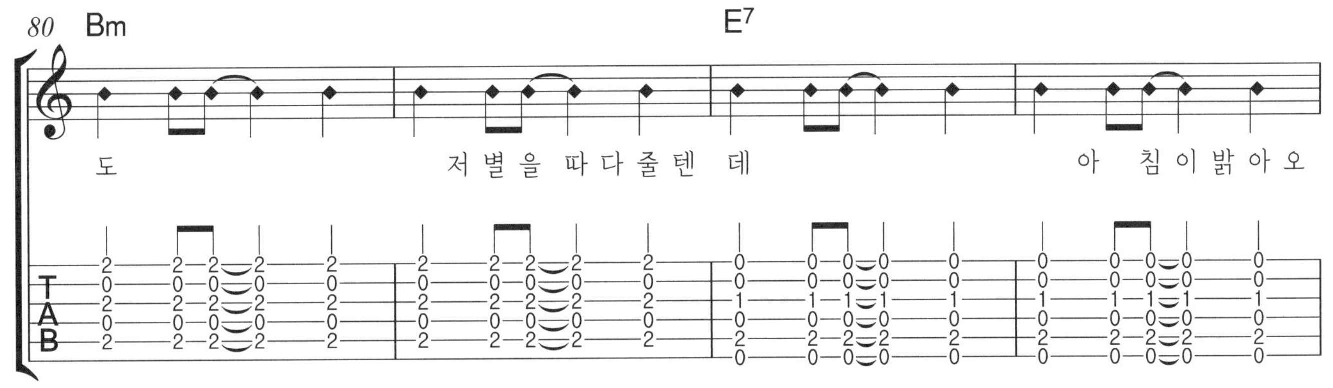
80
Bm
E7
도
저 별 을 따 다 줄 텐 데
아 침 이 밝 아 오

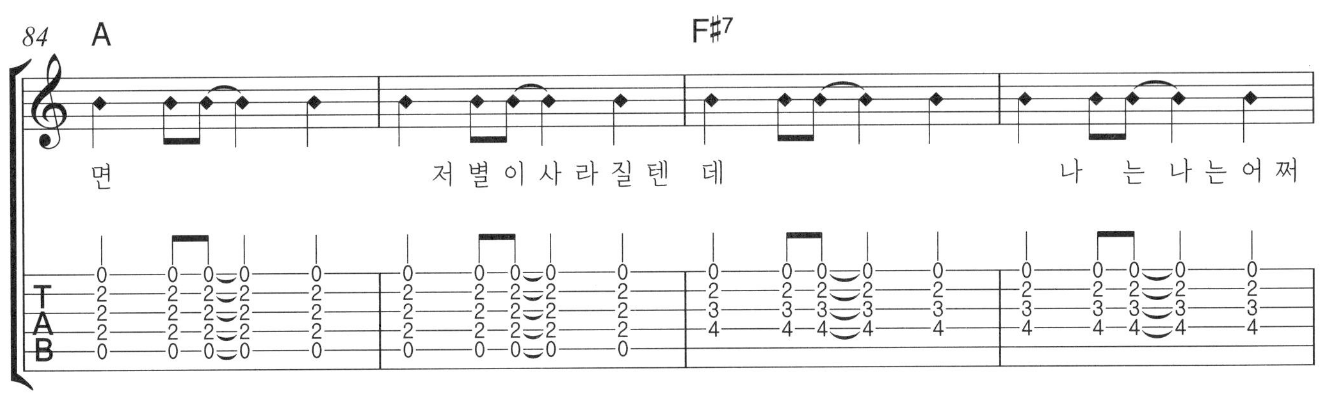
84
A
F#7
면
저 별 이 사 라 질 텐 데
나 는 나 는 어 쩌

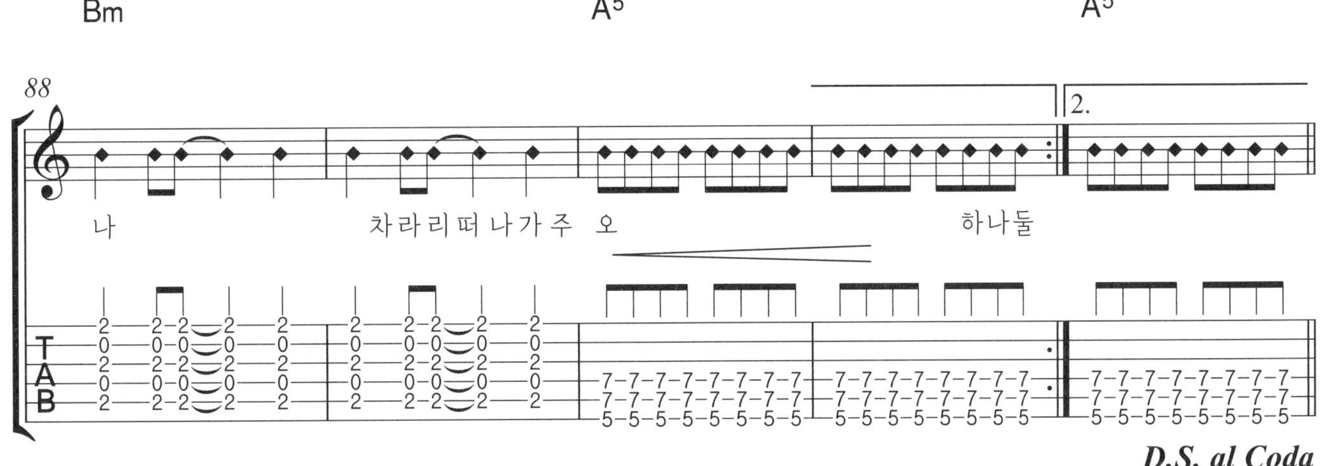
88
Bm
A5
A5
2.
나
차 라 리 떠 나 가 주 오
하나둘
D.S. al Coda

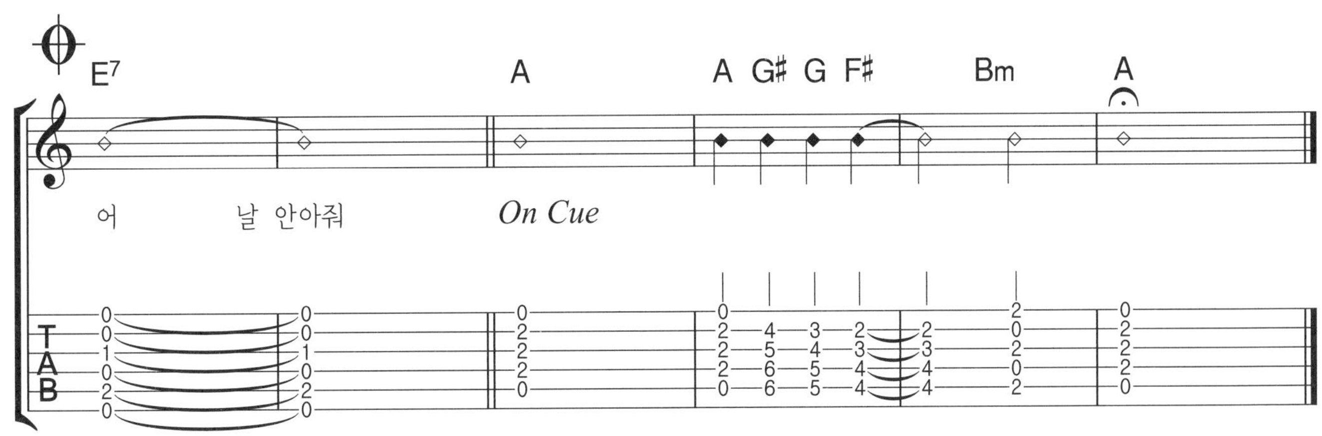
E7
A
A G# G F#
Bm
A
어
날 안아줘
On Cue

31 행복한 나를

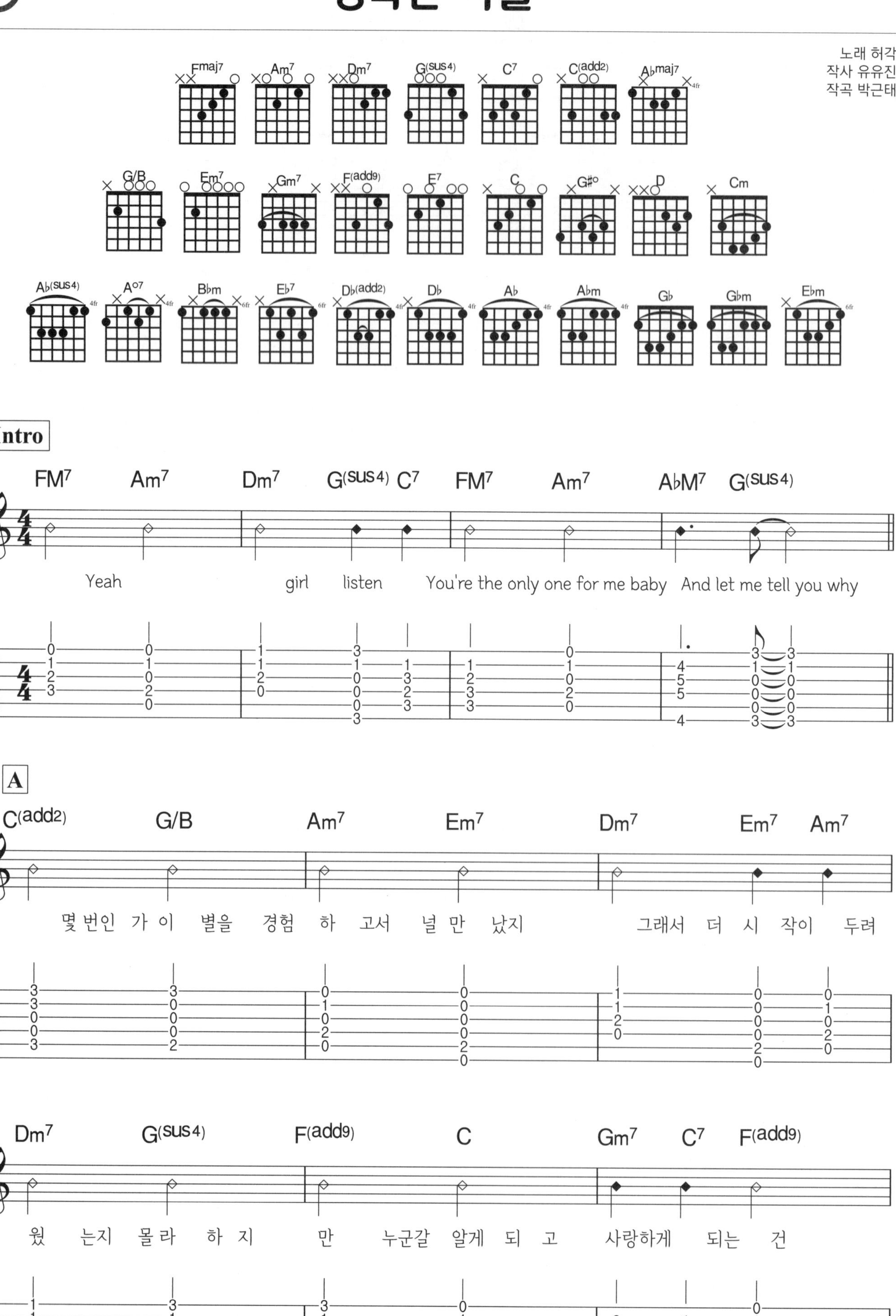
노래 허각
작사 유유진
작곡 박근태
Intro
FM7 Am7 Dm7 G(sus4) C7 FM7 Am7 A♭M7 G(sus4)
Yeah girl listen You're the only one for me baby And let me tell you why
A
C(add2) G/B Am7 Em7 Dm7 Em7 Am7
몇 번인 가 이 별을 경험 하 고서 널 만 났지 그래서 더 시 작이 두려
Dm7 G(sus4) F(add9) C Gm7 C7 F(add9)
웠 는지 몰 라 하 지 만 누군갈 알게 되 고 사랑하게 되는 건

11
Dm7 C F(add9) G(sus4) C(add2) G/B
네가 마 지막 이 라 면 얼 마 나 좋을까 나처럼 바쁜 하 루 중 에도 잠시
TAB

15
Am7 Em7 Dm7 Em7 Am7 Dm7 G(sus4) F(add9) C
네 목소 릴 들 으 면 함께 있 는 것 처럼 너도 느 껴지 는 지 매 일 밤 집으로 돌 아갈 때 그
TAB

19
Gm7 C7 F(add9) Dm7 C Fm7 G(sus4) G
곳에 네가 있다면 힘든 하루 지친 네 마음이 내 품에 안겨 쉴 텐 데 지금처럼
TAB

B
23
C(add9) G/B Gm7 F Fm C
만 날 사랑해줘 난 너만 변 하 지 않 는 다 면 내 모든 걸 가질 사람은 너뿐이
TAB

26
Dm G(sus4) G♯o Am7 E7 C D
야 난 흔들리지 않아 넌 가끔 은 자 신이 없는 미래를 미 안해 하지만

F(add9) C Cm Dm G(sus4) FM7 Am7
29
1.
잊지 말 아줘 사랑 해 너와 함께 라면 이젠 행복한 나를 I can always be happy with me

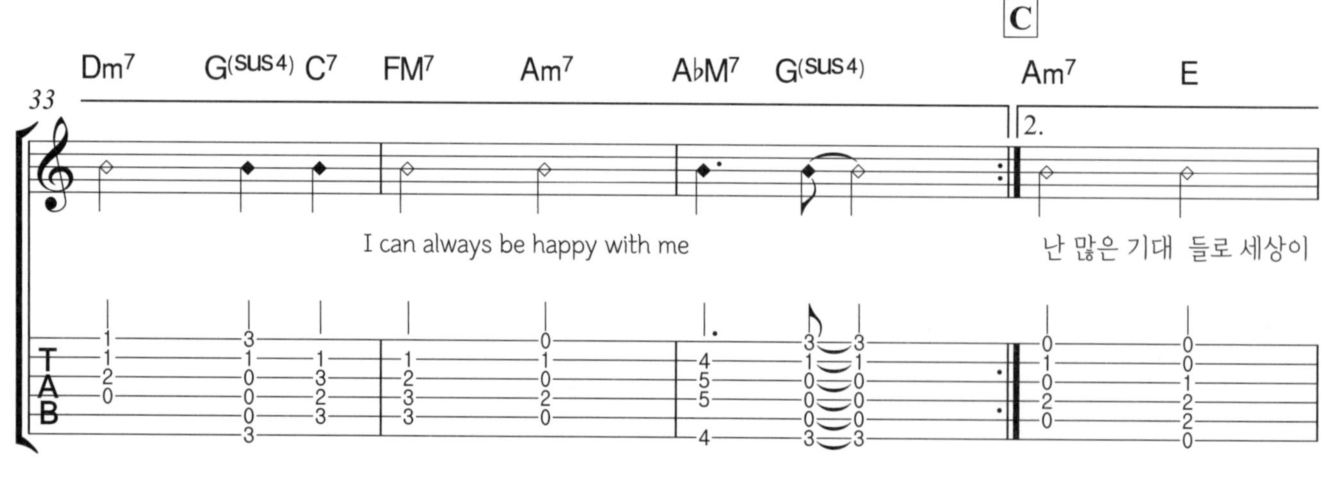
C
Dm7 G(sus4) C7 FM7 Am7 A♭M7 G(sus4) Am7 E
33
2.
I can always be happy with me
난 많은 기대 들로 세상이

37 C D7 F C Cm G(sus4) G(sus4) A♭7
정해 놓은 사랑을 버리고 네 마음처럼 난 늘 같은 자리에 또 하나의 네가 되고 싶어 소중한 널 위해 지금처럼

41
D♭ A♭ A♭m G♭ G♭m D♭ E♭m A♭(sus4) A°7
만 사랑해줘 항 상 너만 변하지 않 으 면 내 전불 가 질 사람은 너뿐이 야 난 흔들리지 않아

45
B♭m F D♭ E♭7 G♭ D♭ A A♭(sus4)
자신 없는 미래 너 미안해 하 고 있니 넌 이제 혼자가 아니야 이젠 잊지마 너와 함께라면 언 제 나

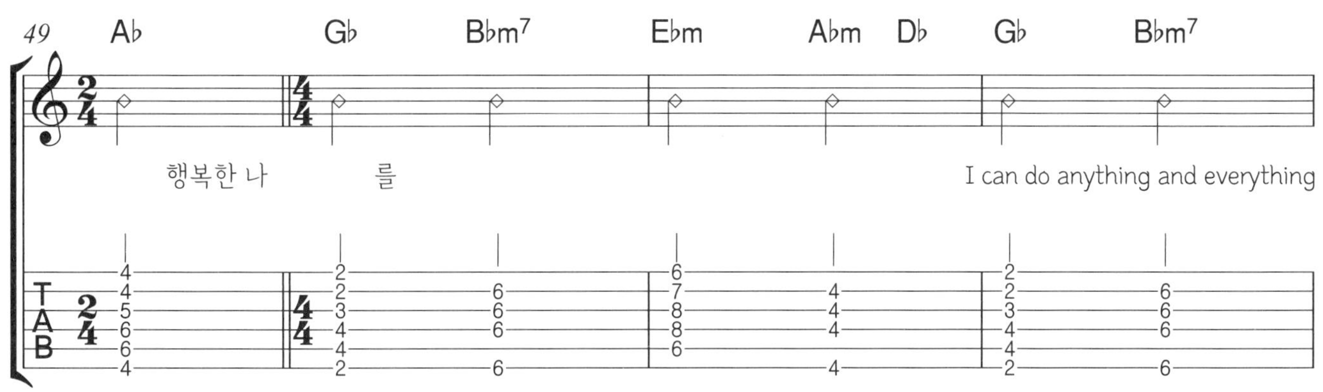
49
A♭ G♭ B♭m7 E♭m A♭m D♭ G♭ B♭m7
행복한 나 를
I can do anything and everything

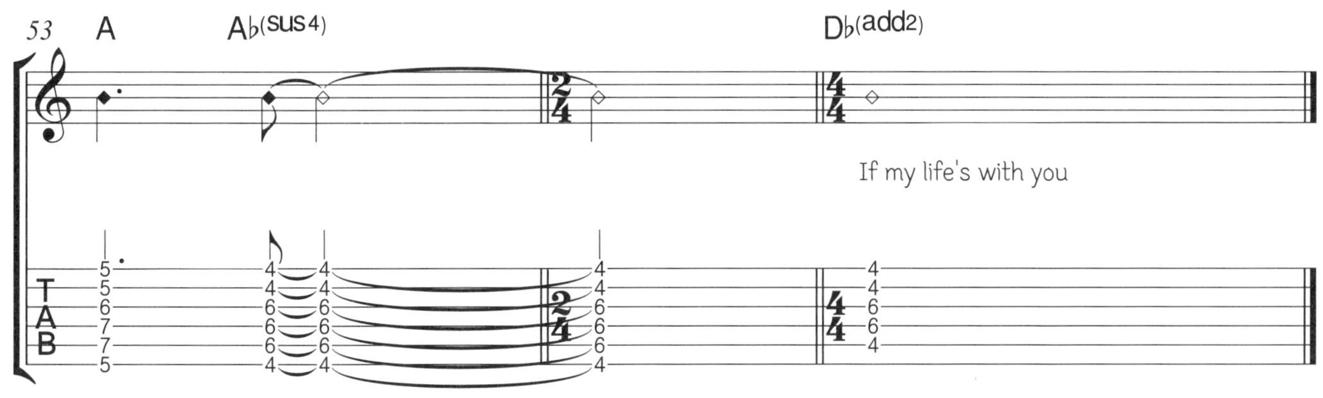
53
A A♭(sus4) D♭(add2)
If my life's with you

32

Je T'aime

노래 해이(Hey)
작사 이도연
작곡 유정연

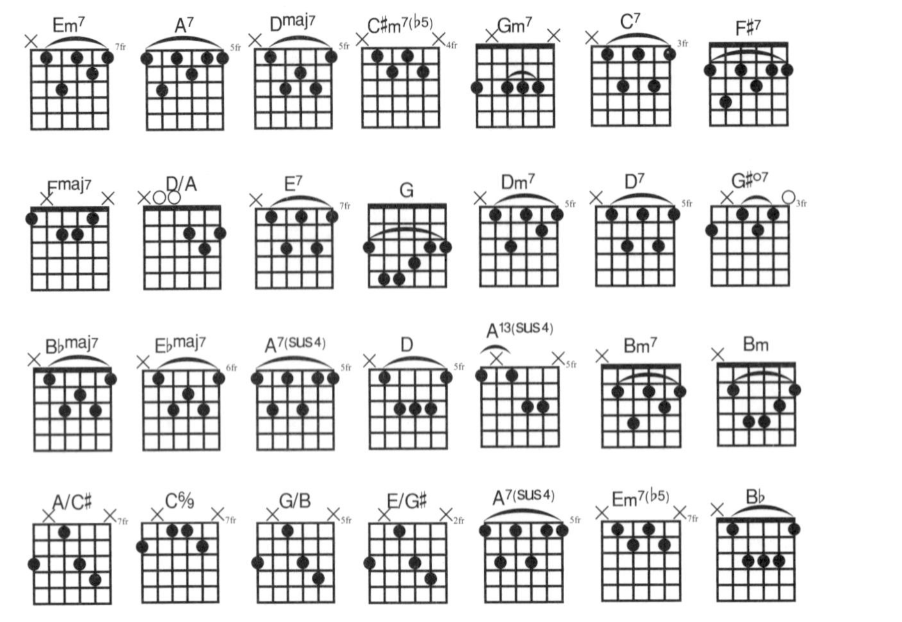

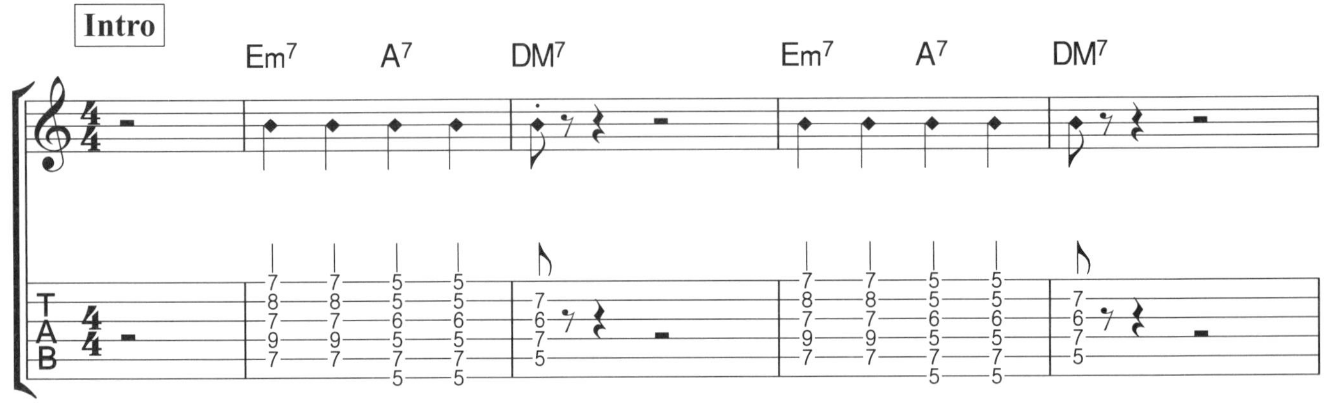

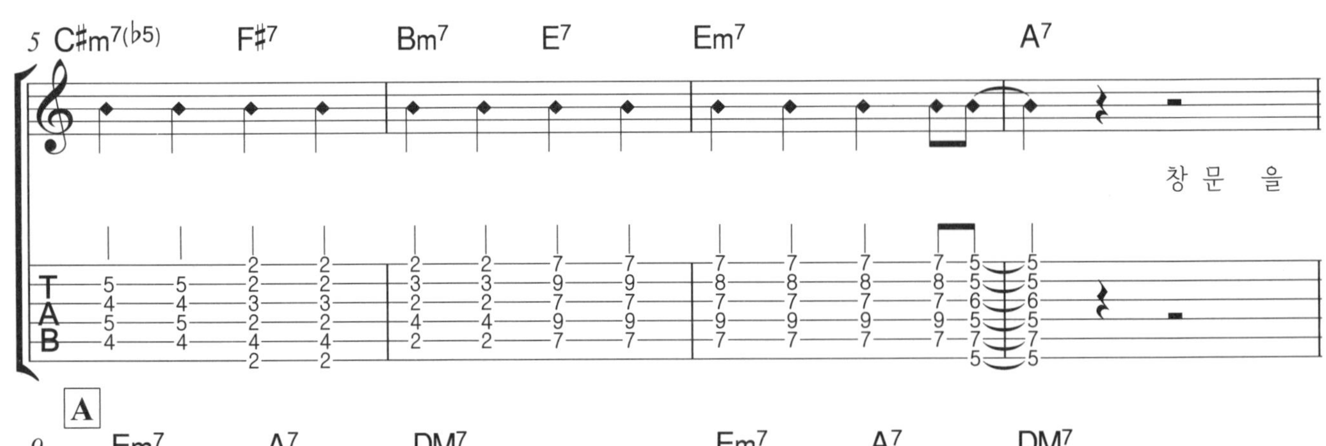

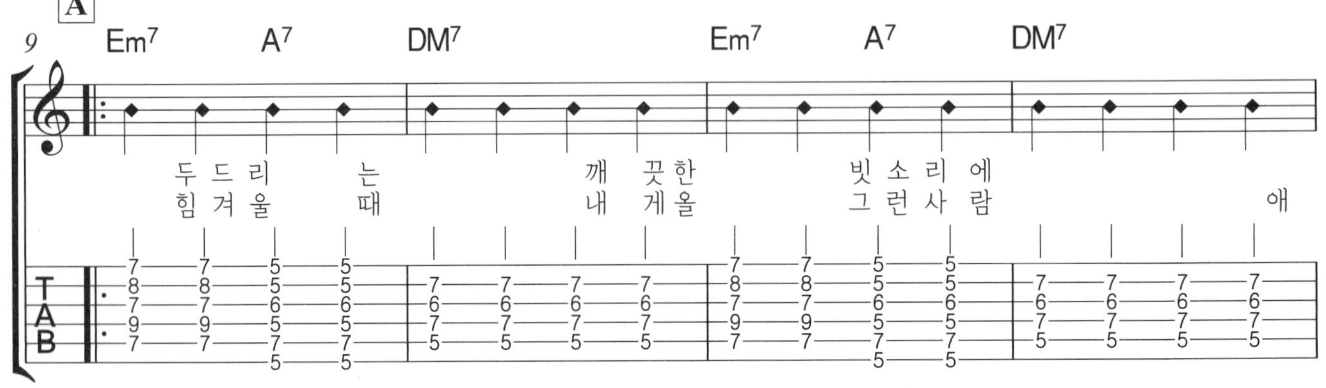

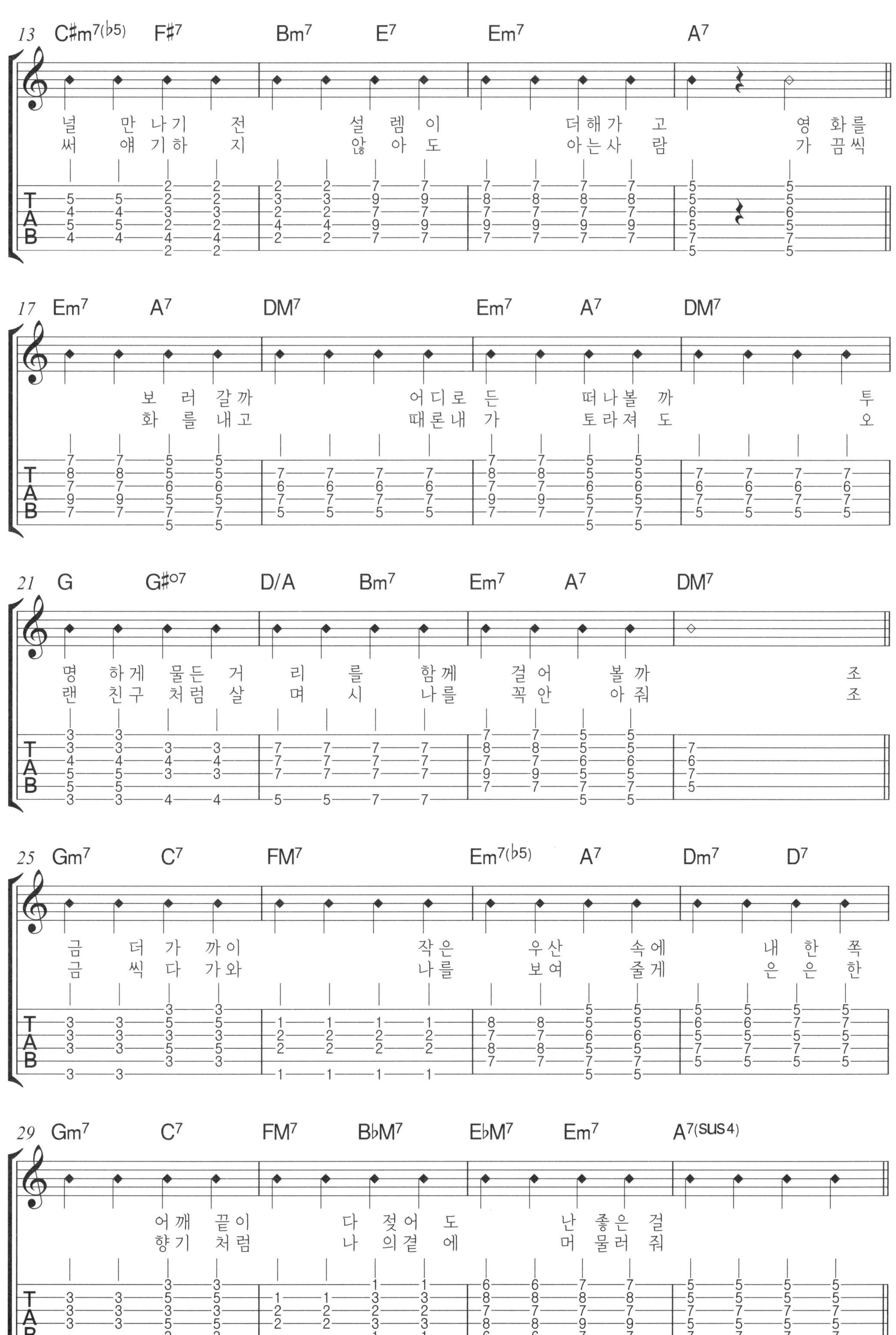
13 C#m7(♭5) F#7 Bm7 E7 Em7 A7
널 만 나기 전 설 렘 이 더해가 고 영 화를
써 얘 기하 지 않 아 도 아는사 람 가 끔씩
17 Em7 A7 DM7 Em7 A7 DM7
보 러 갈까 어디로 든 떠나볼 까 투
화 를 내고 때론내 가 토라져 도 오
21 G G#o7 D/A Bm7 Em7 A7 DM7
명 하게 물든 거 리 를 함께 걸 어 볼 까 조
랜 친구 처럼 살 며 시 나를 꼭 안 아 줘 조
25 Gm7 C7 FM7 Em7(♭5) A7 Dm7 D7
금 더 가 까이 작은 우산 속에 내 한 쪽
금 씩 다 가와 나를 보여 줄게 은 은 한
29 Gm7 C7 FM7 B♭M7 E♭M7 Em7 A7(sus4)
어깨 끝이 다 젖어 도 난 좋은 걸
향기 처럼 나 의곁 에 머 물러 줘

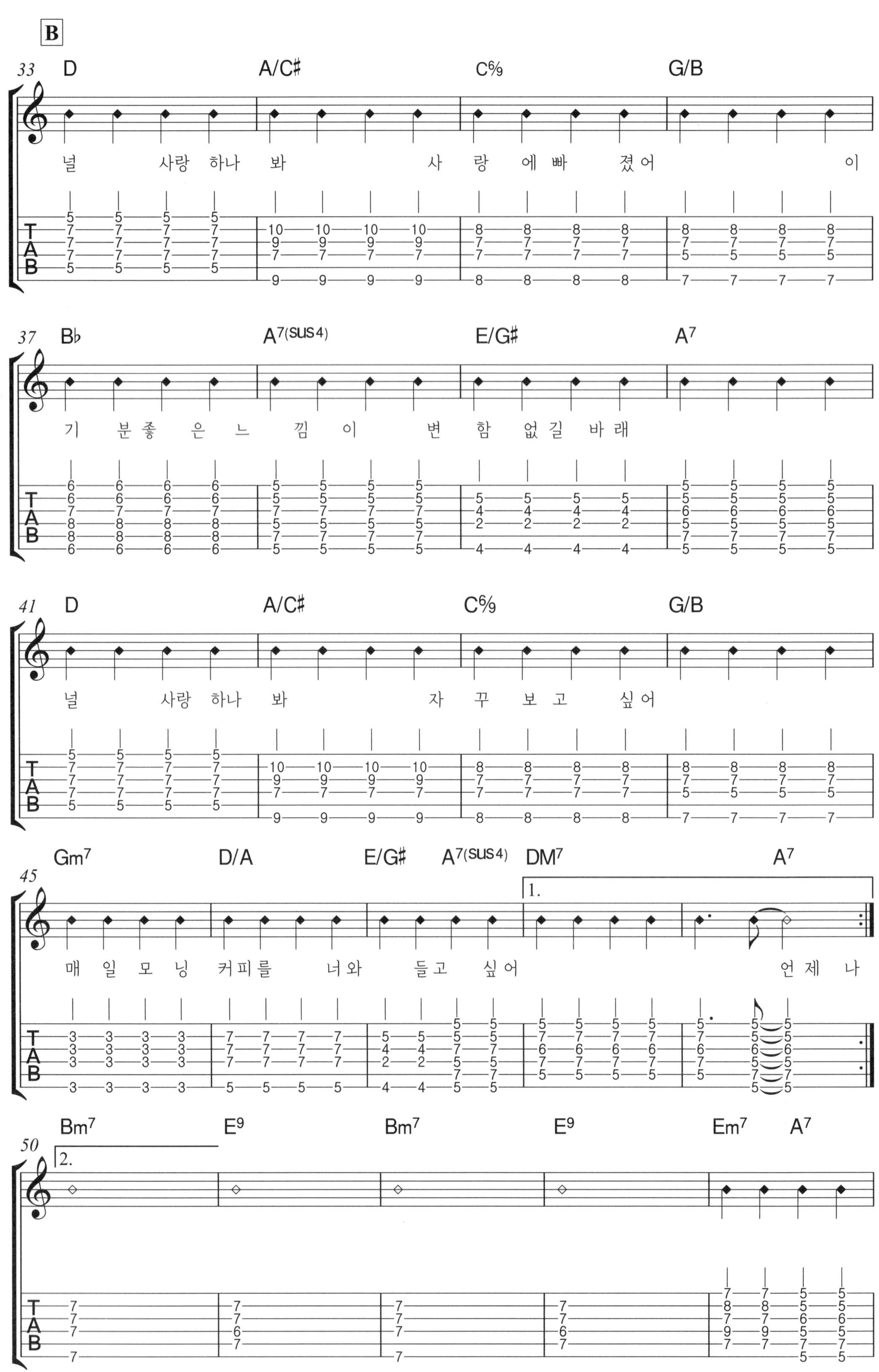
B
D A/C# C6/9 G/B
널 사랑 하나 봐 사 랑 에 빠 졌 어 이
Bb A7(sus4) E/G# A7
기 분 좋 은 느 낌 이 변 함 없 길 바 래
D A/C# C6/9 G/B
널 사랑 하나 봐 자 꾸 보 고 싶 어
Gm7 D/A E/G# A7(sus4) DM7 A7
매 일 모 닝 커 피 를 너 와 들 고 싶 어 언 제 나
Bm7 E9 Bm7 E9 Em7 A7

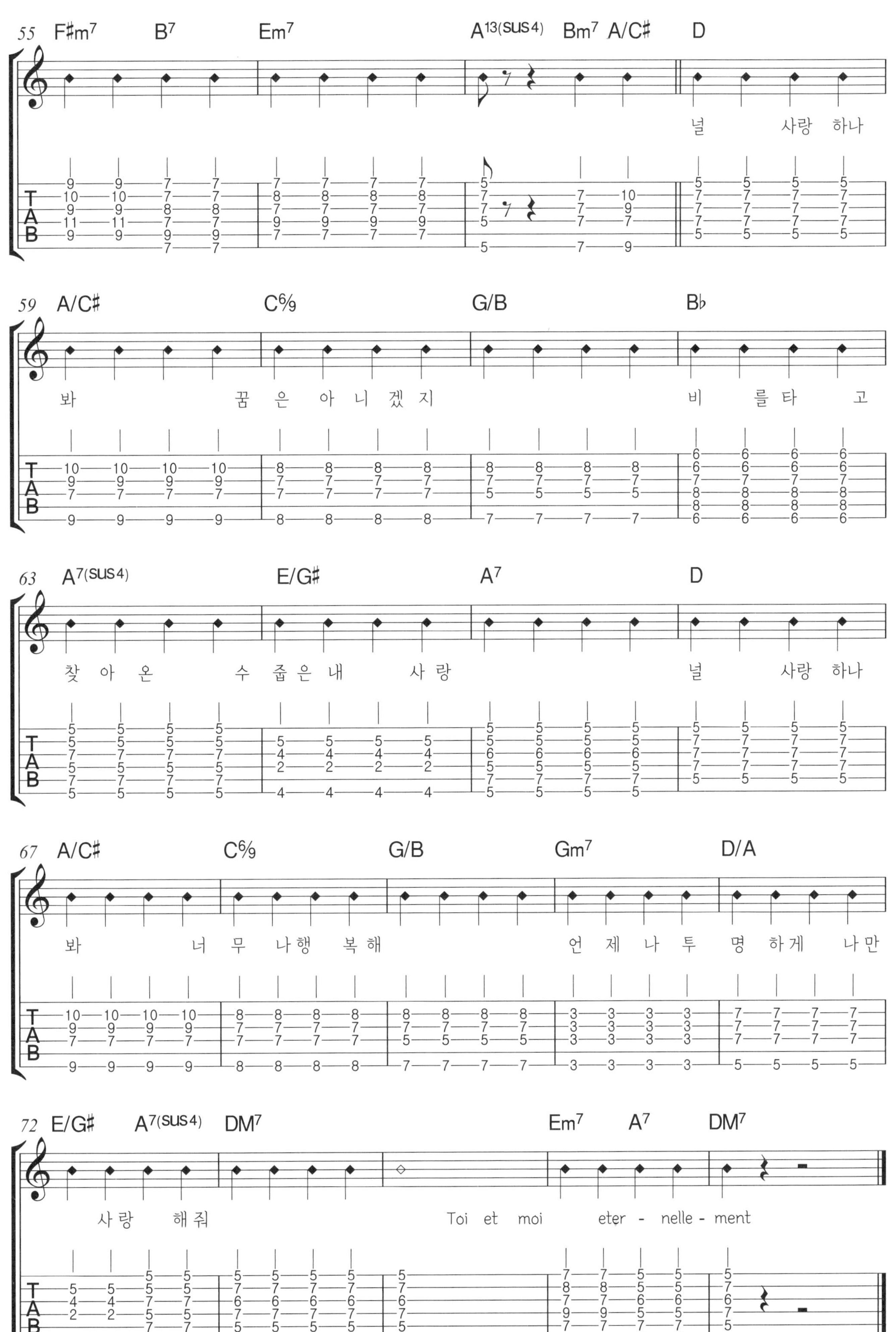
55 F♯m7 B7 Em7 A13(SUS4) Bm7 A/C♯ D
널 사랑 하나
59 A/C♯ C6/9 G/B B♭
봐 꿈 은 아 니 겠 지 비 를 타 고
63 A7(SUS4) E/G♯ A7 D
찾 아 온 수 줍 은 내 사 랑 널 사랑 하나
67 A/C♯ C6/9 G/B Gm7 D/A
봐 너 무 나 행 복 해 언 제 나 투 명 하 게 나 만
72 E/G♯ A7(SUS4) DM7 Em7 A7 DM7
사 랑 해 줘 Toi et moi eter - nelle - ment

33

FRIENDS

노래 Marshmello & Anne-Marie
작사/작곡 Fred Falke, Anne-Marie

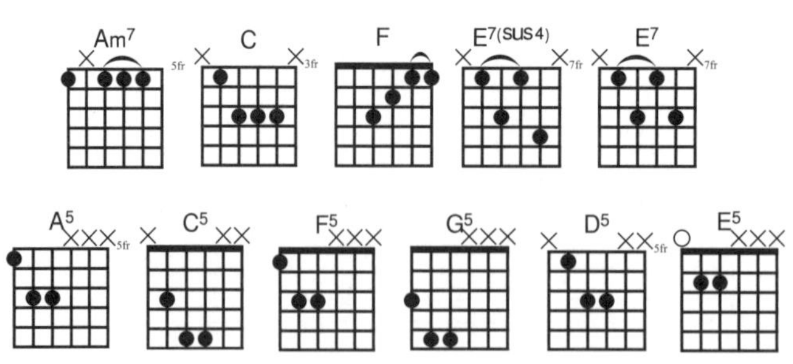

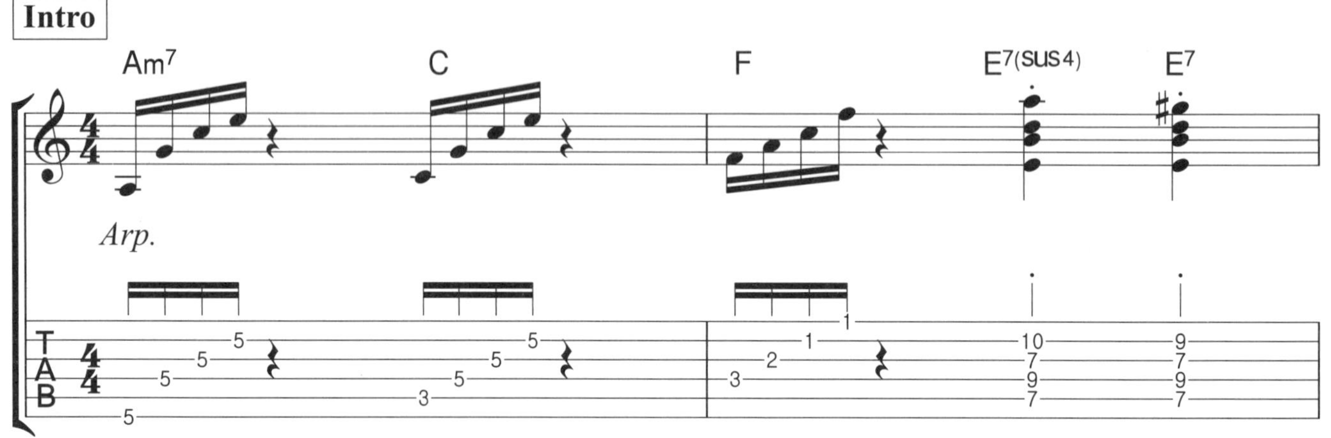

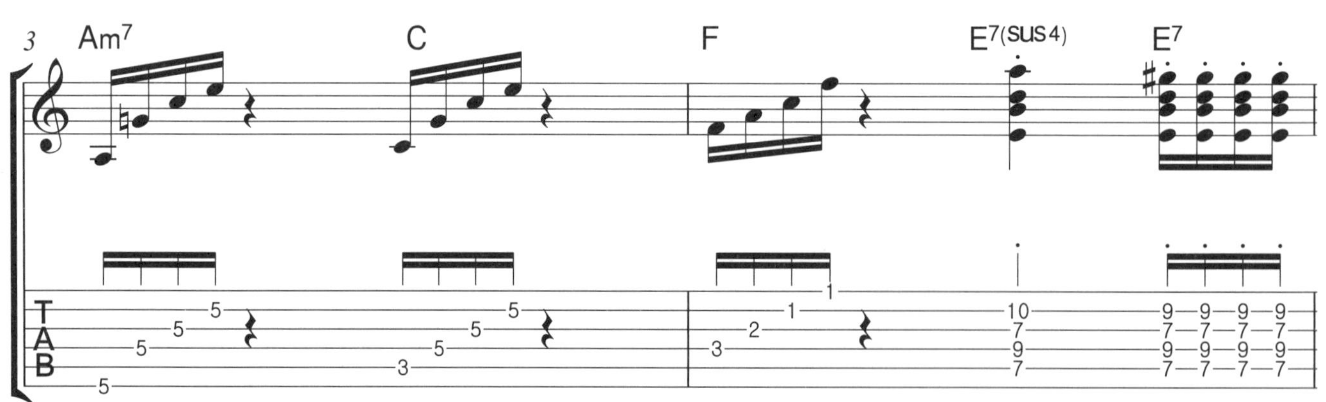

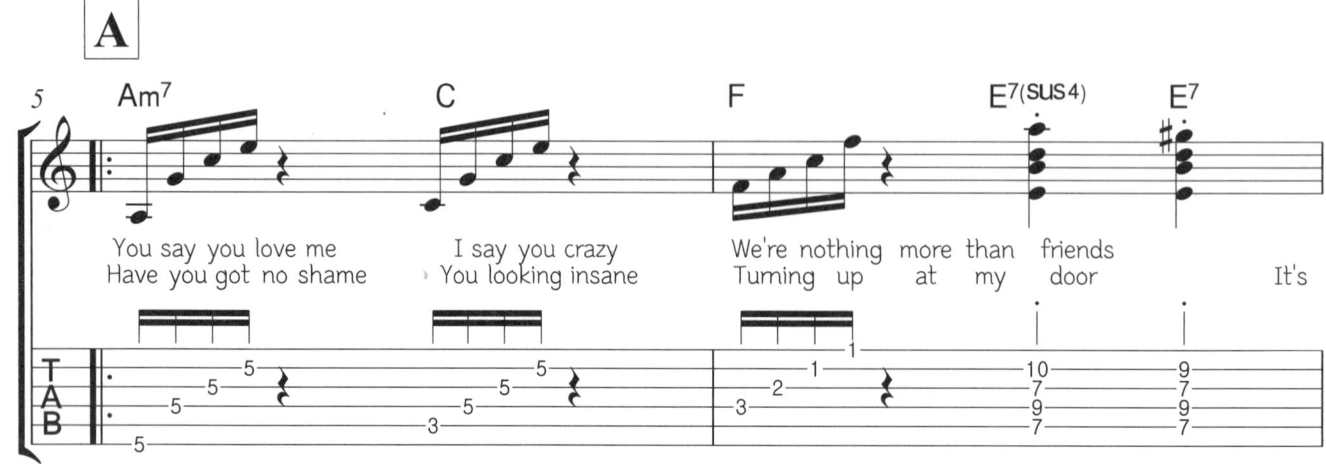

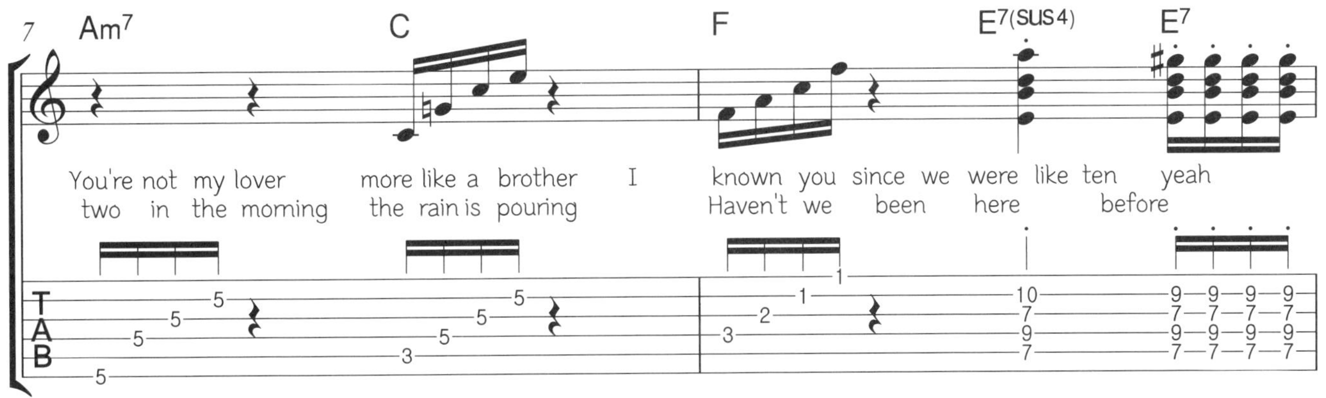
7
Am7
C
F
E7(SUS4)
E7
You're not my lover more like a brother I known you since we were like ten yeah
two in the morning the rain is pouring Haven't we been here before
TAB

9
Am7
C
F
E7(SUS4)
E7
Don't mess it up talking that shit Only gonna push me away that's it When
Don't mess it up talking that shit Only gonna push me away that's it
TAB

11
Am7
C
F
you say you love me that make me crazy Here we go again Don't go
Have you got no shame You looking insane Here we go again So don't go
TAB

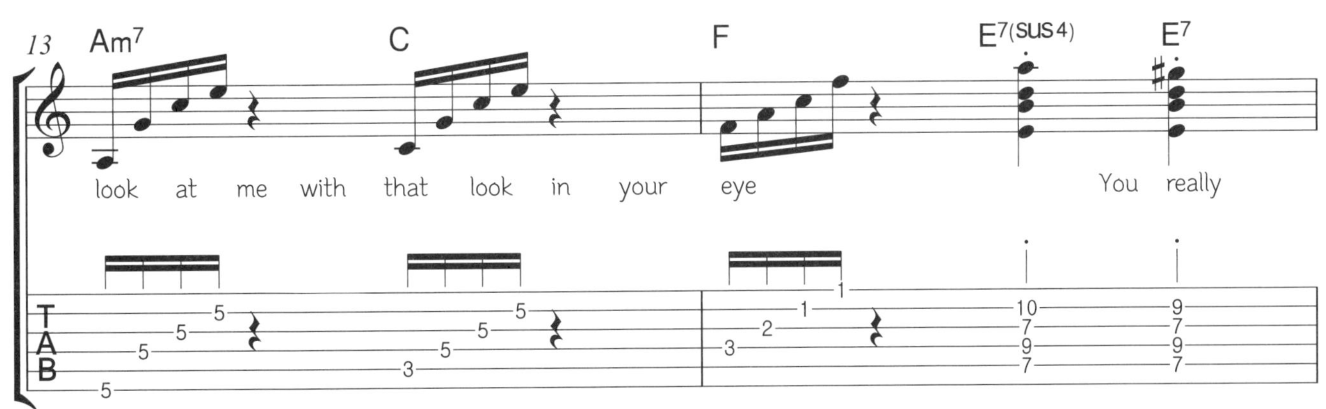
13
Am7
C
F
E7(SUS4)
E7
look at me with that look in your eye You really
TAB

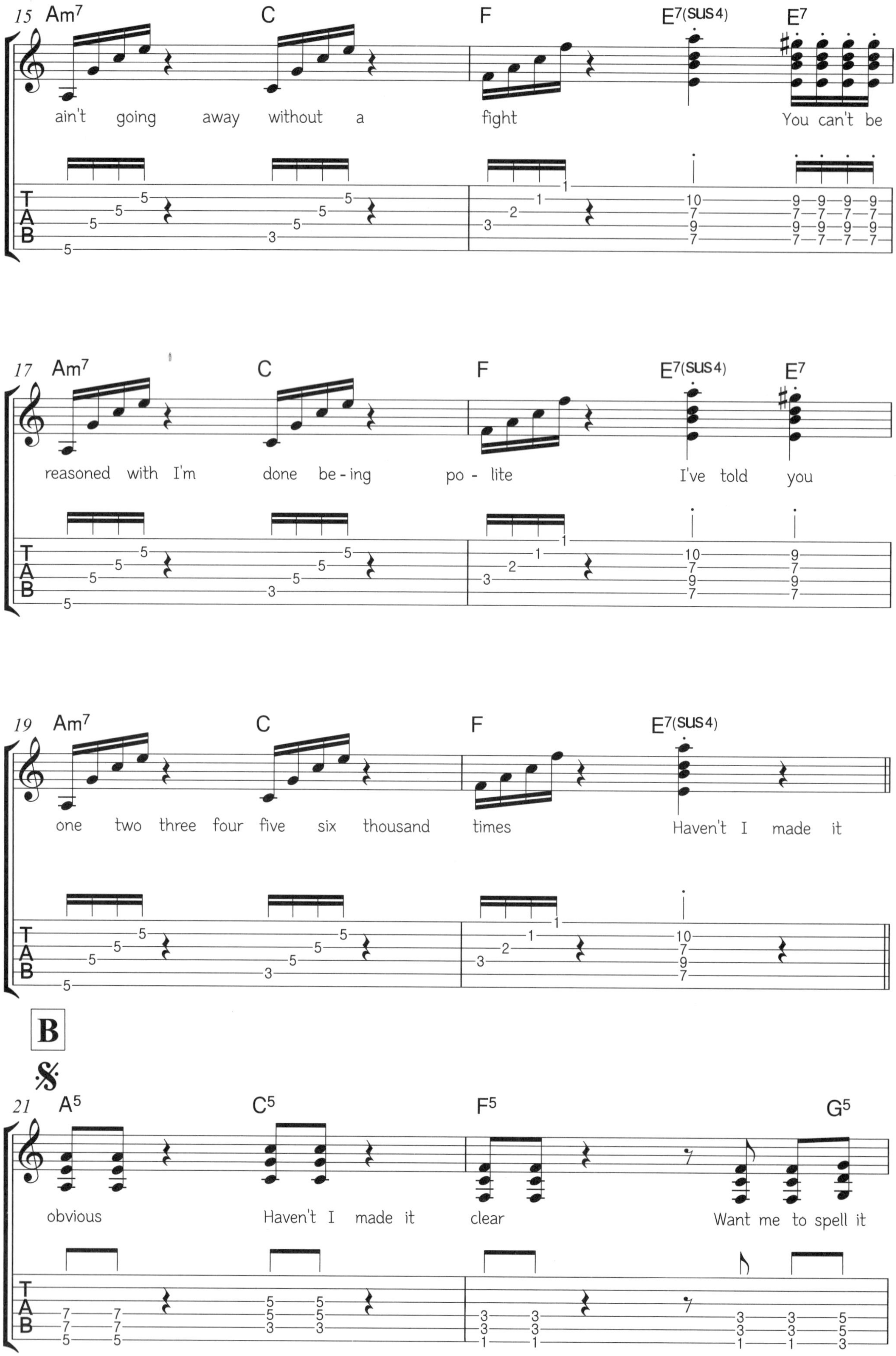

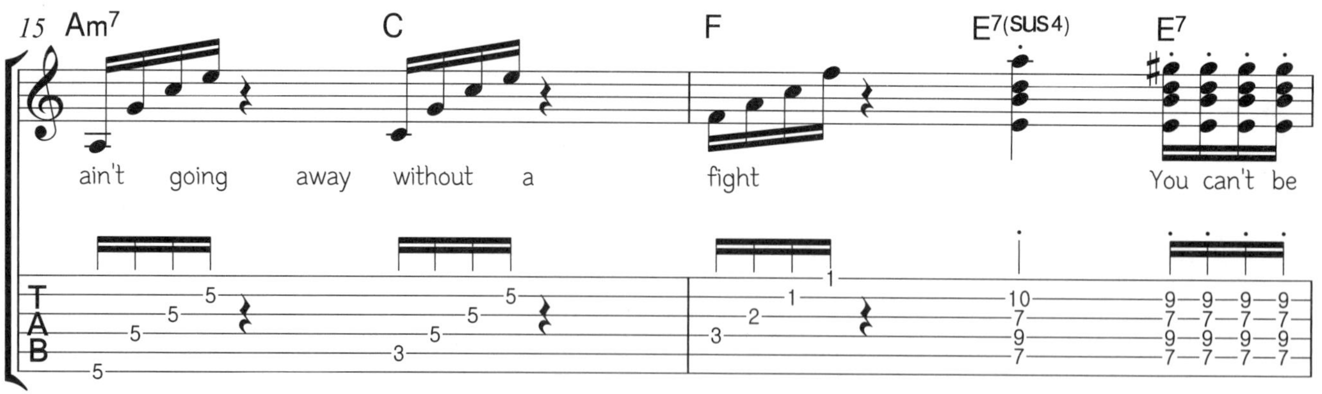

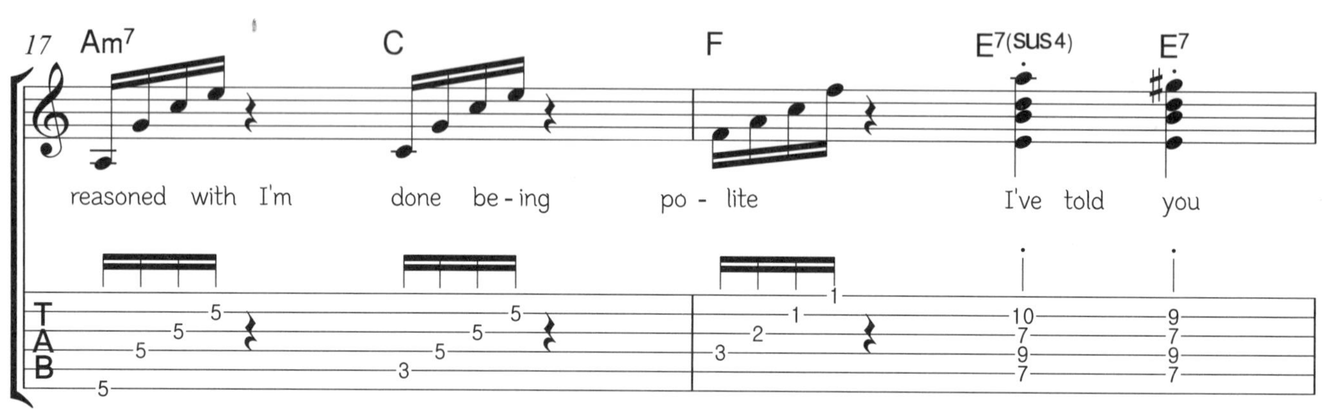

19 Am7 C F E7(SUS4)

one two three four five six thousand times

Haven't I made it

B

21 A5 C5 F5 G5

obvious

Haven't I made it clear

Want me to spell it

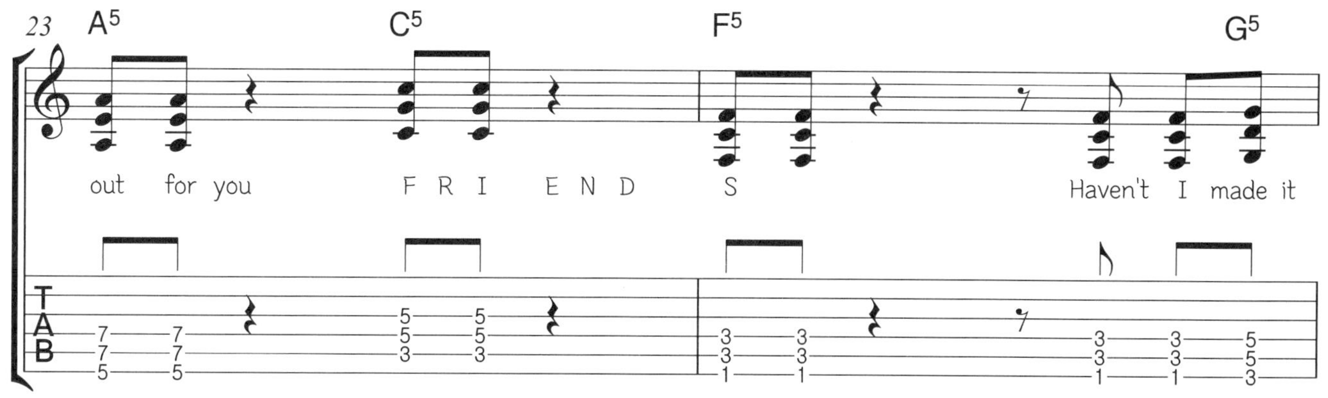
23
A5
C5
F5
G5
out for you
F R I E N D
S
Haven't I made it
T
A
B

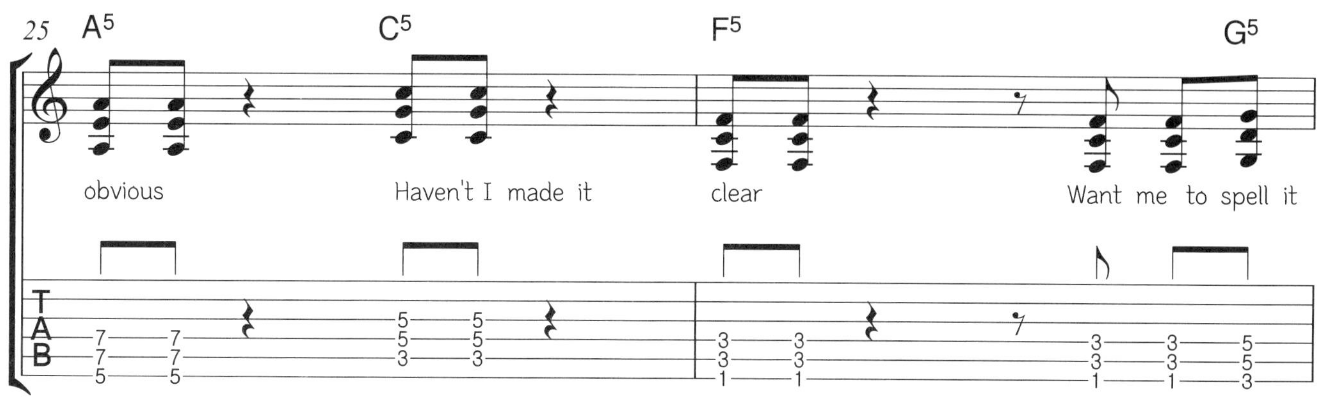
25
A5
C5
F5
G5
obvious
Haven't I made it
clear
Want me to spell it
T
A
B

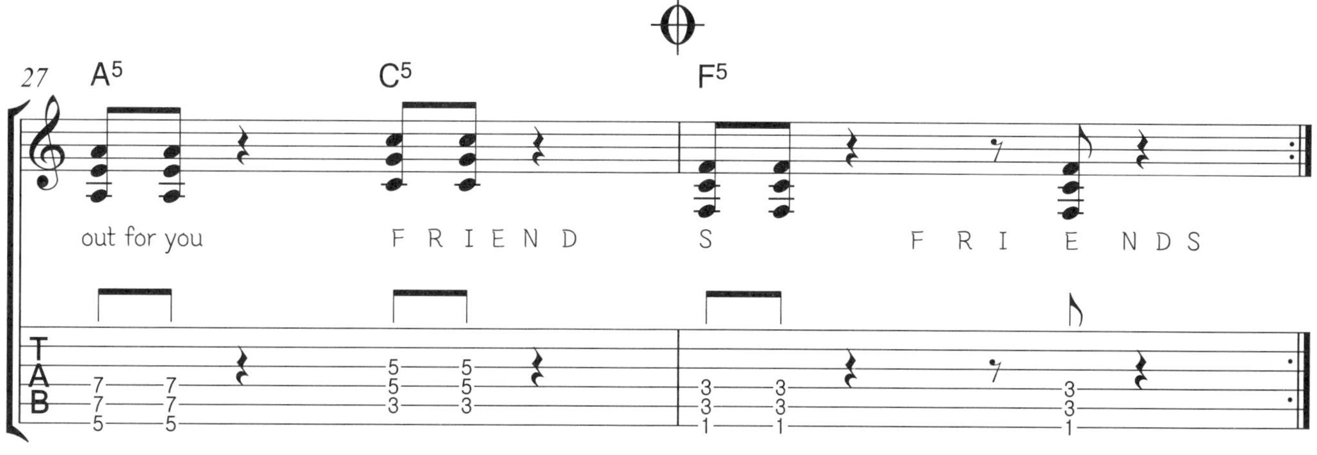
27
A5
C5
F5
out for you
F R I E N D
S
F R I E N D S
T
A
B

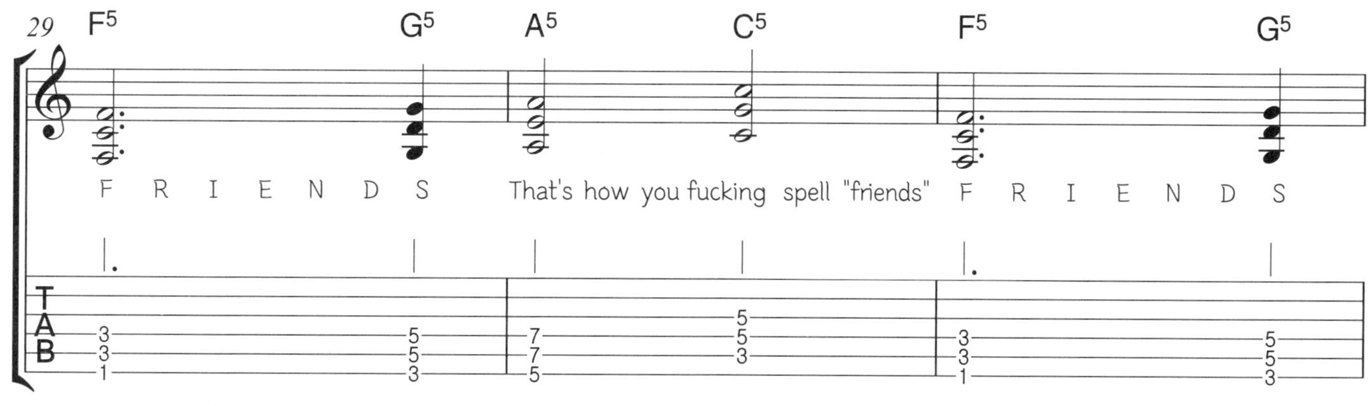
29
F5
G5
A5
C5
F5
G5
F R I E N D S
That's how you fucking spell "friends"
F R I E N D S
T
A
B

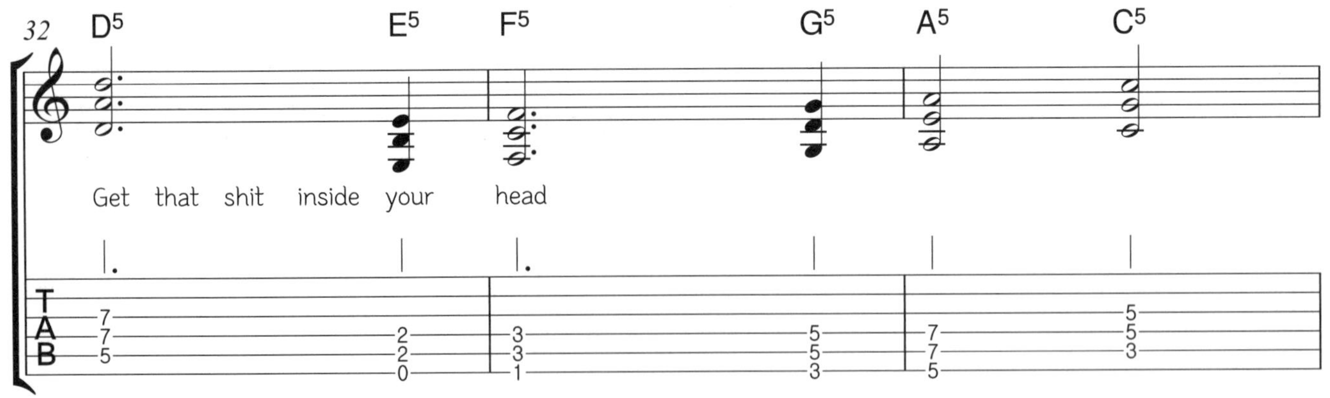
32
D5
E5
F5
G5
A5
C5
Get that shit inside your head

35
D5
F R I E N D S
We're just friends So don't go

C

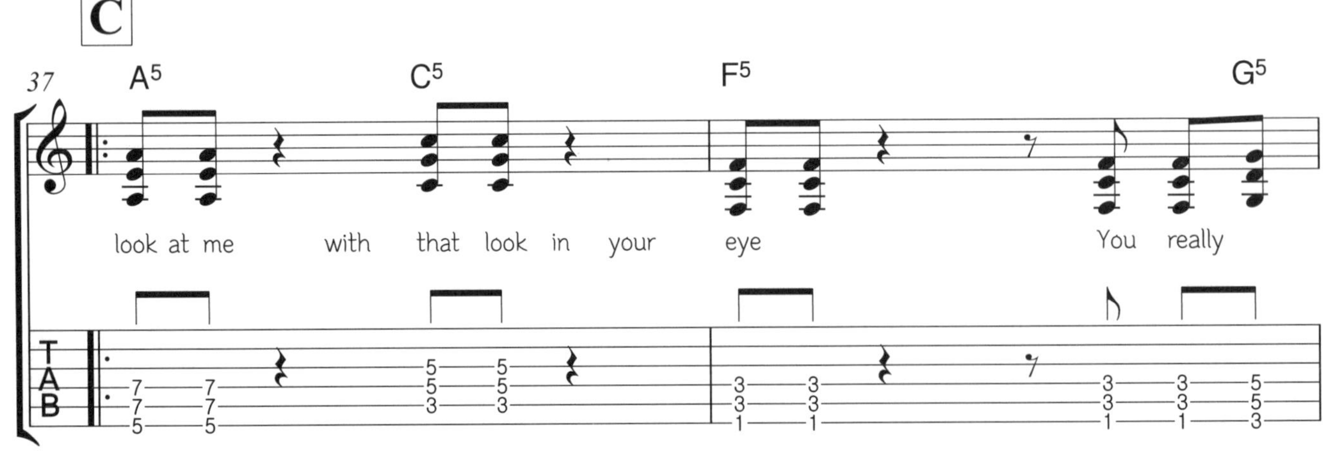
37
A5
C5
F5
G5
look at me with that look in your eye
You really

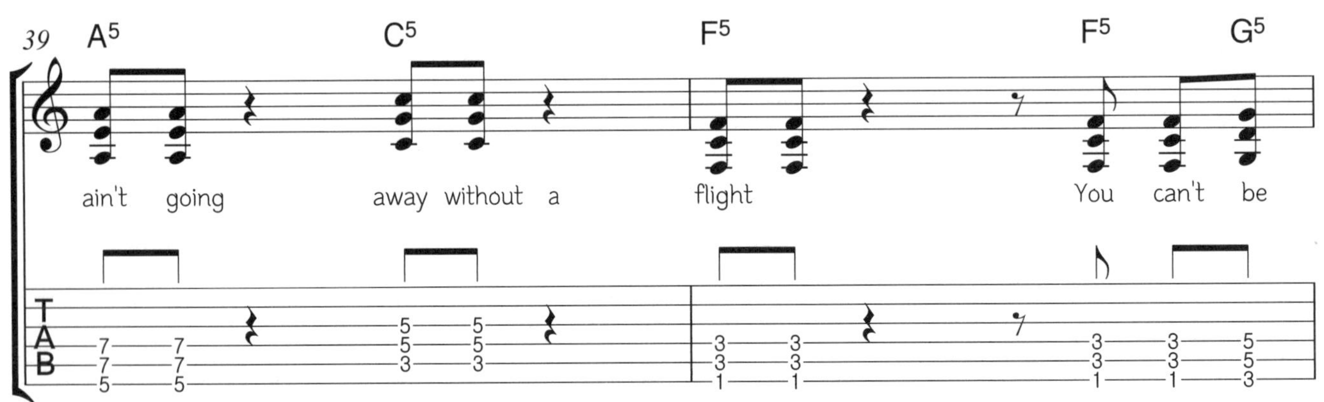
39
A5
C5
F5
F5
G5
ain't going away without a flight
You can't be

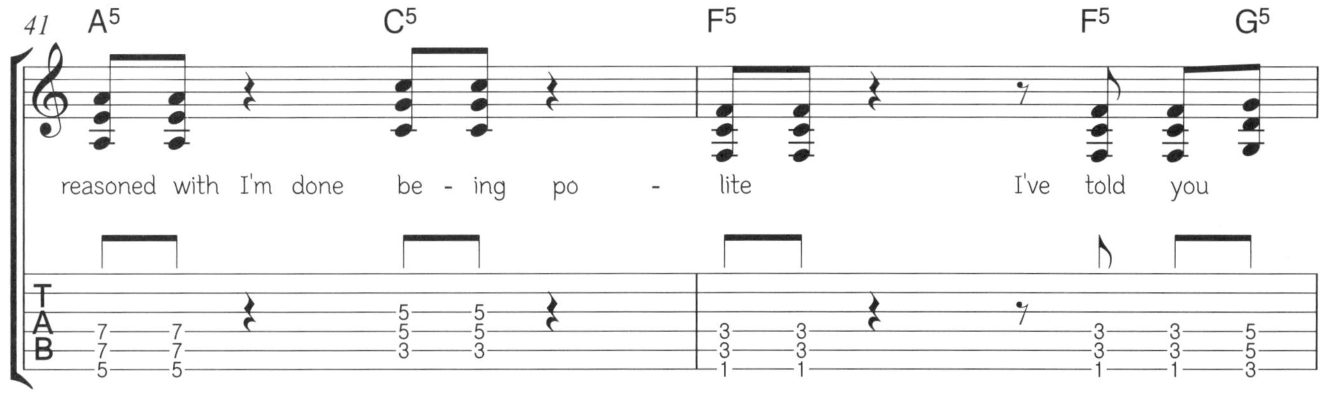
41
A5
C5
F5
F5
G5
reasoned with I'm done be - ing po - lite
I've told you

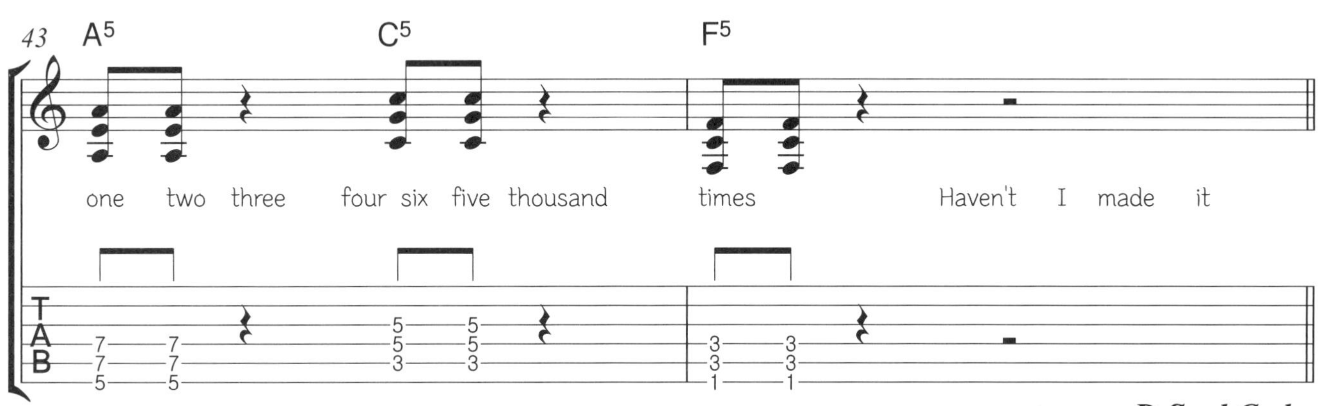
43
A5
C5
F5
one two three four six five thousand times
Haven't I made it

D.S. al Coda

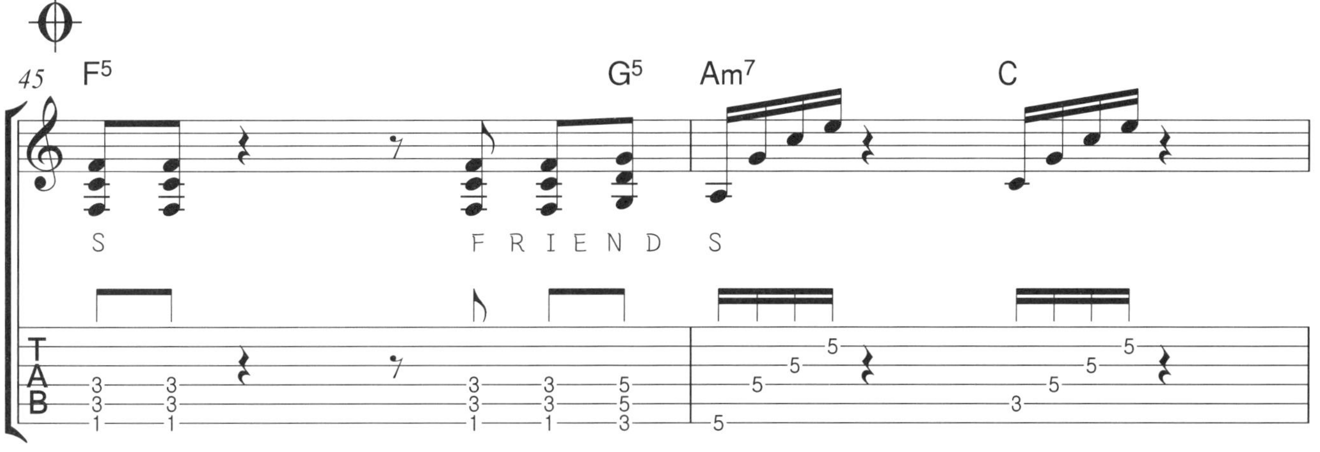
45
F5
G5
Am7
C
S F R I E N D S

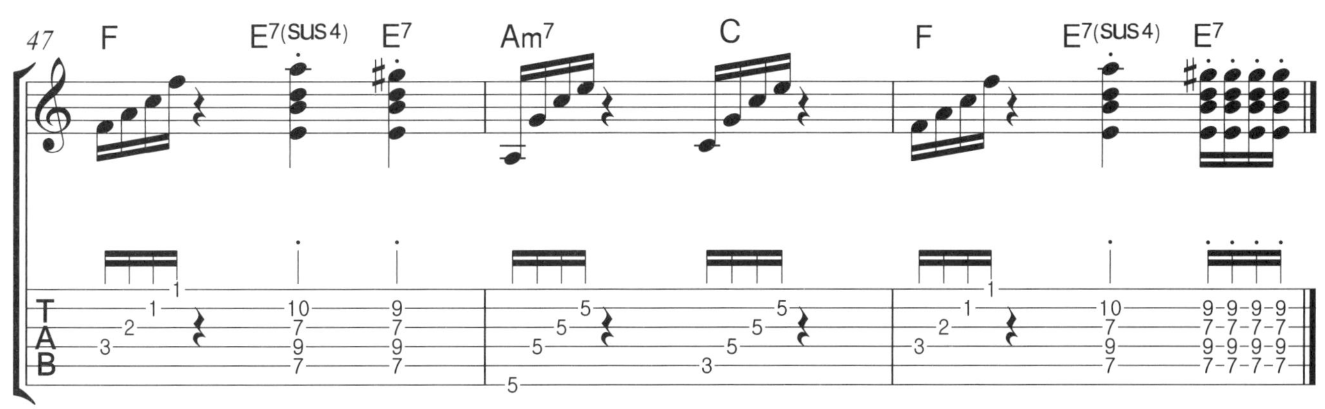
47
F
E7(SUS4)
E7
Am7
C
F
E7(SUS4)
E7

34

Just The Way You Are

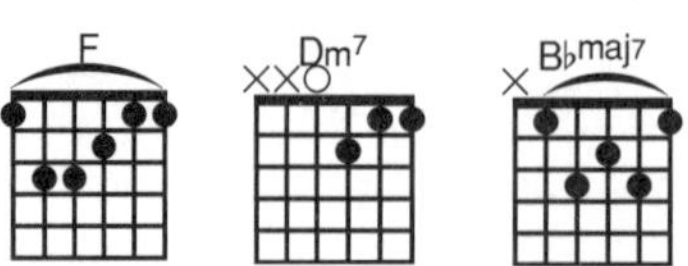

노래 Bruno Mars
작사/작곡 Bruno Mars 외 4명

Intro

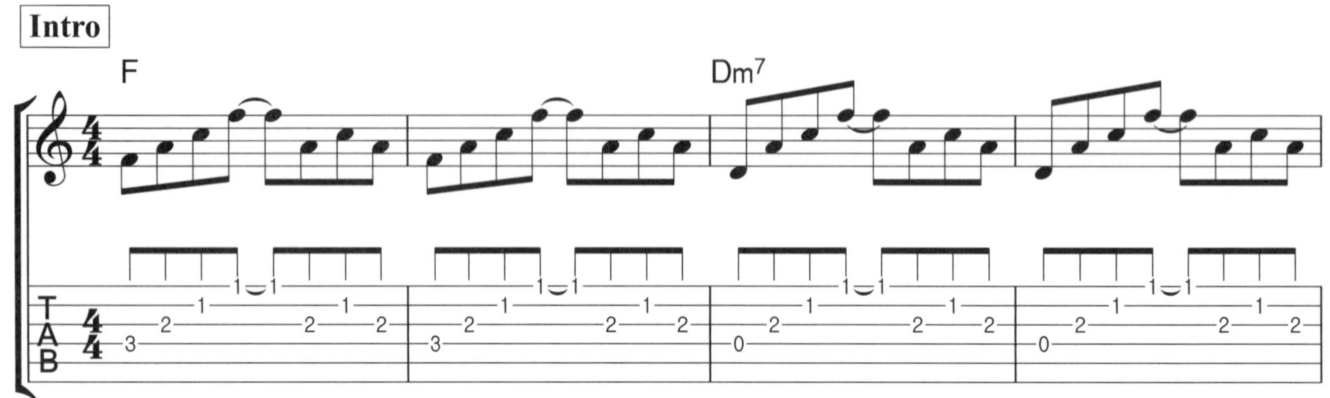

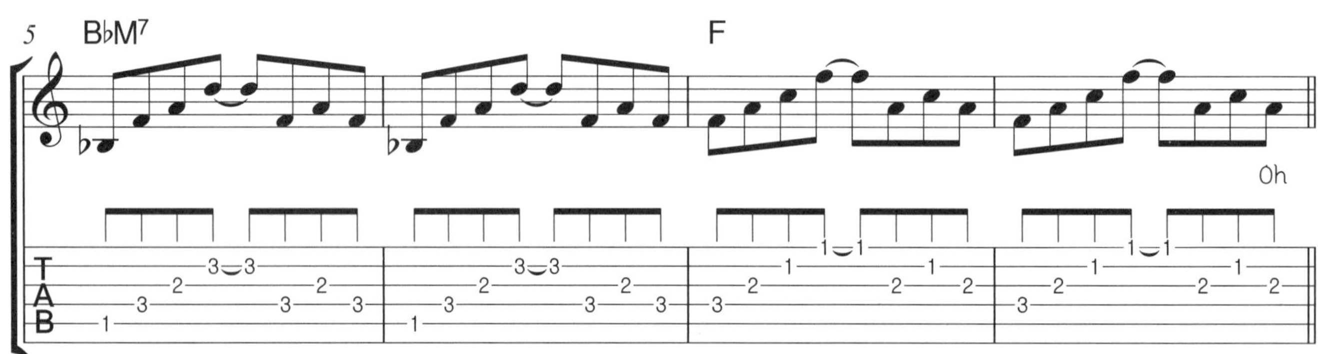

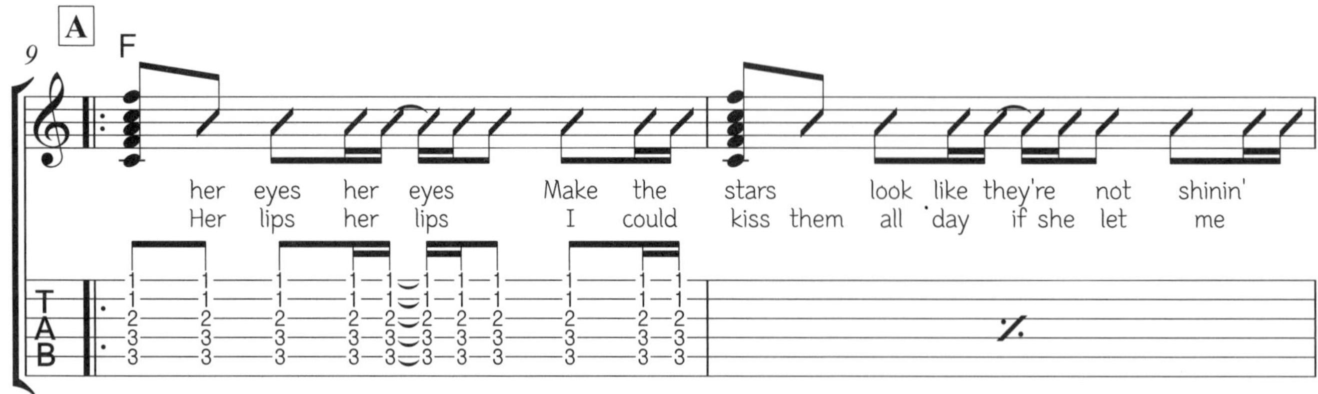

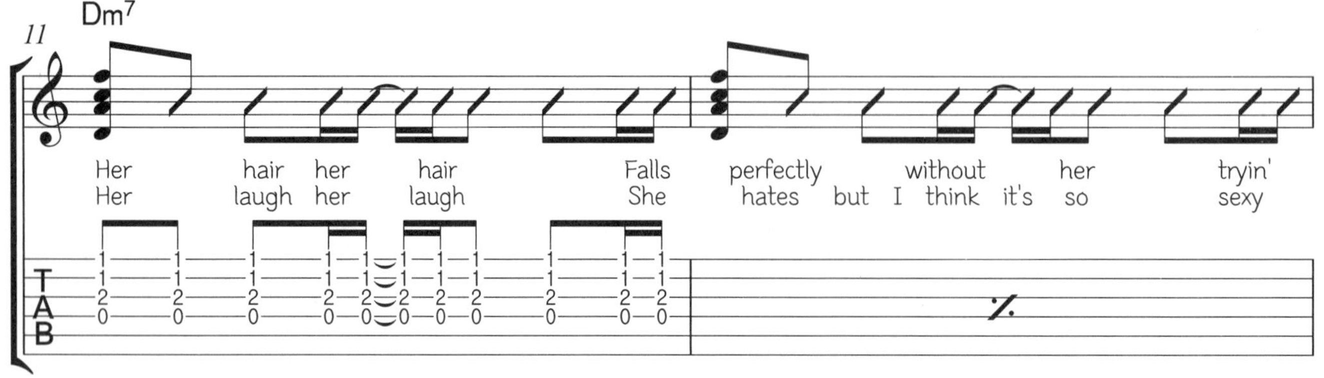

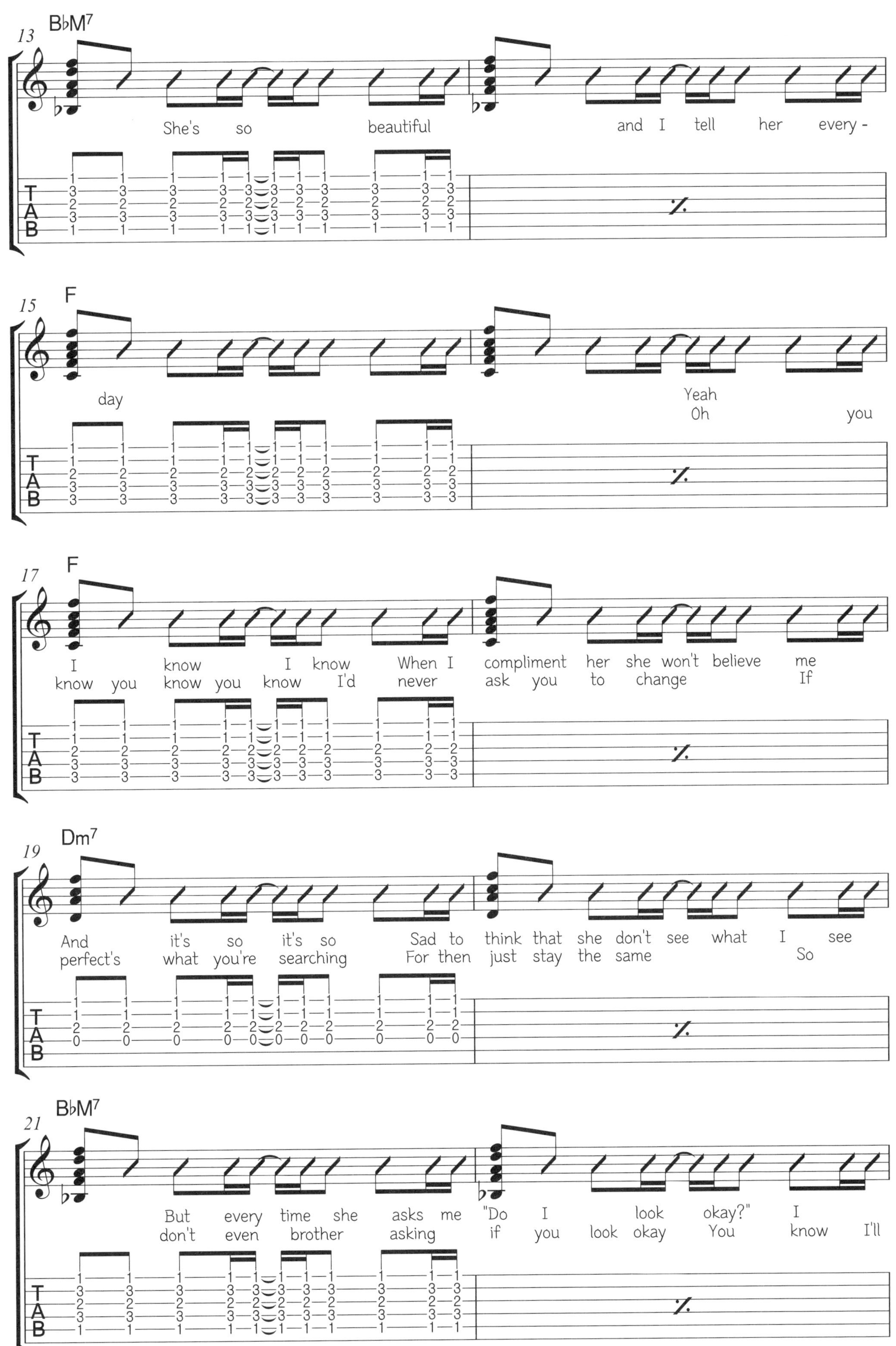
13
B♭M7
She's so beautiful and I tell her every -
15
F
day
Yeah
Oh you
17
F
I know I know When I compliment her she won't believe me
know you know you know I'd never ask you to change If
19
Dm7
And it's so it's so Sad to think that she don't see what I see
perfect's what you're searching For then just stay the same So
21
B♭M7
But every time she asks me "Do I look okay?" I
don't even brother asking if you look okay You know I'll
TAB

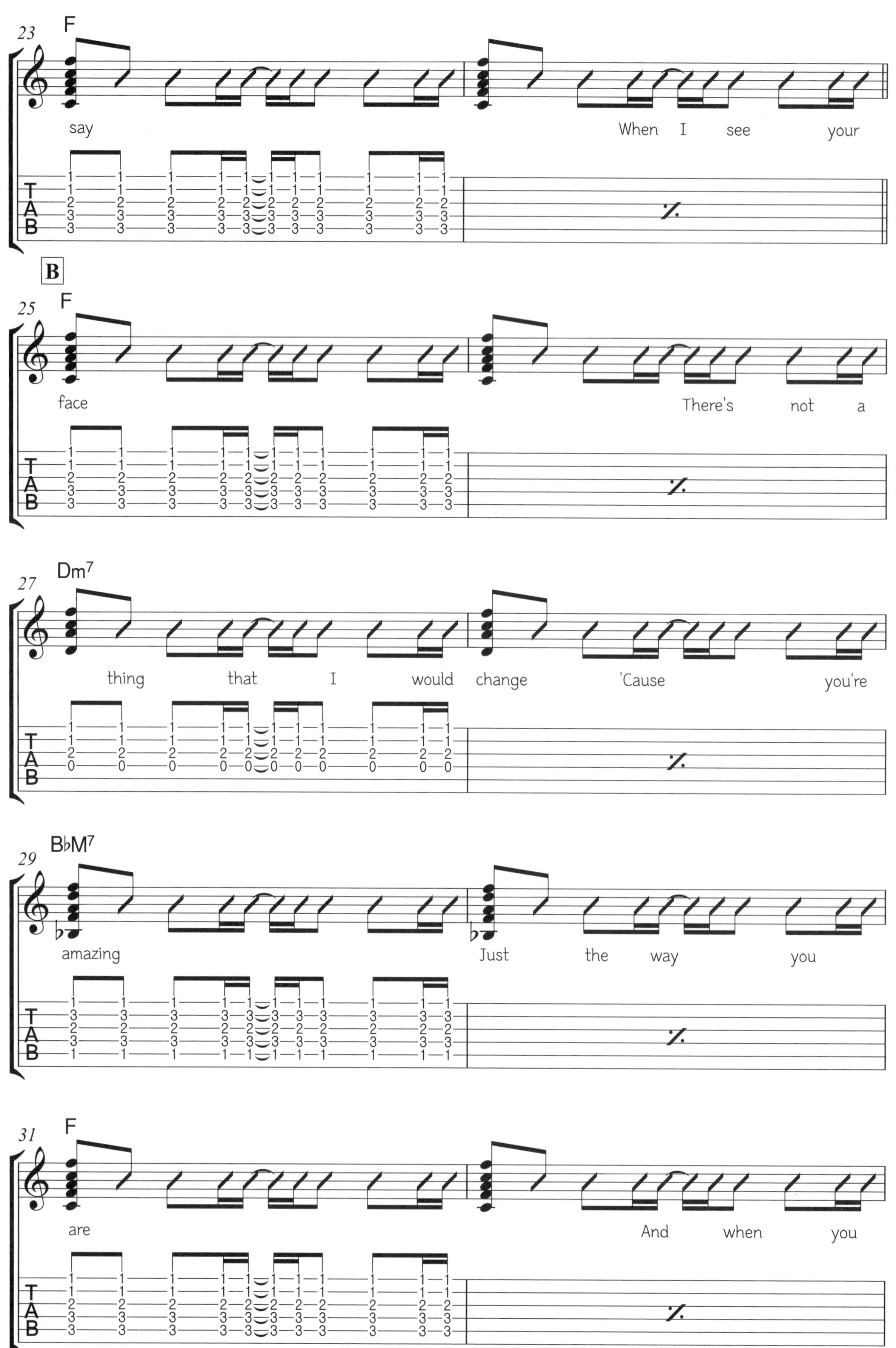
23
F
say
When I see your
B
25
F
face
There's not a
27
Dm7
thing that I would change 'Cause you're
29
B♭M7
amazing Just the way you
31
F
are
And when you

Repeat 3 times

35

Marvin Gaye

노래 Charlie Puth
작사/작곡 Charlie Puth 외 3명

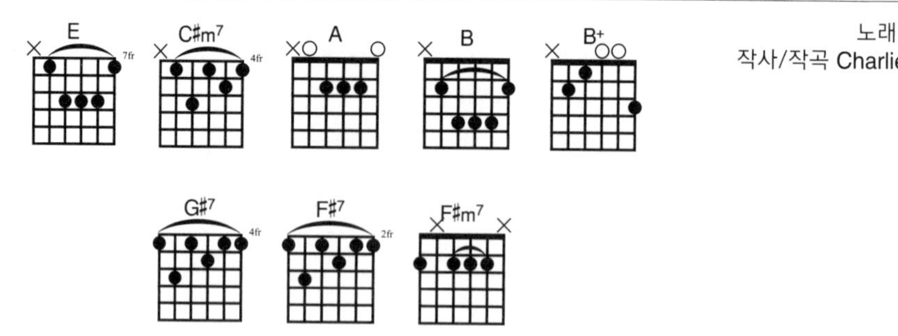

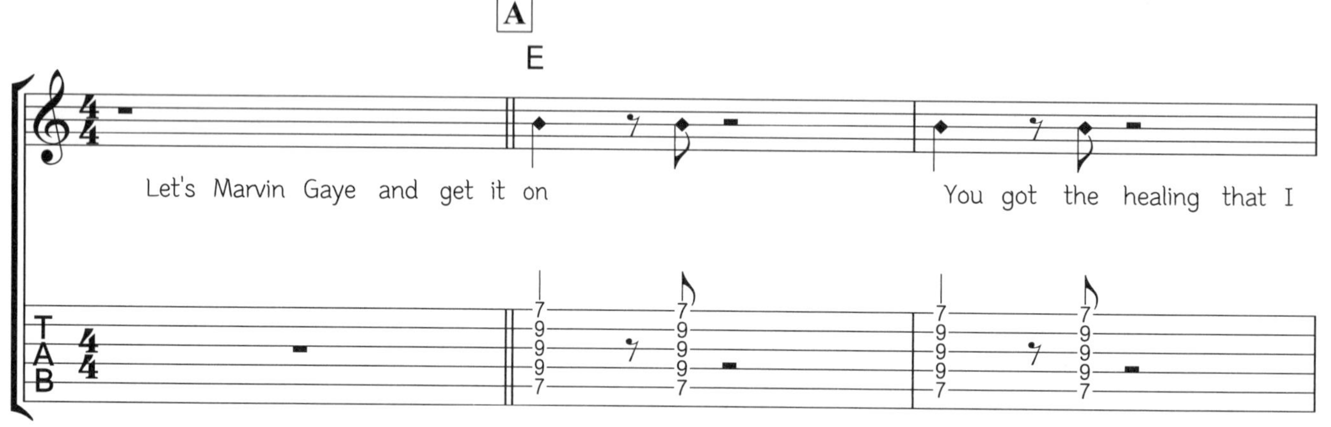

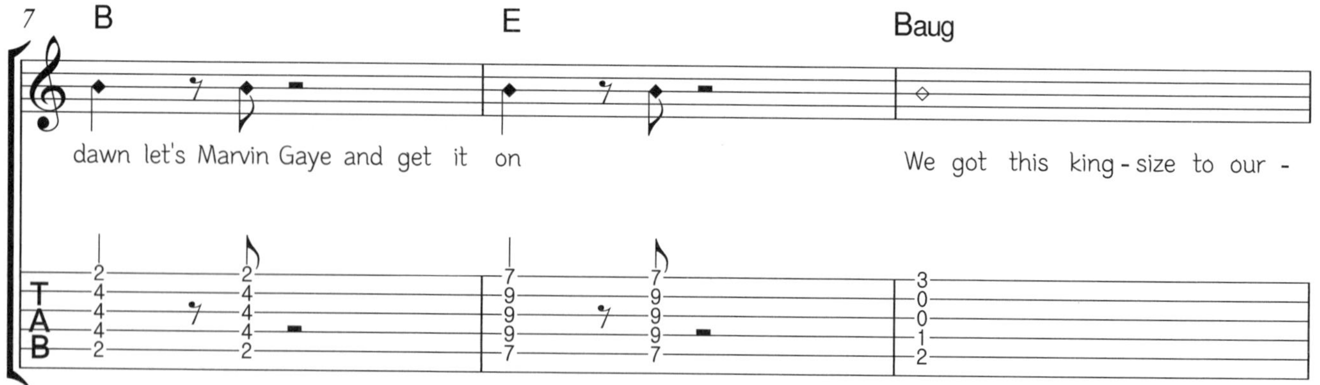

10
E
C#m7
selves
lone
Don't have to share with no one else
I'm like a stray without a home
T
A
B

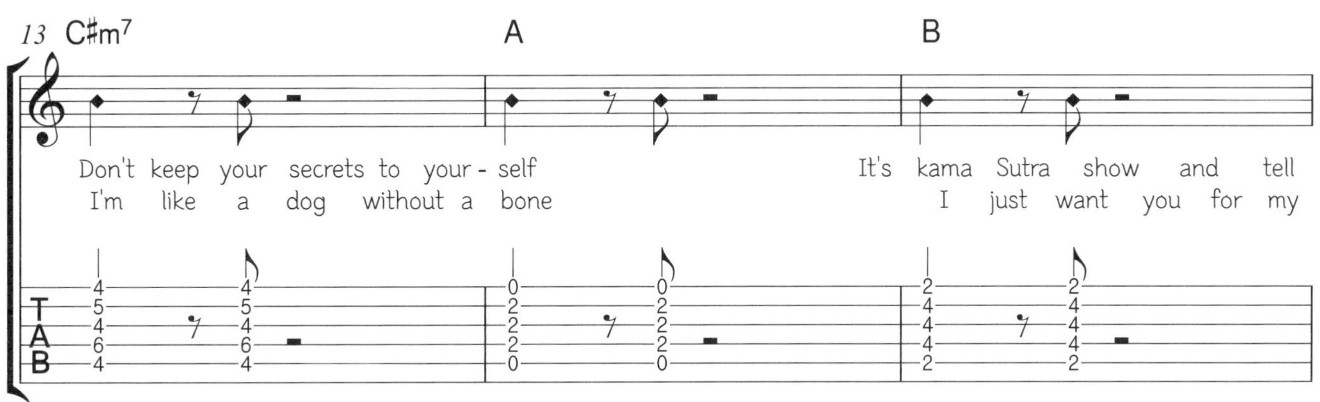
13
C#m7
A
B
Don't keep your secrets to your - self
I'm like a dog without a bone
It's kama Sutra show and tell
I just want you for my
T
A
B

B
16
E
G#7
yeah
Whoa - oh - oh - oh
There's
own
I got to
have you babe
T
A
B

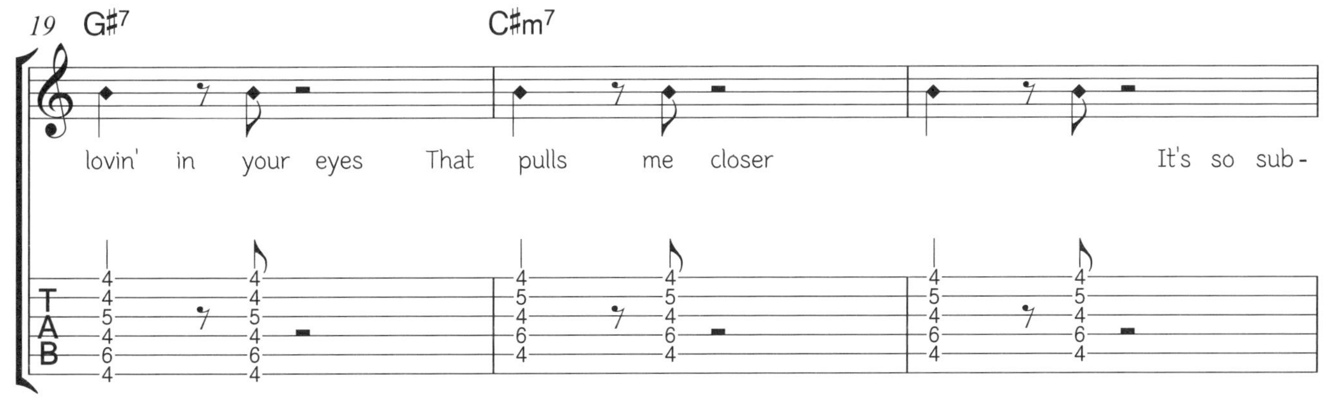
19
G#7
C#m7
lovin' in your eyes That pulls me closer
It's so sub -
T
A
B

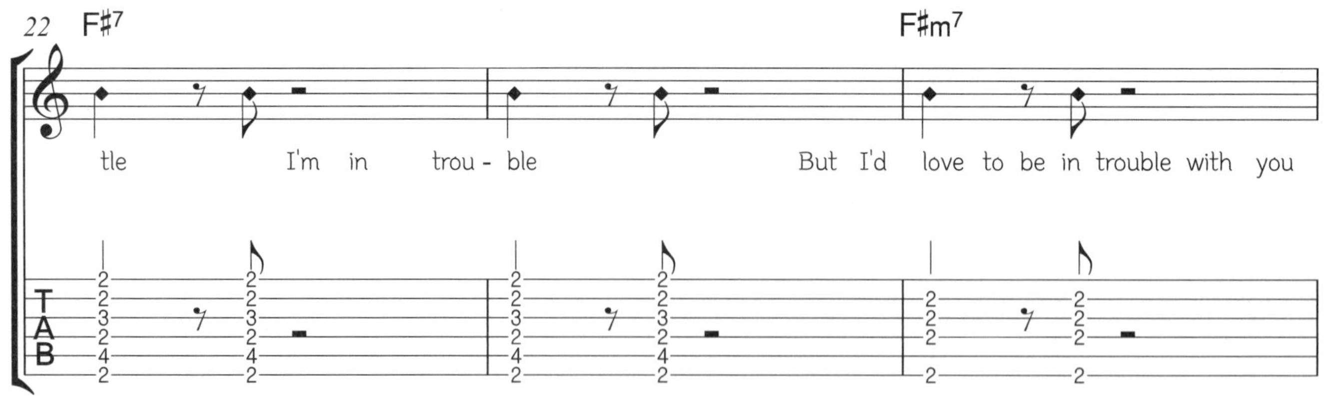
22
F♯7
F♯m7
tle I'm in trou - ble But I'd love to be in trouble with you
T
A
B

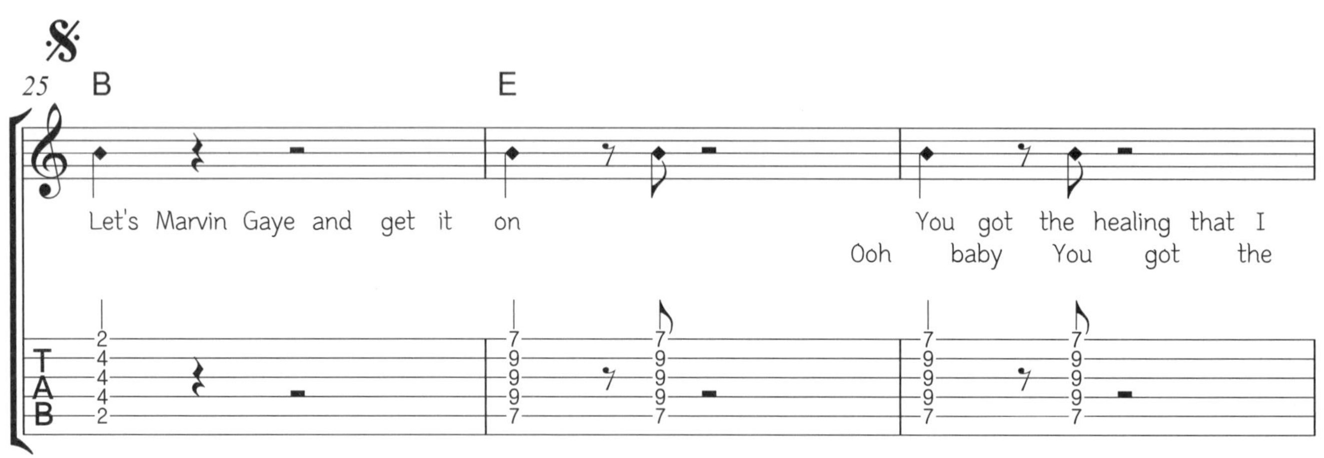
25
B
E
Let's Marvin Gaye and get it on You got the healing that I
Ooh baby You got the
T
A
B

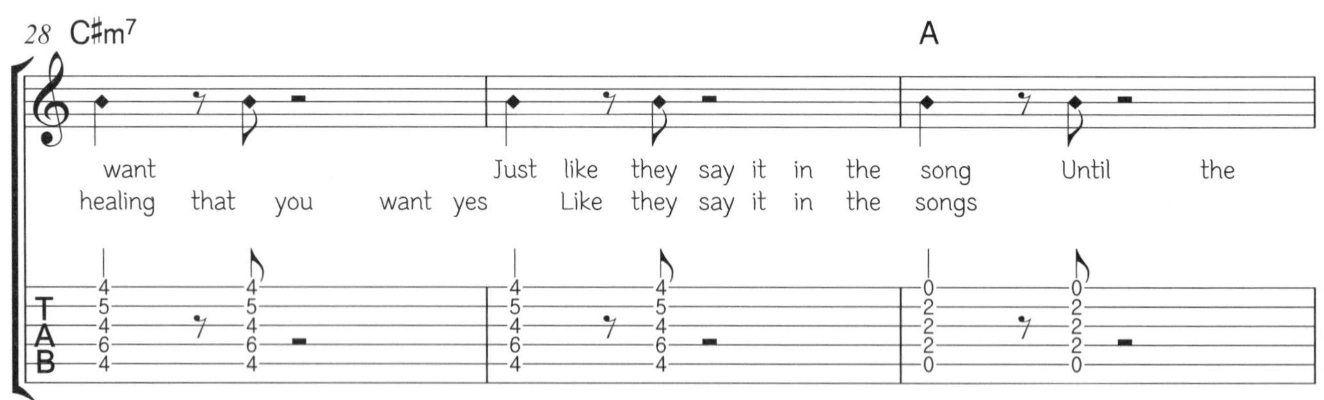
28
C♯m7
A
want Just like they say it in the song Until the
healing that you want yes Like they say it in the songs
T
A
B

31
B
E
Baug
dawn let's Marvin Gaye and get it on You've got to give it up to
T
A
B
D.S.

C
34 E
C♯m7
me
I'm screaming Mercy mercy please

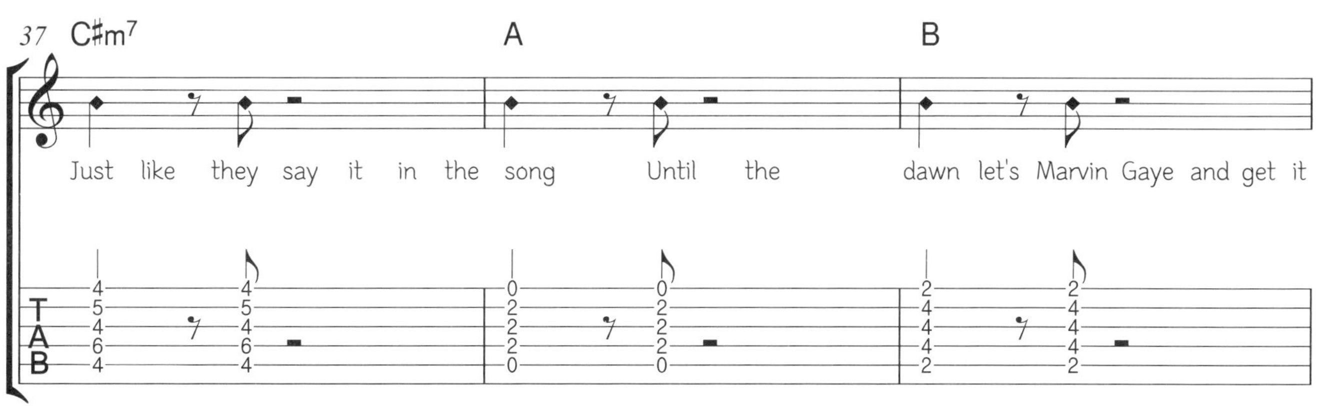
37 C♯m7
A
B
Just like they say it in the song Until the dawn let's Marvin Gaye and get it

40 E
C♯m7
A
on
And when you leave all a -
Just like they say it in the song Until the

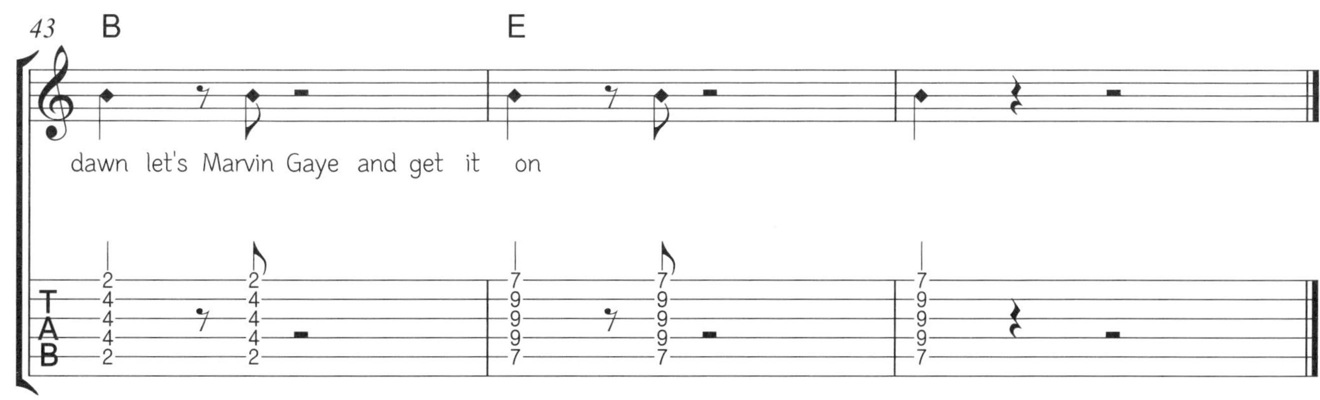
43 B
E
dawn let's Marvin Gaye and get it on

36

Remember Me

노래 Miguel
작사/작곡 Robert Lopez 외 1명

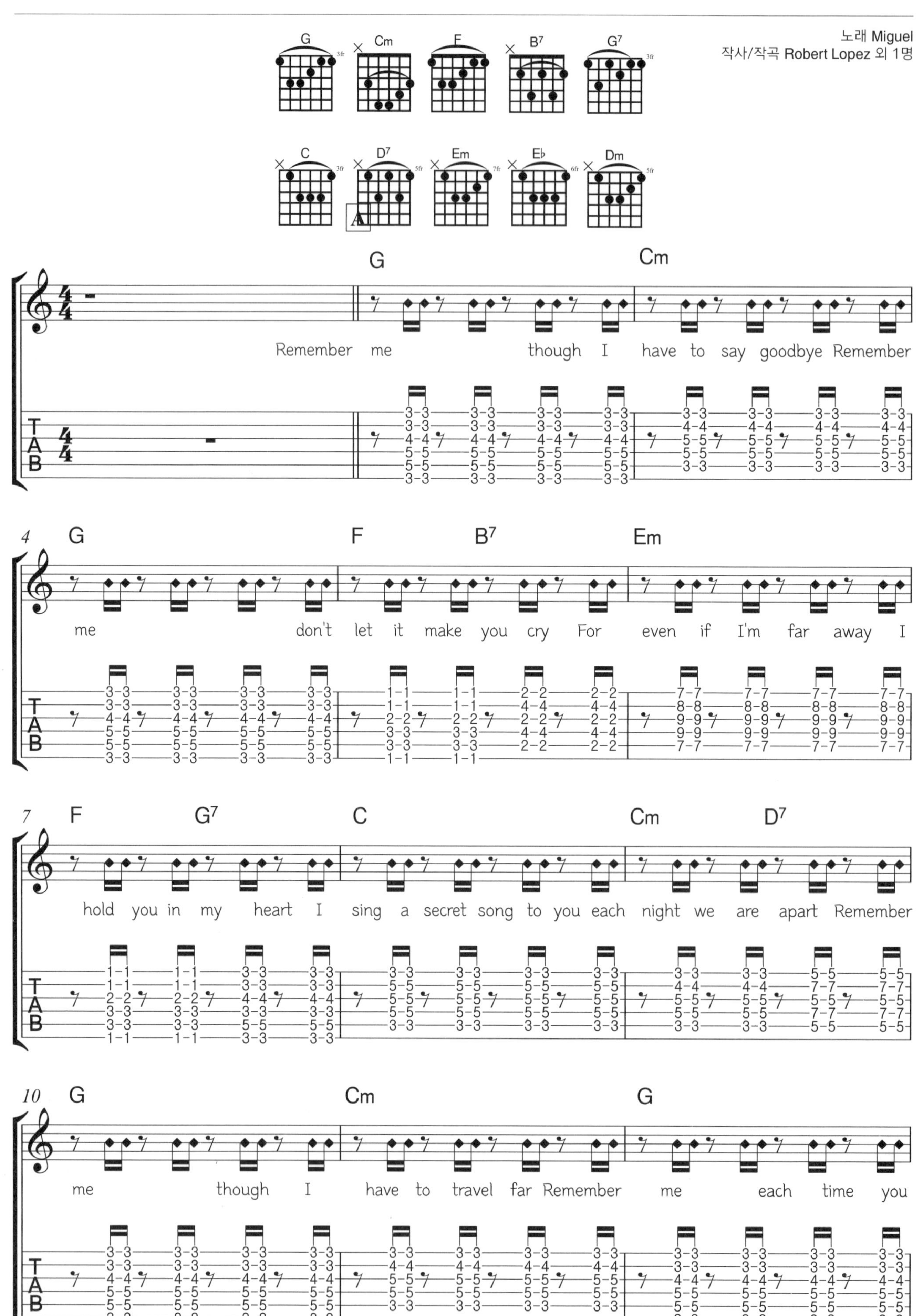

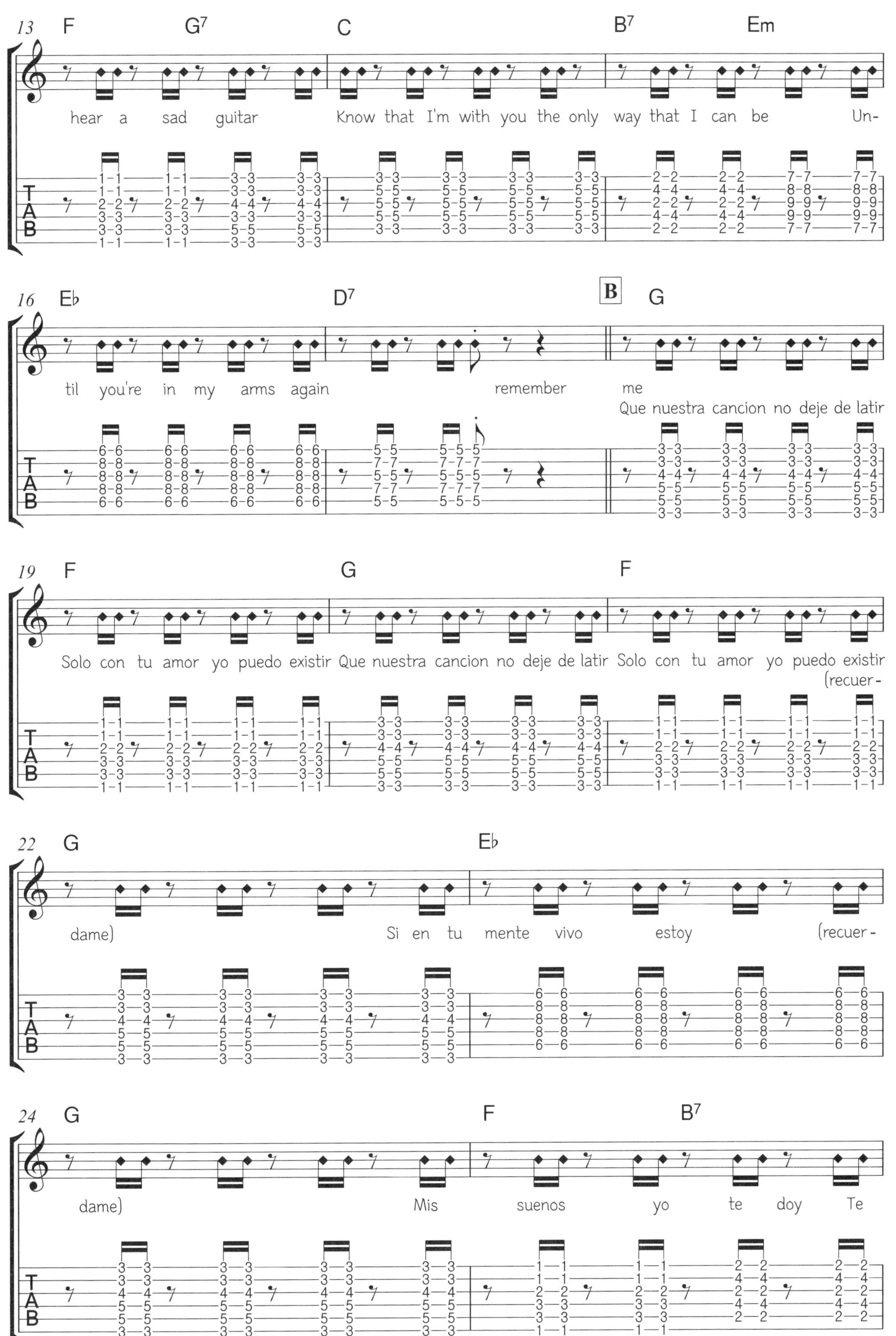
13
F
G7
C
B7
Em
hear a sad guitar Know that I'm with you the only way that I can be Un-
16
E♭
D7
B
G
til you're in my arms again remember me
Que nuestra cancion no deje de latir
19
F
G
F
Solo con tu amor yo puedo existir Que nuestra cancion no deje de latir Solo con tu amor yo puedo existir
(recuer-
22
G
E♭
dame) Si en tu mente vivo estoy (recuer-
24
G
F
B7
dame) Mis suenos yo te doy Te

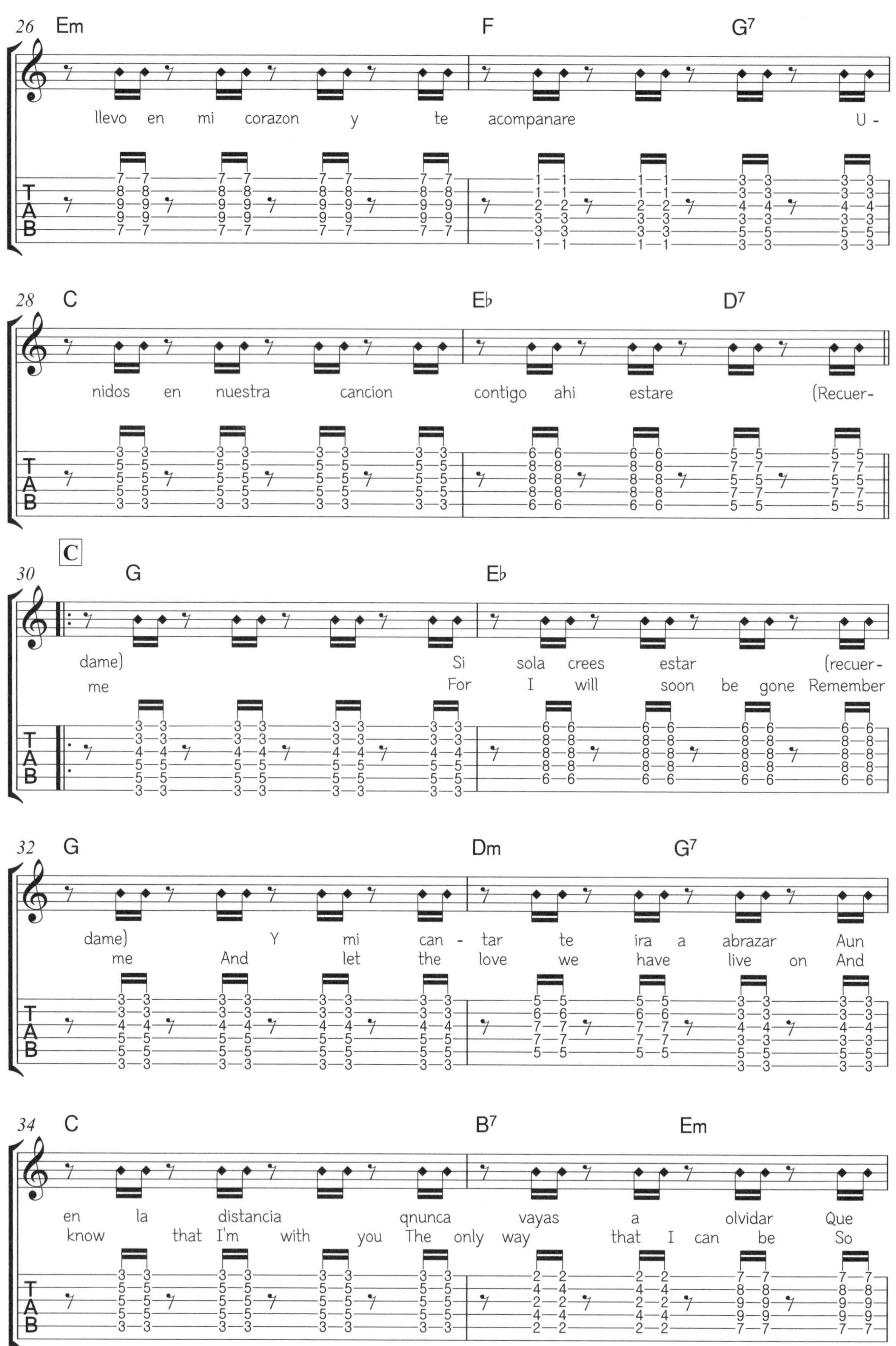
26
Em
F
G7
llevo en mi corazon y te acompanare U-
28
C
E♭
D7
nidos en nuestra cancion contigo ahi estare (Recuer-
C
30
G
E♭
dame) Si sola crees estar (recuer-
me For I will soon be gone Remember
32
G
Dm
G7
dame) Y mi can - tar te ira a abrazar Aun
me And let the love we have live on And
34
C
B7
Em
en la distancia qnunca vayas a olvidar Que
know that I'm with you The only way that I can be So
TAB

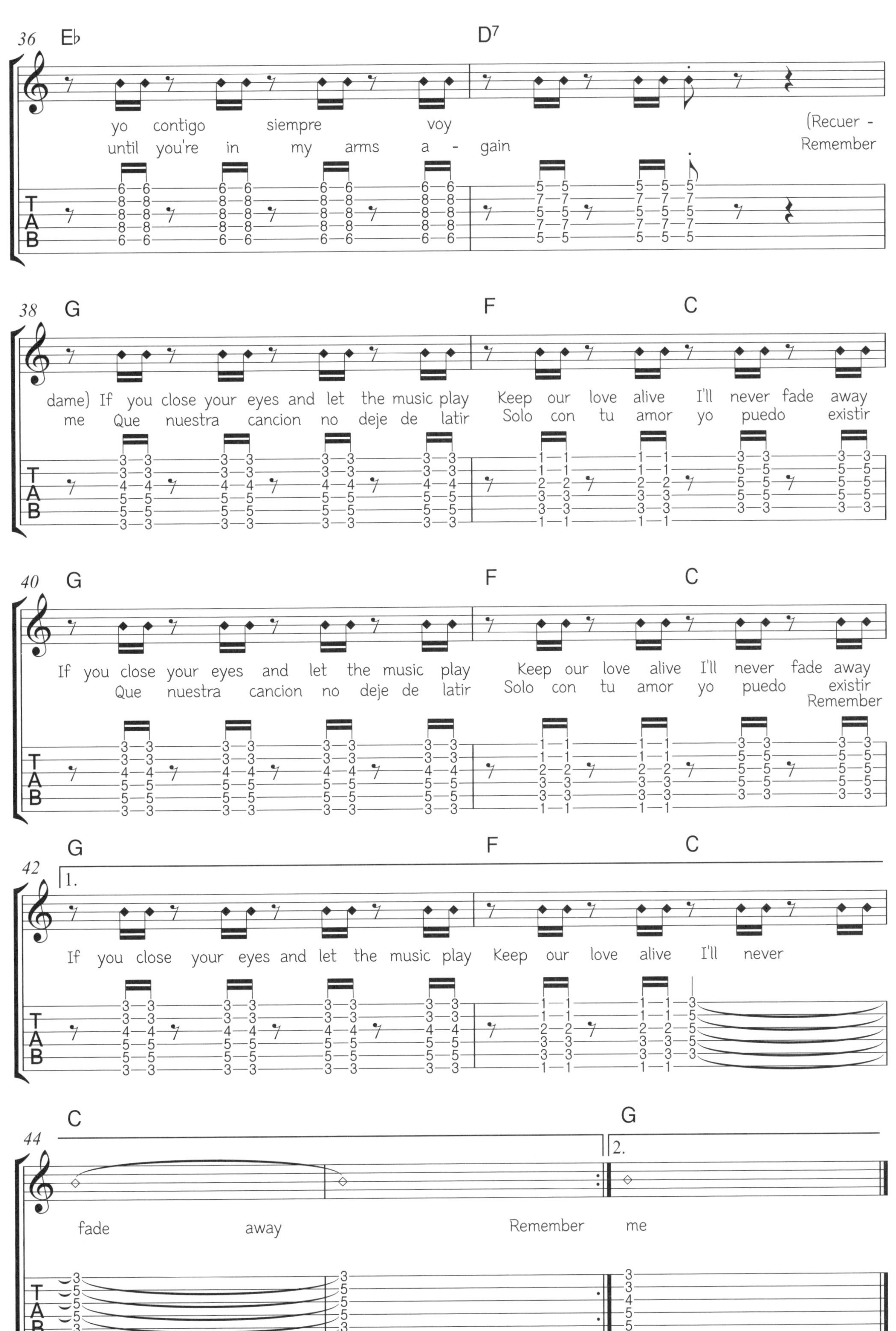
36
E♭
D7
yo contigo siempre voy (Recuer -
until you're in my arms a - gain Remember
38
G
F
C
dame) If you close your eyes and let the music play Keep our love alive I'll never fade away
me Que nuestra cancion no deje de latir Solo con tu amor yo puedo existir
40
G
F
C
If you close your eyes and let the music play Keep our love alive I'll never fade away
Que nuestra cancion no deje de latir Solo con tu amor yo puedo existir
Remember
42
G
F
C
1.
If you close your eyes and let the music play Keep our love alive I'll never
44
C
G
2.
fade away Remember me

37

봄봄봄

노래 로이킴
작사 로이킴
작곡 로이킴, 배영경

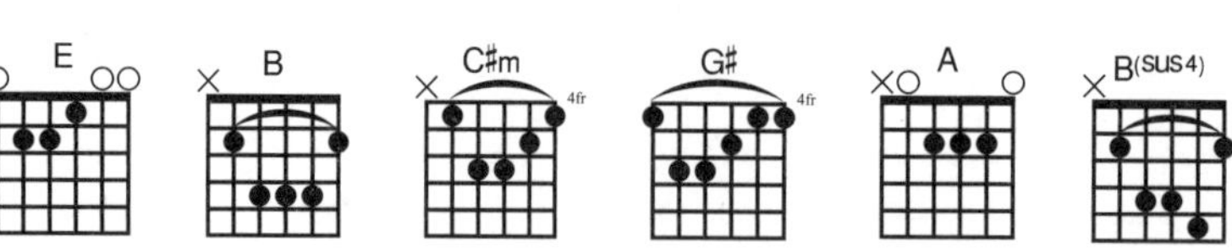

Intro

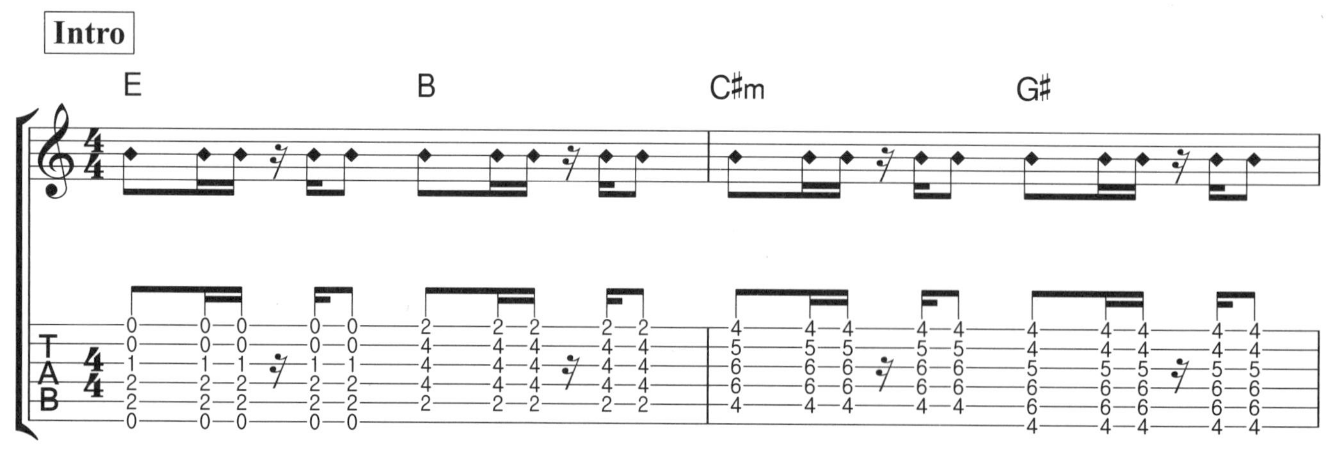

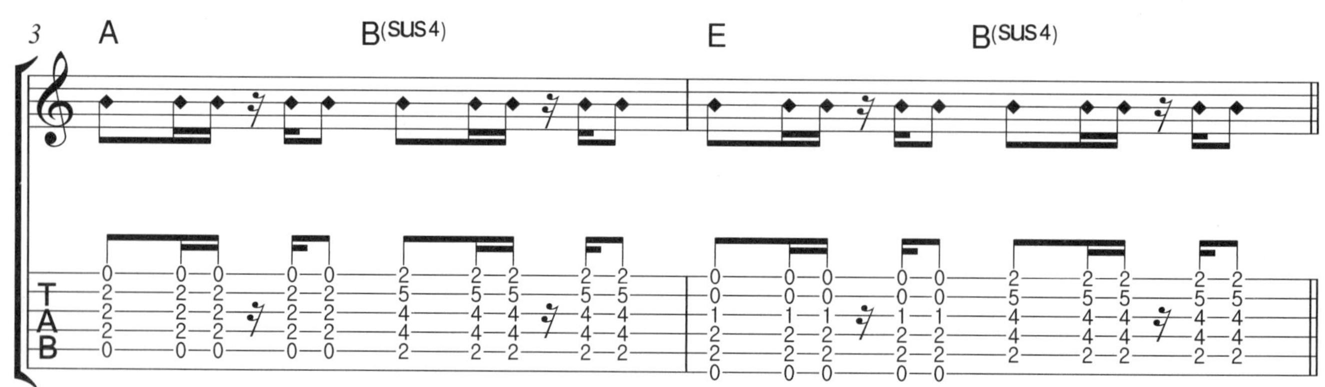

A
5
E B C#m G# A B
봄 봄 봄 봄 이 왔 네 요 우리가 처 음 만 났던 그때의 향 기 그대 로

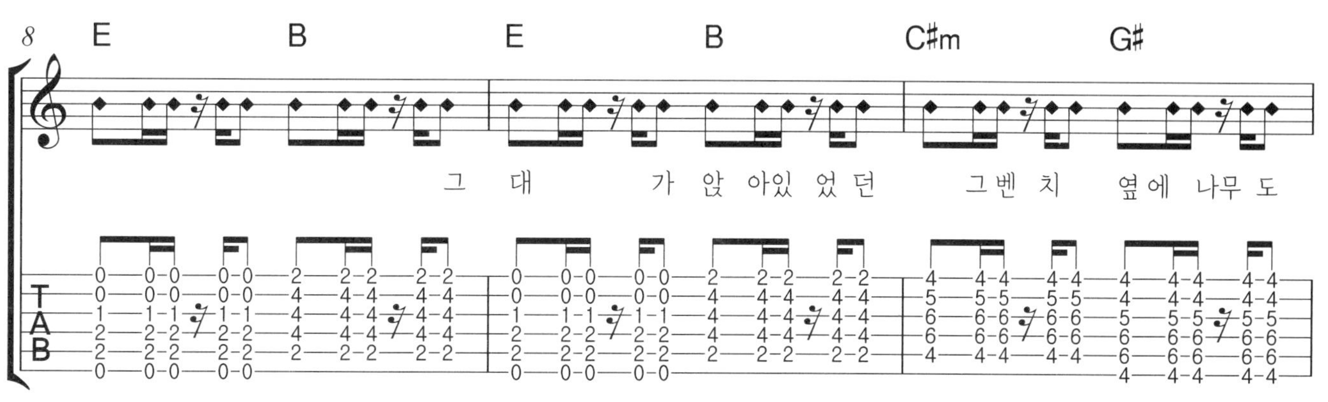
8
E B E B C#m G#
그 대 가 앉 아있 었 던 그벤 치 옆에 나무 도

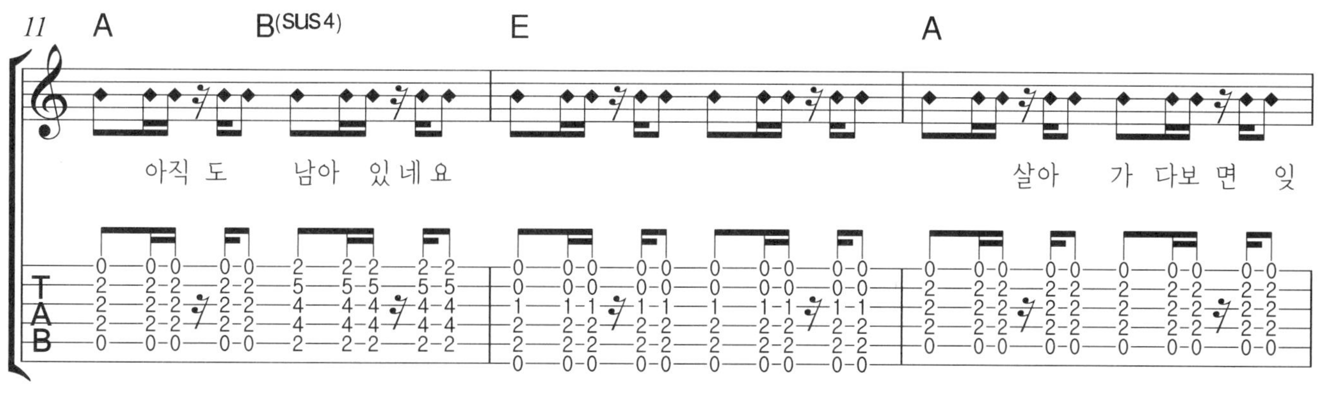
11
A B(SUS4) E A
아직 도 남아 있 네 요 살아 가 다보 면 잊

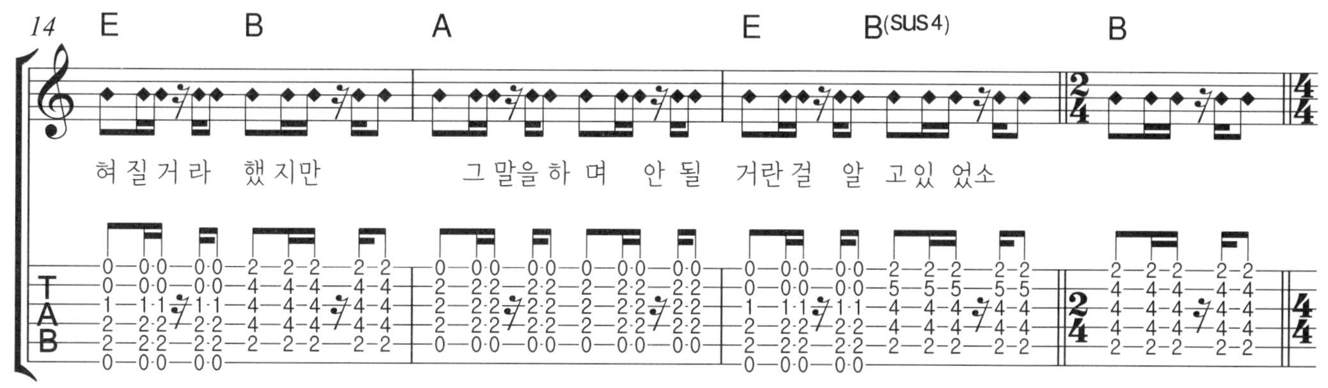
14
E B A E B(SUS4) B
혀 질 거 라 했 지만 그 말을 하 며 안 될 거란걸 알 고 있 었소

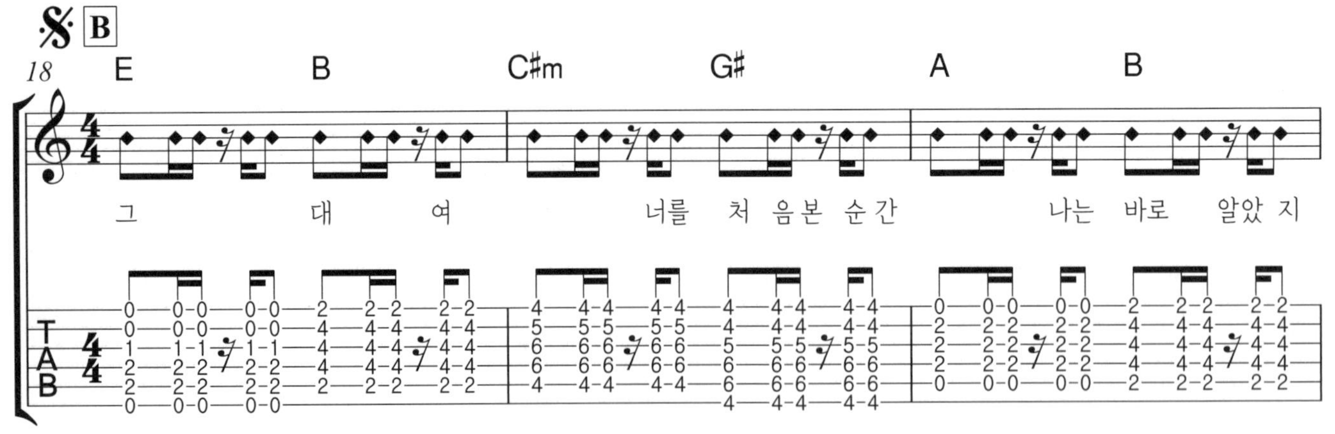
B
18
E B C#m G# A B
그 대 여 너를 처 음본 순 간 나는 바로 알았 지
TAB

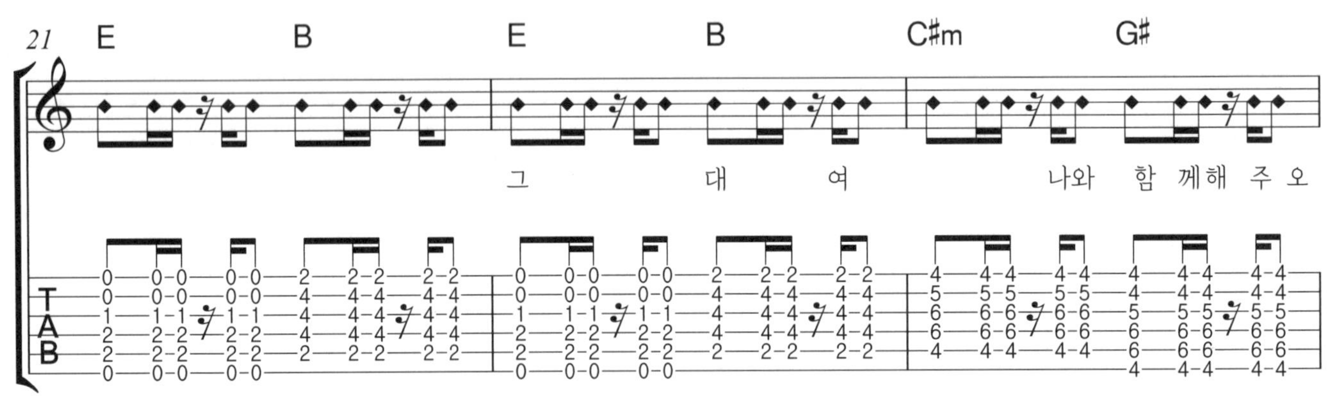
21
E B E B C#m G#
그 대 여 나와 함 께해 주 오
TAB

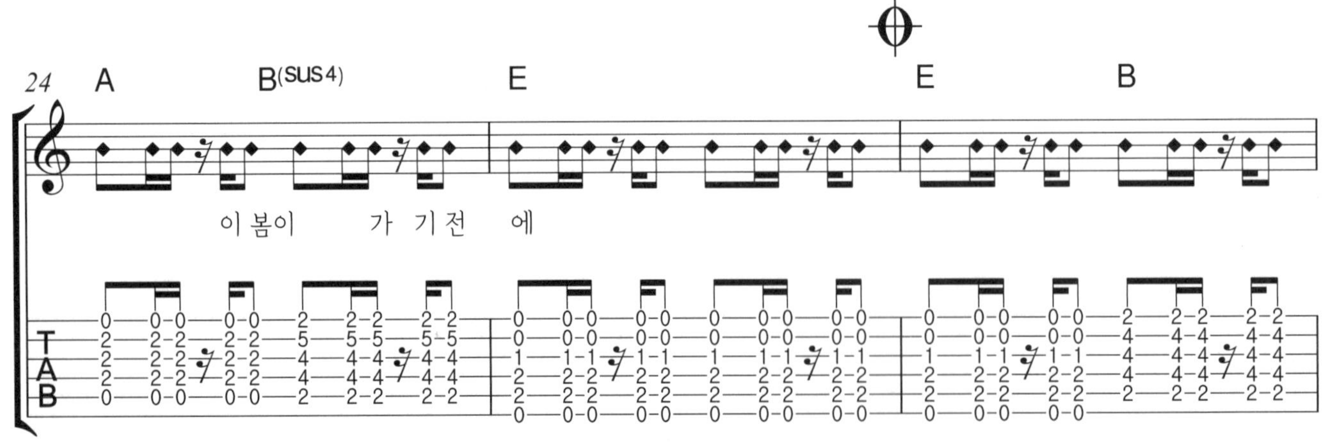
24
A B(SUS4) E E B
이 봄이 가 기 전 에
TAB

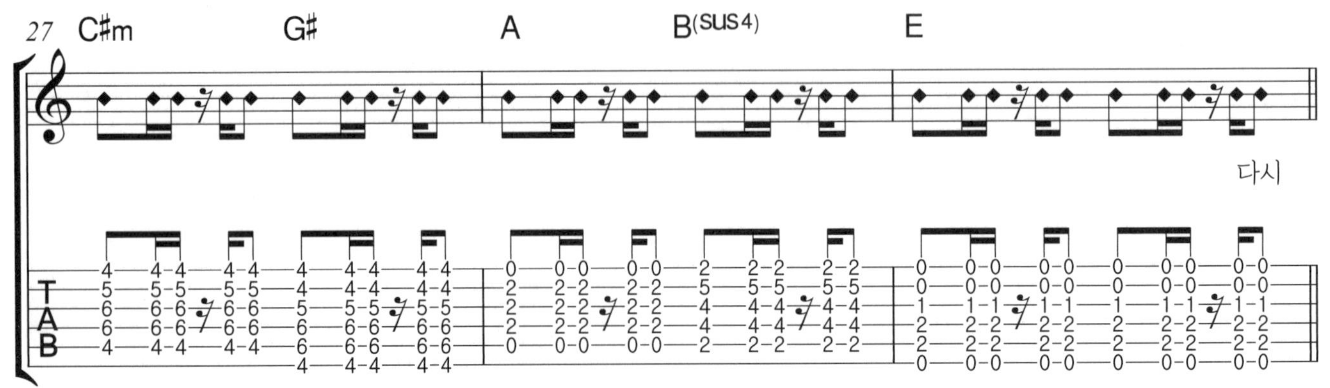
27
C#m G# A B(SUS4) E
다시
TAB

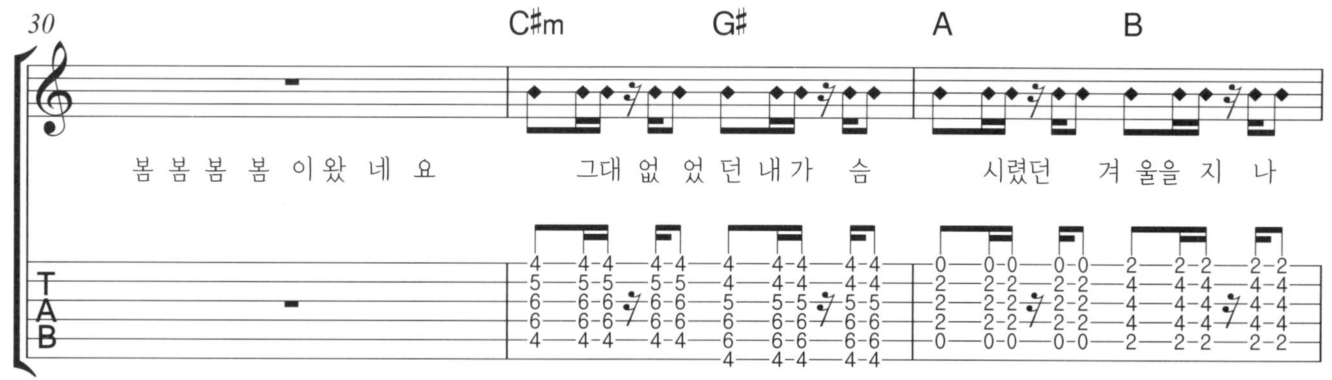
30
C#m
G#
A
B
봄 봄 봄 봄 이 왔 네 요
그대 없 었 던 내가 슴
시렸던 겨 울을 지 나
TAB

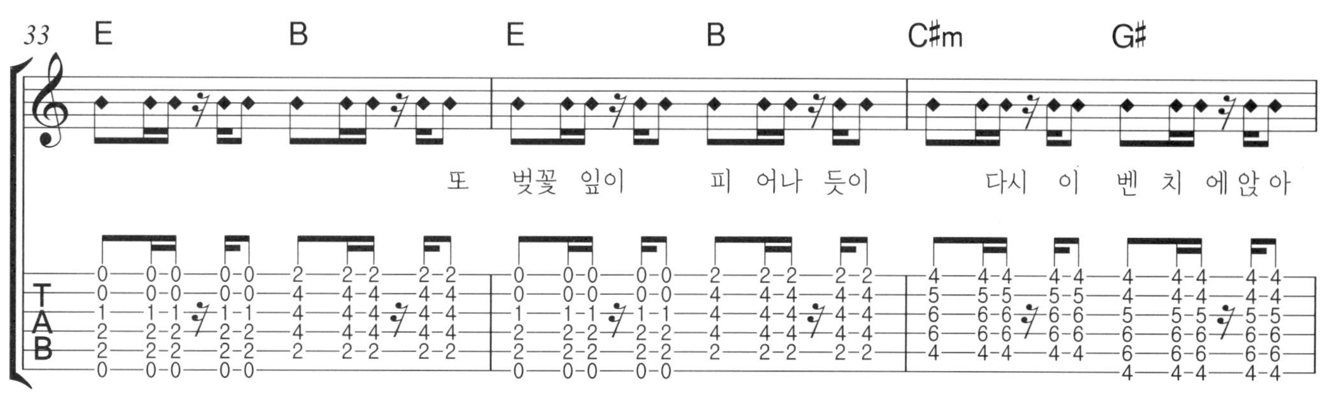
33
E
B
E
B
C#m
G#
또 벚꽃 잎이 피 어나 듯이
다시 이 벤 치 에앉아
TAB

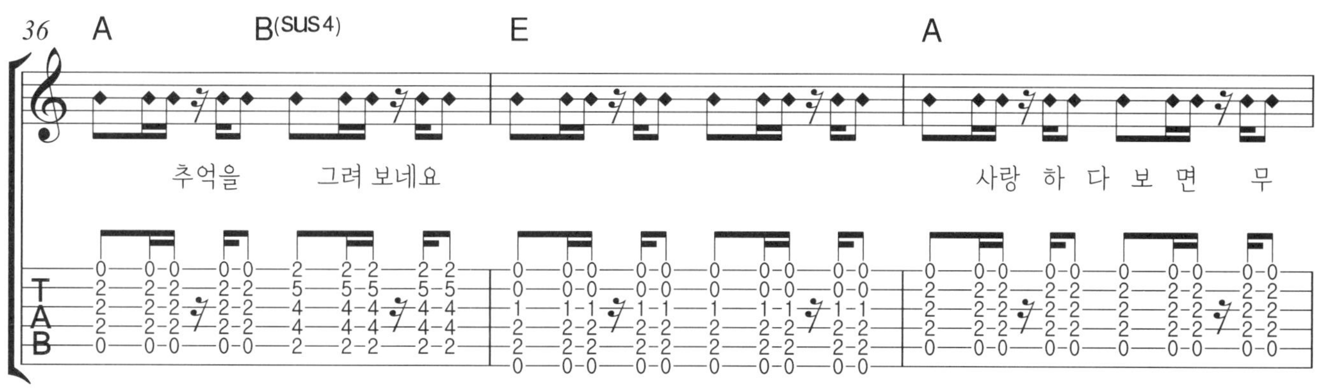
36
A
B(SUS4)
E
A
추억을 그려 보네요
사랑 하 다 보 면 무
TAB

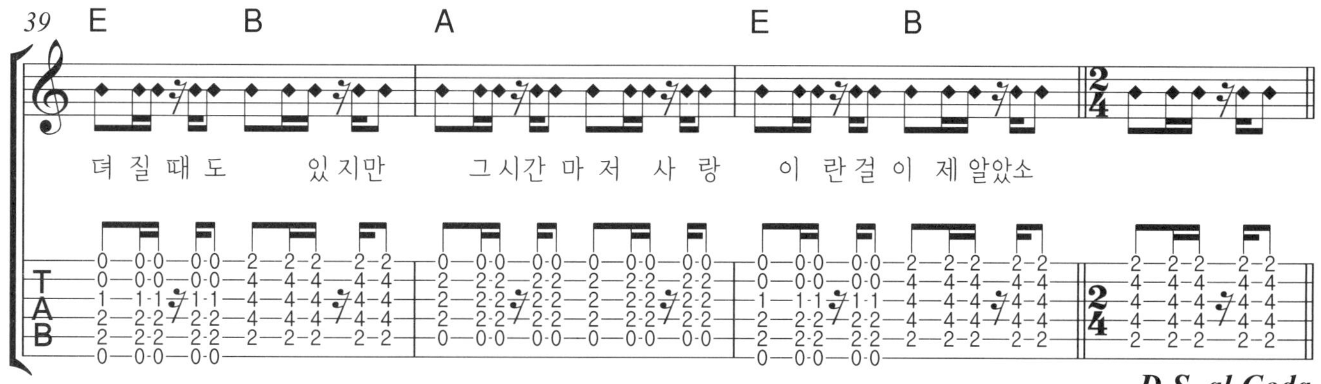
39
E
B
A
E
B
뎌 질 때 도 있지만
그 시간 마 저 사 랑
이 란걸 이 제 알았소
TAB

D.S. al Coda

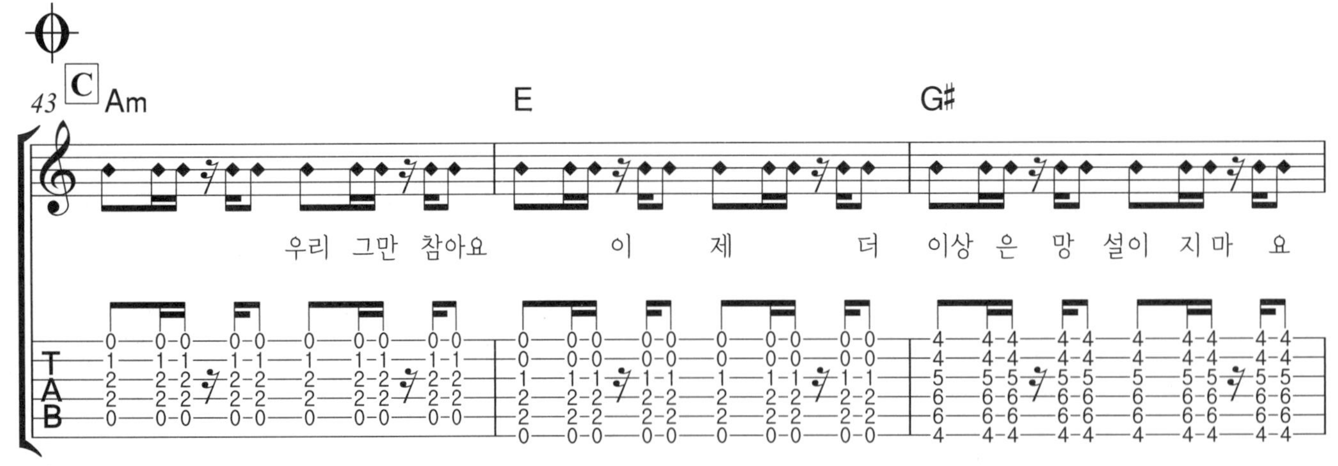
43
C
Am
E
G#
우리 그만 참아요 이 제 더 이상 은 망 설이 지마 요

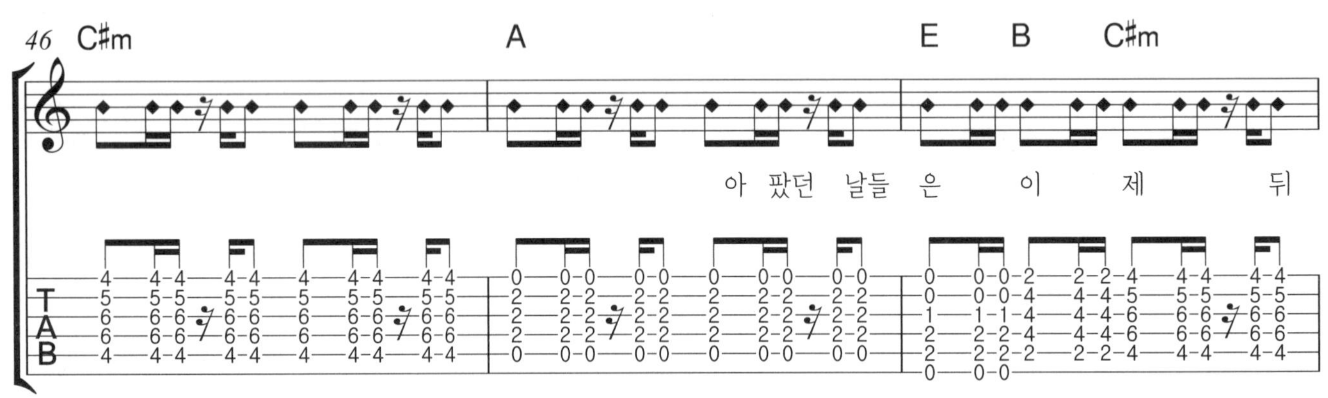
46
C#m
A
E
B
C#m
아 팠던 날들 은 이 제 뒤

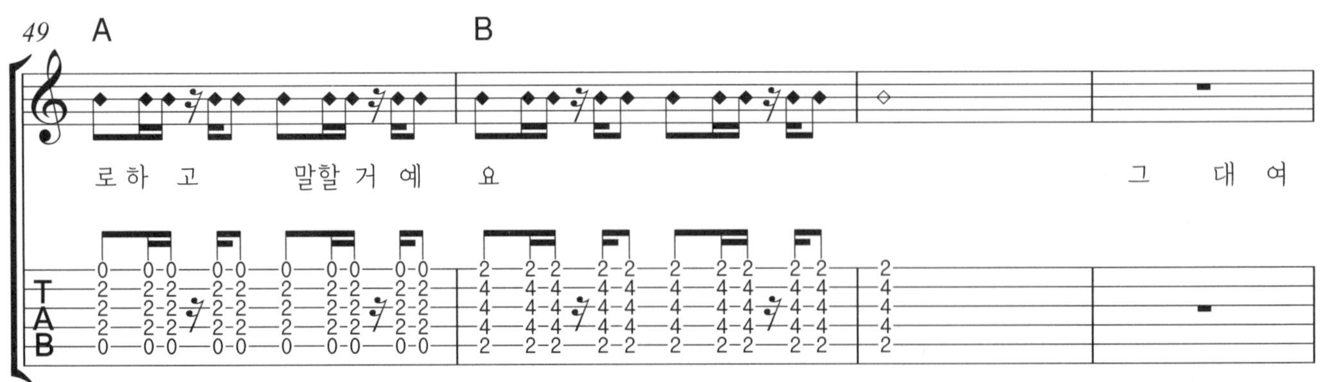
49
A
B
로하 고 말할 거 예 요 그 대 여

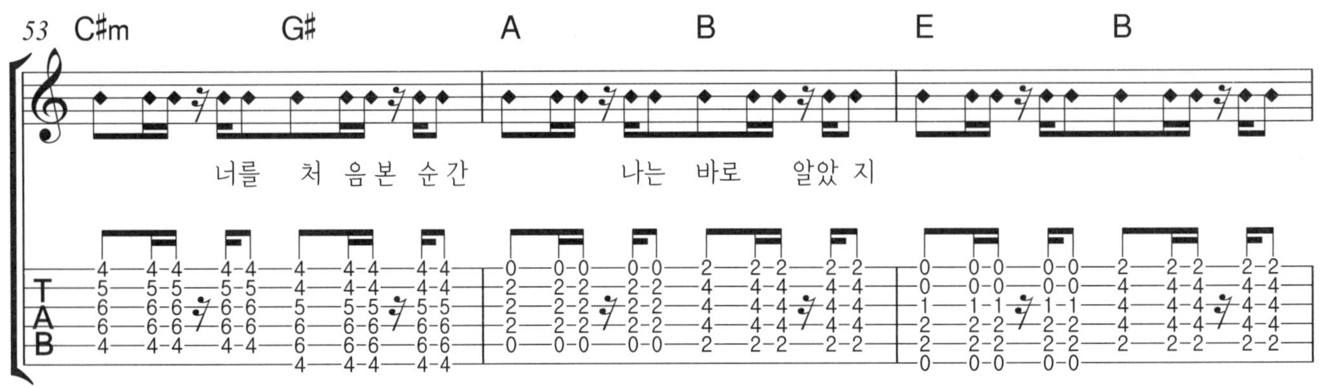
53
C#m
G#
A
B
E
B
너를 처 음본 순간 나는 바로 알았 지

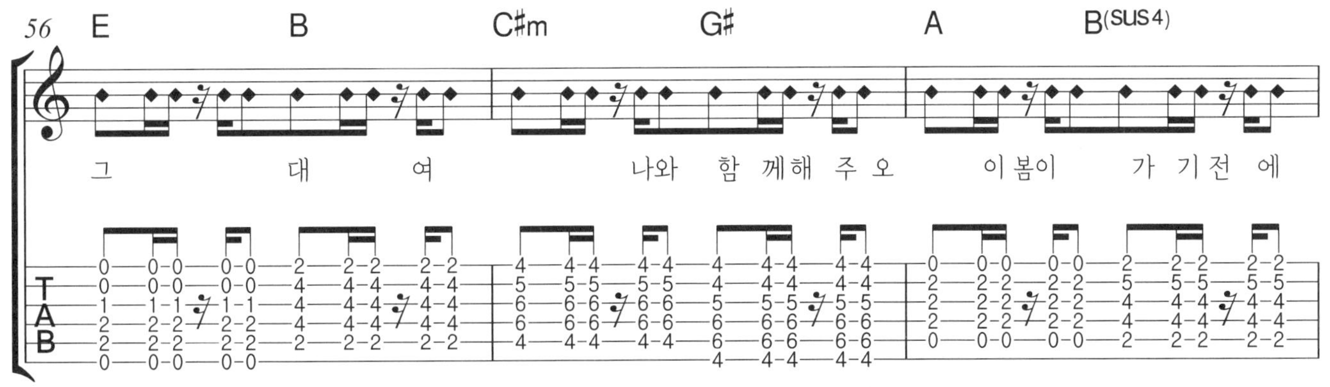
56
E
B
C♯m
G♯
A
B(SUS4)
그 대 여 나와 함 께해 주 오 이봄이 가 기전 에

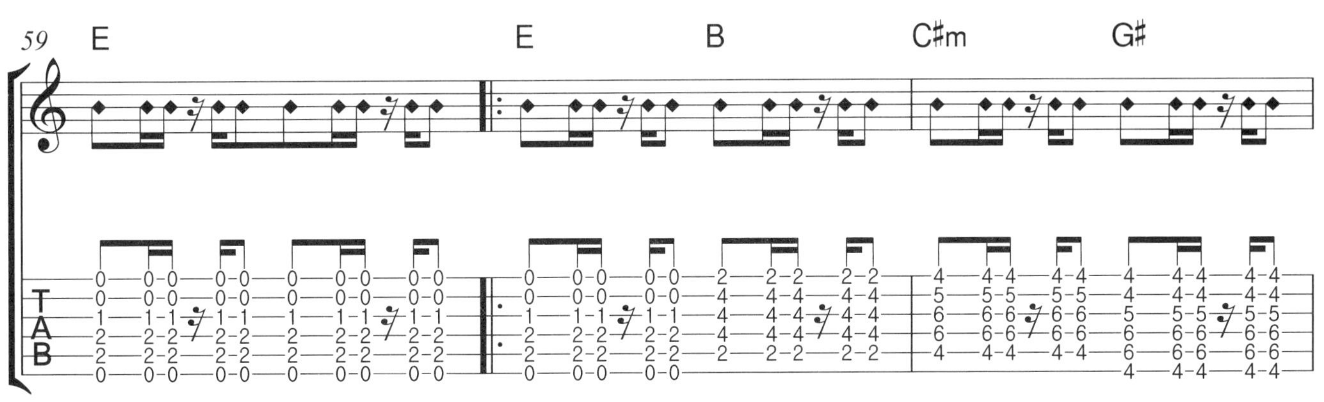
59
E
E
B
C♯m
G♯

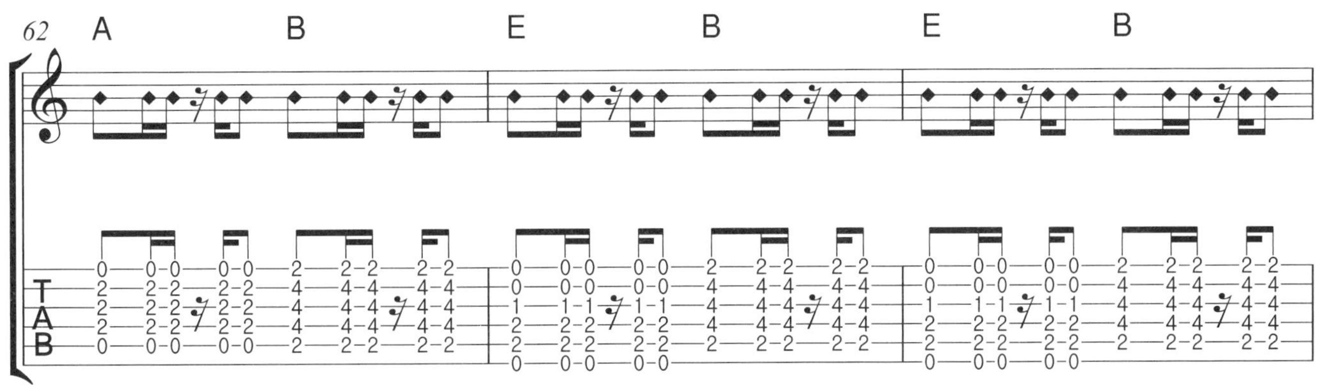
62
A
B
E
B
E
B

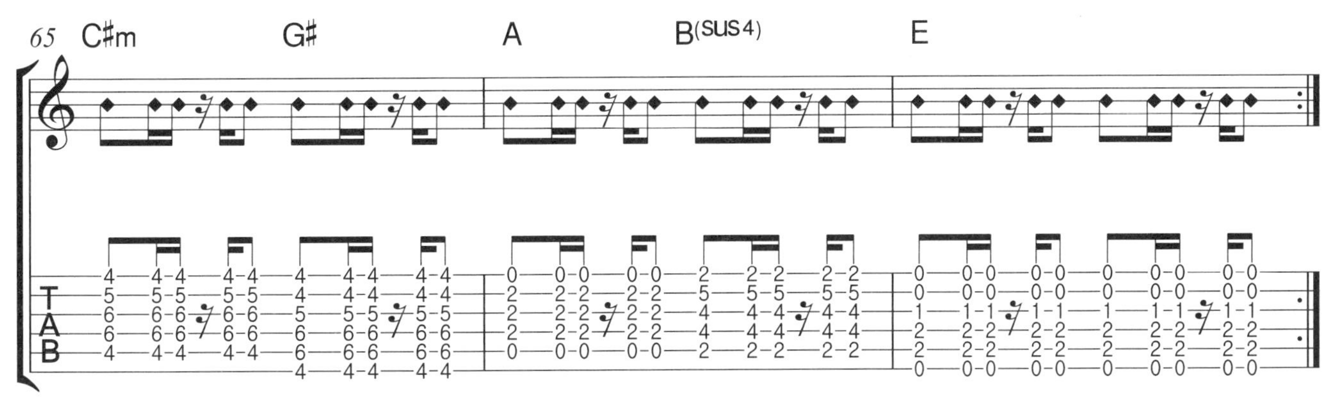
65
C♯m
G♯
A
B(SUS4)
E

38

거리에서

노래 성시경
작사 윤종신
작곡 윤종신, 이근호

13
Em Bm/D C Bm7 G Am A D(SUS4) D
어디쯤에 머무는지 또 어떻게 살아가는지 걷다보면 누가 말해줄 것 같아

17
C D/C Bm7 Em Am A D(SUS4) D
이 거리가 익숙했던 우리 발걸음이 나란했던 그리 운 날들 오늘 밤 나를 찾 아 온다 널

B
21
G D Em G/D C△ Bm7 Am7 D7(SUS4) D7 G D
그리는 널 부르는 내 하루는 애 태워도 마주친 추억이 반가워 날 부르는 목소리에 돌

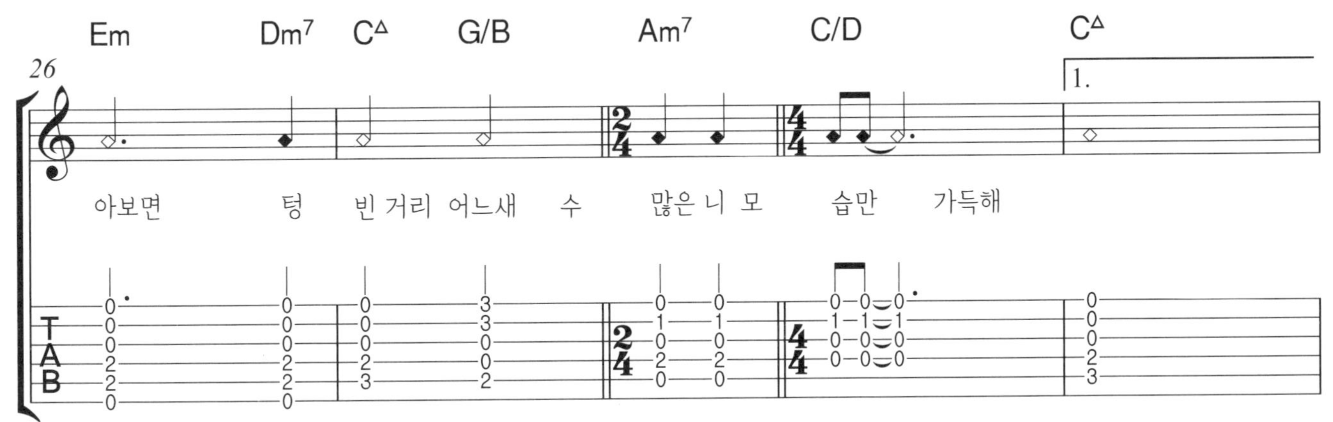
26
Em Dm7 C△ G/B Am7 C/D C△
1.
아보면 텅 빈 거리 어느새 수 많은 니 모 습만 가득해

31
G/B C/D G G+ C/G G Em G/D
막다른 길 다다라서 낯익은 벽 기대보면 가로등 속 환히 비춰지는
T
A
B

35
A D7 G F/G C/G Cm/G G D Em
고백하는 니가 보여 떠오르는 그 때 모습 내 살아나는 설레임 한번에 참 잊기 힘든 순간이란 걸 또
T
A
B

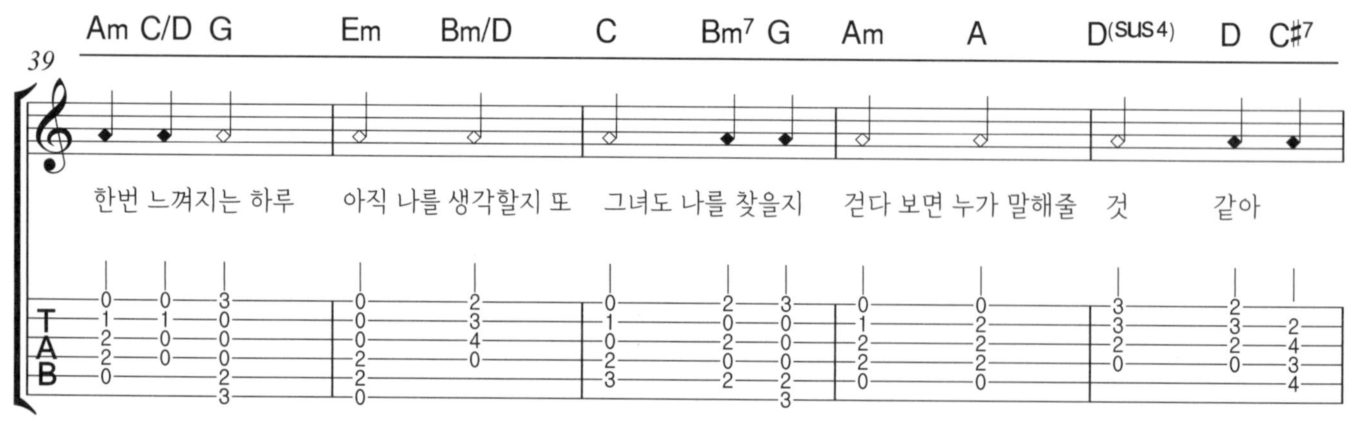
39
Am C/D G Em Bm/D C Bm7 G Am A D(SUS4) D C#7
한번 느껴지는 하루 아직 나를 생각할지 또 그녀도 나를 찾을지 걷다 보면 누가 말해줄 것 같아
T
A
B

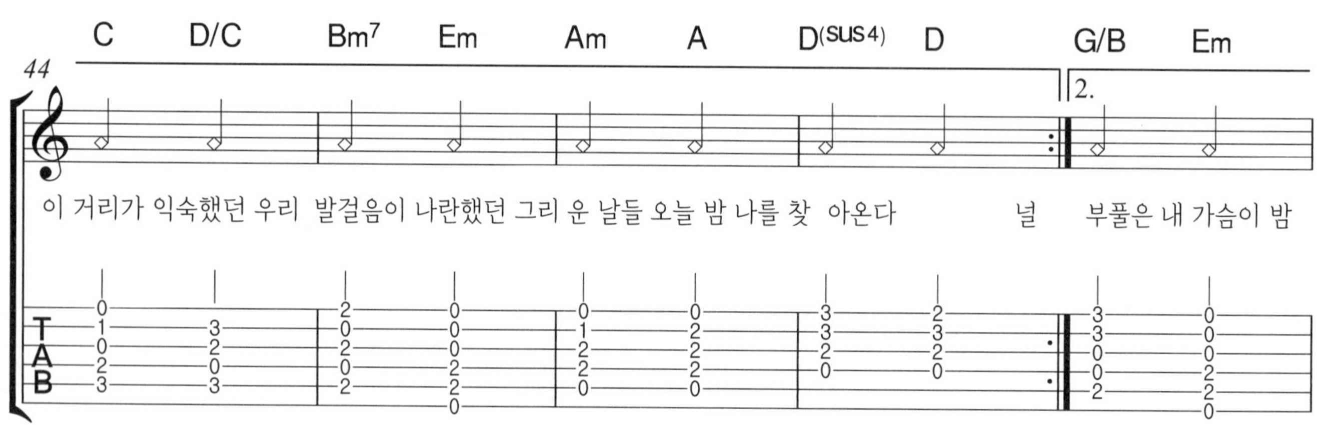
44
C D/C Bm7 Em Am A D(SUS4) D G/B Em
2.
이 거리가 익숙했던 우리 발걸음이 나란했던 그리 운 날들 오늘 밤 나를 찾 아온다 널 부풀은 내 가슴이 밤
T
A
B

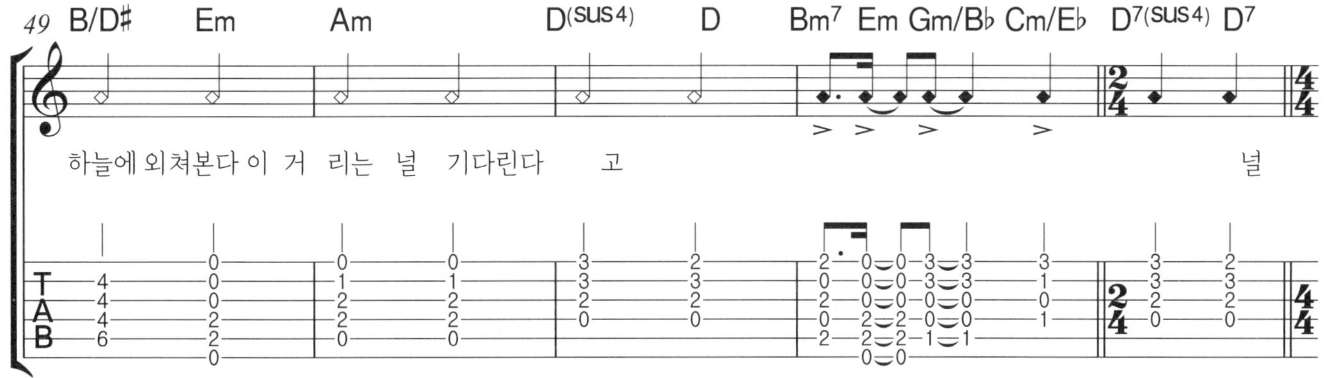
49 B/D♯ Em Am D(sus4) D Bm7 Em Gm/B♭ Cm/E♭ D7(sus4) D7
하늘에 외쳐본다 이 거 리는 널 기다린다 고 널

54 G D/F♯ E♭o Em G/D CΔ G/B Am D7(sus4) D7 G D/F♯
그리는 널 부르는 내 하루는 애 태워도 마주친 추억이 반가워 날 부르는 목소리에 돌
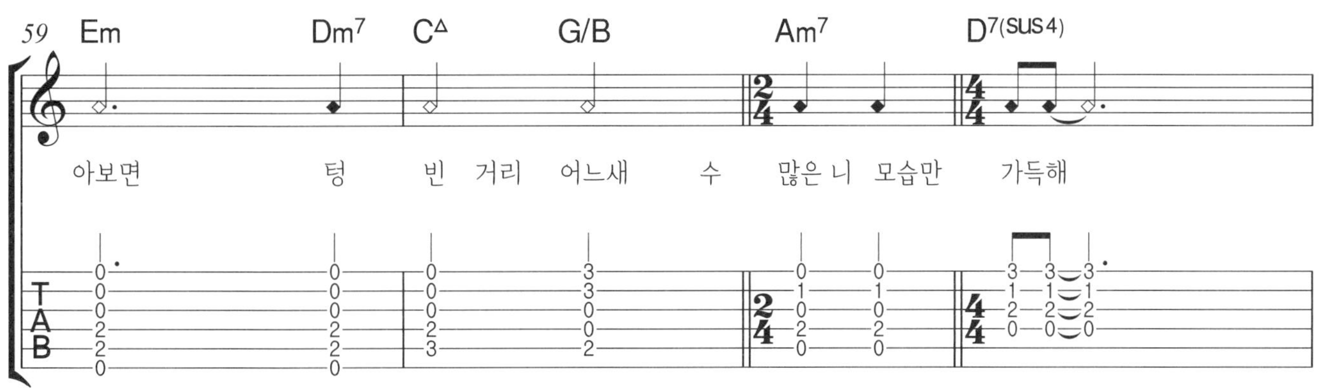
59 Em Dm7 CΔ G/B Am7 D7(sus4)
아보면 텅 빈 거리 어느새 수 많은 니 모습만 가득해
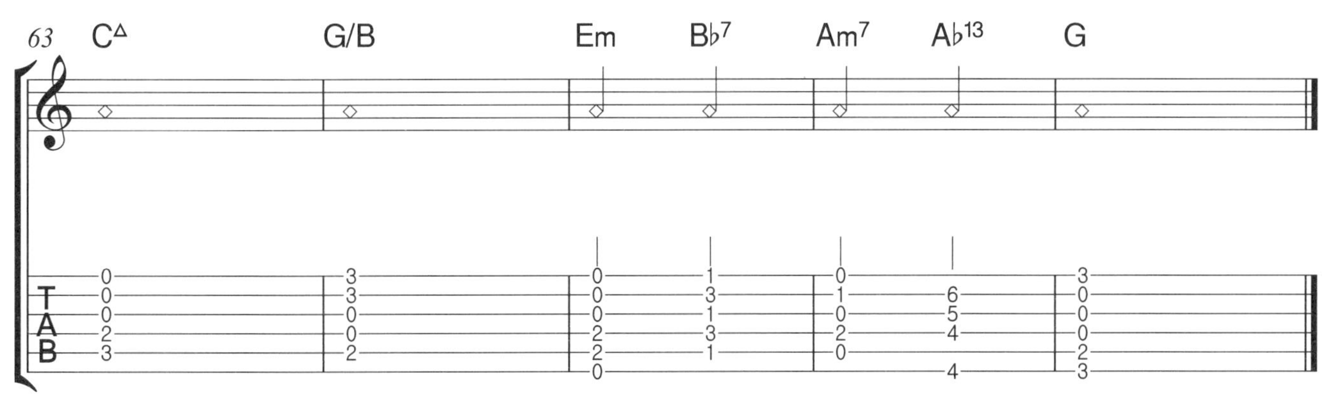
63 CΔ G/B Em B♭7 Am7 A♭13 G

39

그대에게

노래 신해철
작사/작곡 신해철

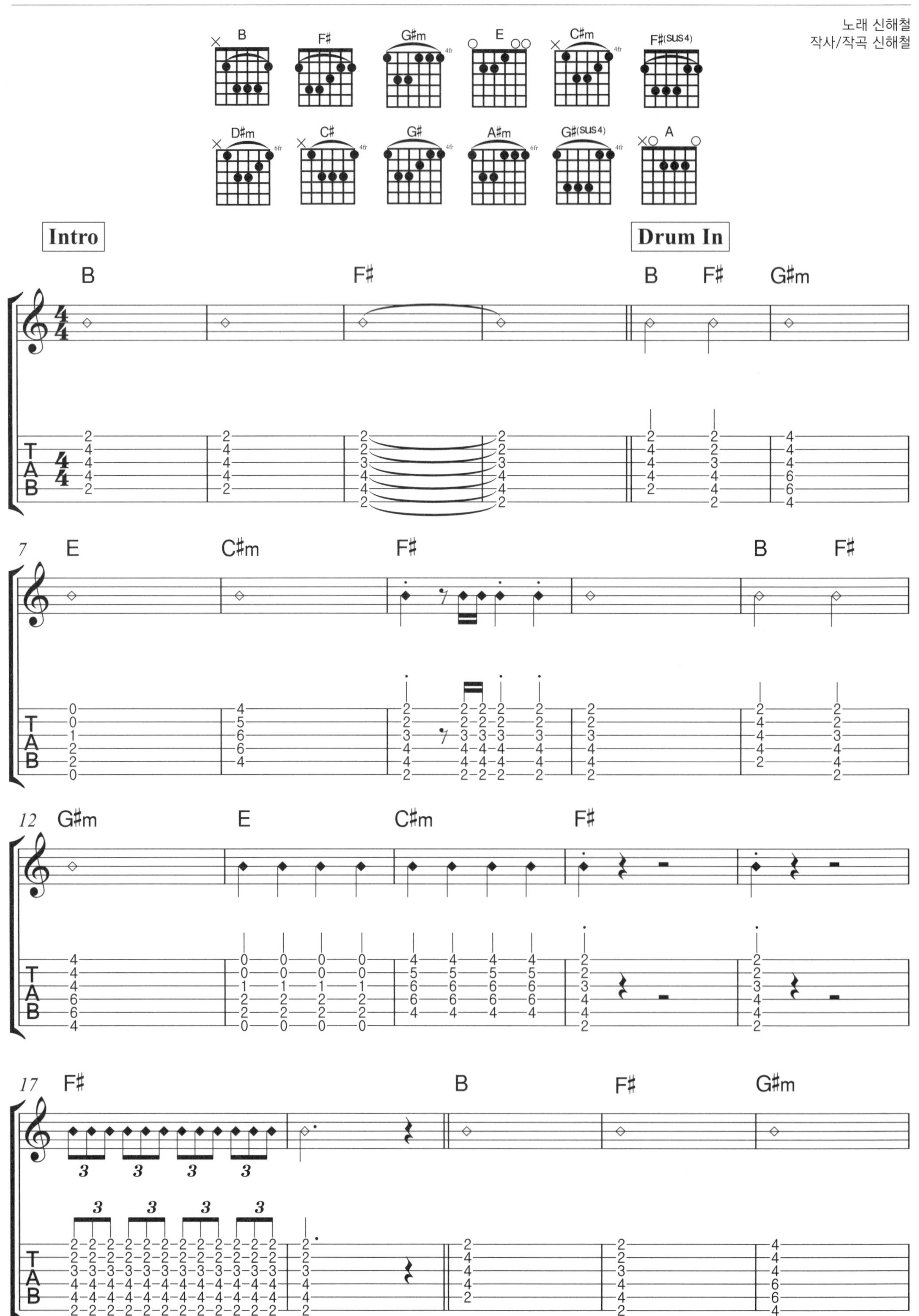

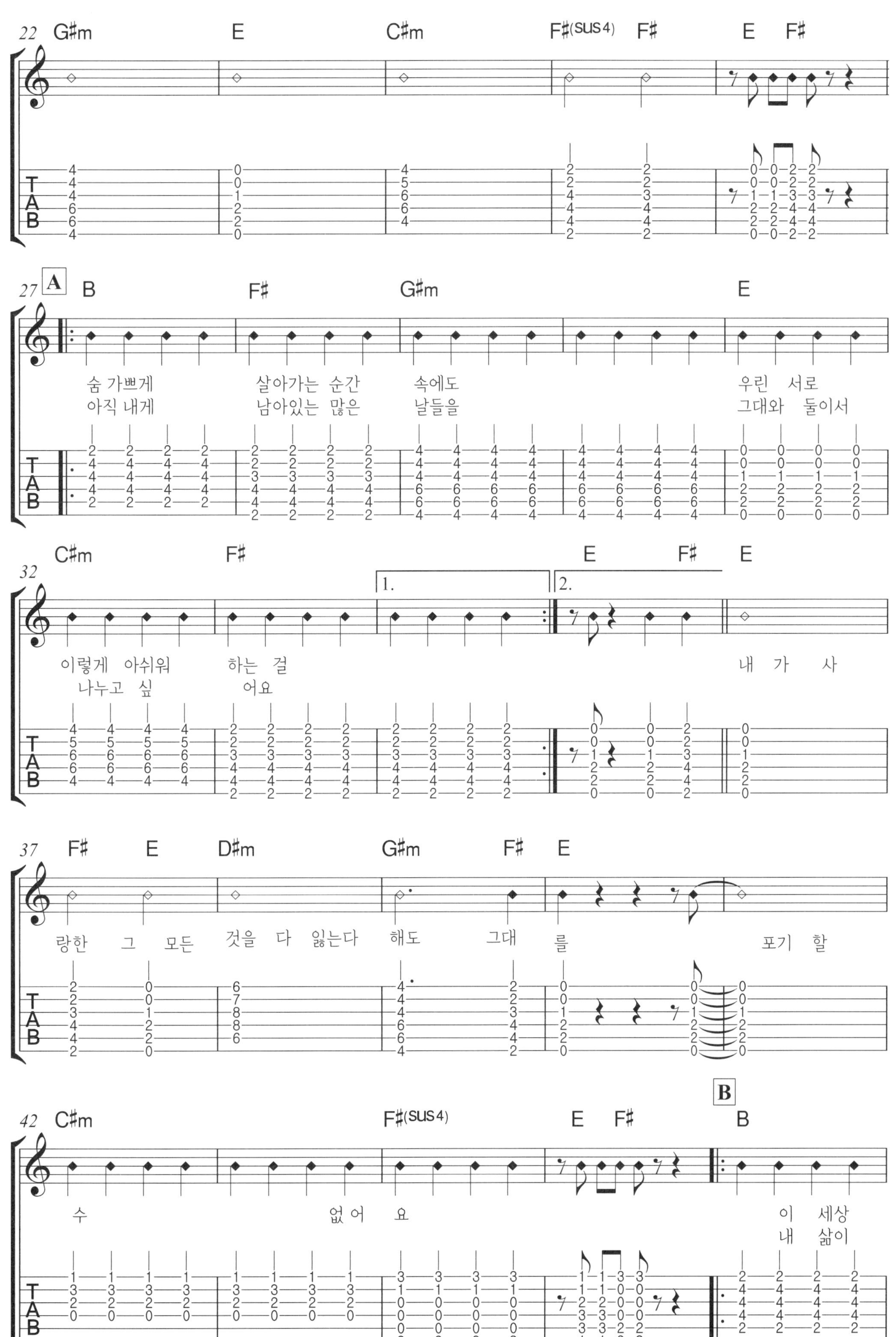
22 G♯m E C♯m F♯(SUS 4) F♯ E F♯
27 A B F♯ G♯m E
숨 가쁘게 살아가는 순간 속에도 우린 서로
아직 내게 남아있는 많은 날들을 그대와 둘이서
32 C♯m F♯ 1. 2. E F♯ E
이렇게 아쉬워 하는 걸 내 가 사
나누고 싶 어요
37 F♯ E D♯m G♯m F♯ E
랑한 그 모든 것을 다 잃는다 해도 그대 를 포기 할
42 C♯m F♯(SUS 4) E F♯ B B
수 없어 요 이 세상
내 삶이

47
F♯
G♯m
E
C♯m
어느 곳에 서도 나는 그대 숨 결을 느낄 수
끝나는 날 까 지 나는 언제나 그대 곁에 있
52
F♯(SUS 4)
1.
2.
E F♯
Guitar Solo
B
F♯
있어요
겠어요
57
G♯m
E
C♯m
F♯(SUS 4)
62
F♯
1.
2.
E F♯
E
F♯ E
D♯m
내 가 사 랑한 그 모든 것을 다 잃는다
67
G♯m
F♯
E
C♯m
해도 그대 를 포기할 수 없어
TAB

C
72 F#(SUS4) E F# B F# G#m
요 내 삶이 끝나는 날 까지
77 G#m E C#m F#(SUS4) F# C#
나는 언제나 그대 곁에 있 겠어요
이 세상
내 삶이
83 G# A#m F# D#m G#(SUS4)
어느 곳에 서도 나는 그대 숨 결을 느낄 수 있어요
끝나는 날 까지 나는 언제나 그대 곁에 있 겠어요
89 G#(SUS4) G# F# G# C# B
1.
2.
95 A G# D#m G# D#m C#m C#
Rit.

Snowman

40

노래 Sia
작사/작곡 Sia, Greg Kurstin

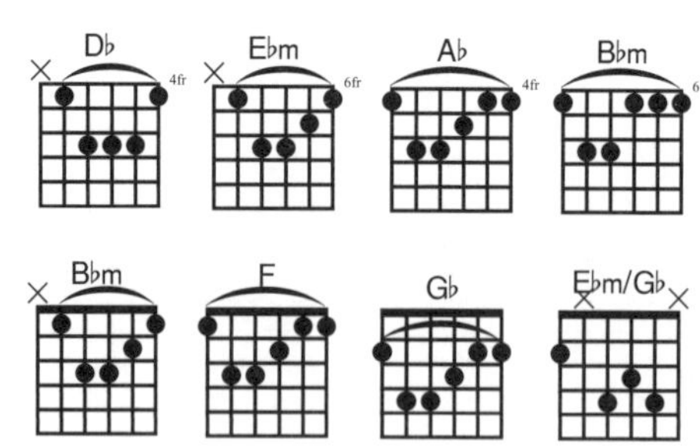

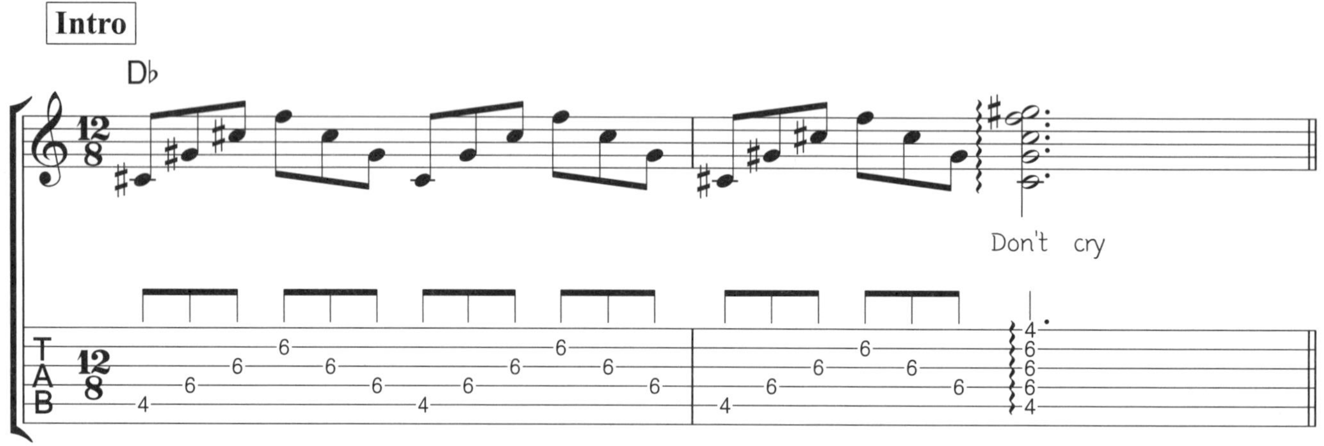

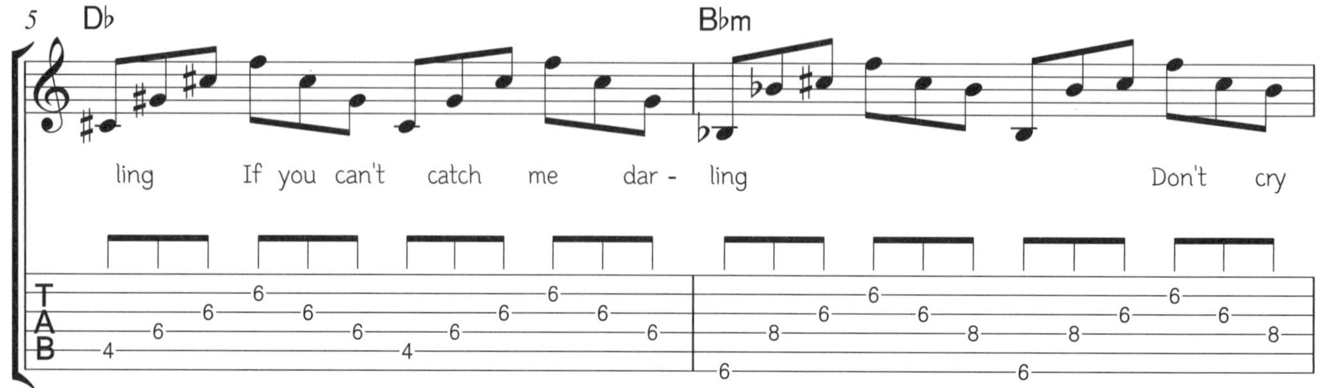

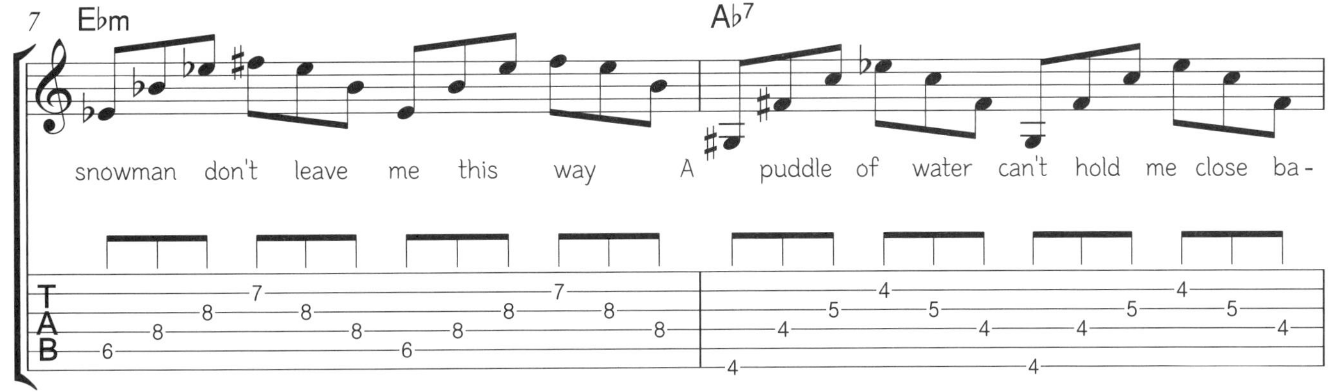
7
E♭m
A♭7
snowman don't leave me this way A puddle of water can't hold me close ba -
T
A
B

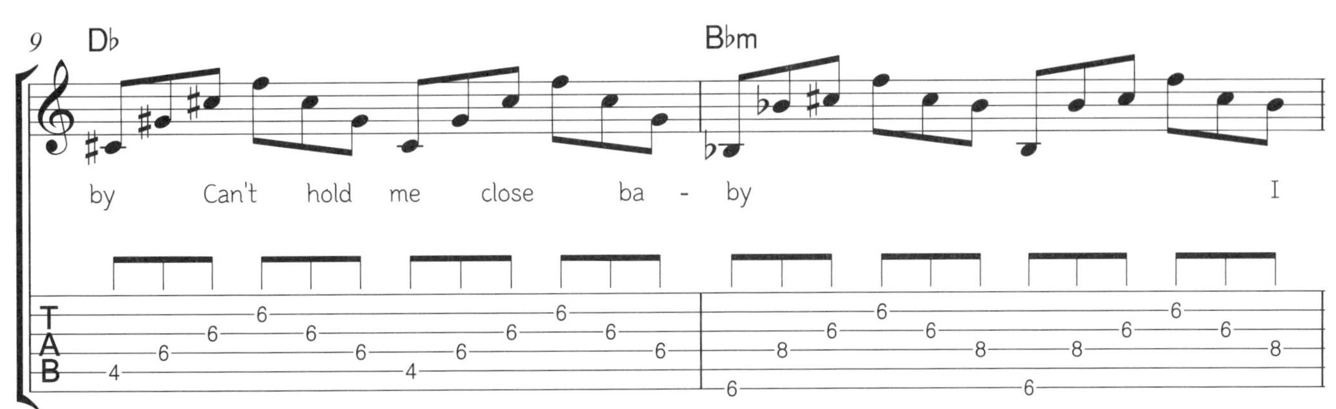
9
D♭
B♭m
by Can't hold me close ba - by I
T
A
B

B

11
F
B♭m
A♭
D♭
want you to know that I'm never leaving Cause I'm Mrs. Snow 'till death we'll be freezing Yeah
T
A
B

13
F
B♭m
G♭
A♭
you are my home my home for all seasons So come on let's go Let's
T
A
B

15
D♭ F B♭m G♭
go below zero And hide from the sun I love you forever where we'll have some fun Yes

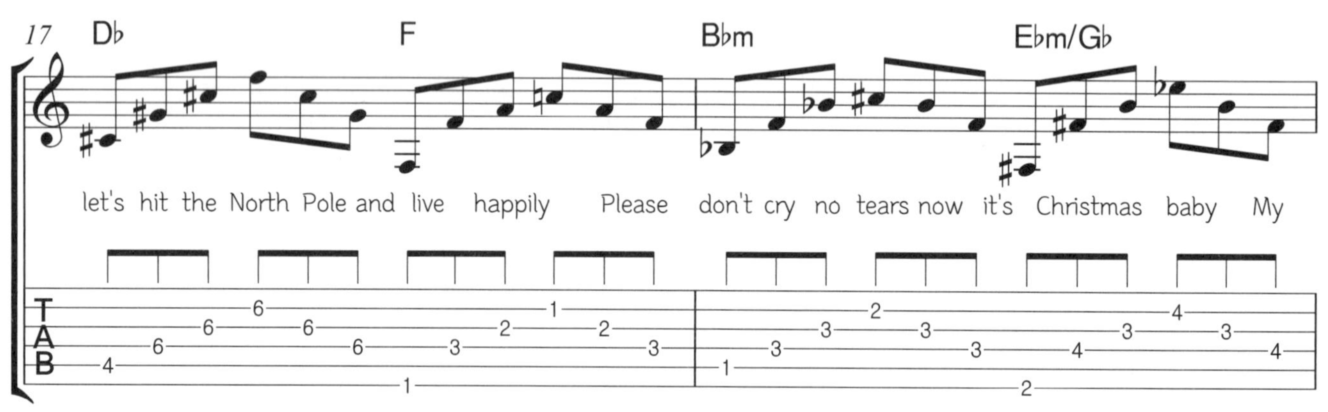
17
D♭ F B♭m E♭m/G♭
let's hit the North Pole and live happily Please don't cry no tears now it's Christmas baby My

19
D♭ F B♭m G♭ D♭ F
snowman and me My snowman and me

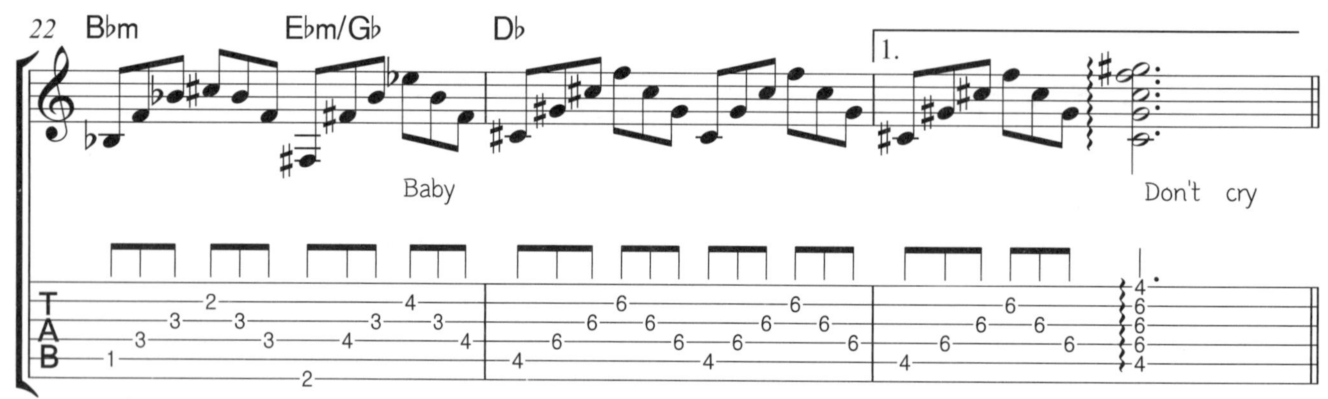
22
B♭m E♭m/G♭ D♭
1.
Baby Don't cry

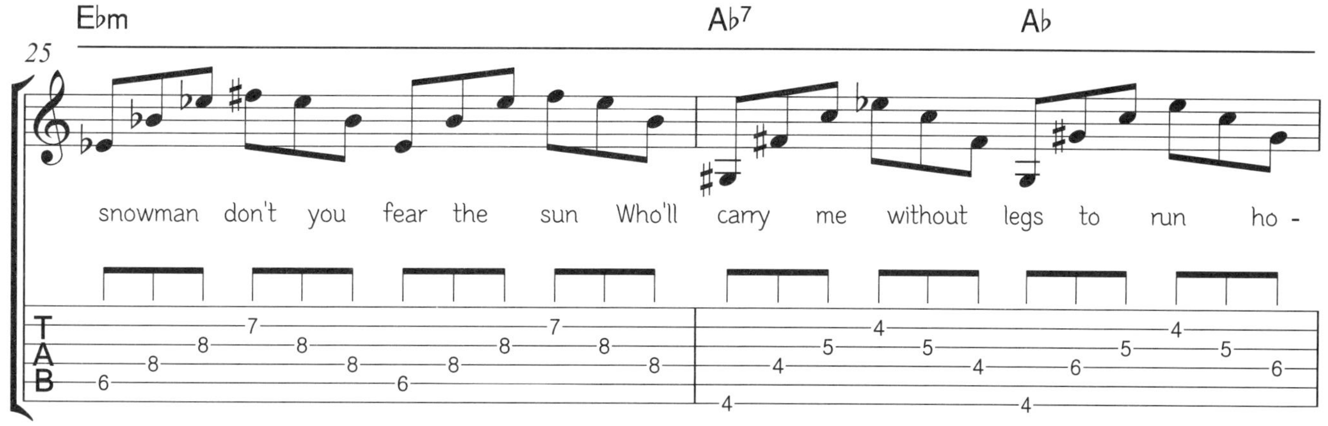
Ebm
Ab7
Ab
25
snowman don't you fear the sun Who'll carry me without legs to run ho -

Db
Bbm
27
ney Without legs to run ho - ney Don't cry

Ebm
Ab7
Ab
29
snowman don't you shed a tear Who'll hear my secrets if you don't have ears ba -

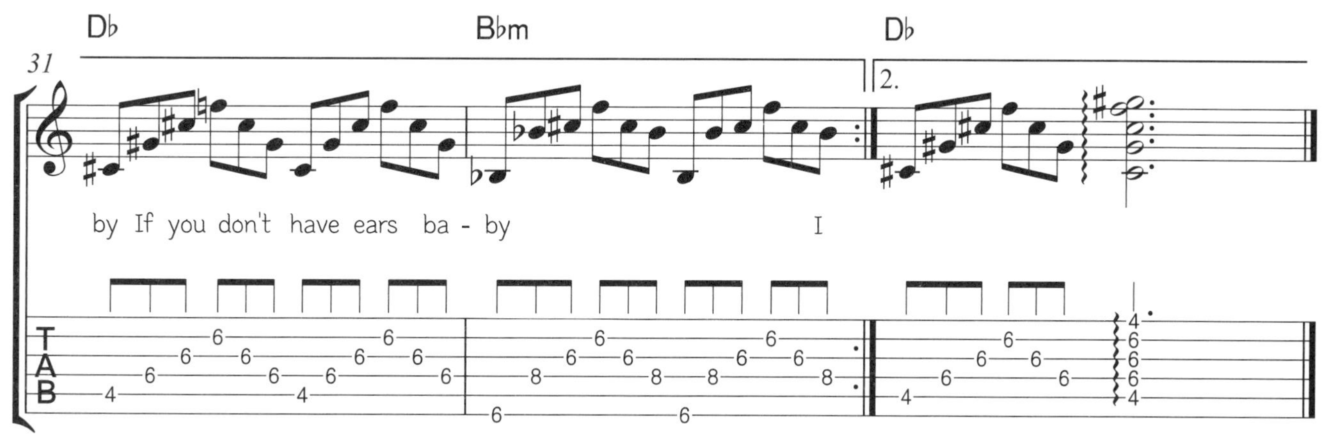
Db
Bbm
Db
31
2.
by If you don't have ears ba - by I

41 꿈처럼

노래 벤
작사 소라, 박우상
작곡 박우상

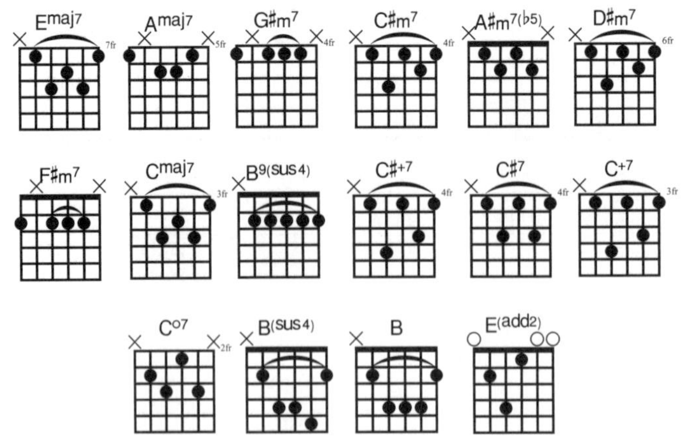

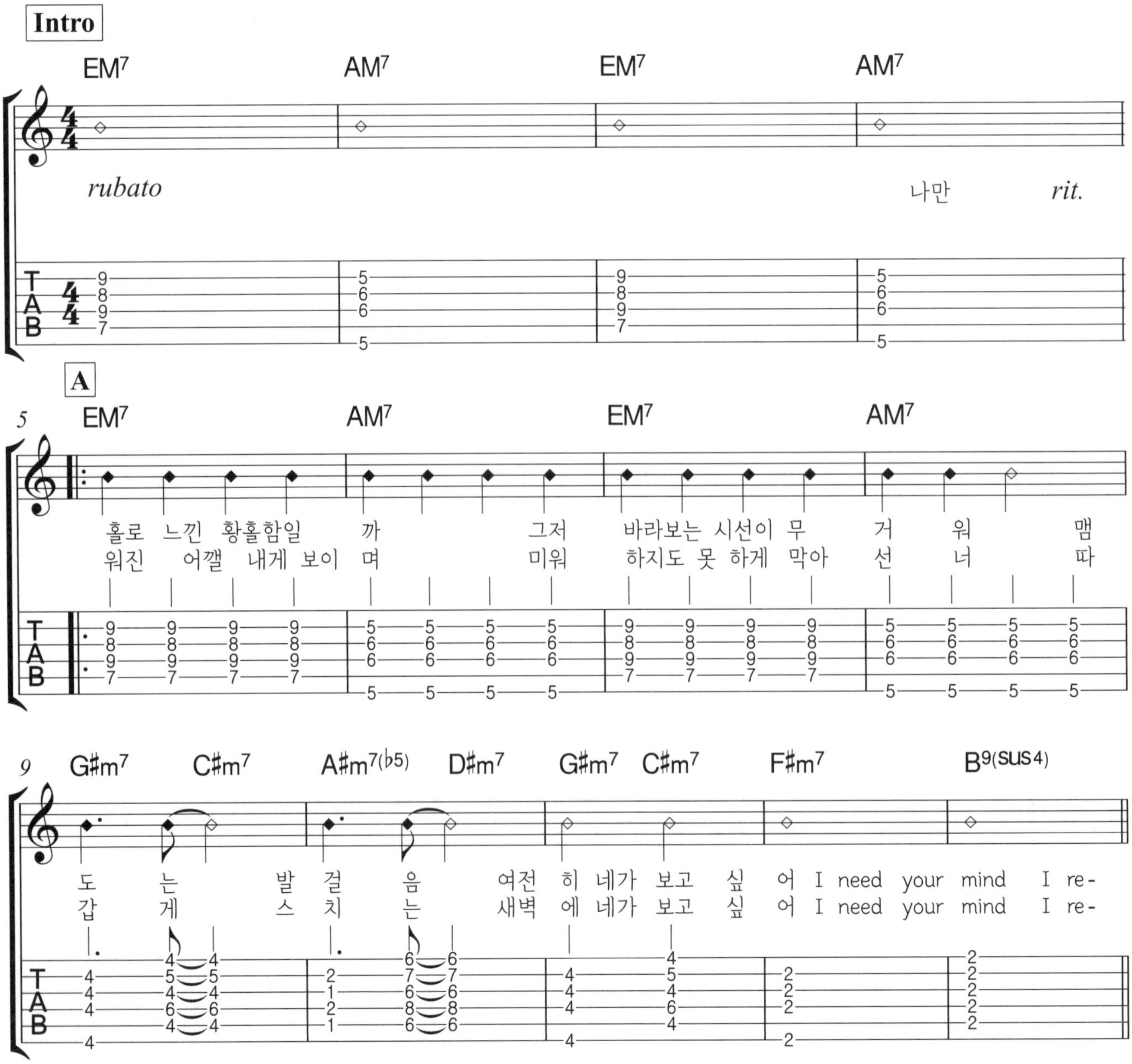

Intro

EM7 AM7 EM7 AM7

rubato 나만 *rit.*

A

5 EM7 AM7 EM7 AM7

홀로 느낀 황홀함일 까 그저 바라보는 시선이 무 거 워 맴
워진 어깰 내게 보이 며 미워 하지도 못 하게 막아 선 너 따

9 G#m7 C#m7 A#m7(b5) D#m7 G#m7 C#m7 F#m7 B9(SUS4)

도 는 발 걸 음 여전 히 네가 보고 싶 어 I need your mind I re-
갑 게 스 치 는 새벽 에 네가 보고 싶 어 I need your mind I re-

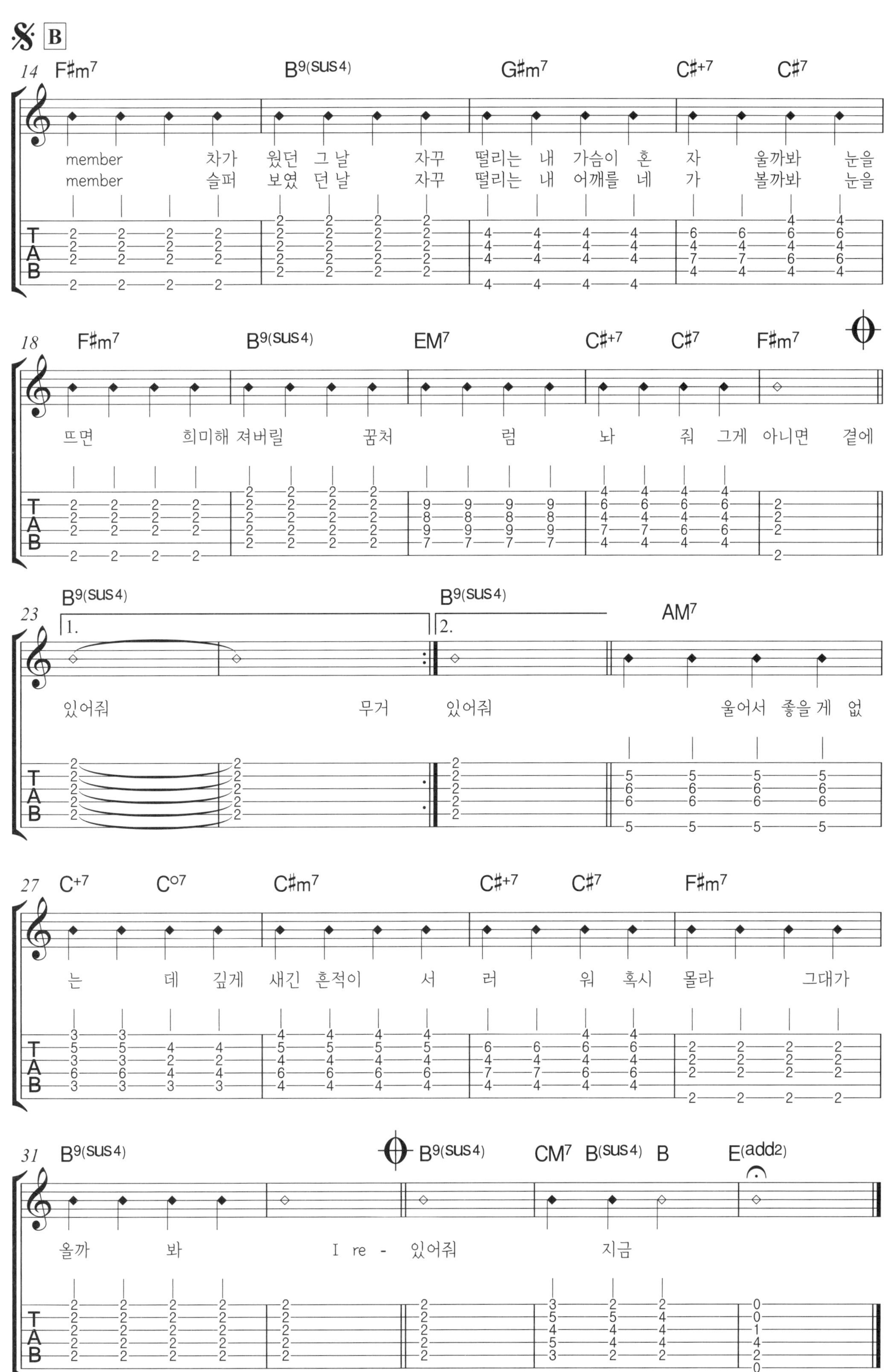
B
F#m7
B9(sus4)
G#m7
C#+7
C#7
member 차가 웠던 그 날 자꾸 떨리는 내 가슴이 혼 자 울까봐 눈을
member 슬퍼 보였 던 날 자꾸 떨리는 내 어깨를 네 가 볼까봐 눈을
EM7
뜨면 희미해 져버릴 꿈처 럼 놔 줘 그게 아니면 곁에
AM7
1.
2.
있어줘 무거 있어줘 울어서 좋을 게 없
C+7
Co7
C#m7
는 데 깊게 새긴 흔적이 서 러 워 혹시 몰라 그대가
CM7
B(sus4)
E(add2)
올까 봐 I re - 있어줘 지금
D.S. al Coda

42

별 보러 갈래?

노래 볼빨간사춘기
작사 안지영
작곡 안지영, 바닐라맨

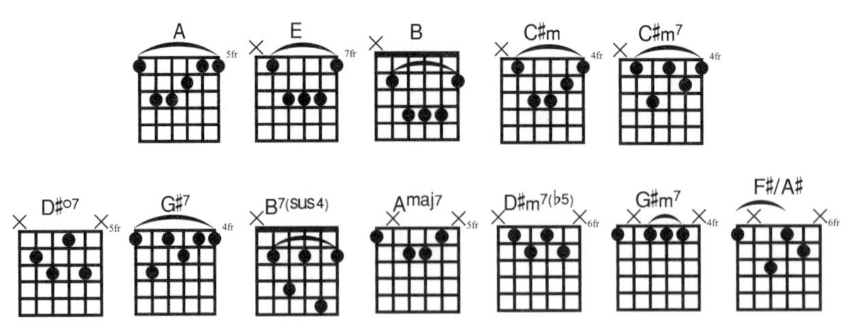

Intro

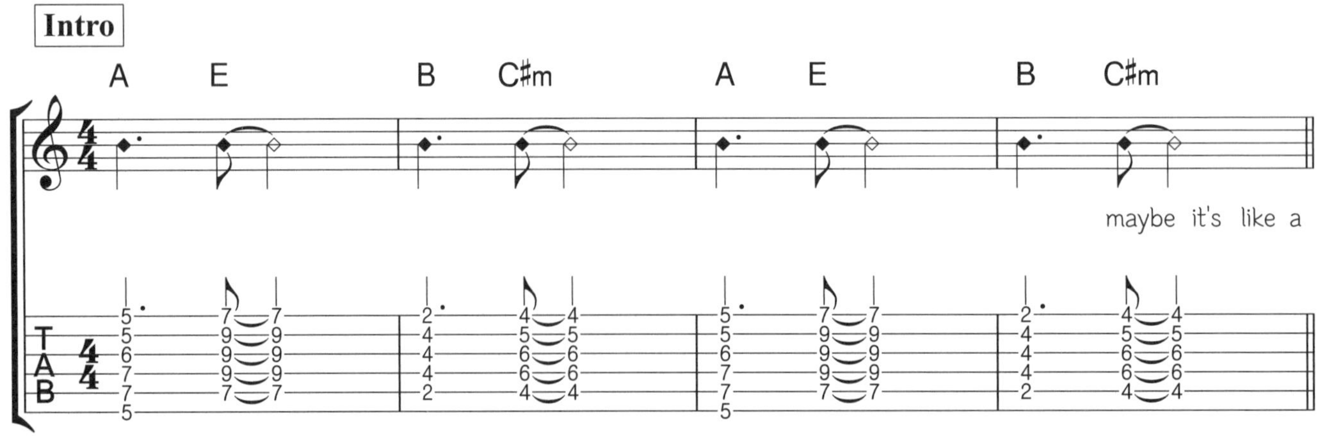

A

9
A E B C♯m A E B C♯m
night 재미없는 얘기 no beer no cheers 우리 둘만 여기 재미없는 사람끼리 눈이 맞았나 봐 you've heard my

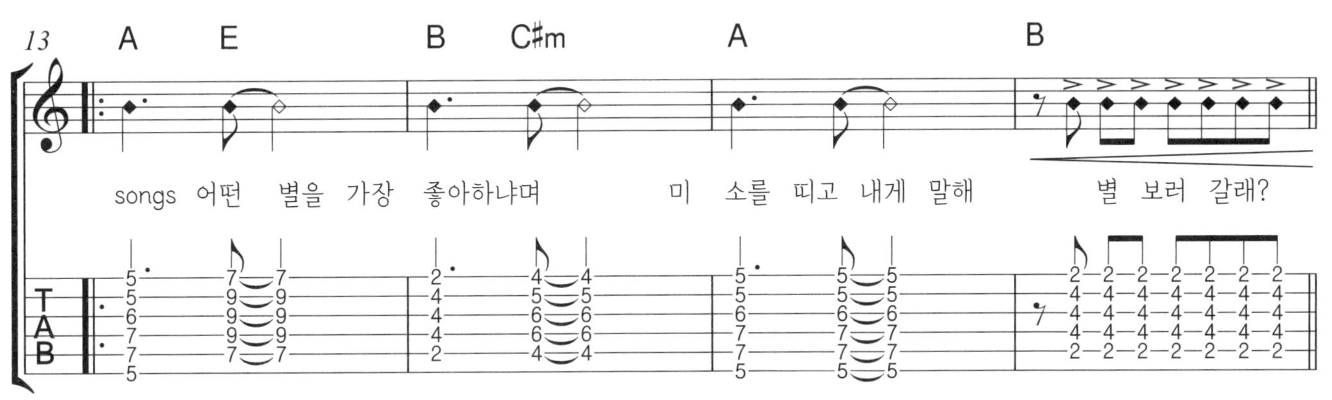
13
A E B C♯m A B
songs 어떤 별을 가장 좋아하냐며 미 소를 띠고 내게 말해 별 보러 갈래?

B
17
E D♯o7 G♯7 C♯m7 A E G♯7 C♯m7 A Am
lis - ten to our favorite songs 좋아하 는 노랠 듣고 웃고 떠들다 보면 we

21
E D♯o7 G♯7 C♯m7 A E G♯7 C♯m7 A B7(SUS4)
1.
drive a - way 어 느새 멋진 바다 위 로 별들이 쏟아져 내 려 can't you see the stars?

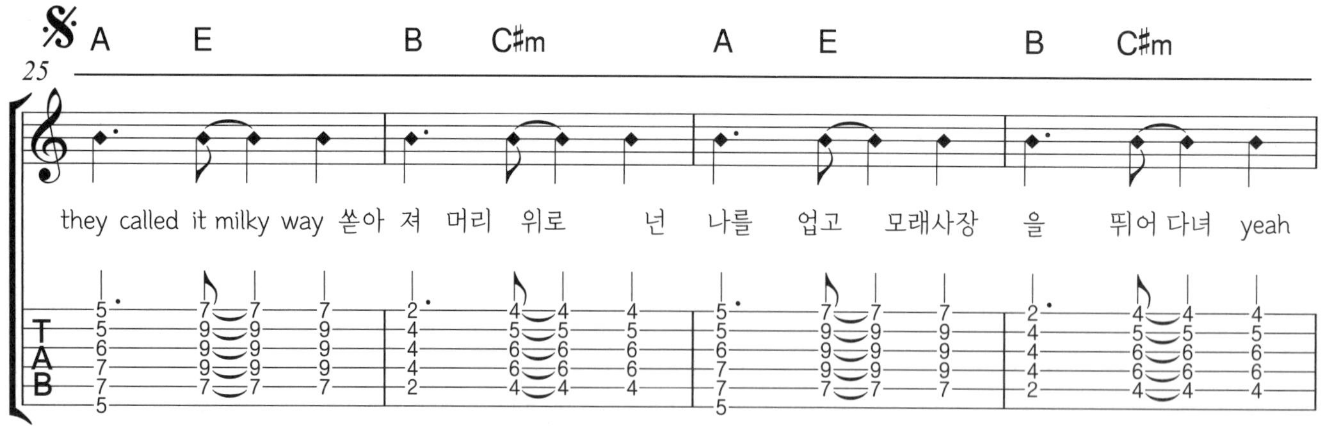
A E B C♯m A E B C♯m
they called it milky way 쏟아 져 머리 위로 넌 나를 업고 모래사장 을 뛰어 다녀 yeah

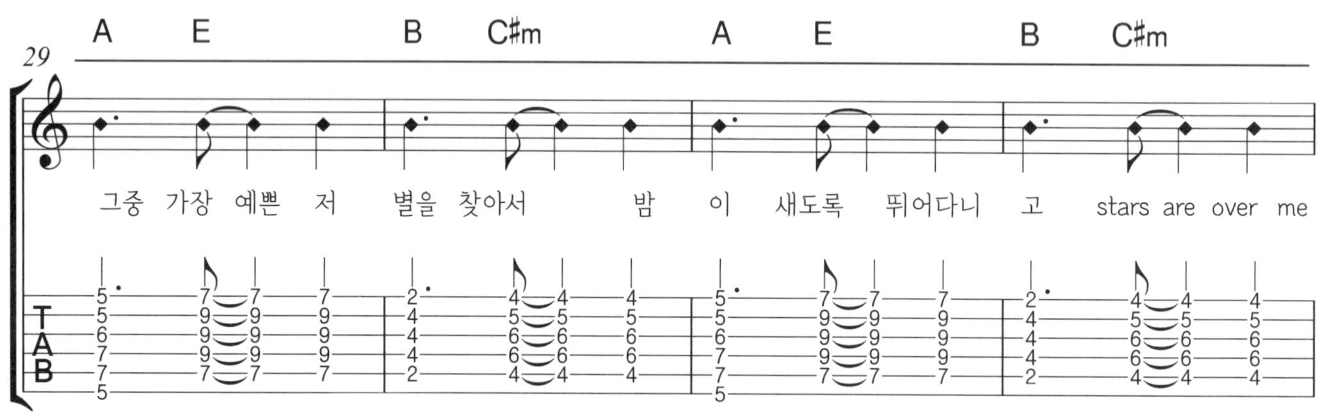
A E B C♯m A E B C♯m
그중 가장 예쁜 저 별을 찾아서 밤 이 새도록 뛰어다니 고 stars are over me

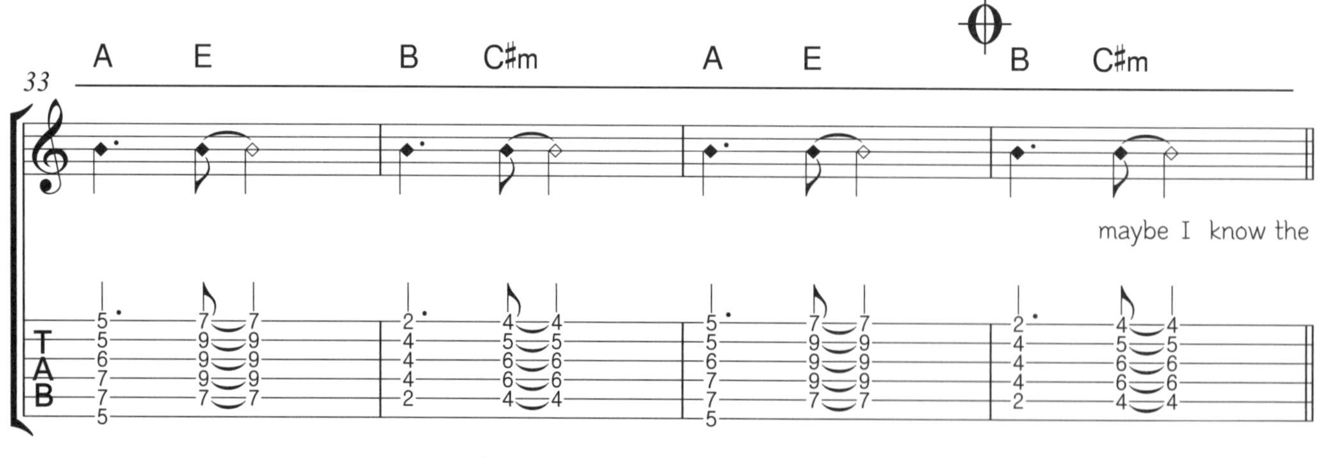
A E B C♯m A E B C♯m
maybe I know the

A E B C♯m A E B C♯m
name I see the stars over me maybe you got a planet I know you you got my star everyday

41
A E B C#m A E B C#m
night 매일 같은 얘기 nofeeling no chilling 우리 둘만 여기 재미없는 사람끼리 눈 이 맞았나 봐 you've heard my

C
45
C#m7 A B7(SUS4) G#m7 AM7 G#m7 AM7
2.
려 can't you see the stars? 모래 위 에 누워서 저 별을 다 세보다가 아

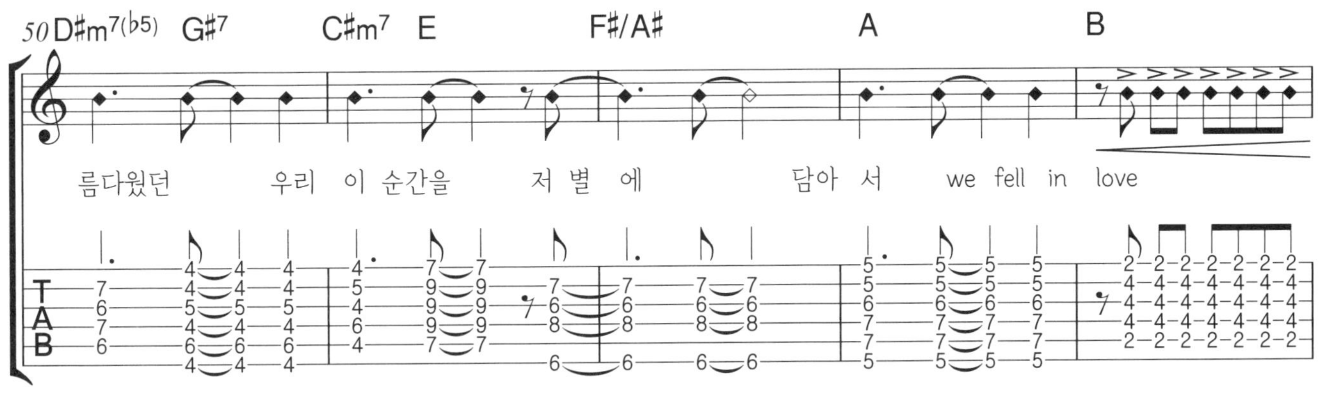
50
D#m7(b5) G#7 C#m7 E F#/A# A B
름다웠던 우리 이 순간을 저 별 에 담아 서 we fell in love

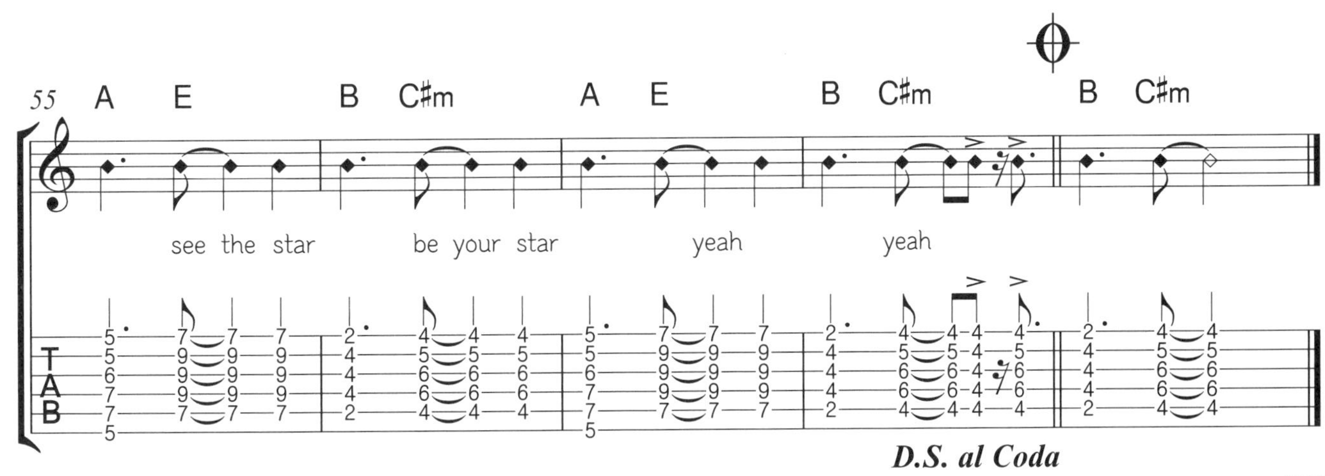
55
A E B C#m A E B C#m B C#m
see the star be your star yeah yeah
D.S. al Coda

43 보고 싶다

노래 김범수
작사 윤사라
작곡 윤일상

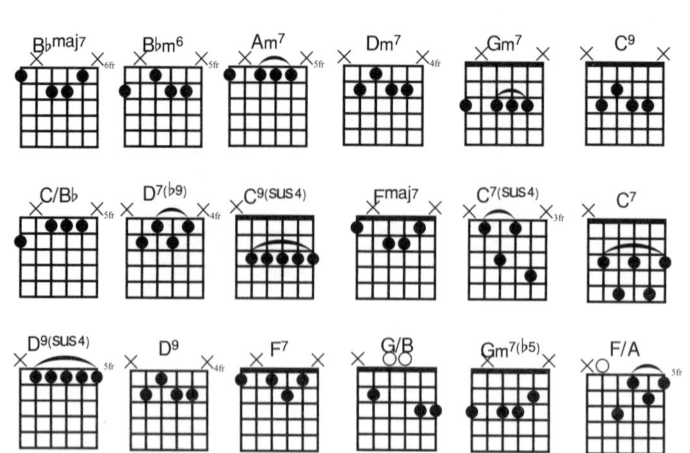

Intro

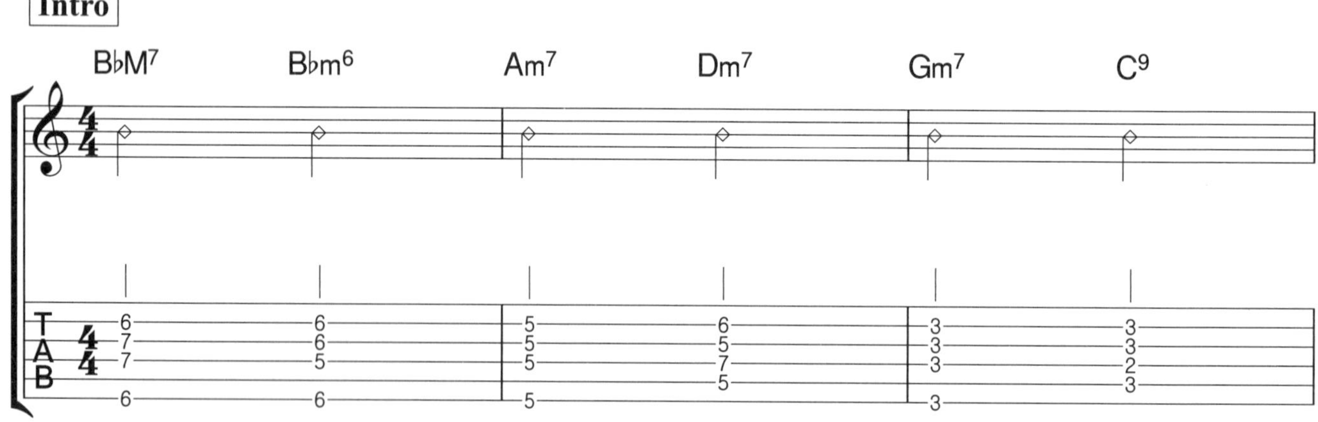

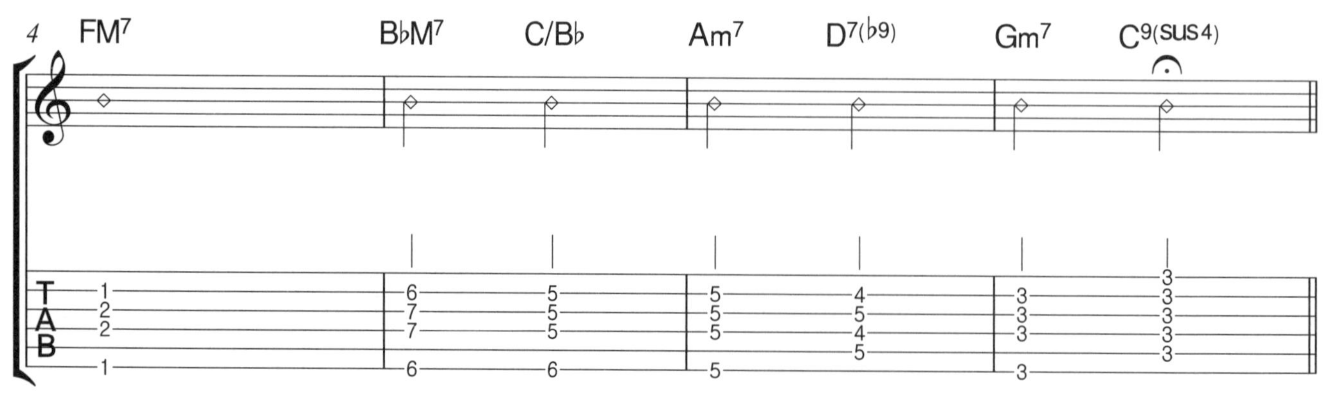

A

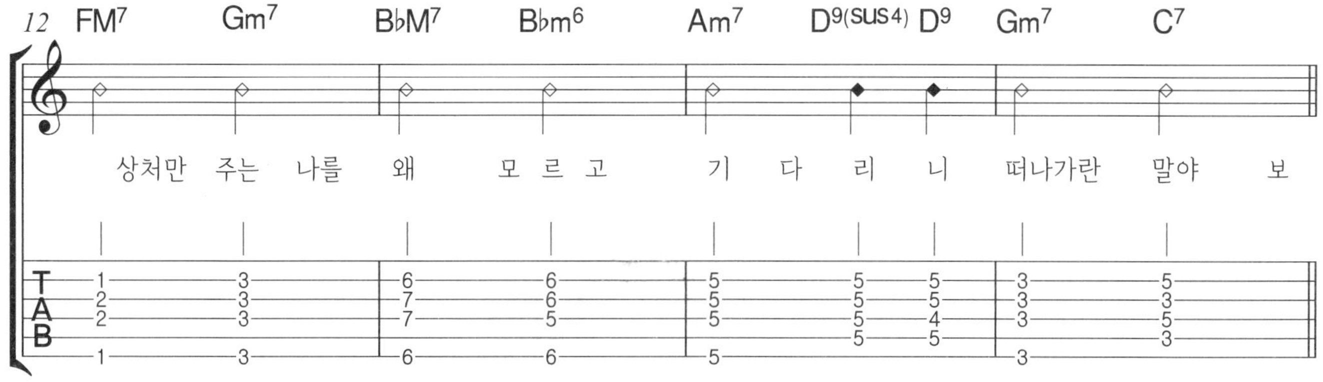
12
FM7 Gm7 B♭M7 B♭m6 Am7 D9(SUS4) D9 Gm7 C7
상처만 주는 나를 왜 모 르 고 기 다 리 니 떠나가란 말야 보

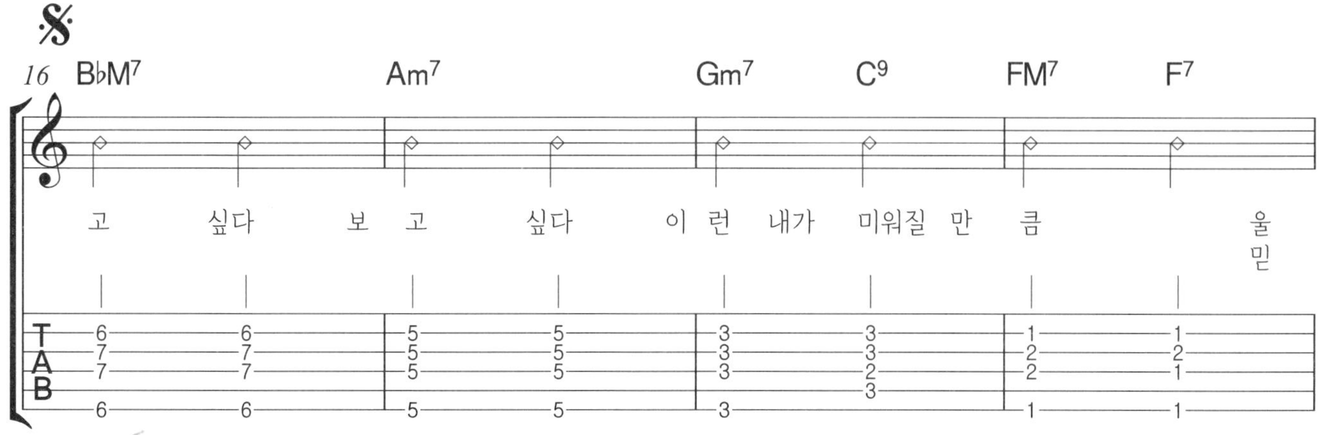
𝄋
16
B♭M7 Am7 Gm7 C9 FM7 F7
고 싶다 보 고 싶다 이 런 내가 미워질 만 큼 울
믿

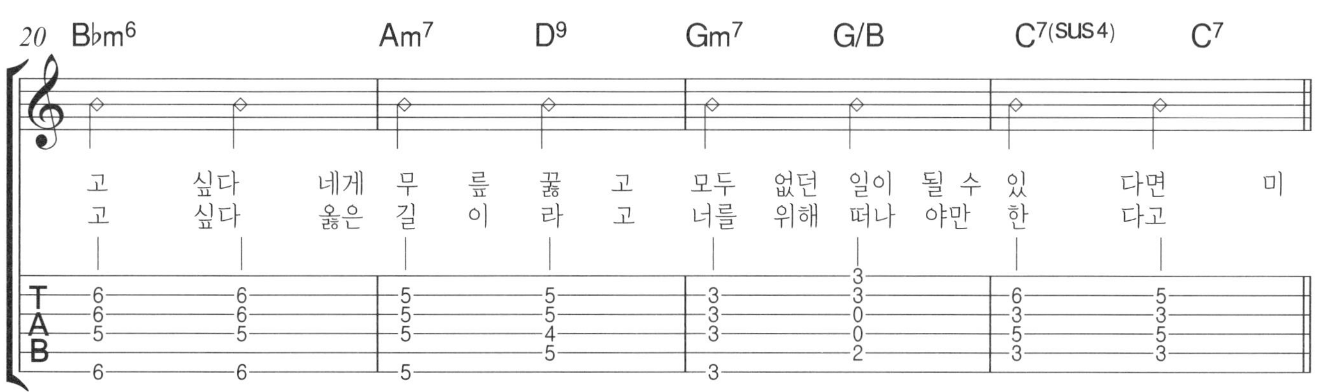
20
B♭m6 Am7 D9 Gm7 G/B C7(SUS4) C7
고 싶다 네게 무 릎 꿇 고 모두 없던 일이 될 수 있 다면 미
고 싶다 옳은 길 이 라 고 너를 위해 떠나 야만 한 다고

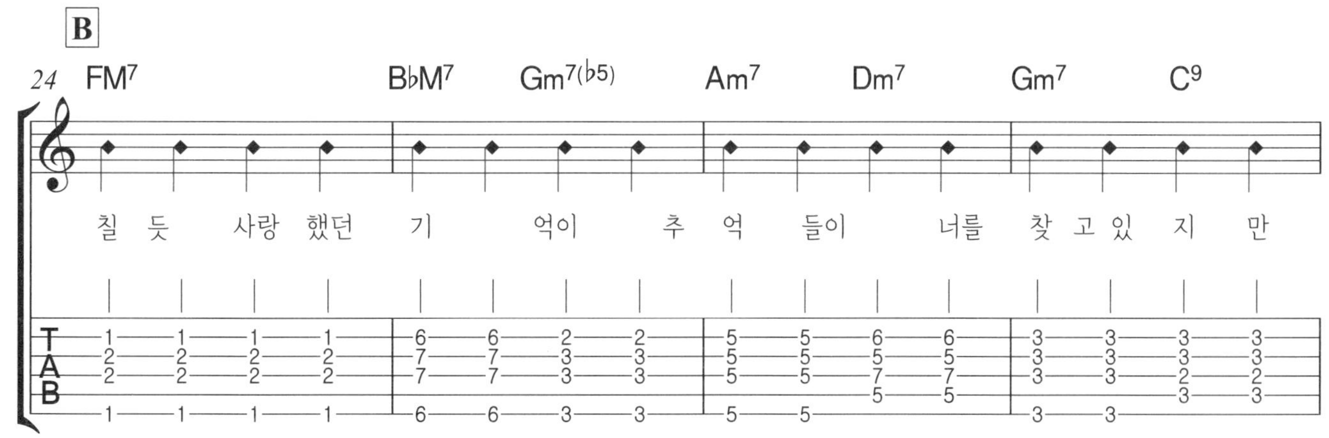
B
24
FM7 B♭M7 Gm7(♭5) Am7 Dm7 Gm7 C9
칠 듯 사랑 했던 기 억이 추 억 들이 너를 찾 고 있 지 만

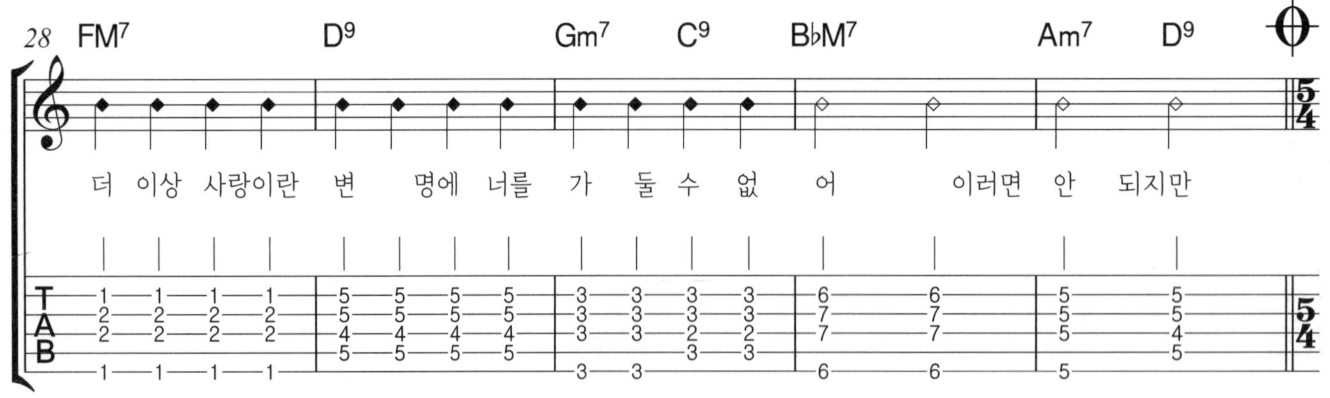
28 FM7 D9 Gm7 C9 B♭M7 Am7 D9
더 이상 사랑이란 변 명에 너를 가 둘 수 없 어 이러면 안 되지만

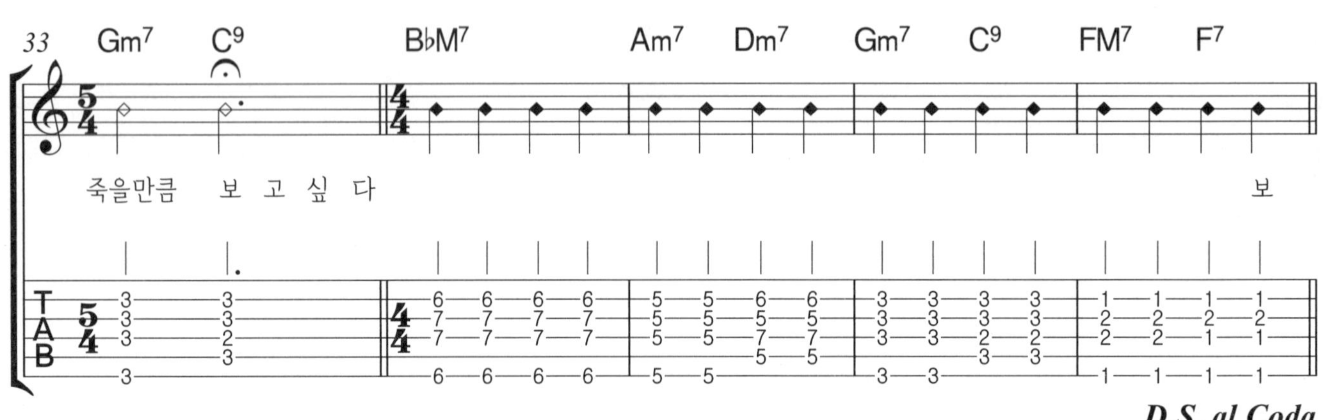
33 Gm7 C9 B♭M7 Am7 Dm7 Gm7 C9 FM7 F7
죽을만큼 보 고 싶 다 보
D.S. al Coda

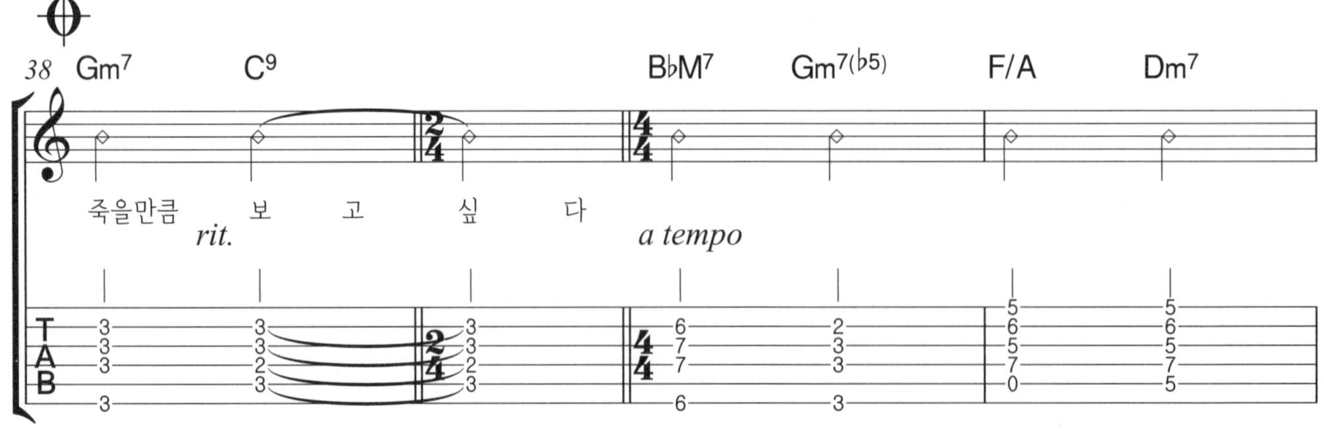
38 Gm7 C9 B♭M7 Gm7(♭5) F/A Dm7
죽을만큼 보 고 싶 다
rit.
a tempo

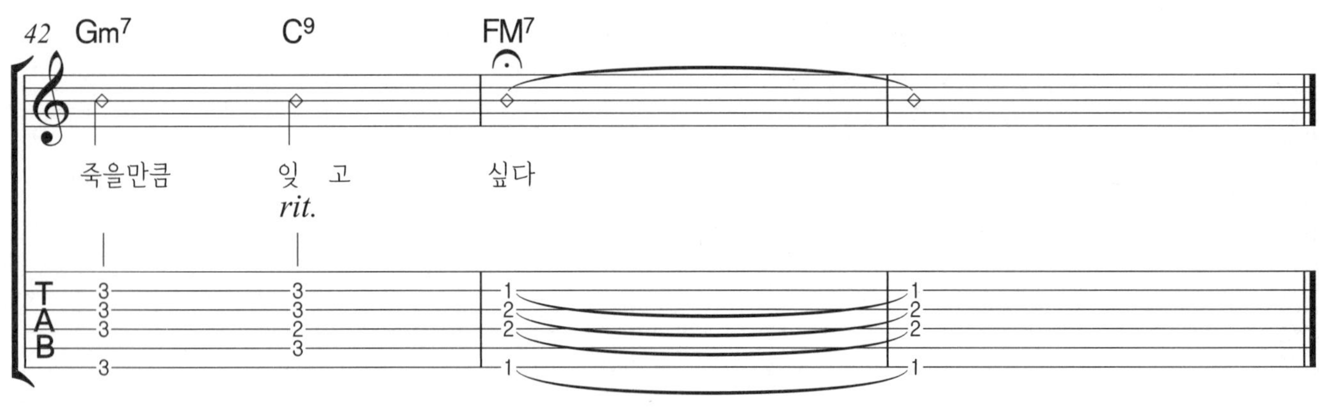
42 Gm7 C9 FM7
죽을만큼 잊 고 싶다
rit.

44

봄 사랑 벚꽃 말고

노래 HIGH4, 아이유
작사 아이유, 오승택
작곡 이종훈, 이채규

18 CM7 Am7 Bm7 Em7 A7 Dm7 G7
얘기가 듣고 싶어 한바탕 휩쓸고 지나 가버릴 오오 봄 사랑 벚꽃 말고
22 CM7 Am7 Bm7 Em7
1.
봄 사랑 벚꽃 말고 봄 사랑 벚꽃 말고 봄 사랑 벚꽃 말고
26 CM7 Am7 Bm7
손에 닿지도 않을 말로 날 꿈틀거리게 하지 말어 맘 먹고 밖에 나가도 막상 뭐 별 거 있나 손 잡고
30 CM7 F7 Bm7 Em7 E♭M7 D7(SUS4)
걸을 사람 하나 없는 내게 오 사랑 노래들이 너무해 나만 빼
34 CM7 Am7 Bm7 Em7 Dm7 G9
고 다 사랑에 빠져 봄 노래를 부르고 꽃 잎이 피어나 눈 앞에 살랑거려도
난 다른

38 CM7 Am7 Bm7 Em7 A7 Dm7 G7
얘기가 듣고 싶어 한바탕 휩쓸고 지나 가버릴 오오 봄 사랑 벚꽃 말고
42 CM7 Am7 Bm7
(Rap 파트)
45 Em7 Dm7 G9 CM7 Am7
48 Bm7 Em7 Dm7 G9 CM7
51 Am7 Bm7 Em7 A7 Dm7 G7 Em7
2.
나만 빼 봄 사랑 벚꽃 말고

45 비도 오고 그래서

노래 헤이즈
작사 헤이즈
작곡 헤이즈, 다비(DAVII)

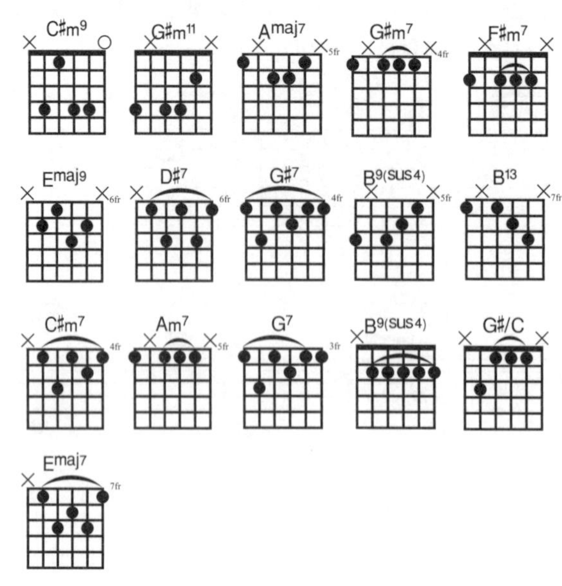

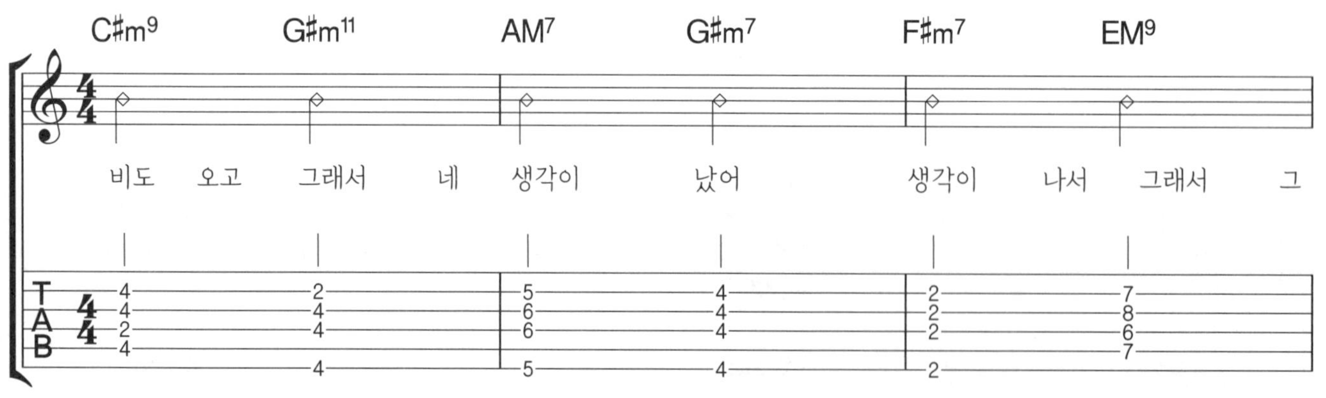

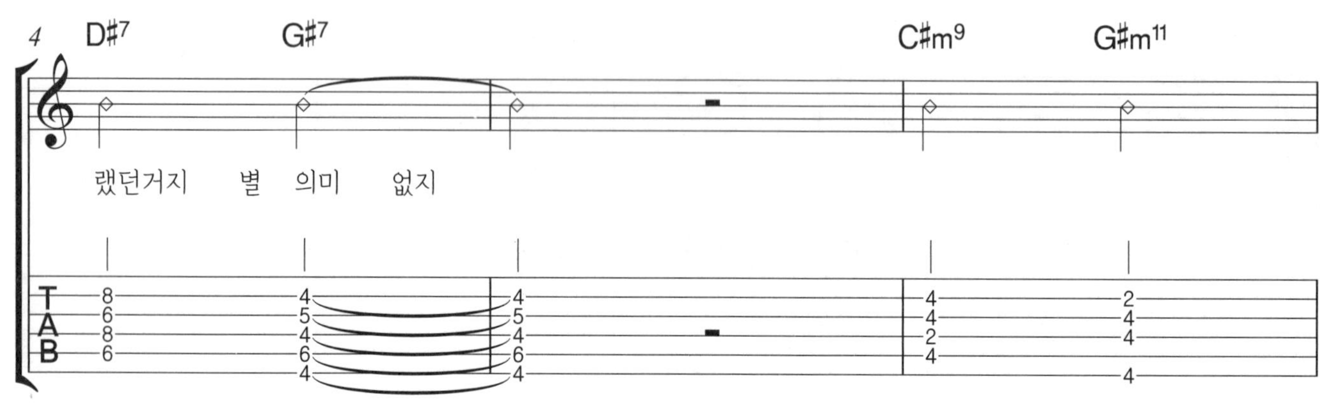

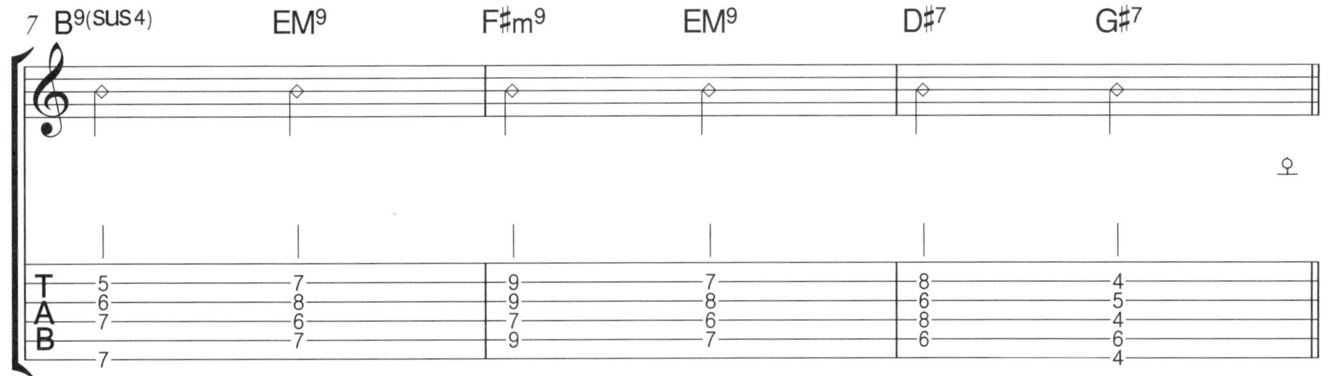
7 B9(SUS4) EM9 F♯m9 EM9 D♯7 G♯7
오

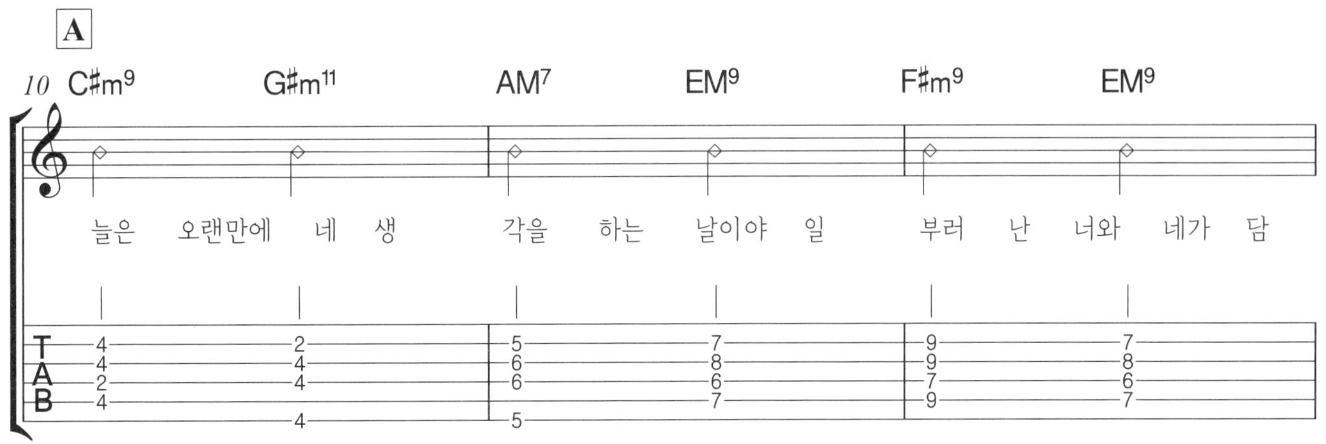
A
10 C♯m9 G♯m11 AM7 EM9 F♯m9 EM9
늘은 오랜만에 네 생 각을 하는 날이야 일 부러 난 너와 네가 담

13 D♯7 G♯7 C♯m9 G♯m11 AM7 EM9
겨 있는 노랠 찾아 오 늘은 슬프거나 우울해 도 괜찮은 맘이야 어

16 F♯m9 EM9 D♯7 G♯7 AM7
차피 이 밤이 다 지나 가면은 별 수도 없이 난 또 한동안은 널 잊

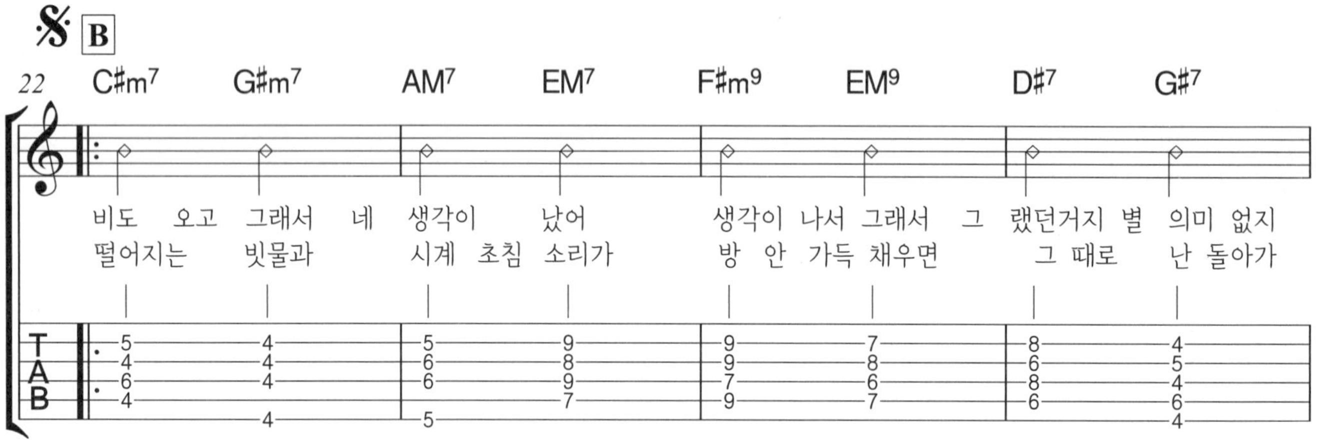

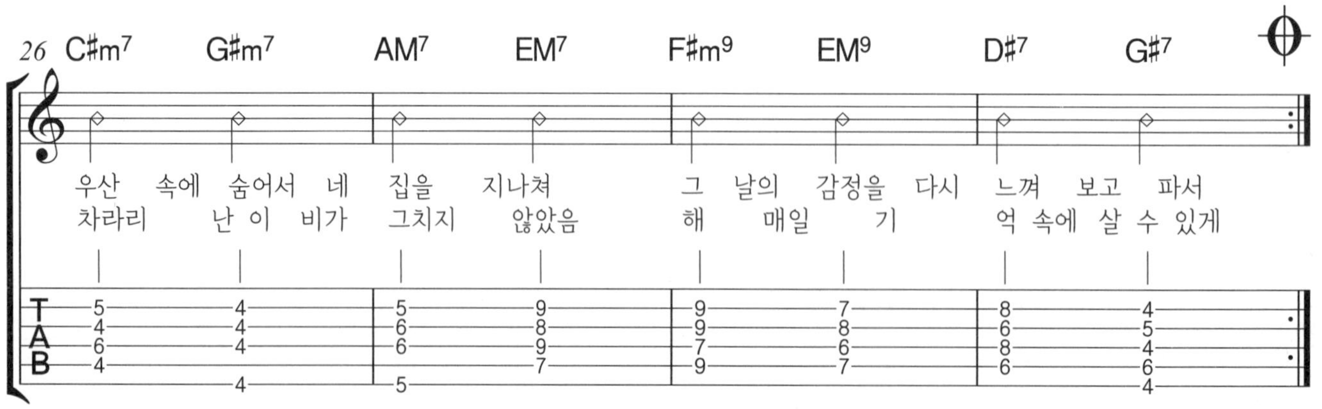

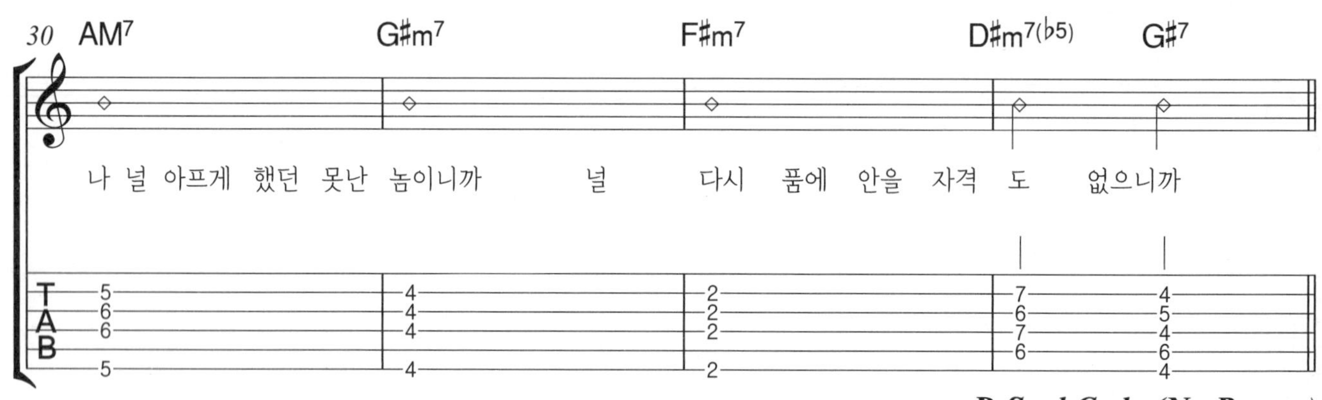

D.S. al Coda (No Repeat)

34
F♯m9
B13
EM9
AM7
우리에게 주어 진 행복을 너무 빨리 쓴 것 같아 거기까지 인 것 같아

38
F♯m9
Am7
G♯m7
G7
F♯m7
B9(SUS4)
G♯/C
이 비가 그칠 땐 각자 있던 곳 에 서 다 시 살아가 야 만

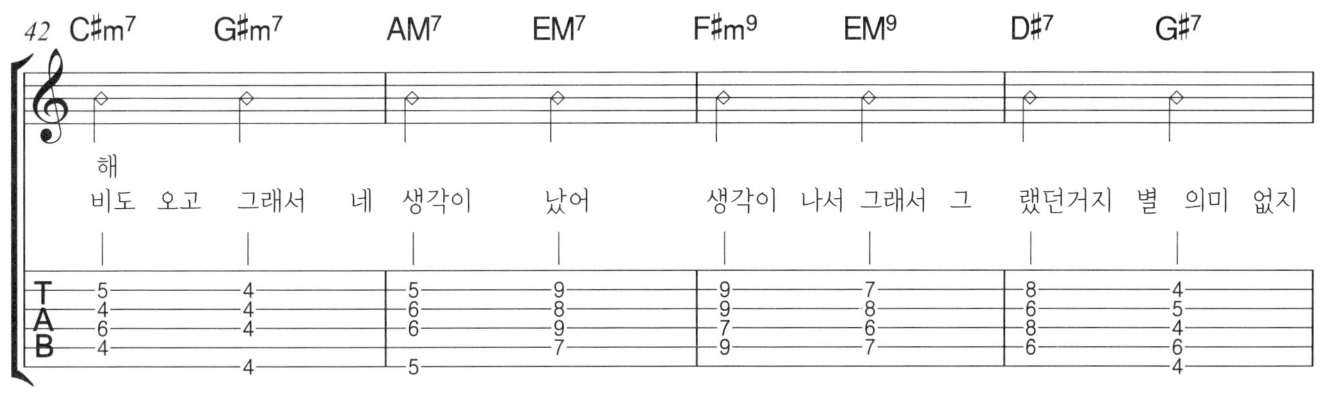
42
C♯m7
G♯m7
AM7
EM7
F♯m9
EM9
D♯7
G♯7
해
비도 오고 그래서 네 생각이 났어 생각이 나서 그래서 그 랬던거지 별 의미 없지

46
C♯m7
G♯m7
AM7
EM7
F♯m9
EM9
D♯7
G♯7
우산 속에 숨어서 네 집을 지나쳐 그 날의 감정을 다시 느껴 보고 파서

사랑한다는 흔한 말

노래 김연우
작사 이승민
작곡 조규만

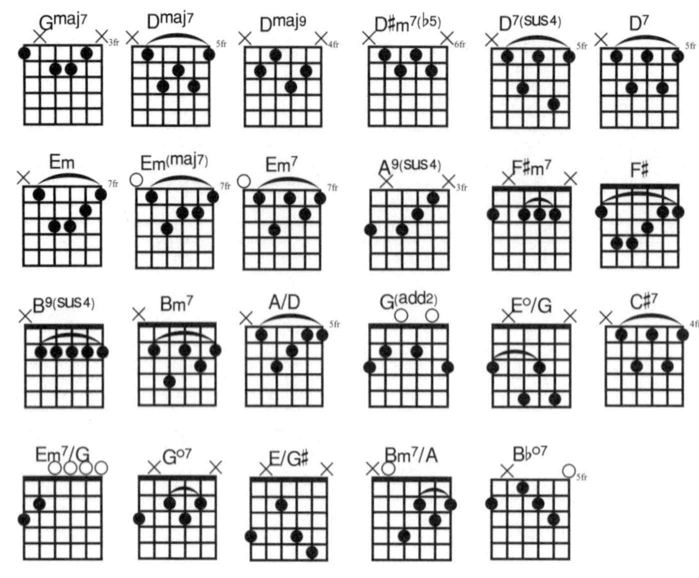

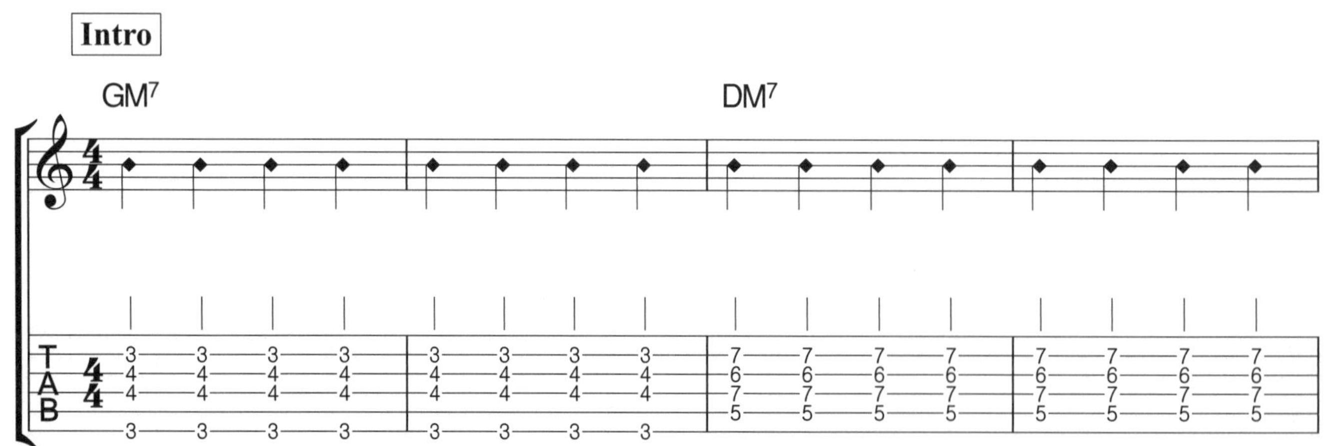

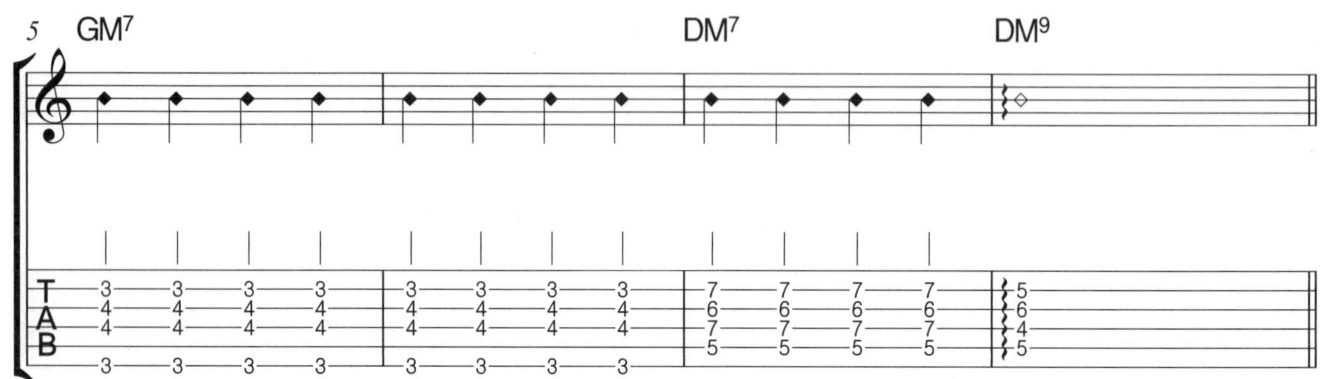

A
9
GM7
DM7
D#m7(b5)
끝 이란 헤어짐이 내겐 낯 설어 아직 까 지
T
A
B

13
Em
Em(M7)
Em7
A9(SUS4)
DM7
난 믿을 수 없는 데 마치 거짓말인 것 처럼
T
A
B

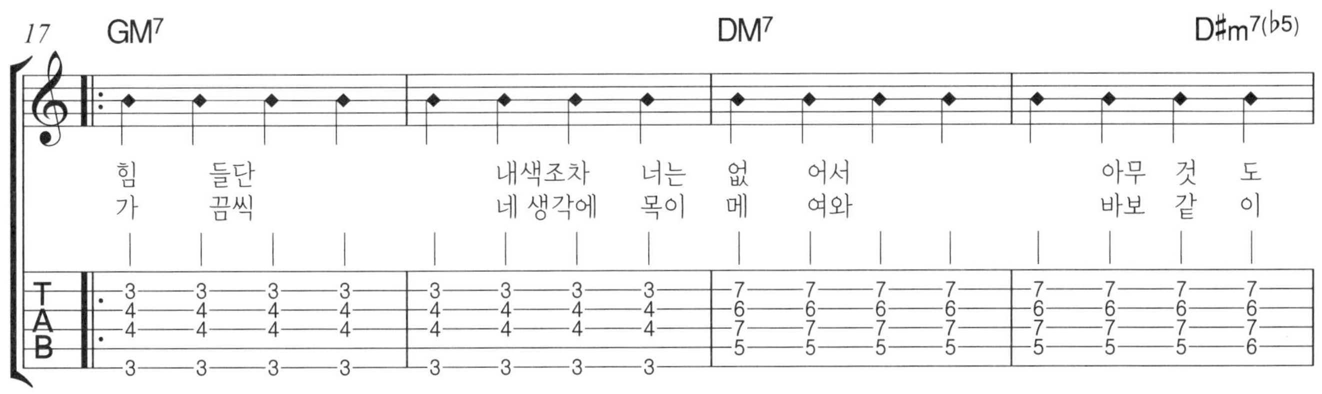
17
GM7
DM7
D#m7(b5)
힘 들단 내색조차 너는 없 어서 아무 것 도
가 끔씩 네 생각에 목이 메 여와 바보 같 이
T
A
B

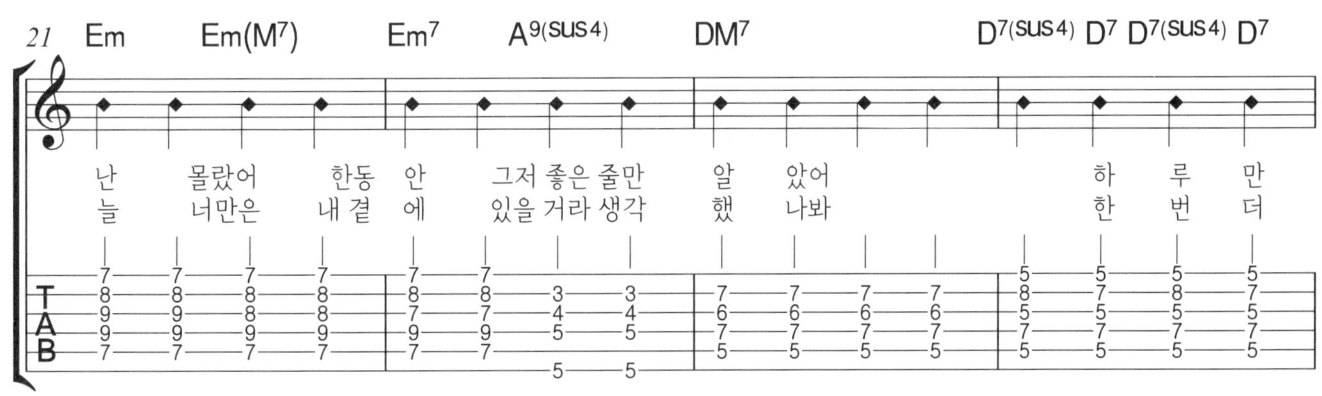
21
Em
Em(M7)
Em7
A9(SUS4)
DM7
D7(SUS4) D7 D7(SUS4) D7
난 몰랐어 한동 안 그저 좋은 줄만 알 았어 하 루 만
늘 너만은 내 곁 에 있을 거라 생각 했 나봐 한 번 더
T
A
B

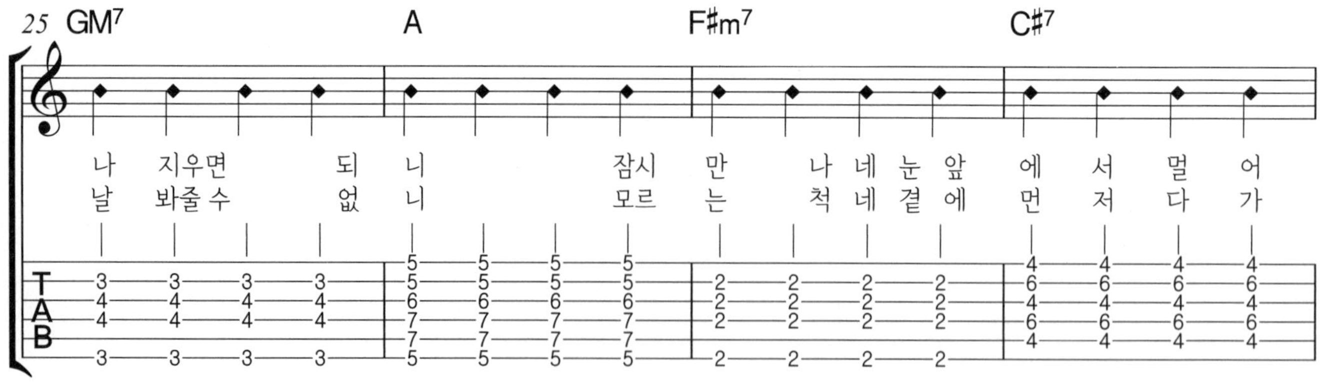
25 GM7 A F#m7 C#7
나 지우면 되니 잠시 만 나 네 눈 앞 에 서 멀 어
날 봐줄수 없니 모르 는 척 네 곁 에 먼 저 다 가

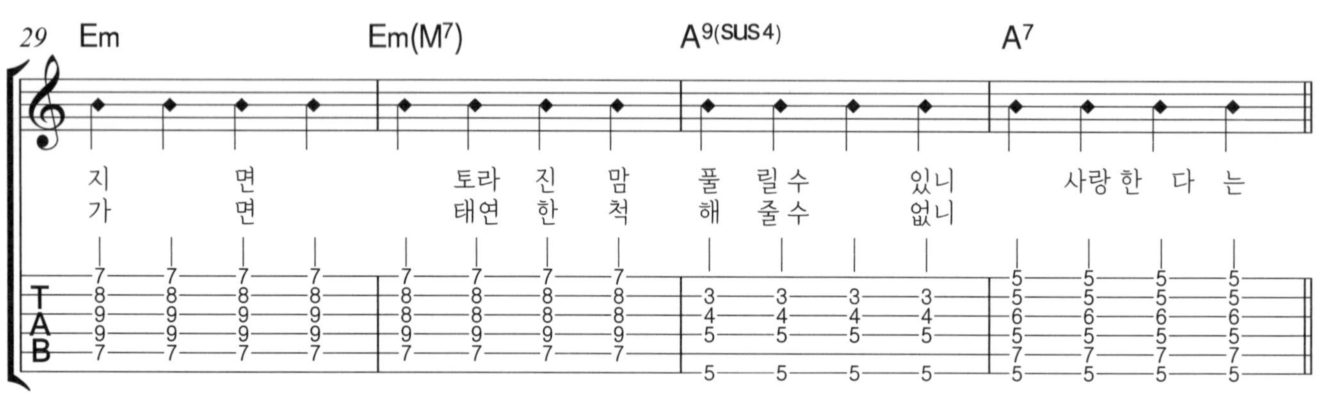
29 Em Em(M7) A9(sus4) A7
지 면 토라 진 맘 풀 릴수 있니 사랑한 다 는
가 면 태연 한 척 해 줄수 없니

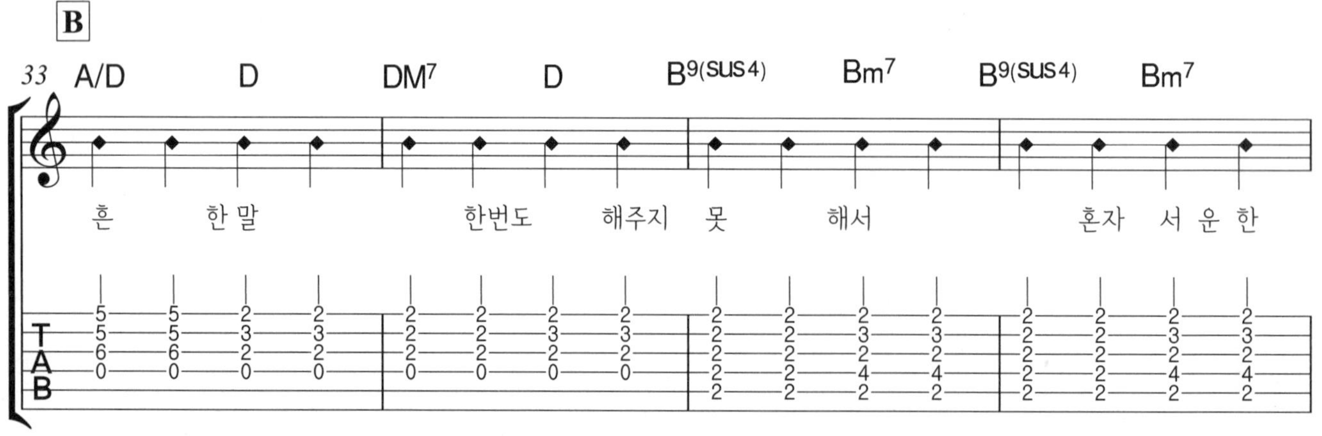
B
33 A/D D DM7 D B9(sus4) Bm7 B9(sus4) Bm7
흔 한말 한번도 해주지 못 해서 혼자 서 운 한

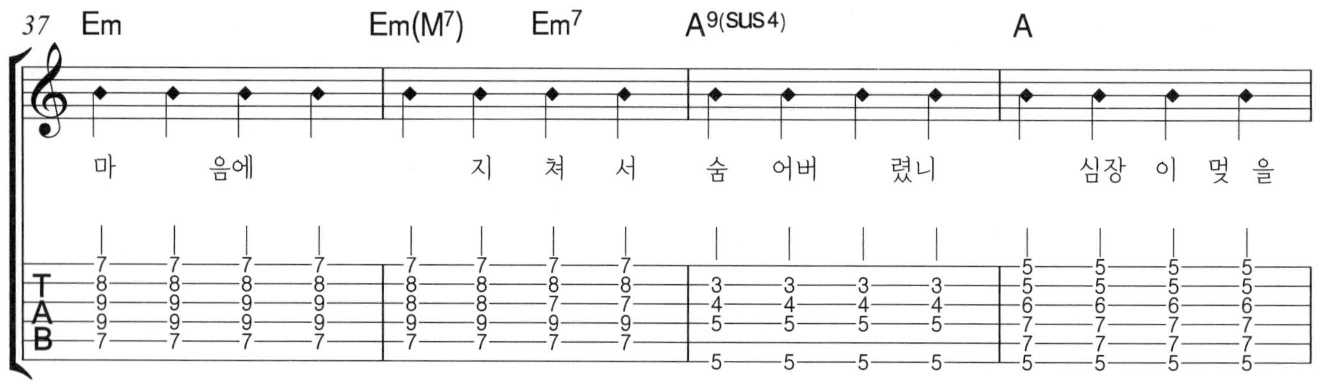
37 Em Em(M7) Em7 A9(sus4) A
마 음에 지 쳐 서 숨 어버 렸니 심장 이 멎 을

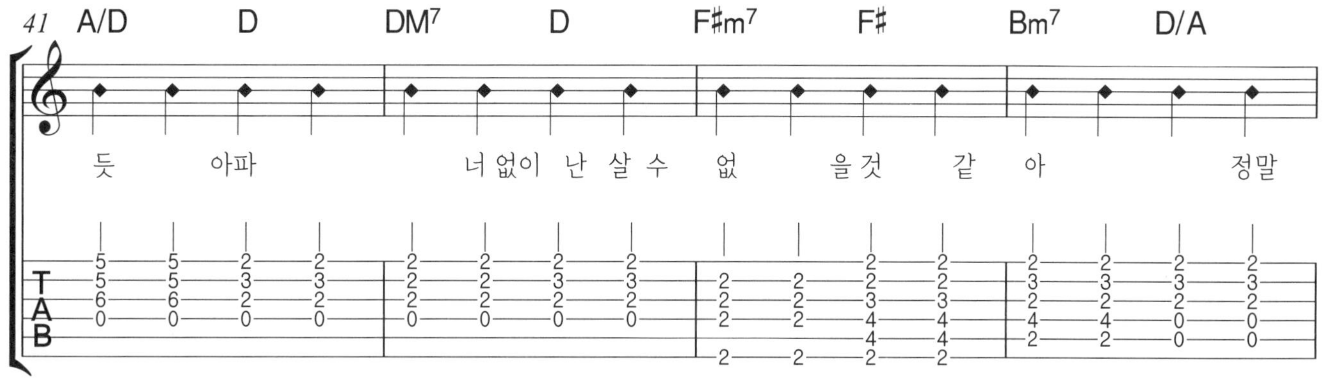
41
A/D D DM7 D F#m7 F# Bm7 D/A
듯 아파 너없이 난 살 수 없 을것 같 아 정말

45
G(add2) Eo/G A9(sus4) GM7 DM7 DM9
1.
미 안해 내 가 더 잘 할 게

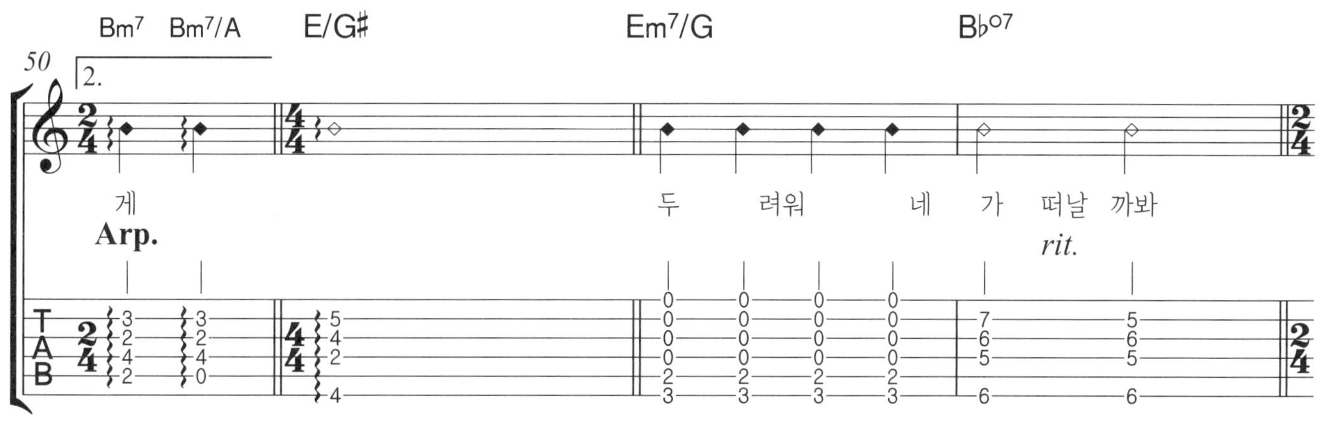
50
Bm7 Bm7/A E/G# Em7/G B♭o7
2.
게 두 려워 네 가 떠날 까봐
Arp.
rit.

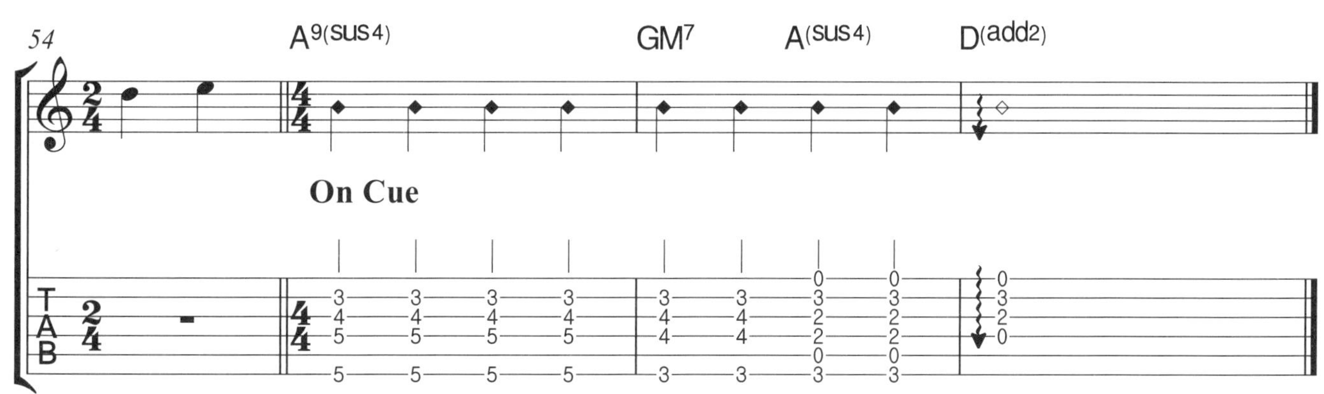
54
A9(sus4) GM7 A(sus4) D(add2)
On Cue

47

사랑했지만

노래 김광석
작사/작곡 한동준

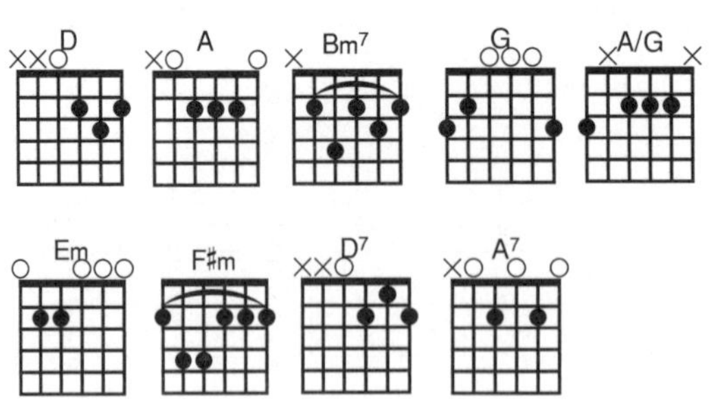

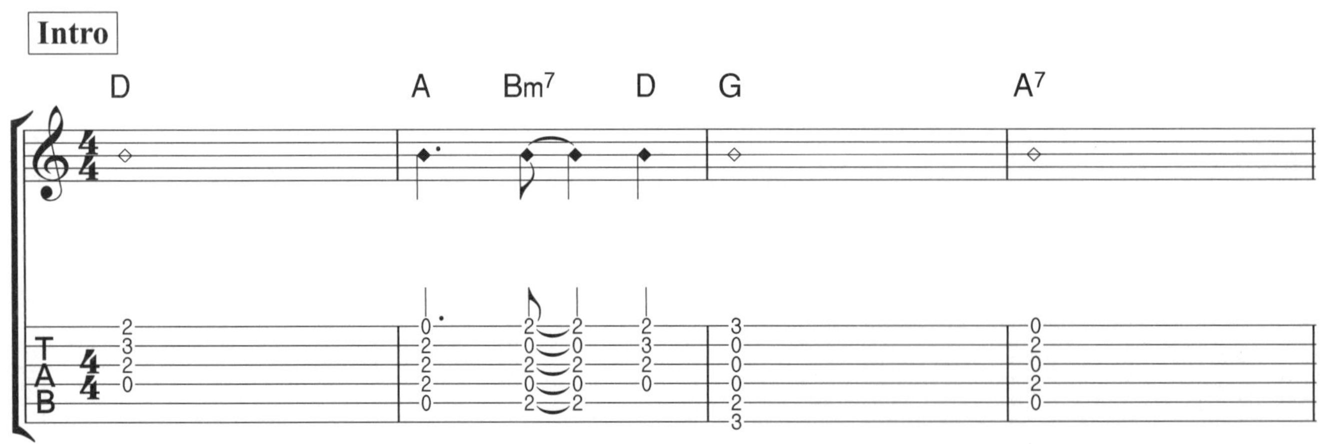

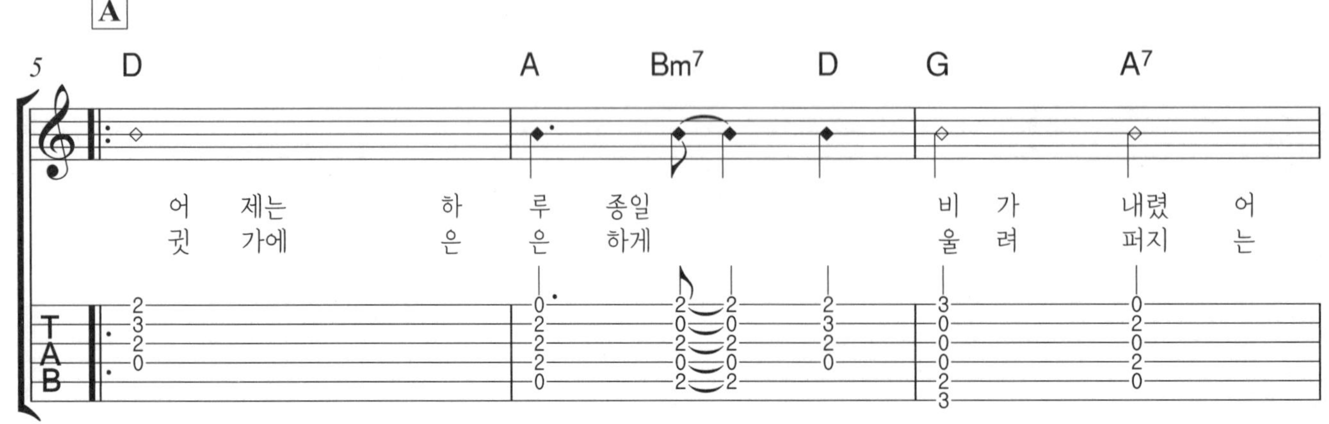

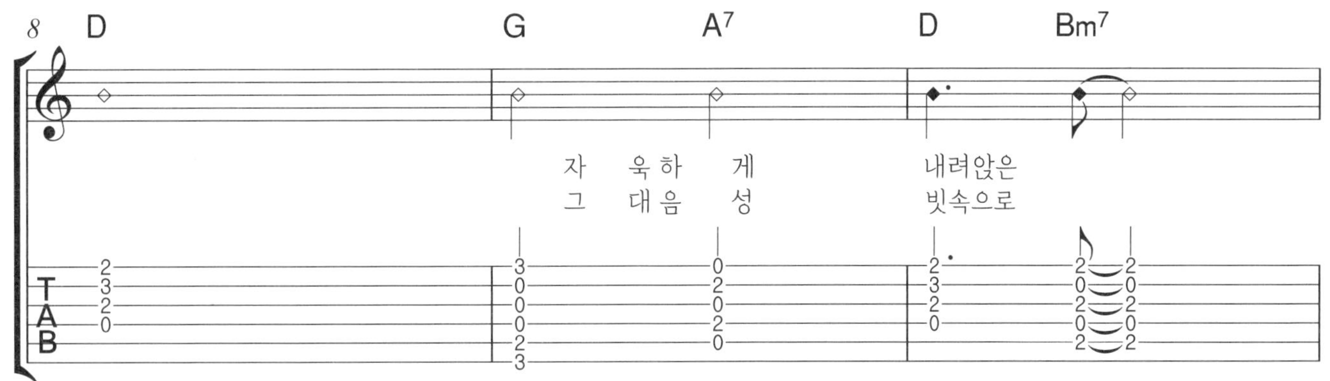
8
D G A7 D Bm7
자 욱하 게 내려앉은
그 대음 성 빛속으로

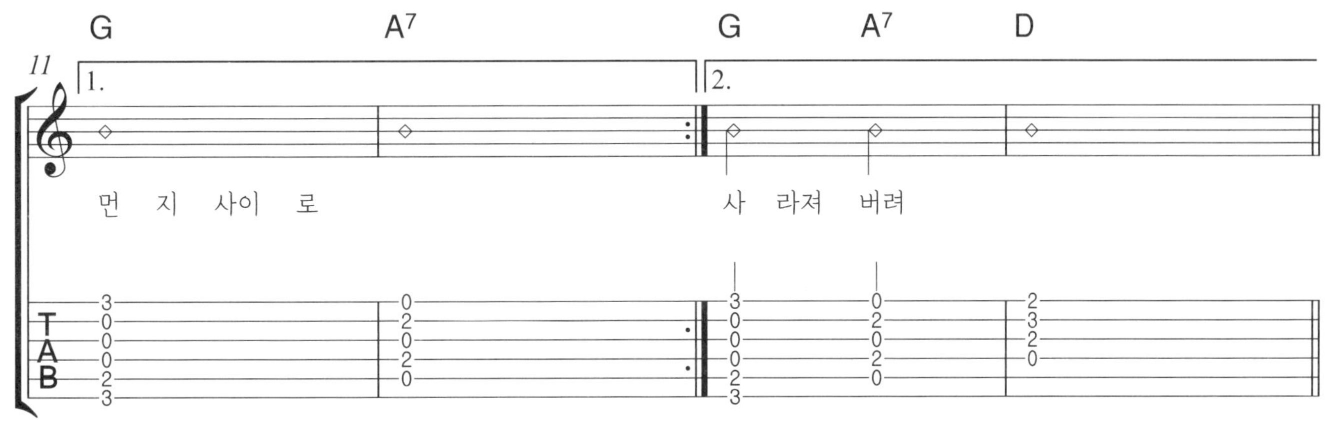
11
G A7 G A7 D
1. 2.
먼 지 사이 로 사 라져 버려

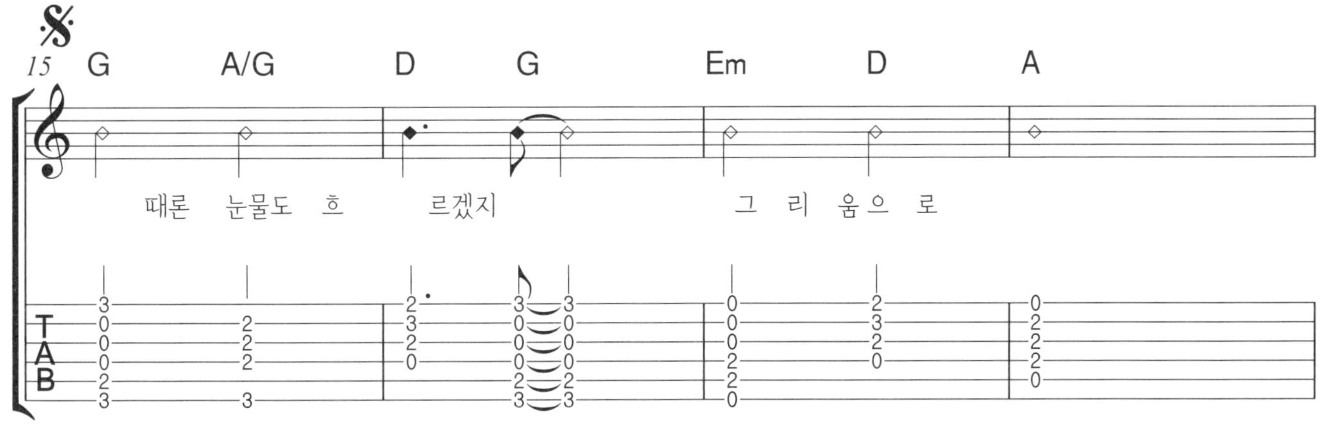
15
G A/G D G Em D A
때론 눈물도 흐 르겠지 그 리 움으 로

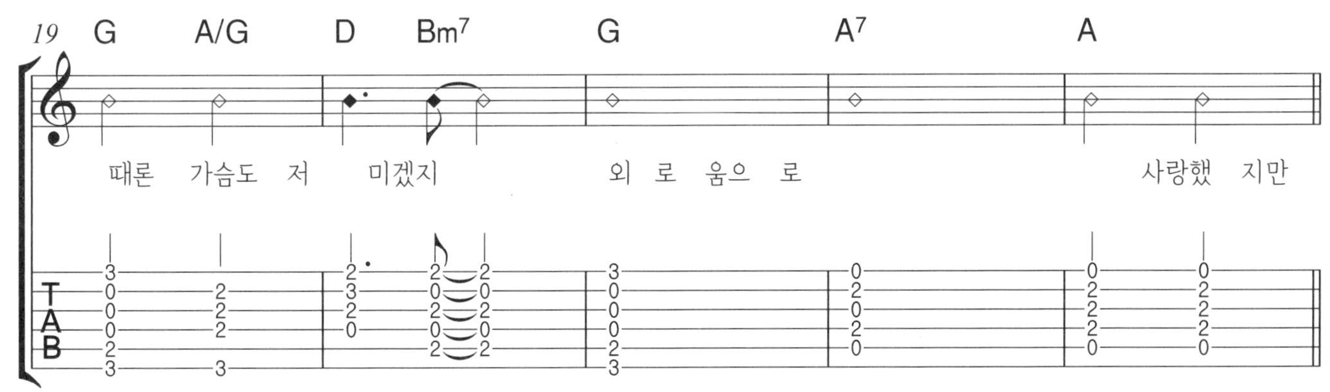
19
G A/G D Bm7 G A7 A
때론 가슴도 저 미겠지 외 로 움으 로 사랑했 지만

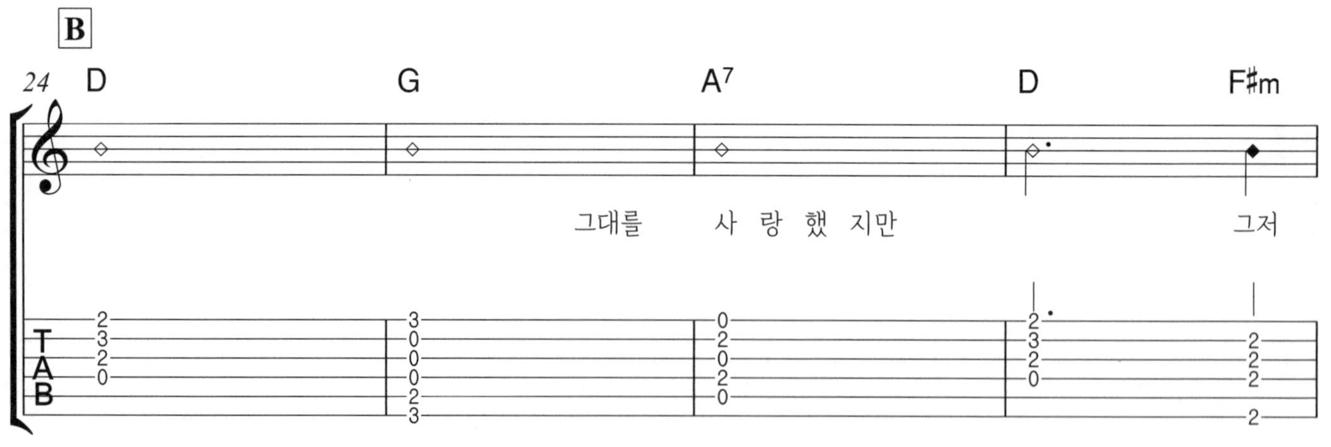
B
24
D G A7 D F#m
그대를 사 랑 했 지만 그저

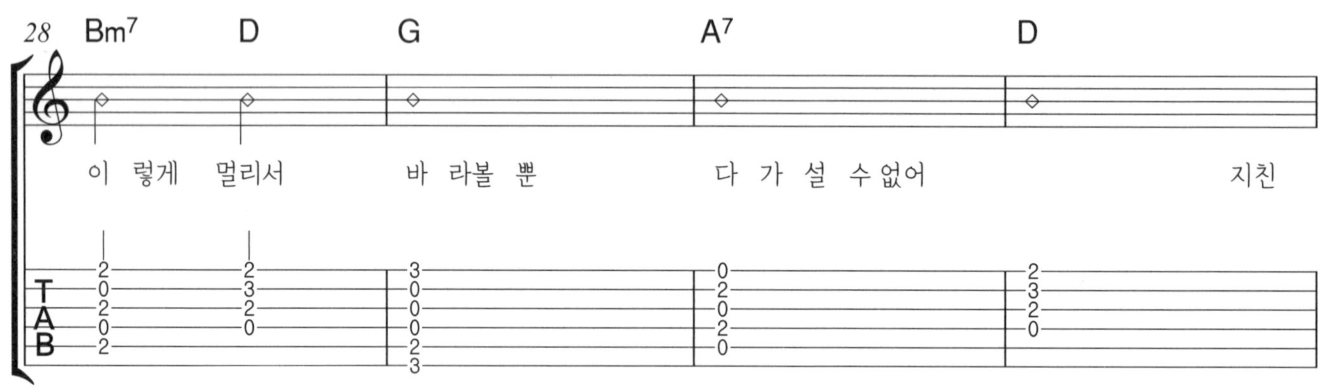
28
Bm7 D G A7 D
이 렇게 멀리서 바 라볼 뿐 다 가 설 수 없어 지친

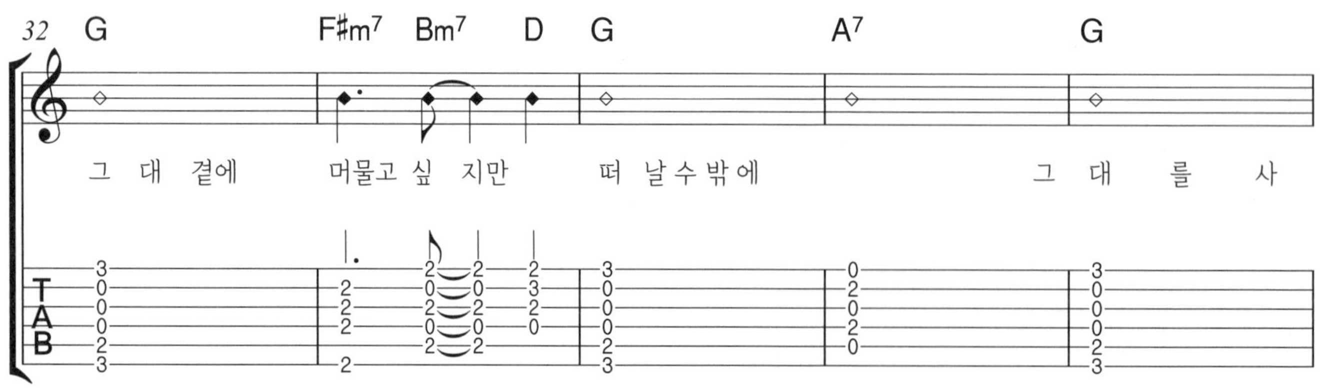
32
G F#m7 Bm7 D G A7 G
그 대 곁에 머물고 싶 지만 떠 날 수 밖 에 그 대 를 사

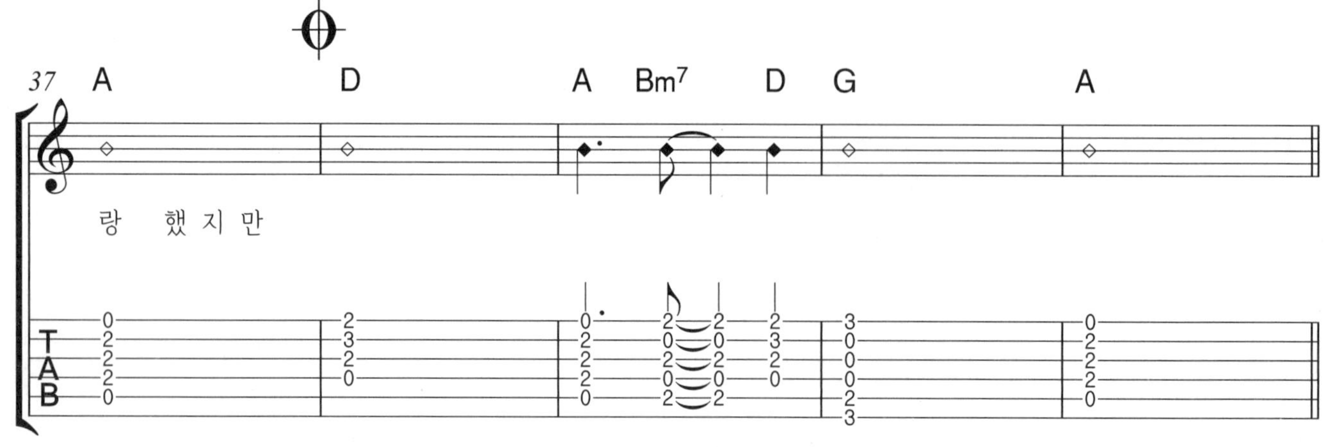
37
A D A Bm7 D G A
랑 했 지 만

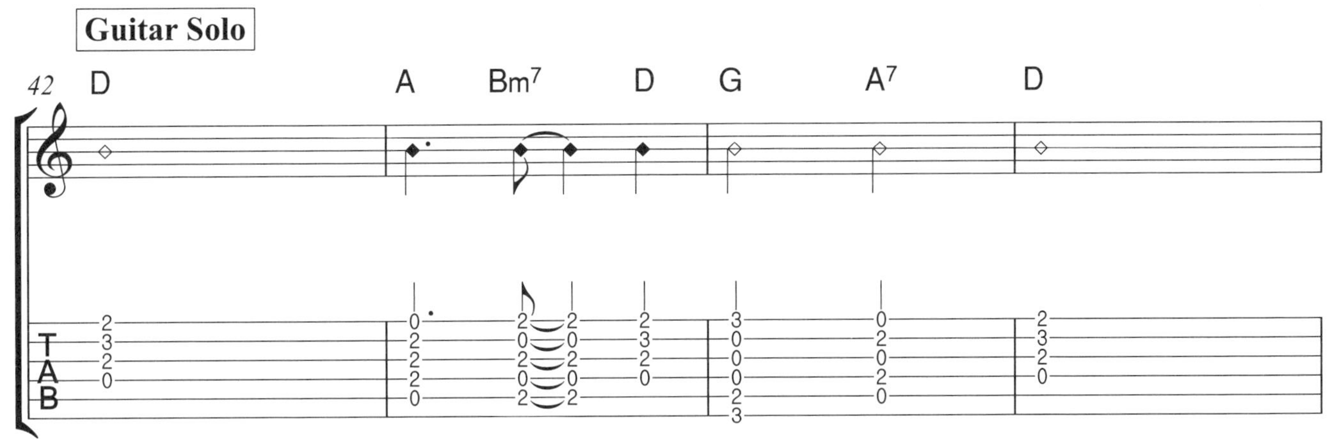
Guitar Solo
D A Bm7 D G A7 D

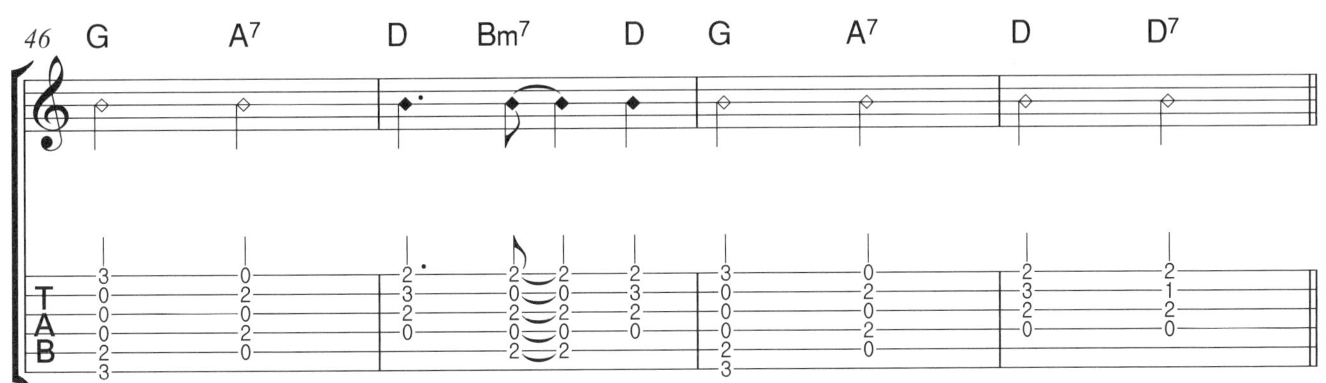
G A7 D Bm7 D G A7 D D7
D.S. al Coda

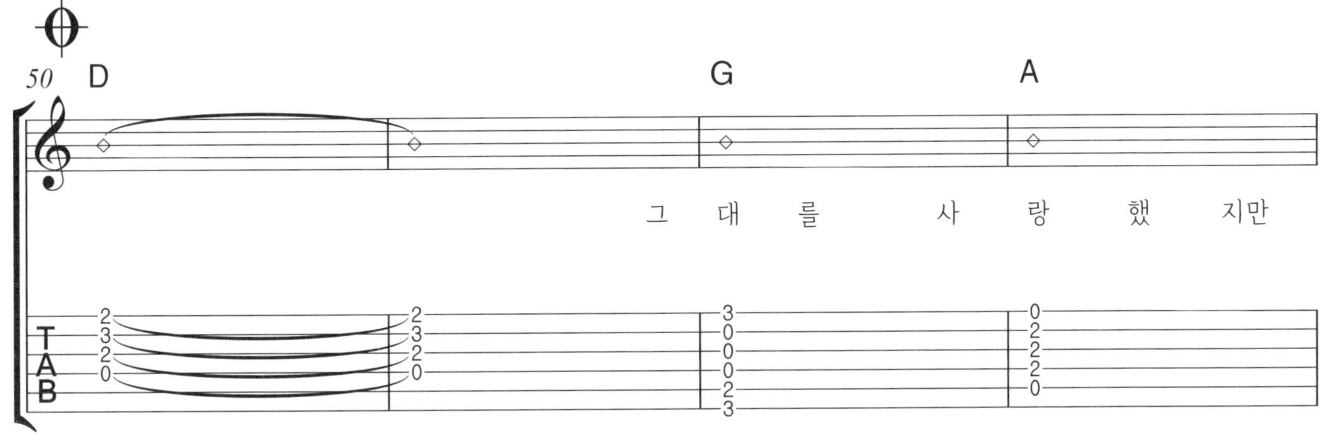
D G A
그 대 를 사 랑 했 지만

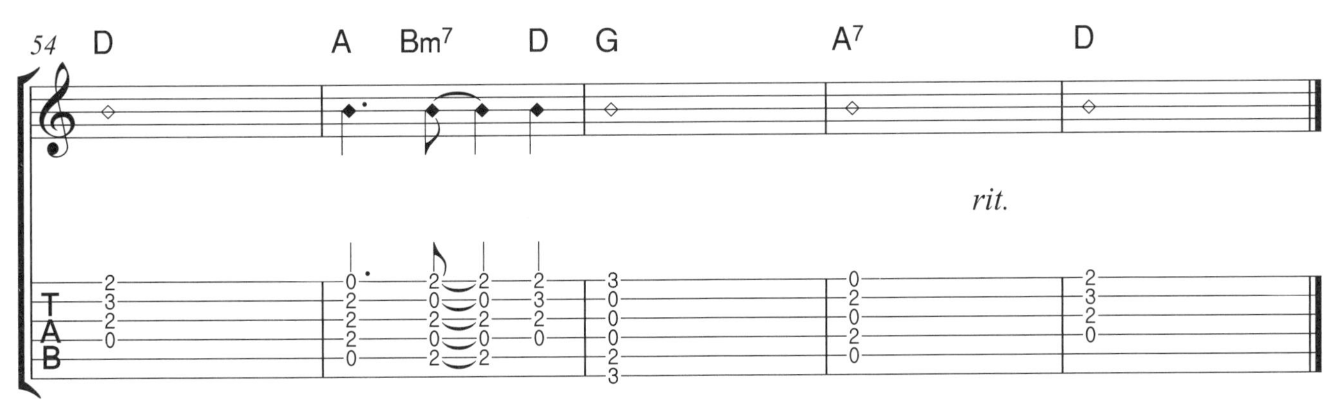
D A Bm7 D G A7 D
rit.

좋은 사람

노래 김형중, 토이
작사/작곡 유희열

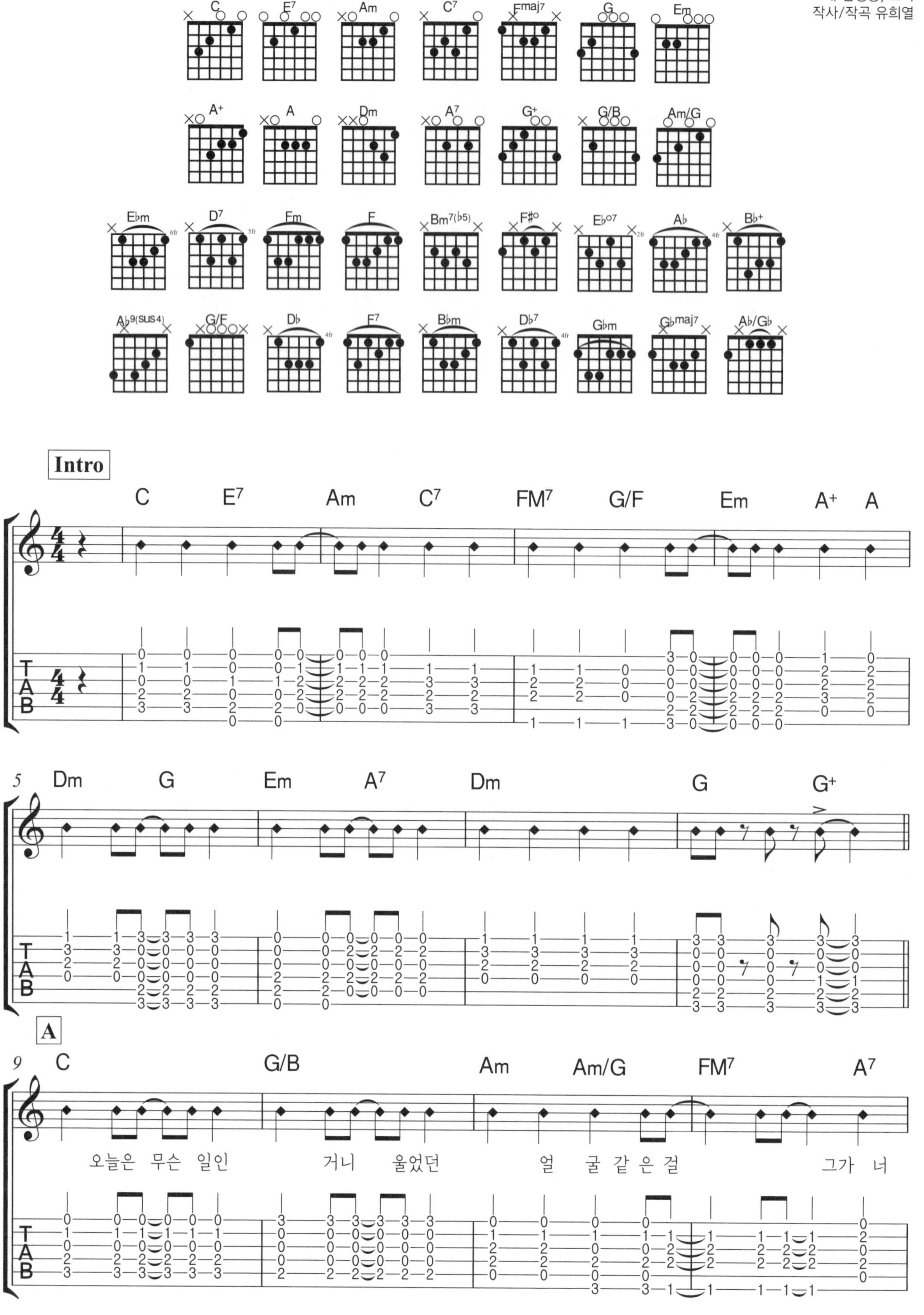

13 Dm G Em Am D7 Fm G
의 마음을 아 프게 했니 나 에겐 세 상 젤 소중한 너 인데
17 C G/B Am Am/G F A7
자판기 커피를 내 밀 어 그 속 에 감 춰온 내 맘 을 담아 고마워
친구들 지겹다 말 하 지 늘 같은 노 랠 부 르 는 나 에게 하지만
21 Dm G Em Am Dm G Fm C
오빠 너무 좋은 사람 이야 그 한 마 디에 난 웃 을뿐
그게 바로 내 마음 인걸 그 대 먼 곳만 보 네 요
B
25 F Bm7(♭5) Em A7 Dm G C C7
혹시 넌 기억하고 있 을 까 내 친구 학교 앞에 놀 러 왔 던 날
혹시 넌 그날 내 맘 을 알 까 우 리들 아는 친구 모 두 모 인 밤
29 F♯o F Em E♭o7 Dm G9(SUS4) G
우리들 연인 같다 장난쳤을 때 넌 웃 었 고 난 밤 지새웠지
술 취한 널 데리러 온 그를 내게 인 사 시 켰 던 나 의 생일날

33 G C E7 Am C7 FM7 G/F
네 가
웃으면 나도 좋아
혼자여 도 괜 찮아
좋으면 나도 좋아
넌 장난 이라 해도
널 볼수 만 있 다면
네 옆에 그를 보며
37 Em A+ A Dm G Em A7 Dm
널 기다렸던 날 널 보고 싶던 밤 내 겐 벅 찬 행 복
늘 너의 뒤에 서 늘 널 바 라보 는 그 게 내 가 가 진
나 완 너무 다 른 난 초라 해지 는 그 에 게 널 부 탁
41 G9(sus4) G C E7 Am C7 FM7 G/F
가득한데 나는
몫인 것만 같 아
한다는 말 밖 에
45 Em A+ A Dm G Em A7 Dm G G+
D.S. al Coda
(No Repeat)
50 G9(sus4) G Fm C Fm

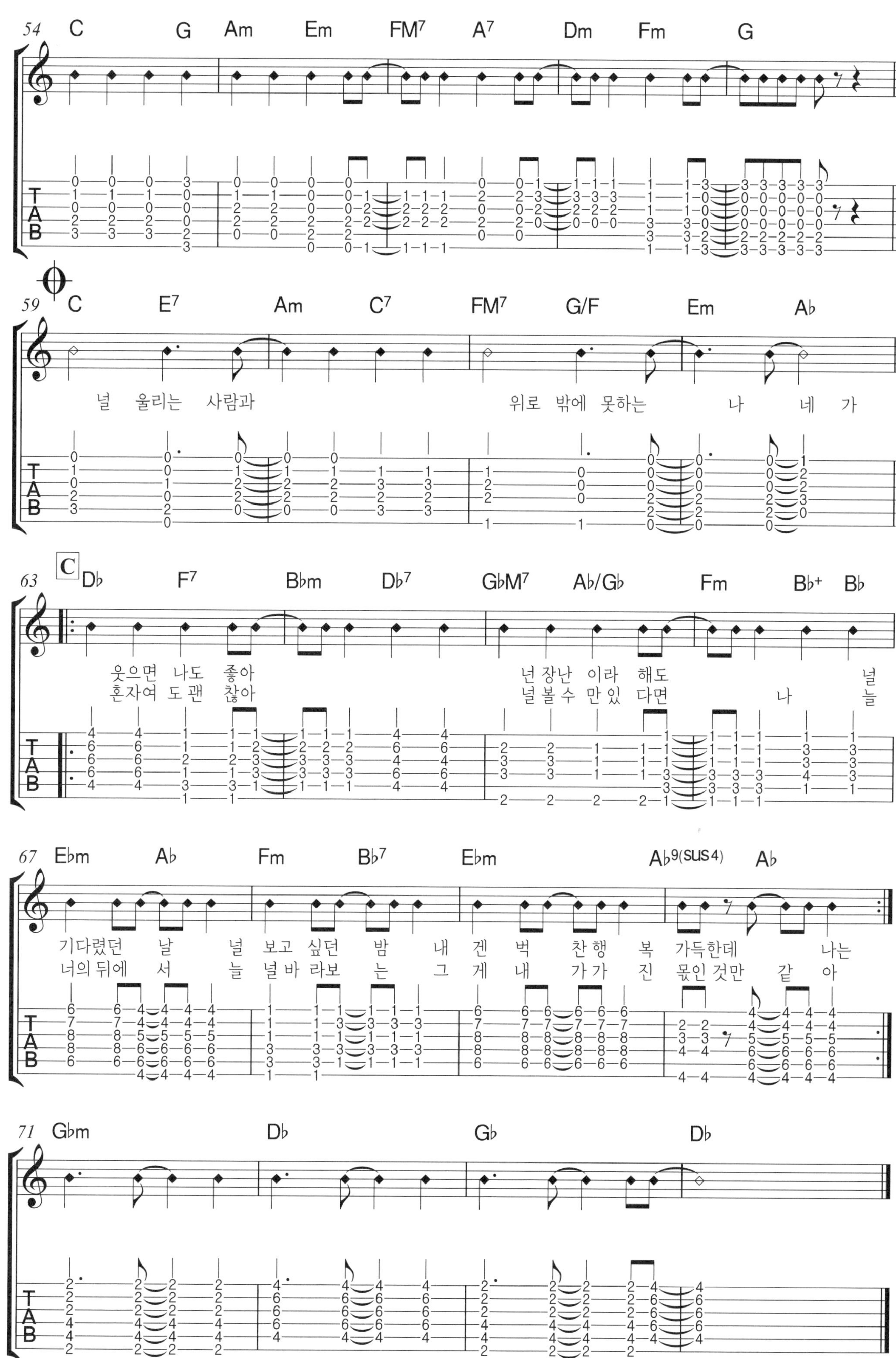
C G Am Em FM7 A7 Dm Fm G
C E7 Am C7 FM7 G/F Em A♭
널 울리는 사람과 위로 밖에 못하는 나 네 가
C
D♭ F7 B♭m D♭7 G♭M7 A♭/G♭ Fm B♭+ B♭
웃으면 나도 좋아 넌 장난 이라 해도 널
혼자여 도 괜 찮아 널 볼 수 만 있 다면 나 늘
E♭m A♭ Fm B♭7 E♭m A♭9(SUS4) A♭
기다렸던 날 널 보고 싶던 밤 내 겐 벅 찬 행 복 가득한데 나는
너의 뒤에 서 늘 널 바 라보 는 그 게 내 가 가 진 몫인 것만 같 아
G♭m D♭ G♭ D♭

49

그립고 그립고 그립다

노래 케이윌
작사 조은희
작곡 황찬희

21 G(add9) B7 Em Gm6 D/A F# Bm7 E Em G/A
하나뿐인 사 람이여 그립 고 그립고 그립 다 그립 고 그립고 그립
26 G/A GM7 F#m7 Em F#m7 Gm7 Gm/A GM7 Gm6 F#m7 B+/D# B
1. 2.
다 다 날 다 줬으니까 나 후회는 없지
31 Em D/F# E A(sus4) Gm7 Dm Em A/B E B(add9)
만 더 해줄 수 없어 가슴 치고만 있잖 아 널 사랑한 다 널 사랑한
36 C#m7 Bm7 D/E A C# F#m7 Am7 E G# C#m F# F#m7 A/B
다 더이 상 네가 곁에 없 다는 게 아프 고 아프고 아프 다 아프 고 아프고 아파
42 C#m7 F#9(#11) F# C#m7 A/B B7(b9) F#m7 A/B B7 E(add9)
도 그립 고 그립고 그립 다
rit.

50

마음

노래 아이유
작사 아이유
작곡 아이유, 김제휘

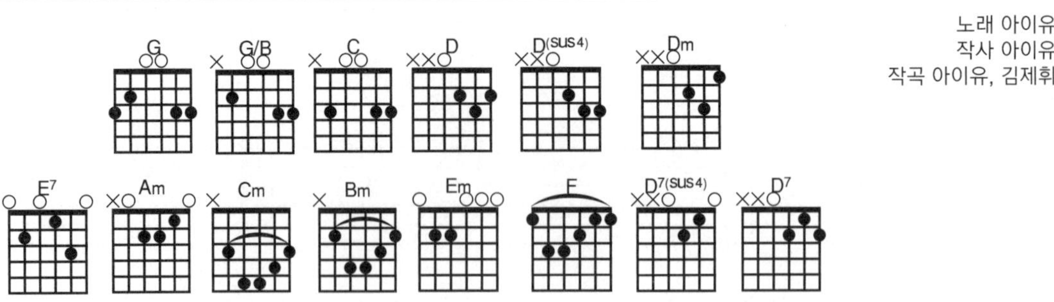

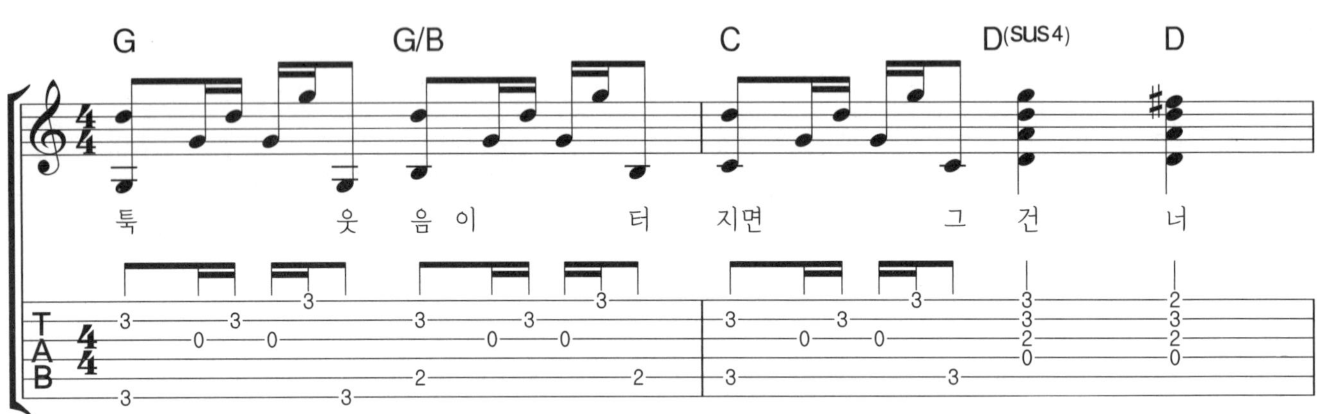

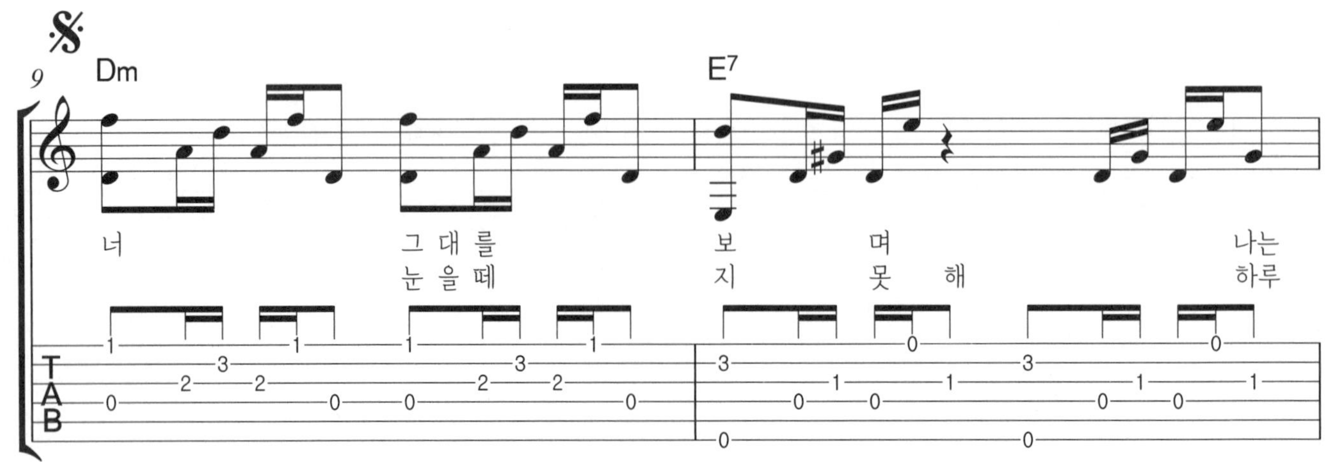

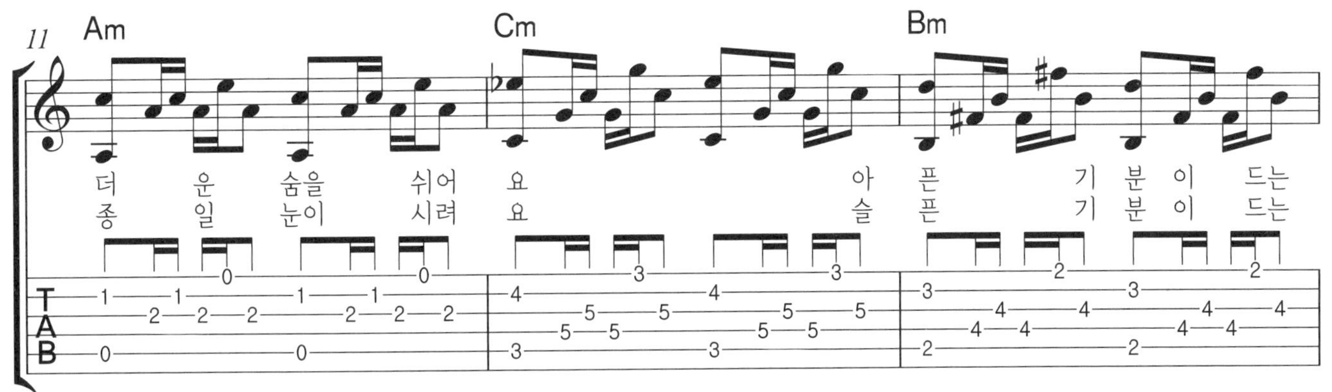
11
Am
Cm
Bm
더 운 숨을 쉬어 요 아 픈 기 분 이 드는
종 일 눈이 시려 요 슬 픈 기 분 이 드는
T
A
B

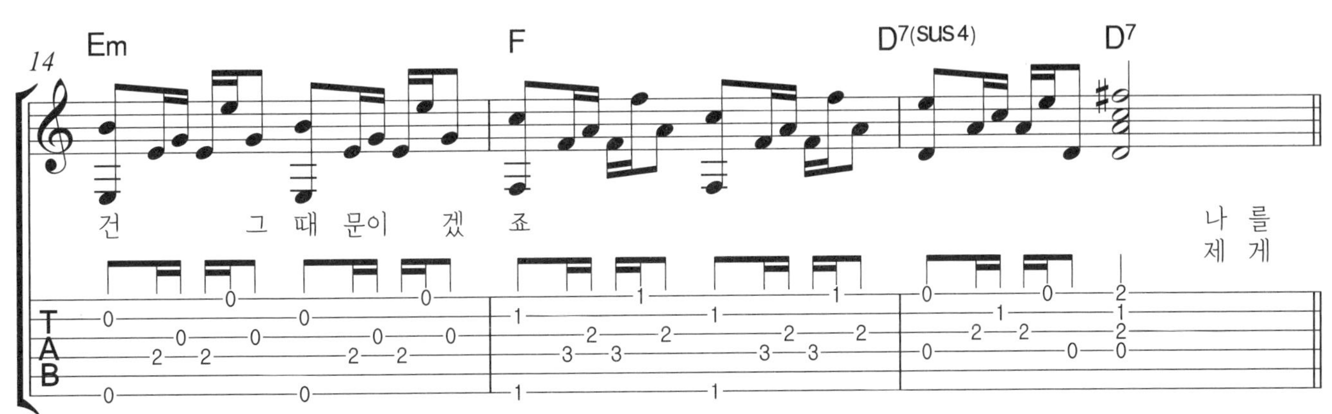
14
Em
F
D7(SUS4)
D7
건 그 때 문이 겠 죠 나 를
제 게
T
A
B

17
G
G/B
C
G/B
Am
D7(SUS4)
D7
알 아 주 지 않 으 셔 도 돼 요 찾 아 오 지 않 으 셔
대 답 하 지 않 으 셔 도 돼 요 달 래 주 지 않 으 셔
T
A
B

20
G
C
G/B
G
G/B
C
G/B
도 다 만 꺼 지 지 않 는 작 은 불 빛 이 여 기
T
A
B

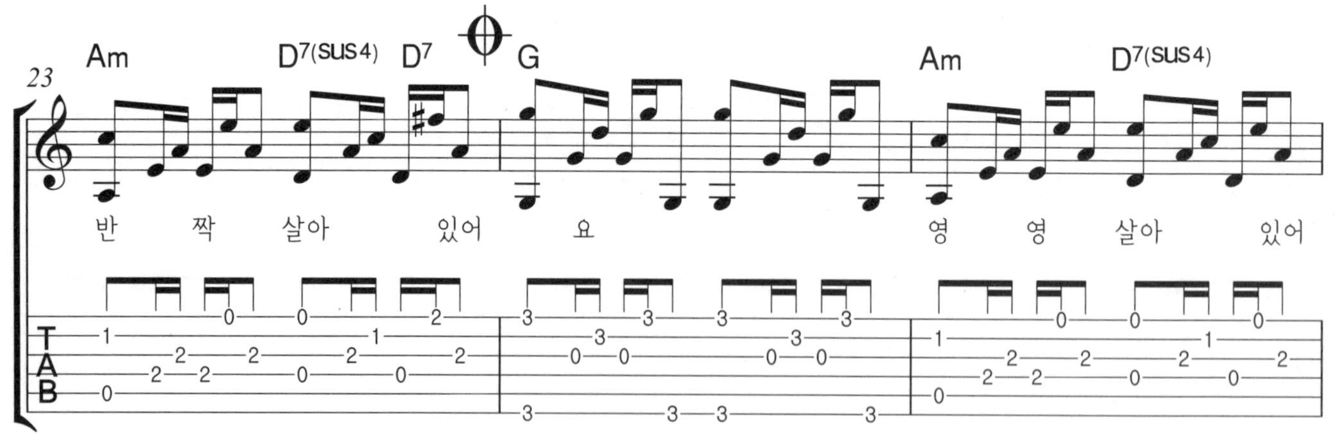
23
Am
D7(SUS4)
D7
G
Am
D7(SUS4)
반 짝 살아 있어 요
영 영 살아 있어

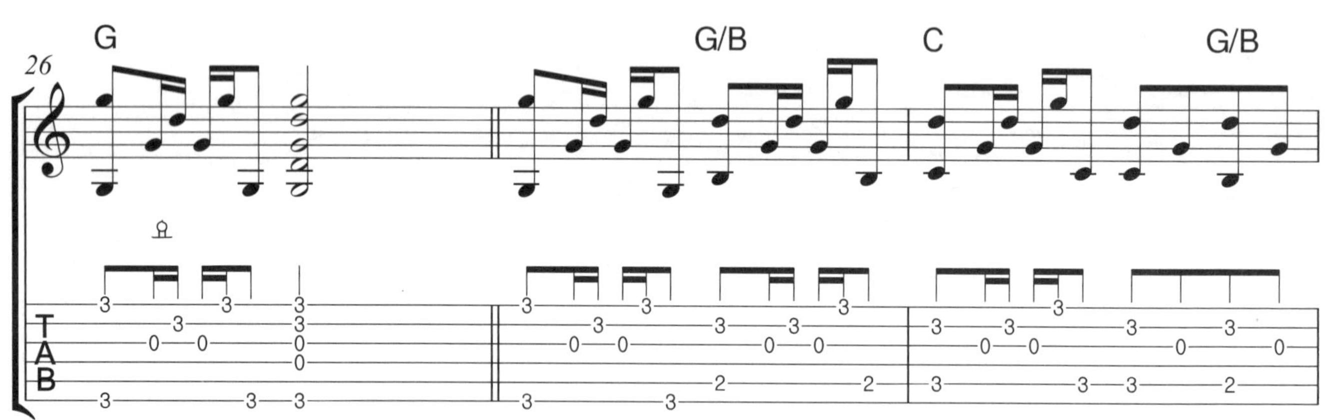
26
G
G/B
C
G/B
요

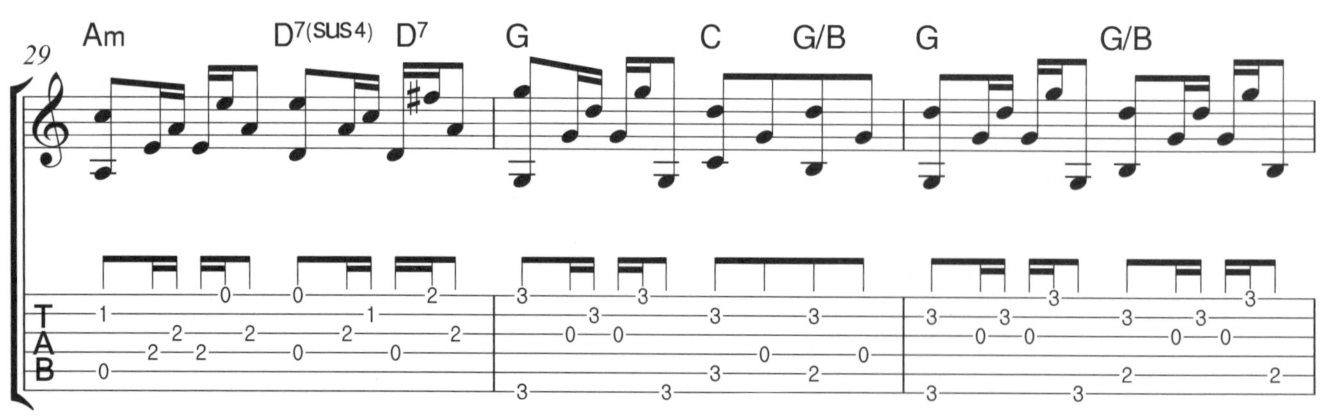
29
Am
D7(SUS4)
D7
G
C
G/B
G
G/B

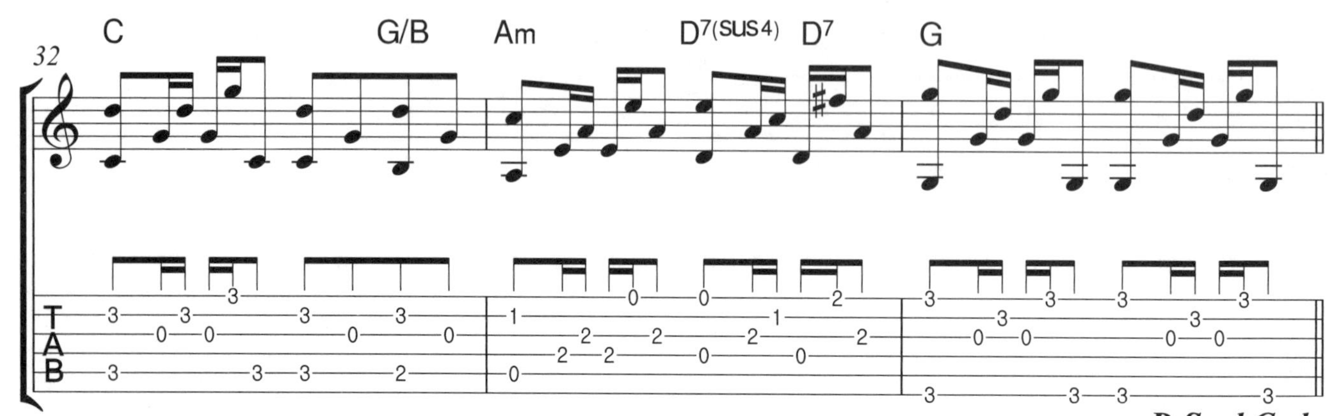
32
C
G/B
Am
D7(SUS4)
D7
G
D.S. al Coda

35
G
C
G/B
G
G/B
C
G/B
요 세 상 모 든 게 죽 고 새 로 태 어 나 다

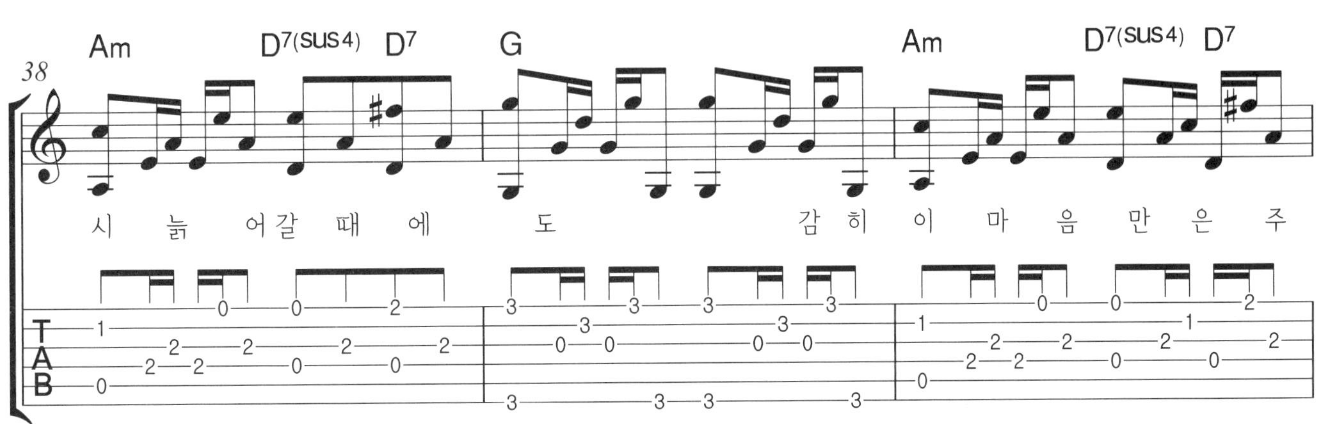

38
Am
D7(SUS4)
D7
G
Am
D7(SUS4)
D7
시 늙 어 갈 때 에 도 감 히 이 마 음 만 은 주

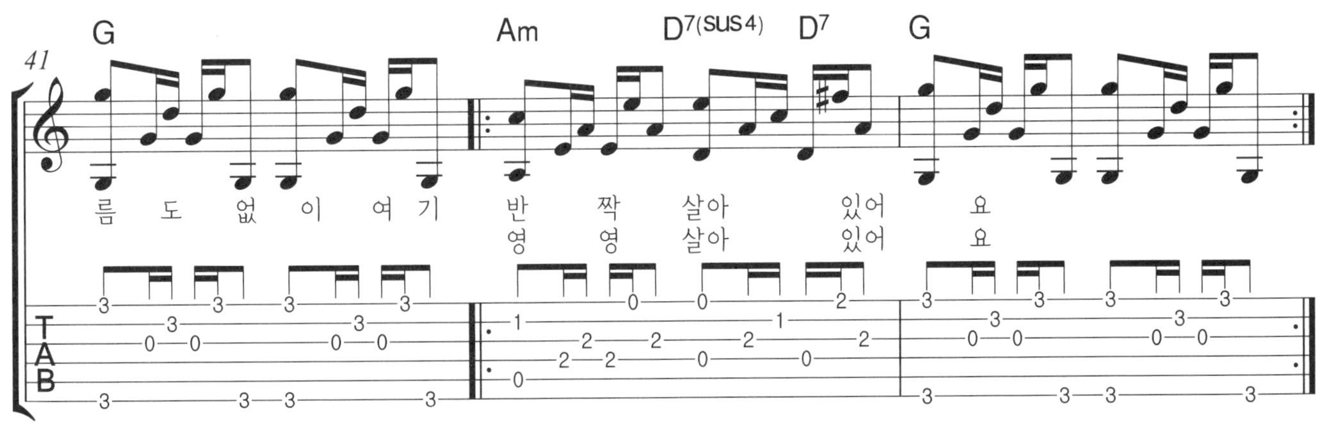

41
G
Am
D7(SUS4)
D7
G
름 도 없 이 여 기 반 짝 살아 있어 요
영 영 살아 있어 요

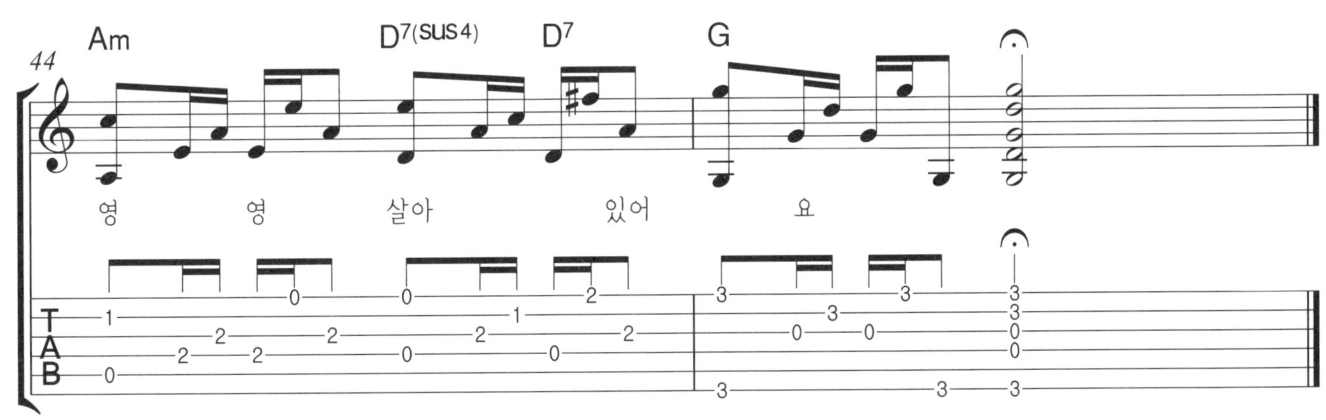

44
Am
D7(SUS4)
D7
G
영 영 살아 있어 요

초판 발행일 2024년 10월 25일

편저 조혜진
발행인 최우진
편집·디자인 편집부

발행처 그래서음악(somusic)
출판등록 2020년 6월 11일 제 2020-000060호
주소 (본사) 경기도 성남시 분당구 정자일로 177
(연구소) 서울시 서초구 방배4동 1426
전화 031-623-5231 팩스 031-990-6970
이메일 book@somusic.co.kr

ISBN 979-11-93978-28-3(13670)